MATHEMATIK
WIRTSCHAFT UND VERWALTUNG

FACHHOCHSCHULREIFE

LÖSUNGEN NRW

Von:

Rolf Schöwe

Jost Knapp

unter Mitarbeit der Redaktion

Cornelsen

Mithilfe der Marginalien – z. B. **31** – findet man die Lösung einer Aufgabe unter der gleichen Seitennummer wie die Aufgabenstellung im Lehrbuch.

Redaktion: Gudrun Schaeper, Ulrike Skambraks
Umschlaggestaltung: Elena Blazquez, Recklinghausen
Technische Umsetzung: Daniel Hetterich; Andreas Wenz; Da-TeX Gerd Blumenstein, Leipzig
Technische Zeichnungen: Daniel Hetterich; Andreas Wenz

www.cornelsen.de

Die Webseiten Dritter, deren Internetadressen in diesem Lehrwerk angegeben sind, wurden vor Drucklegung sorgfältig geprüft. Der Verlag übernimmt keine Gewähr für die Aktualität und den Inhalt dieser Seiten oder solcher, die mit ihnen verlinkt sind.

1. Auflage, 4. Druck 2019

Alle Drucke dieser Auflage sind inhaltlich unverändert und können im Unterricht nebeneinander verwendet werden.

Druck: BoschDruck Solutions GmbH

ISBN 978-3-06-450093-8

PEFC zertifiziert
Dieses Produkt stammt aus nachhaltig bewirtschafteten Wäldern und kontrollierten Quellen.
www.pefc.de
PEFC/04-31-1575

Inhaltsverzeichnis

Grundlagen

1. a) $1,\overline{6} \in \mathbb{Q}, \mathbb{R}$ **d)** $0,2 \in \mathbb{Q}, \mathbb{R}$ **g)** $67 \in \mathbb{N}, \mathbb{Z}, \mathbb{Q}, \mathbb{R}$ **j)** $\sqrt{5^3} \in \mathbb{R}$ (irrational)

b) $-2 \in \mathbb{Z}, \mathbb{Q}, \mathbb{R}$ **e)** $\sqrt{5} \in \mathbb{R}$ (irrational)   **h)** $\frac{1}{7,2} \in \mathbb{Q}, \mathbb{R}$ **k)** $11^{\frac{1}{2}} \in \mathbb{R}$ (irrational)

c) $0 \in \mathbb{N}, \mathbb{Z}, \mathbb{Q}, \mathbb{R}$ **f)** $\pi \in \mathbb{R}$ (irrational)   **i)** $\frac{4}{\sqrt{6}} \in \mathbb{R}$ (irrational)   **l)** $1,23456789 \in \mathbb{Q}, \mathbb{R}$

2. a) $0,\overline{8} = \frac{8}{9}$ **c)** $-2,56\overline{7} = -2\frac{511}{900}$ **e)** $-4,23785 = -4\frac{21\,407}{90\,000}$

$\approx -2,57$

b) $3,\overline{21} = 3\frac{21}{99}$ **d)** $0,239\overline{2} = \frac{2153}{9000}$ **f)** $8,76\overline{546} = 8\frac{76470}{99\,900}$

$= 3\frac{7}{33}$

a) $\frac{19}{6} = 3\frac{1}{6}$ **c)** $\frac{32}{24} = 1\frac{1}{3}$ **e)** $\frac{153}{100} = 1\frac{53}{100}$ **g)** $\frac{11\,737}{6300} = 1\frac{5437}{6300}$ **i)** $\frac{27\,533}{3528} = 7\frac{2837}{3528}$

b) $\frac{13}{8} = 1\frac{5}{8}$ **d)** $-\frac{1}{12}$ **f)** $\frac{1789}{588} = 3\frac{25}{588}$ **h)** $\frac{389}{90} = 4\frac{29}{90}$ **j)** $\frac{-x^4+x^3+x+1}{x^3-x}$

1. a) $\frac{1}{3}$ **c)** $\frac{7}{10}$ **e)** 2 **g)** $\frac{174}{5} = 34\frac{4}{5}$

b) $\frac{5}{14}$ **d)** $\frac{3}{4}$ **f)** 6 **h)** 5

2. a) $\frac{4}{3} = 1\frac{1}{3}$ **c)** $\frac{35}{18} = 1\frac{17}{18}$ **e)** $\frac{51}{2} = 25\frac{1}{2}$ **g)** $\frac{28}{11} = 2\frac{6}{11}$

b) $\frac{5}{3} = 1\frac{2}{3}$ **d)** 12 **f)** $\frac{4}{7}$ **h)** $\frac{15}{14} = 1\frac{1}{14}$

3. a) $\frac{50}{9} = 5\frac{5}{9}$ **b)** $\frac{50}{9} = 5\frac{5}{9}$ **c)** $\frac{625}{18} = 34\frac{13}{18}$ **d)** $\frac{25}{2} = 12\frac{1}{2}$

4. a) $\frac{1}{5}$ **d)** $\frac{6}{5} = 1\frac{1}{5}$ **g)** $\frac{7}{50}$ **j)** $-\frac{13}{4} = -3\frac{1}{4}$

b) $\frac{2}{5}$ **e)** $\frac{13}{10} = 1\frac{3}{10}$ **h)** $\frac{1}{1000}$ **k)** $\frac{5}{2} = 2\frac{1}{2}$

c) $\frac{1}{10}$ **f)** $\frac{22}{5} = 4\frac{2}{5}$ **i)** $\frac{617}{500} = 1\frac{117}{500}$ **l)** $\frac{1}{2}$

1. a) 81 **c)** $\approx 1,316$ **e)** 81 **g)** $\frac{49}{8} = 6\frac{1}{8}$ **i)** $\frac{121}{144}$ **k)** $-\frac{144}{121} = -1\frac{23}{121}$

b) $\approx -1,316$ **d)** $\frac{1}{81}$ **f)** -729 **h)** $-\frac{3}{16}$ **j)** $-\frac{4}{9}$ **l)** $\frac{2}{3}$

2. a) $4+a^2$ **d)** $a^2+\frac{1}{a^2}$ **g)** $\frac{12}{a^3}$ **j)** $25a^2$ **m)** 2 **p)** $\frac{1}{a^4}$

b) a^2+b^2 **e)** $12a^7$ **h)** $-\frac{12}{a^3}$ **k)** $\frac{5}{a^2}$ **n)** 125 **q)** ab^3

c) $a+a^2$ **f)** $4ab$ **i)** $\frac{12}{a^7}$ **l)** $3a^{n+4}$ **o)** a^4 **r)** $\frac{1}{ab^3}$

3. a) $4^{\frac{1}{3}} = 2^{\frac{2}{3}}$ **c)** $7^{\frac{1}{2}}$ **e)** $5^{\frac{1}{2}}$ **g)** $a^{\frac{5}{3}}$ **i)** $(a \cdot b)^{\frac{3}{2}}$

b) $3^{\frac{1}{5}}$ **d)** $2^{\frac{2}{3}}$ **f)** $a^{\frac{3}{8}}$ **h)** $a^{\frac{2}{3}} \cdot a^{\frac{4}{3}}$

13

1. Für alle $a, b \in \mathbb{R}_0^+$ und $n, m, k \in \mathbb{N} \setminus \{0\}$ gilt:

1. Wurzelgesetz: $a^{\frac{1}{n}} \cdot b^{\frac{1}{n}} = (a \cdot b)^{\frac{1}{n}}$

2. Wurzelgesetz: $a^{\frac{1}{n}} : b^{\frac{1}{n}} = (a : b)^{\frac{1}{n}} = \left(\frac{a}{b}\right)^{\frac{1}{n}}$

3. Wurzelgesetz: $(a^{\frac{1}{n}})^m = (a^m)^{\frac{1}{n}} = a^{\frac{m}{n}}$

4. Wurzelgesetz: $(a^{\frac{1}{n}})^{\frac{1}{m}} = a^{\frac{1}{n \cdot m}}$

5. Wurzelgesetz: $a^{\frac{m \cdot k}{n \cdot k}} = a^{\frac{m}{n}}$

2. a) 2   **d)** 4   **g)** $4 \cdot \sqrt{2a + 3b}$ **j)** $6a^2 b$

b) 18   **e)** 3   **h)** $9 \cdot \sqrt{a}$ **k)** $3 \cdot \sqrt[4]{a}$

c) 6   **f)** 105   **i)** $-\sqrt{a}$ **l)** $\sqrt[8]{3} \cdot \sqrt[24]{b}$

3. a) $2^{\frac{1}{2}} \cdot 2^{\frac{1}{2}} = (2 \cdot 2)^{\frac{1}{2}} = (2^2)^{\frac{1}{2}}$

$\qquad = 2^{(2 \cdot \frac{1}{2})} = \mathbf{2}$

b) $6^{\frac{1}{2}} \cdot 54^{\frac{1}{2}} = (6 \cdot 54)^{\frac{1}{2}} = (18^2)^{\frac{1}{2}}$

$\qquad = 18^{(2 \cdot \frac{1}{2})} = \mathbf{18}$

c) $3 \cdot 5^{\frac{1}{2}} \cdot 2 \cdot \left(\frac{2}{10}\right)^{\frac{1}{2}} = 6 \cdot \left(5 \cdot \frac{2}{10}\right)^{\frac{1}{2}}$

$\qquad = 6 \cdot (1)^{\frac{1}{2}} = \mathbf{6}$

d) $8^{\frac{1}{3}} \cdot 16^{\frac{1}{4}} = (2^3)^{\frac{1}{3}} \cdot (2^4)^{\frac{1}{4}}$

$\qquad = 2^{\frac{3}{3}} \cdot 2^{\frac{4}{4}} = 2 \cdot 2 = \mathbf{4}$

e) $9^{\frac{1}{3}} \cdot 3^{\frac{1}{3}} = (3^2 \cdot 3)^{\frac{1}{3}} = (3^3)^{\frac{1}{3}} = 3^{\frac{3}{3}} = \mathbf{3}$

f) $5 \cdot \left(\frac{245}{100}\right)^{\frac{1}{2}} \cdot 6 \cdot (5)^{\frac{1}{2}} = 30 \cdot \left(\frac{49}{20} \cdot 5\right)^{\frac{1}{2}}$

$\qquad = 30 \cdot \left(\left(\frac{7}{2}\right)^2\right)^{\frac{1}{2}} = 30 \cdot \frac{7}{2} = \mathbf{105}$

g) $(4^2 \cdot (2a + 3b))^{\frac{1}{2}} = (4^2)^{\frac{1}{2}} \cdot (2a + 3b)^{\frac{1}{2}}$

$\qquad = \mathbf{4 \cdot \sqrt{2a + 3b}}$

h) $2 \cdot (3^2 \cdot a)^{\frac{1}{2}} + 3 \cdot a^{\frac{1}{2}} = 2 \cdot (3^2)^{\frac{1}{2}} \cdot a^{\frac{1}{2}} + 3a^{\frac{1}{2}}$

$\qquad = (6 + 3) \cdot a^{\frac{1}{2}} = \mathbf{9 \cdot \sqrt{a}}$

i) $(7^2 \cdot a)^{\frac{1}{2}} - 2 \cdot (4^2 \cdot a)^{\frac{1}{2}} = (7^2)^{\frac{1}{2}} \cdot a^{\frac{1}{2}} - 2 \cdot (4^2)^{\frac{1}{2}} \cdot a^{\frac{1}{2}}$

$\qquad = (7 - 8) \cdot a^{\frac{1}{2}} = \mathbf{-\sqrt{a}}$

j) $(3^2 a^2 b)^{\frac{1}{2}} \cdot (2^2 a^2 b)^{\frac{1}{2}} = 3a \cdot b^{\frac{1}{2}} \cdot 2a \cdot b^{\frac{1}{2}}$

$\qquad = \mathbf{6a^2 b}$

k) $((3^4 \cdot a)^{\frac{1}{2}})^{\frac{1}{2}} = (3^4 \cdot a)^{(\frac{1}{2} \cdot \frac{1}{2})} = 3^{\frac{4}{4}} \cdot a^{\frac{1}{4}} = \mathbf{3 \cdot \sqrt[4]{a}}$

l) $((3^3 \cdot b)^{\frac{1}{8}})^{\frac{1}{3}} = (3^3 \cdot b)^{(\frac{1}{8} \cdot \frac{1}{3})}$

$\qquad = 3^{(3 \cdot \frac{1}{8} \cdot \frac{1}{3})} \cdot b^{\frac{1}{24}} = \mathbf{\sqrt[8]{3} \cdot \sqrt[24]{b}}$

14

1. a) 4   **b)** 3   **c)** 4   **d)** -4 **e)** 0

2. a) $\{x \mid x \le -2 \text{ oder } x \ge 2\}$ **c)** $x = -1 \text{ oder } x = 9$ **e)** $\{x \mid -7 \le x \le 1\}$

b) $\{x \mid -4 \le x \le 4\}$ **d)** $x = -6 \text{ oder } x = 2$ **f)** $\{x \mid x \in \mathbb{R}\}$

3. a) $b^2 - a^2$ **e)** $2a^2 - 6\sqrt{2}ab + 9b^2$ **i)** $\frac{16}{49}a^2 - \frac{18}{7}ab + \frac{81}{16}b^2$

b) $21x^2 + 58ax + 21a^2$ **f)** $-9 + 6b - b^2$ **j)** $\frac{7}{64}a^2 - \frac{\sqrt{7}}{72}ab + \frac{1}{324}b^2$

c) $a^2 + 4ab + 4b^2$ **g)** $\frac{1}{4}x^2 + \frac{11}{12}xy + \frac{2}{3}y^2$ **k)** $a - 2\sqrt{ab} + b$

d) $9 - 24a + 16a^2$ **h)** $\frac{1}{25}b^2 - \frac{4}{9}$ **l)** $-2a - 4 \cdot \sqrt{ab} - 2b$

4. a) $(x + 2)^2$ **c)** $(a + 3b)^2$ **e)** $(3a + 1{,}5b)^2$ **g)** $(9 - 7a) \cdot (9 + 7a)$

b) $(x - 5) \cdot (x + 5)$ **d)** $(4 - 3a)^2$ **f)** $(0{,}5a - 5b) \cdot (0{,}5a + 5b)$ **h)** $(0{,}5a - b)^2$

1. 2,70€ (3,90€; 4,80€)

2. 10€ (20€; 35€)

3. 125,52€

4. Preissenkung um 35 %

5. 95€

1.

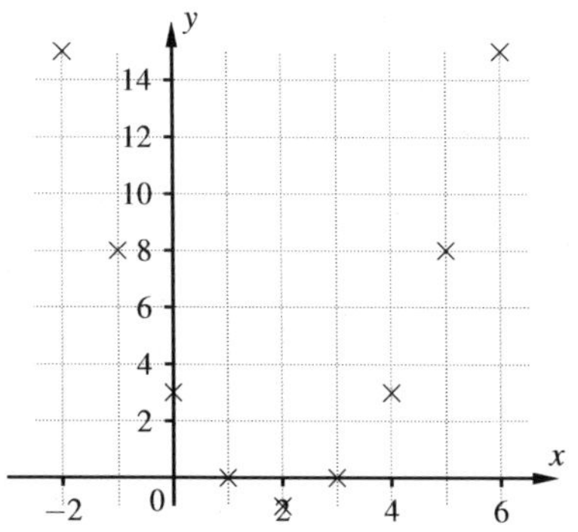

2.

x	-4	-3	$-2,5$	-1	0	1
y	0	2	1	-1	$-2,5$	$2,25$

1. *Hinweis:* Im 1. Druck der 1. Auflage war bei den Aufgaben i) und h) die Nummerierung vertauscht.

a) $x = 4$ **d)** $x = 2$ **g)** $x = 5$ **j)** $x = -\frac{3}{2}$

b) $x = 5$ **e)** $x = 2$ **h)** $x = -\frac{2}{3}$ **k)** $x = \frac{2ab + a - b}{a + b}$

                                                              (für $x \neq a, x \neq b, b \neq |a|, a \neq 1$)

c) $x = -2$ **f)** $x = -1$ **i)** $x \in \mathbb{R} \setminus \{2,5\}$ **l)** $x = \frac{63}{8}$

2. **a)** $x > 18$ **c)** $x > -1$ **e)** $x > -0,1$

    b) $x < 11$ **d)** $x > 4$ **f)** $x > -\frac{5}{11}$

1. **a)** $L = \{1; -1\}$ **e)** $L = \{-1; 3\}$ **i)** $L = \{-2; 3; -1\}$

    b) $L = \{-2; -5\}$ **f)** $L = \{3; -2\}$ **j)** $L = \{4; -2; 3\}$

    c) $L = \{0,8; 1,2\}$ **g)** $L = \{1; 2; -3\}$ **k)** $L = \{-5; 1; -4\}$

    d) $L = \{8; 6\}$ **h)** $L = \{2; 0; -1\}$ **l)** $L = \{\}$

19

2.   Zu 1a): $S(1|-1)$ Zu 1b): $S(-2|-5)$

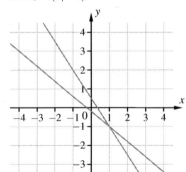 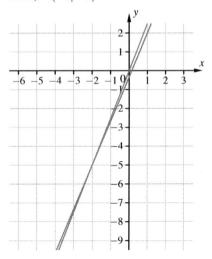

21

1. a) $x = -3$ **e)** $x_1 = -5$ **i)** $x_1 = -5$ **m)** $x_1 = -3{,}5$
                          $x_2 = 2$ $x_2 = -2$ $x_2 = 1$

b) $x_1 = -1$ **f)** $x_1 = -4$ **j)** $x_1 = -5$ **n)** keine Lösung in $\mathbb{R}$
     $x_2 = 5$ $x_2 = 1.5$ $x_2 = 2$

c) $x_1 = -3$ **g)** $x_1 = -5$ **k)** $x_1 = -6$ **o)** $x_1 \approx -0{,}44$
     $x_2 = 1$ $x_2 = 2$ $x_2 = 1$ $x_2 \approx 3{,}64$

d) $x_1 = 2$ **h)** $x_1 = -1$ **l)** $x_1 = -1$
     $x_2 = 4$ $x_2 = 5$ $x_2 = -0{,}5$

2. a) $x_1 = -1$ **b)** $x_1 = 0$ **c)** $x_1 = 0$ **d)** $x_1 = -5$
         $x_2 = 0$ $x_2 = 2$ $x_2 = 15$ $x_2 = 0$

3. a) $x_{1,2} = 5$ **b)** $x_1 = -2$ **c)** $x_1 = 1$ **d)** $x_1 = -7$ **e)** $x_1 = -4$
                        $x_2 = 5$ $x_2 = 2$ $x_2 = 3$ $x_2 = -3$

22

1. a) $\sum\limits_{i=1}^{12} i = \frac{12 \cdot (12+1)}{2} = \mathbf{78}$ **d)** $\sum\limits_{i=1}^{12} 2i = 2 \cdot \sum\limits_{i=1}^{12} i = 2 \cdot \frac{12 \cdot (12+1)}{2} = \mathbf{156}$

b) $\sum\limits_{i=1}^{20} i^2 = \frac{20 \cdot (20+1) \cdot (40+1)}{6} = \mathbf{2870}$ **e)** $\sum\limits_{i=1}^{10} i^3 = \left(\frac{10 \cdot (10+1)}{2} \right)^2 = \mathbf{3025}$

c) $\sum\limits_{i=1}^{11} (2i-1) = 2 \cdot \sum\limits_{i=1}^{11} i - \sum\limits_{i=1}^{11} 1 = 2 \cdot \sum\limits_{i=1}^{11} i - 11$ **f)** $\sum\limits_{i=30}^{70} i = \sum\limits_{i=1}^{70} i - \sum\limits_{i=1}^{29} i$

                $= 2 \cdot \frac{11 \cdot (11+1)}{2} - 11 = \mathbf{121}$ $= \frac{70 \cdot (70+1)}{2} - \frac{29 \cdot (29+1)}{2} = \mathbf{2050}$

2. a) 5050   **b)** 2550   **c)** 2500   **d)** 3775   **e)** 338 350   **f)** 51 336

1 Von Daten zu Funktionen

1.1 Aufbereitung und Darstellung statistischer Daten

Einstiegsseite

Fragestellung:

23

Die Geschäftsführung der Fly Bike Werke GmbH wird in die Produktionsanlage investieren, die Anlass für die meisten Reklamationen ist.

Vor der Entscheidung, in welche der Anlagen investiert werden soll, muss aber die Überlegung stehen, ob überhaupt die absolute Höhe der Reklamationen als Entscheidungskriterium in Frage kommt.

Lösungsweg:

Auf den ersten Blick sind die Anlagen, auf denen das Modell *City Glide* und das Modell *Mountain Unlimited* hergestellt werden, diejenigen mit den meisten Reklamationen (jeweils 100 Reklamationen).

Jedoch ist die absolute Höhe der Reklamationen kein gutes Entscheidungskriterium.

Würden auf einer Anlage A von 1000 Rädern 100 Stück mit Mängeln behaftet sein, auf einer Anlage B aber von 200 hergestellten Rädern ebenfalls 100 Stück mangelhaft sein, dann wird man sicherlich in die Anlage B investieren, weil die Anlage B 50 %, die Anlage A aber lediglich 10 % Ausschuss produzierte.

Die Investition sollte also dort erfolgen, wo – gemessen an der Gesamtproduktion des jeweiligen Modells – am häufigsten reklamiert wird.

Fahrradtyp	Produktion (laut Balkendiagramm)	Anzahl der Reklamationen	prozentualer Anteil der Reklamationen am Absatz
City Glide	1275	100	7,8 %
City Surf	1000	20	2,0 %
Mountain Dispo	475	12	2,5 %
Mountain Constitution	625	15	2,4 %
Mountain Unlimited	1000	100	10,0 %

Mit 10 % des Absatzes wird der Typ *Mountain Unlimited* relativ am häufigsten reklamiert. Die Investition sollte also in die Fertigung dieses Fahrradtyps fließen.

1.1.1 Grundbegriffe

1. Bei a), b), e), f) und h) handelt es sich um quantitative Merkmale, denn es wird gemessen. Bei c), d) und 25 g) handelt es sich um qualitative Merkmale, denn es werden Eigenschaften beschrieben.

25   **2.**

Beispiele für quantitative Merkmale	Beispiele für qualitative Merkmale
a) Anzahl der Rinder	Eierfarbe
Hofgröße	Stallgeruch
Milchleistung	Erzeugnisse
b) Geschwindigkeit	Lackfarbe
Leistung	Fabrikat
Widerstand	Antriebsart
c) Zinssatz	Vertriebsform
Ausgabekurs	Kundenzufriedenheit
Versicherungsprämie	Ursprungsland

3. Art der Skala: **a)** metrisch   **b)** metrisch   **c)** ordinal   **d)** nominal

4. a) Beispiele für metrische Skalen: Geschwindigkeit (in $\frac{km}{h}$)
                                             Länge (in m)
                                             Gewicht (in N)
   b) Beispiele für nominale Skalen: Temperament (cholerisch, melancholisch, ...)
                                             Medienausstattung (Scanner, Beamer, ...)
                                             Familienstand (verheiratet, ledig, ...)
   c) Beispiele für ordinale Skalen: Belastung durch Hausaufgaben (groß, mittel, gering)
                                             Gesundheitszustand (vital, kränklich, todkrank)
                                             Haarfülle (dicht, normal, schütter)

5. a) Individuelle Lösungen je nach Erhebung in der Klasse.
   b) Quantitativ: Alter, Schuhgröße.
        Qualitativ: Geschlecht, Nationalität, Haarfarbe, Konfession.
   c) Individuelle Lösungen je nach Erhebung in der Klasse.

1.1.2   Häufigkeiten und ihre Darstellungen

32   **1.**

Note	1	2	3	4	5	6
absolute Häufigkeit	4	12	18	10	5	1
relative Häufigkeit	0,08	0,24	0,36	0,2	0,1	0,02

Stabdiagramm:

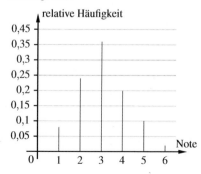

Säulendiagramm:

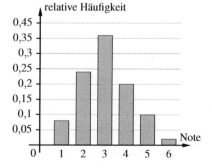

2.

Flow H8	Woohop	Lil'n'Claay	MowPow
500 000 €	400 000 €	300 000 €	300 000 €

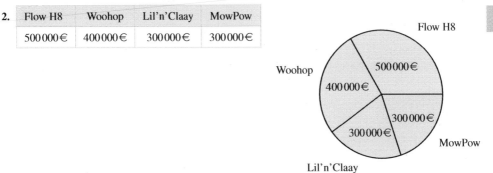

3. a)

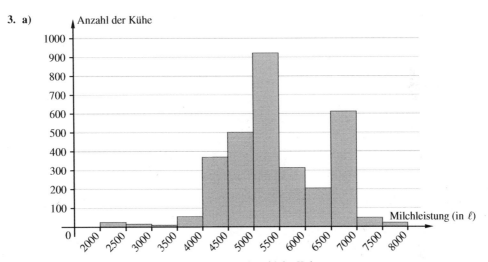

b)

Milchertrag (in ℓ)		Anzahl der
von	bis unter	Kühe
0	2000	0
2000	3000	41
3000	4000	65
4000	5000	872
5000	6000	1235
6000	7000	817
7000	8000	70

c) Die feinere Unterteilung in a) kann für weitere Untersuchungen eine bessere Grundlage bilden. Die gröbere Unterteilung in b) ist übersichtlicher und zeigt z. B. auf einen Blick, dass von 3100 Kühen mehr als $\frac{2}{3}$ eine Milchleistung zwischen 4000 ℓ und 6000 ℓ erbringen. Das sind 2107 Kühe.

32

4. a) *Hinweis*: Richtige Aufgabenstellung für den 1. Druck der 1. Auflage: Stellen Sie die Anzahlen der Bäume, die von einer unterschiedlichen Anzahl von Eiern befallen sind, für die beiden Mittel in je einem Histogramm dar.

Geordnete Daten:

chemisches Mittel	9	12	16	46	50	54	75	89
biologisches Mittel	8	12	15	19	28	38	42	46

chemisches Mittel	112	129	158	187	234	254	265
biologisches Mittel	47	47	57	86	94	124	136

Lösung der Aufgabe für die Klassenbreite 50:

Befall	0 – 49	50 – 99	100 – 149	150 – 199	200 – 249	250 – 299
chemisches Mittel	4	4	2	2	1	2
biologisches Mittel	10	3	2	0	0	0

Biologisches Mittel:

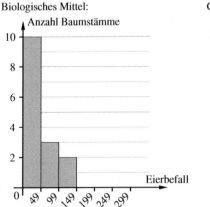

Chemisches Mittel:

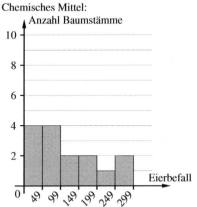

b) Nach Behandlung mit dem biologischen Mittel ist kein Baumstamm mit mehr als 149 Eiern befallen; $\frac{2}{3}$ der Baumstämme weisen einen Befall von höchstens 49 Eiern auf.

c) Das chemische Mittel ist erheblich schlechter wirksam.

Übungen zu 1.1

1. Individuelle Lösungen je nach Erhebung in der Klasse.

2. **a)** Berücksichtigt man, dass die ersten beiden Klassen nur je ein Sechstel der Breite der dritten Klasse haben, dann erkennt man, dass Fernsehen und Internet ganz erheblich öfter genutzt werden als Zeitung und Radio.

   b) Individuelle Lösungen je nach Erhebung in der Klasse.

   c) Individuelle Lösungen je nach Erhebung in der Klasse.

3.

Partei	Zweitstimmen	Sitze
CDU/CSU	33,80 %	38,42 %
SPD	23,03 %	23,47 %
FDP	14,56 %	14,95 %
Die Linke	11,89 %	12,22 %
Grüne	10,71 %	10,93 %
Sonstige	6,01 %	–

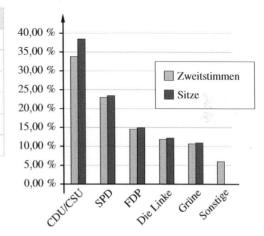

Die relative Häufigkeit bei der Sitzverteilung liegt mit Ausnahme der sonstigen Parteien immer über der relativen Häufigkeit der Zweitstimmen, weil die Sitze nur auf die 5 Parteien verteilt werden, die die Fünf-Prozent-Hürde überspringen. Bei der Berechnung der relativen Häufigkeit der Zweitstimmen werden aber auch die 2 606 902 Stimmen der Parteien berücksichtigt, die diese Hürde nicht überspringen konnten. Der deutlich höhere prozentuale Anteil der CDU/CSU an den Sitzen im Bundestag hängt vermutlich mit der hohen Anzahl von Überhangmandaten zusammen.

4. Die sehr viel höheren Zuwachsraten beim Absatz gründen darauf, dass der Preis für Smartphones stark gesunken ist.

   Durchschnittspreise:

   2009: $\frac{2700 \text{ Mio.} \text{€}}{5,7 \text{ Mio. Stück}} \approx$ **474 € pro Stück**

   2010: $\frac{3600 \text{ Mio.} \text{€}}{9 \text{ Mio. Stück}} =$ **400 € pro Stück**

   2011: $\frac{4100 \text{ Mio.} \text{€}}{11,8 \text{ Mio. Stück}} \approx$ **347 € pro Stück**

33

5. a) Inflationsraten (IR) von 1992 bis 2005 (Quelle: Statistisches Bundesamt, Wiesbaden 2011, Artikel-
nummer: 5611105119004):

Jahr	1992	1993	1994	1995	1996	1997	1998
IR	5,1 %	4,4 %	2,8 %	1,8 %	1,4 %	1,9 %	1,0 %
Jahr	1999	2000	2001	2002	2003	2004	2005
IR	0,6 %	1,4 %	1,9 %	1,5 %	1,0 %	1,7 %	1,5 %

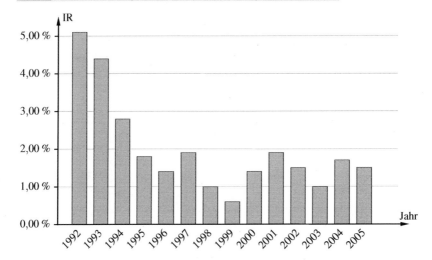

b) Zur Messung der Inflationsrate wird der Verbraucherpreisindex herangezogen, der mithilfe des
Warenkorbs berechnet wird. In diesen Warenkorb gehen die Güter ein, die ein durchschnittlicher
Haushalt (2,3 Personen) konsumiert. Der Warenkorb wird im 5 Jahresrhythmus dem Konsumverhal-
ten der Verbraucher angepasst. So erfolgte im Januar 2013 eine Umstellung von der bisherigen Basis
2005 auf das Basisjahr 2010 ($\Rightarrow$ Neuberechnung der IR ab Januar 2010).

Berechnung der Inflationsrate:
Beträgt der Wert des Warenkorbs in einem bestimmten Jahr z. B. 512 € und im darauffolgenden Jahr
522 €, dann ist die Inflationsrate $\frac{522-512}{512} \approx 0{,}02 = 2\,\%$.

c) Die Gründe für eine Inflation und für Schwankungen der Inflationsrate sind vielfältig und werden
von unterschiedlichen Volkswirtschaftsmodellen unterschiedlich bewertet. Gründe können sein:
- Die Nachfrage ist größer als das Angebot.
- Die Geldmenge und/oder die Umlaufgeschwindigkeit des Geldes steigen bei unveränderter Güter-
produktion.
- Die reale Güterproduktion sinkt bei konstanter Geldmenge.
- Die Preise der Importgüter steigen.

34

6. Die Zuwächse werden im Verhältnis zu der Größe der ganzen Säulen viel zu hoch dargestellt.

7. Die Summe der relativen Häufigkeiten beträgt hier 136 % statt 100 %, weil z. B. in der Menge der Haushalte mit mindestens einem Pkw sowohl die Menge der Haushalte mit mindestens zwei Pkw als auch die Menge der Haushalte mit mindestens drei Pkw enthalten sind.

Verbesserungsvorschlag:

Mindestens 3 Pkw:	6 %
Genau 2 Pkw:	24 %
Genau 1 Pkw:	52 %
Kein Pkw:	18 %

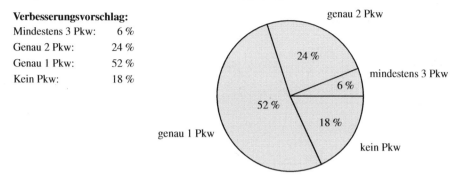

8. Der Anstieg des Pkw-Bestands ist verfälscht dargestellt, weil die Zunahmen in Relation zum Bestand überhöht ausgewiesen werden.

9. **a)** Die untere Darstellung ist ein stärker skalierter Ausschnitt der oberen Darstellung.
  b) Die untere Darstellung eignet sich für schnell reagierende Spekulanten. Die obere Graphik gibt einen Trend wieder. Sie eignet sich eher für eine langfristige Anlagestrategie.

10. Der Kursabfall vom 19.12. zum 27.12. lässt keinen Schluss auf eine mittel- oder langfristige Kursentwicklung zu. Auch vom 21.11. zum 28.11. ist der Kurs gefallen, mittelfristig aber weiter gestiegen. Eine Verkaufsempfehlung nur aufgrund des einmaligen Kursabfalls ist nicht gerechtfertigt.

34

11. a)

Arbeiter	Angestellte	Auszubildende
30 %	65 %	5 %

Beispiele für mögliche Diagramme:

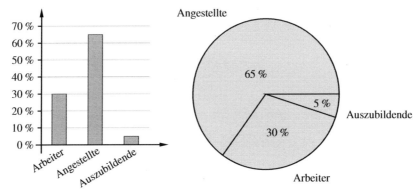

b) Die Anzahl x der Auszubildenden soll 7 % aller Mitarbeiter betragen:

$x = 0{,}07 \cdot (12 + 26 + x) \quad \Rightarrow \quad \boldsymbol{x \approx 3}$

Es müsste ein Auszubildender zusätzlich eingestellt werden.

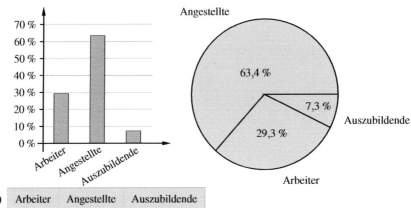

c)

Arbeiter	Angestellte	Auszubildende
29,3 %	63,4 %	7,3 %

Überlegungen:
- Die Quote ist nicht marktkonform.
- Es werden mehr Mitarbeiter ausgebildet als momentan benötigt.
- Einem zukünftigen Facharbeitermangel kann durch eine Quote vorgebeugt werden.
- Eine Quote berücksichtigt keine unternehmensspezifischen Gegebenheiten.

Test zu 1.1

1. a) Umfang der Stichprobe: 20

Anzahl der Merkmalsausprägungen: 10

Merkmalsart: quantitativ

36

b)

Anzahl der Jungen	3	4	5	6	7	8	9	10	11	12
absolute Häufigkeit	1	2	2	4	2	3	2	2	1	1
relative Häufigkeit	5 %	10 %	10 %	20 %	10 %	15 %	10 %	10 %	5 %	5 %

c)

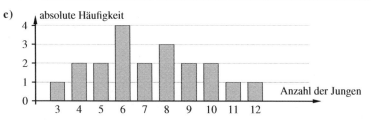

2. a) 175 Haushalte wurden befragt.

b) 25 Haushalte hatten maximal 2 Handys.

c) 150 Haushalte hatten mehr als 2 Handys.

d)

Handyanzahl	0	1	2	3	4	5	6	7
Anzahl Haushalte (in %)	2,86	2,86	8,57	20	34,29	22,86	5,71	2,86

3. Solarstromerzeugung: Stromerzeugung durch erneuerbare Energien:

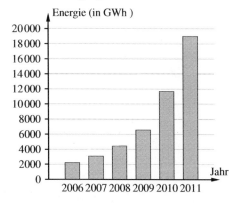

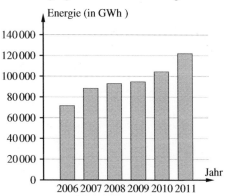

Anteile der Solarstromerzeugung an der Stromerzeugung durch erneuerbare Energien:

2006	2007	2008	2009	2010	2011
3,10 %	3,48 %	4,75 %	6,96 %	11,20 %	15,58 %

36

4. Histogramm:

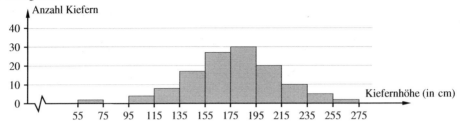

Tabelle der Teilsummen:

bis zu einer Höhe (in cm) von unter	75	95	115	135	155	175	195	215	235	255	275
Kiefernanzahl	2	2	6	14	31	58	88	108	118	123	125

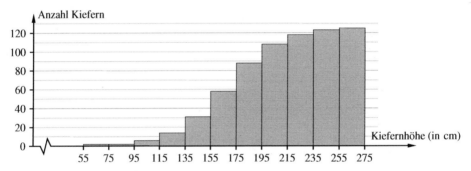

5. Der Kursanstieg während der letzten 2 Börsentage sagt nichts darüber aus, ob der Kurs mittelfristig oder langfristig steigt oder fällt. Für eine Kauf- oder Verkaufsempfehlung müssen mehr Daten – und nicht nur Kurse – hinzugezogen werden.

1.2   Deutung und Bewertung von Daten

Einstiegsseite

Fragestellung:

37

Herr Peters wird das neue Trekkingrad nur dann in die Produktpalette aufnehmen, wenn Produktion und Absatz des neuen Modells auch Gewinn abwerfen. Ein Gewinn wird aber nur erwirtschaftet, wenn der Preis beim Verkauf an die Einzelhändler über den eigenen Produktionskosten liegt.

Da der Vertriebsleiter dem neuen Rad gute Absatzchancen einräumt, wenn die Einzelhändler es zu einem Preis anbieten, der dem Durchschnitt aus den zehn recherchierten Preisen entspricht, berechnet Herr Peters zuerst diesen Durchschnittspreis.

Lösungsweg:

Durchschnittspreis einschließlich der Umsatzsteuer von 19 %:

$$\frac{525,90 + 569,50 + 589,90 + 619 + 649,90 + 665 + 735,95 + 749,90 + 759,95 + 799}{10}\,€ = 666,40\,€$$

Da in den Produktionskosten von 352 € keine Umsatzsteuer enthalten ist, können sie nur mit dem Nettoverkaufspreis verglichen werden. Dazu muss aus dem oben berechneten Bruttoverkaufspreis des Einzelhändlers die Umsatzsteuer herausgerechnet werden.

Nettopreis:	$\frac{666,40}{1,19}\,€ = 560\,€$
Nettoverkaufspreis an den Einzelhandel:	$0,7 \cdot 560\,€ = 392\,€$
(*Hinweis*: Im 1. Druck der 1. Auflage stand 30 % statt 70 %.)	
Produktionskosten pro Rad:	$352\,€$
Gewinn pro Rad:	$40\,€$

Unter den gegebenen Bedingungen machen die Fly Bike Werke einen Gewinn von 40 € pro Rad. Es lohnt sich also, das Trekkingrad in die Produktpalette aufzunehmen.

1.2.1   Lagemaße

41

1. **a)** $x_{aM} = \frac{202}{15} \approx 13,5$ **b)** $x_{Med} = 13$ **c)** $x_{Mod} = 12$

2. März: $x_{aM} \approx 25,1\,\frac{km}{h}$ $x_{Med} = 25\,\frac{km}{h}$ $x_{Mod} = 25\,\frac{km}{h}$
   April: $x_{aM} \approx 25,2\,\frac{km}{h}$ $x_{Med} = 25,1\,\frac{km}{h}$ $x_{Mod} = 25\,\frac{km}{h}$
   Mai: $x_{aM} \approx 25,4\,\frac{km}{h}$ $x_{Med} \approx 25,4\,\frac{km}{h}$ $x_{Mod} = 25,2\,\frac{km}{h}$ $x_{Mod} = 25,4\,\frac{km}{h}$ $x_{Mod} = 25,8\,\frac{km}{h}$

   Es gibt im Mai drei Werte, die je zweimal auftreten.
   Die ermittelten Werte rechtfertigen keine Veränderungen beim Produktionsprozess.

3. $x_{aM} = \frac{0 \cdot 5 + 1 \cdot 6 + 2 \cdot 34 + 3 \cdot 31 + 4 \cdot 21 + 5 \cdot 6 + 6 \cdot 4 + 7 \cdot 1 + 8 \cdot 1 + 9 \cdot 0 + 10 \cdot 1}{100} = 3$

4. Siegen: $x_{aM} = 6$ Fehltage   Dortmund: $x_{aM} = 6$ Fehltage
   $\frac{6}{220} \approx 2,7\,\%$
   Sowohl in Siegen als auch in Dortmund beträgt die durchschnittliche Anzahl von Fehltagen ca. 2,7 %.

5. $x_{aM} = \frac{m + 42 + 18 + 16 + 14 + 10}{6} = 24$ $\Leftrightarrow$ $m = 44$
   Die Mutter ist 44 Jahre alt, also 2 Jahre älter als ihr Mann.

6. Bisheriger Gesamtverbrauch pro 100 km: $30 \cdot 9,5\,\ell = 285\,\ell$

Angestrebter Gesamtverbrauch pro 100 km: $35 \cdot 9,0\,\ell = 315\,\ell$

Die 5 neuen Pkw dürfen zusammen zur $30\,\ell$ pro 100 km verbrauchen, jeder Pkw also im Durchschnitt $6\,\ell$ pro 100 km.

7. Von einem Durchschnittswert lässt sich nicht auf einzelne Werte schließen.

1.2.2   Streuungsmaße

45

1. Preisspanne: $99\,€ - 30\,€ = \mathbf{69\,€}$

Durchschnittspreis: $x_{aM} = \frac{1600}{25}\,€ = \mathbf{64\,€}$

Varianz: $s^2 = \frac{6616}{25}\,€^2 = \mathbf{264{,}64\,€^2}$

Standardabweichung: $s = \sqrt{264{,}64\,€^2} \approx \mathbf{16{,}27\,€}$

2. Gerade Zahlen: $x_{aM} = \dfrac{\sum\limits_{i=1}^{10}(2 \cdot i)}{10} = \dfrac{2 \cdot \sum\limits_{i=1}^{10} i}{10}$

$= \dfrac{2 \cdot \frac{10}{2} \cdot (10+1)}{10} = \mathbf{11}$

$s^2 = \mathbf{33}$

$s \approx \mathbf{5{,}7}$

Ungerade Zahlen: $x_{aM} = \dfrac{\sum\limits_{i=1}^{10}(2 \cdot i - 1)}{10} = \dfrac{\left(2 \cdot \sum\limits_{i=1}^{10} i\right) - 10}{10}$

$= \dfrac{2 \cdot \frac{10}{2} \cdot (10+1) - 10}{10} = \mathbf{10}$

$s^2 = \mathbf{33}$

$s \approx \mathbf{5{,}7}$

Die Varianzen sind gleich, weil die Abstände zum Mittelwert jeweils gleich sind. Gleiche Varianzen bedeuten wegen $s = \sqrt{s^2}$ gleiche Standardabweichungen.

3. März: $x_{aM} \approx 25{,}1\,\frac{km}{h}$ $s = \sqrt{0{,}1116} \approx \mathbf{0{,}33}$

April: $x_{aM} \approx 25{,}2\,\frac{km}{h}$ $s = \sqrt{0{,}1741} \approx \mathbf{0{,}42}$

Mai: $x_{aM} \approx 25{,}4\,\frac{km}{h}$ $s = \sqrt{0{,}1376} \approx \mathbf{0{,}37}$

Auch die Standardabweichungen rechtfertigen keine Änderungen im Produktionsprozess.

4. Zum Vergleich werden die ersten neun bzw. alle zehn Werte berücksichtigt.

a) 9 Werte: $x_{aM} = \frac{26}{9} \approx \mathbf{2{,}9}$ 10 Werte: $x_{aM} = \frac{41}{10} = \mathbf{4{,}1}$

b) 9 Werte:

$s^2 = \dfrac{\left(1-\frac{26}{9}\right)^2 \cdot 3 + \left(2-\frac{26}{9}\right)^2 + ... + \left(5-\frac{26}{9}\right)^2 \cdot 2}{9}$

$\approx \dfrac{22{,}89}{9}$

$\approx \mathbf{2{,}54}$

10 Werte:

$s^2 = \dfrac{(1-4{,}1)^2 \cdot 3 + (2-4{,}1)^2 + ... + (5-4{,}1)^2 \cdot 2 + (15-4{,}1)^2}{10}$

$= \dfrac{154{,}9}{10}$

$= \mathbf{15{,}49}$

5. a) Individuelle Lösungen je nach Erhebung in der Klasse.

b) Für den Mittelwert gilt: $x_{aM} = \frac{1}{n} \cdot \sum\limits_{i=1}^{n} x_i$

Summe der Abweichungen der Beobachtungswerte von ihrem Mittelwert:

$(x_1 - x_{aM}) + (x_2 - x_{aM}) + ... + (x_n - x_{aM}) = \sum\limits_{i=1}^{n} x_i - n \cdot x_{aM} = \sum\limits_{i=1}^{n} x_i - n \cdot \frac{1}{n} \cdot \sum\limits_{i=1}^{n} x_i = \sum\limits_{i=1}^{n} x_i - \sum\limits_{i=1}^{n} x_i = 0$

45

6. a) Aktie 1:

Der Kurs erreicht einen vorläufigen Hochpunkt im August, steigt aber ab Mitte Oktober weiter auf über 600 Punkte bis Ende Januar.

Aktie 2:

Der Kurs steigt von 100 auf 275 Punkte, pendelt dann aber bis Oktober um 200 Punkte, um wieder bis Ende Januar auf fast 400 Punkte zu steigen.

Aktie 3:

Der Kurs steigt bis Mitte Juli auf über 400 Punkte, bricht dann aber ein und fällt bis Mitte Oktober auf 150 Punkte, um bis Januar wieder leicht auf 270 Punkte zu steigen.

Alle drei Aktien hätten im Januar gekauft werden können. Aktie 2 hätte dann besser im April verkauft und im Oktober wieder gekauft werden sollen. Aktie 1 sollte man über den gesamten Zeitraum halten. Aktie 3 hätte im August verkauft werden sollen.

b)

Monats-anfang	Jan.	Feb.	Mrz.	Apr.	Mai	Jun.	Jul.	Aug.	Sep.	Okt.	Nov.	Dez.	Jan.
Kurs Aktie 1	100	100	115	165	200	280	405	490	400	450	500	570	620
Kurs Aktie 2	100	125	145	250	255	170	210	225	210	240	290	400	390
Kurs Aktie 3	100	90	100	135	190	200	300	390	240	200	215	235	270

Aktie 1: $x_{aM} = \frac{4395}{13} \approx \mathbf{338}$ Aktie 2: $x_{aM} = \frac{3010}{13} \approx \mathbf{232}$ Aktie 3: $x_{aM} = \frac{2665}{13} \approx \mathbf{205}$

c) Aktie 1: $s \approx \sqrt{\frac{418\,927}{13}} \approx \mathbf{180}$ Aktie 2: $s \approx \sqrt{\frac{98\,769}{13}} \approx \mathbf{87}$ Aktie 3: $s \approx \sqrt{\frac{90\,150}{13}} \approx \mathbf{83}$

Die Standardabweichung ist als Grundlage für Kauf- und Verkaufsempfehlungen nicht geeignet. Eine kleine Standardabweichung bedeutet nur ein geringes durchschnittliches Abweichen vom Mittelwert. Eine hohe Standardabweichung kann sich auch ergeben, wenn der Kurs ausschließlich stark steigt. Ein Maß für das Risiko ist sie also nicht.

Exkurs: Boxplot

48   1. Geordnete Beobachtungswerte:

	x_1	x_2	x_3	x_4	x_5	x_6	x_7	x_8	x_9	x_{10}	x_{11}	x_{12}	x_{13}	x_{14}	x_{15}
A	20	22	23	24	25	28	28	30	32	33	34	34	35	35	35
B	26	27	28	28	30	30	30	30	30	31	32	32	32	32	32

	Q_1	Q_2	Q_3	Quartilsabstand	Spannweite
Automat A	$x_4 = 24$	$x_{\text{Med}} = 30$	$x_{12} = 34$	$Q_3 - Q_1 = 10$	$35 - 20 = 15$
Automat B	$x_4 = 28$	$x_{\text{Med}} = 30$	$x_{12} = 32$	$Q_3 - Q_1 = 4$	$32 - 26 = 6$

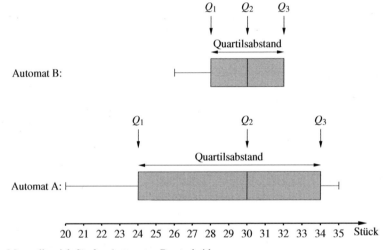

Man sollte sich für den Automaten B entscheiden.

Gründe:

– Das arithmetische Mittel ist (etwas) höher als bei Automat A.

– Die Spannweite ist erheblich kleiner als bei Automat A.

– Der Quartilsabstand ist erheblich kleiner als bei Automat A.

2. Geordnete Klausurpunkte:

M1

0 | 2 | 2 | 4 | 5 | 5 | 5 | 5 | 6 | 7 | 7 | 7 | 8 | 8 | 8 | 9 | 9 | 9 | 9 | 10 | 11 | 12 | 12 | 13

M2

1 | 1 | 2 | 2 | 3 | 3 | 5 | 5 | 6 | 6 | 7 | 7 | 7 | 7 | 8 | 8 | 9 | 9 | 9 | 9 | 9 | 13 | 14 | 14 | 15

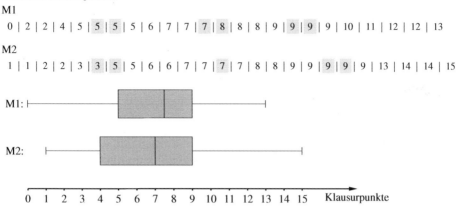

Im mittleren Leistungsbereich zeigt der Kurs 1 die besseren Werte: die mittleren 50 % der Schüler liegen in einem besseren Leistungsbereich als im Kurs 2. Dafür besitzt Kurs 2 einen Spitzenkandidaten mit 15 Punkten.

3. Der Median beträgt 220. 50 % der Anmeldezahlen liegen zwischen 205 und 230 (Quartilsabstand 25). Die Spannweite ist mit 110 sehr hoch.

4. a)

	Tom	Alex
Median	$x_{\text{Med}} = 14{,}5\,\text{m}$	$x_{\text{Med}} = 14{,}55\,\text{m}$
Spannweite	0,7 m	1,0 m
Quartilsabstand	0,4 m	0,7 m

b) Der Trainer sollte sich trotz des geringfügig kleineren Mittelwerts für Tom entscheiden, weil dessen Wurfweiten eine konstantere Leistung versprechen.

Übungen zu 1.2

49

1. Geordnete Punkte:

	x_1	x_2	x_3	x_4	x_5	x_6	x_7	x_8	x_9	x_{10}	x_{11}
A	115	99	93	93	88	86	82	80	78	74	70

	x_{12}	x_{13}	x_{14}	x_{15}	x_{16}	x_{17}	x_{18}	x_{19}	x_{20}	x_{21}	x_{22}
A	67	66	65	63	62	60	48	39	38	32	20

	x_1	x_2	x_3	x_4	x_5	x_6	x_7	x_8	x_9	x_{10}	x_{11}
B	112	105	94	91	90	89	87	86	75	74	72

	x_{12}	x_{13}	x_{14}	x_{15}	x_{16}	x_{17}	x_{18}	x_{19}	x_{20}	x_{21}
B	69	67	66	60	59	58	50	49	35	24

a)

	Kurs A	Kurs B
Spannweite	$115 - 20 = \mathbf{95}$	$112 - 24 = \mathbf{88}$
Median	$x_{\text{Med}} = \frac{x_{11}+x_{12}}{2} = \frac{70+67}{2} = \mathbf{68{,}5}$	$x_{\text{Med}} = x_{11} = \mathbf{72}$
Modalwert	$x_{\text{Mod}} = 93$	existiert nicht
arithmetisches Mittel	$x_{\text{aM}} = \frac{\sum\limits_{i=1}^{22} x_i}{22} = \frac{1518}{22} = \mathbf{69}$	$x_{\text{aM}} = \frac{\sum\limits_{i=1}^{21} x_i}{21} = \frac{1512}{21} = \mathbf{72}$
Standardabweichung	$s = \sqrt{\frac{11482}{22}} \approx \mathbf{23}$	$s = \sqrt{\frac{9842}{21}} \approx \mathbf{22}$

b) Kurs A:

Note	1	2	3	4	5	6
Anzahl	1	5	6	5	4	1

Kurs B:

Note	1	2	3	4	5	6
Anzahl	2	6	5	6	1	1

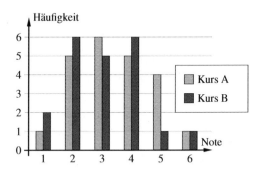

c) Die Leistungen des Kurses B sind besser, der Mittelwert der erreichten Punkte liegt um 3 Punkte höher als bei Kurs A und auch die durchschnittliche Abweichung vom Mittelwert ist um einen Punkt geringer als bei Kurs A.

Bei Kurs B existiert kein Modalwert - er hätte aber bei einer solchen Leistungsaufstellung auch keine Aussagekraft, weil der häufigste Wert überall vorkommen kann.

2. *Hinweis*: Im 1. Druck der 1. Auflage muss die erste Klassenbreite „31 – 35" betragen.

49

a)

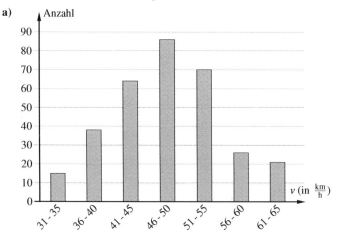

b) $x_{aM} = \frac{1}{320} \cdot (15 \cdot 33 + 38 \cdot 38 + 64 \cdot 43 + 86 \cdot 48 + 70 \cdot 53 + 26 \cdot 58 + 21 \cdot 63) = \textbf{48}$

$s = \sqrt{\frac{17850}{320}} \approx \textbf{7,5}$

c) Keine der Maßzahlen ist geeignet, da durch die niedrigen Geschwindigkeiten die hohen Geschwindigkeiten kompensiert werden. Für eine Entscheidung sollte man nur die relative Anzahl der hohen Geschwindigkeiten (z. B. ab 46 $\frac{km}{h}$) heranziehen.

3. $x_{aM} = \textbf{450 g}$ $s \approx \textbf{2,77 g}$

Die Standardabweichung entspricht ca. 0,6 % vom Sollwert, der auch gleichzeitig Mittelwert ist.
Die Anlage wird reklamiert.

4. A: $x_{aM} = \textbf{23 000 €}$ $s \approx \textbf{6300 €}$

Im März übersteigt der Umsatz (34 000 €) den Mittelwert (23 000 €) um mehr als die Standardabweichung (6300 €).

Provision: $0,3 \cdot 23\,000\,€ + 0,5 \cdot (34\,000\,€ - 23\,000\,€) = \textbf{12 400 €}$

B: $x_{aM} = \textbf{23 000 €}$ $s \approx \textbf{3367 €}$

Im Mai übersteigt der Umsatz (28 000 €) den Mittelwert (23 000 €) um mehr als die Standardabweichung (3367 €).

Provision: $0,3 \cdot 23\,000\,€ + 0,5 \cdot (28\,000\,€ - 23\,000\,€) = \textbf{9400 €}$

5. Hauptversammlung: $x_{aM} = \frac{6\,070\,000}{3100} \approx \textbf{1958,06}$

50

Betriebsrat: $x_{aM} = \frac{6\,445\,000}{3100} \approx \textbf{2079,03}$

Durch die veränderte Skalierung wird dem Betriebsrat ein höheres Durchschnittseinkommen mitgeteilt als den Aktionären.

50

6. a) SOLL: $\quad x_{aM} = \frac{50+75}{2}\,\text{GE} = \mathbf{62{,}5\,GE}$

IST: $\qquad x_{aM} = \frac{55+60+4\cdot65+3\cdot70+80}{10}\,\text{GE} = \mathbf{66{,}5\,GE}$

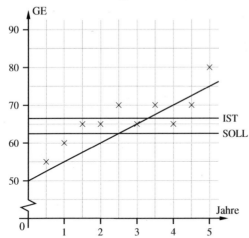

b) Mittlere absolute Abweichung: **4,8 GE**

$s \approx \mathbf{6{,}34\ GE}$

7. a) Personalflüge: $\quad x_{aM} = \mathbf{1{,}8\,Mrd.\,€}$

Frachtflüge: $\qquad x_{aM} = \mathbf{1{,}82\,Mrd.\,€}$

b) Personalflüge: $\quad s \approx \mathbf{0{,}97\,Mrd.\,€}$

Frachtflüge: $\qquad s \approx \mathbf{0{,}72\,Mrd.\,€}$

Die Durchschnittswerte unterscheiden sich nur relativ gering um 20 Mio. €. Allerdings liegt die durchschnittliche Abweichung im Personenflugverkehr um 250 Mio. € über der im Frachtflugverkehr. Basierend auf diesen beiden Maßzahlen sollte sich das Unternehmen auf die Frachtflüge spezialisieren.

Test zu 1.2

1. a) $x_{aM} \approx 8{,}78$ $x_{Med} = 8$ $x_{Mod} = 8$

    b) $x_{aM} \approx 5{,}46$ $x_{Med} = 4$ $x_{Mod} = 2$

    c) Der Modalwert ist „rot", die beiden anderen Werte existieren nicht.

2. a)

Quartal	1	2	3	4
x_{aM} (in Mio. €)	5,67	7	6,67	7,67

Im Durchschnitt sind die Gewinne im 1. Quartal am geringsten, im 4. Quartal am höchsten.

   b)

Jahr	1	2	3
x_{aM} (in Mio. €)	6	5,75	8,5

Im dritten Jahr findet ein Gewinnsprung statt.

   c) Der Mittelwert über alle drei Jahre beträgt 6,75 Mio. €. Er ist so groß wie der Mittelwert über alle vier Mittelwerte der einzelnen Quartale und ebenso groß wie der Mittelwert über die Mittelwerte der einzelnen Jahre.

3. Eva : $x_{aM} \approx 6{,}82$ $s \approx 0{,}17$

    Paula : $x_{aM} = 6{,}65$ $s \approx 0{,}42$

    Paula springt im Durchschnitt 17 cm kürzer; außerdem weichen ihre Sprünge durchschnittlich um 42 cm vom Mittelwert ab, bei Eva beträgt die durchschnittliche Streuung nur 17 cm. Deshalb sollte sich der Trainer für Eva entscheiden.

4. $x_{aM} = \frac{82\,930 + x_6}{12} = 8050 \quad \Leftrightarrow \quad x_6 = 13\,670$

    Der Umsatz im Juni beträgt 13 670 €.

1.3   Einführung in die Funktionen

Einstiegsseite

53

Fragestellung:

Frau Nemitz-Müller muss zuerst eine geeignete Form finden, die vier Angebote so aufzulisten, dass man sie leicht vergleichen kann. Für eine Empfehlung an Herrn Peters muss Frau Nemitz-Müller jedes Angebot mathematisch modellieren, sodass für eine beliebige gewünschte Einkaufsmenge das günstigste Angebot gefunden werden kann.

Lösungsweg:

Frau Nemitz-Müller verschafft sich zuerst einmal einen Überblick über die vier Angebote, indem sie eine Tabelle aufstellt, in der sie zu ausgewählten Einkaufsmengen die Einkaufskosten auflistet.

Einkaufsmenge (in Stück)	50	150	250	350	450	550
Einkaufskosten (in €) Fahrradteile International	**6450**	**19 350**	32 250	45 150	58 050	70 950
Einkaufskosten (in €) Cycle-Tools-Import	6480	19 360	32 240	45 120	58 000	70 880
Einkaufskosten (in €) Großhandel Gritsch	6800	20 100	**32 150**	**44 950**	**57 750**	**66 150**
Einkaufskosten (in €) Bike dream	7000	21 000	35 000	49 000	63 000	69 300

Damit Herr Peters auch zu anderen als den gelisteten Stückzahlen die Einkaufskosten miteinander vergleichen kann, versucht Frau Nemitz-Müller jedes Angebot mathematisch zu erfassen. Dazu stellt sie für jedes Angebot eine Gleichung auf, in der die Einkaufskosten K in Abhängigkeit von den eingekauften Stückzahlen x beschrieben werden.

1. Fahrradteile International: $\qquad K(x) = 129x$

2. Cycle-Tools-Import: $\qquad K(x) = \begin{cases} 128x + 80; & 0 < x \leq 100 \\ 128x + 160; & 100 < x \leq 200 \\ 128x + 240; & 200 < x \leq 300 \\ \quad \dots & \qquad \dots \end{cases}$

3. Fahrradgroßhandel Gritsch: $\qquad K(x) = \begin{cases} 133x + 150; & 0 < x < 199 \\ 128x + 150; & 200 \leq x < 499 \\ 120x + 150; & 500 \leq x \end{cases}$

4. Bike dream: $\qquad K(x) = \begin{cases} 140x; & 0 < x < 499 \\ 126x; & 500 \leq x \end{cases}$

Wenn Herr Peters z. B. die Einkaufskosten für 164 Federgabeln miteinander vergleichen will, dann kann er sie jetzt anhand der Gleichungen berechnen:

Fahrradteile International:	$K(164) = 129 \frac{€}{\text{Stück}} \cdot 164 \, \text{Stück}$	$= 21\,156\,€$
Cycle-Tools-Import:	$K(164) = 128 \frac{€}{\text{Stück}} \cdot 164 \, \text{Stück} + 160\,€$	$= \mathbf{21\,152\,€}$
Großhandel Gritsch:	$K(164) = 133 \frac{€}{\text{Stück}} \cdot 164 \, \text{Stück} + 150\,€$	$= 21\,962\,€$
Bike dream:	$K(164) = 140 \frac{€}{\text{Stück}} \cdot 164 \, \text{Stück}$	$= 22\,960\,€$

Bei einer Bestellung von 164 Stück wäre das Angebot von Cycle-Tools-Import am günstigsten.

1.3.1   Zuordnungen

1. a)

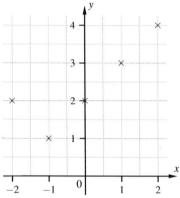

c)

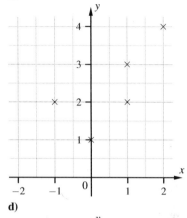

57

b)

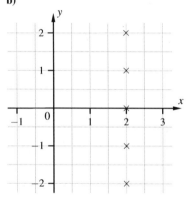

d)

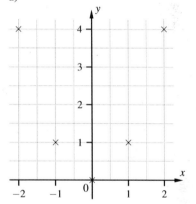

2. a)

x	-2	-1	0	1	2
y	2	2	2	2	2

b)

x	-2	-1	0	1	2
y	4	1	0	1	4

c)

x	-2	-2	-2	-2	-2
y	-1	0	1	2	3

d)

x	0	1	1	4	4	9	9
y	0	-1	1	-2	2	-3	3

57

3. a) $y > x$

x	y
2	3
2	4
2	5
2	6
2	7
2	8
2	9
2	10
2	11
2	12
2	13
2	14
2	15
2	16
...	...

x	y
...	...
3	4
3	5
3	6
3	7
3	8
3	9
3	10
3	11
3	12
3	13
3	14
3	15
3	16
...	...

x	y
...	...
4	5
4	6
4	7
4	8
4	9
4	10
4	11
4	12
4	13
4	14
4	15
4	16

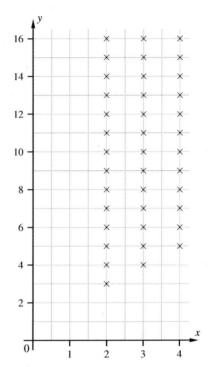

b) $y < x$

x	2	3	3	4	4	4
y	1	1	2	1	2	3

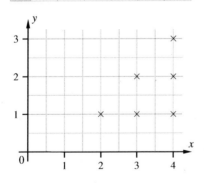

c) $y = x$

x	2	3	4
y	2	3	4

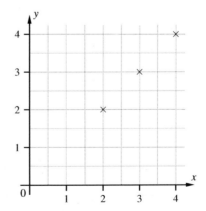

d) $y = x^2$

x	2	3	4
y	4	9	16

e) $y = 2x$

x	2	3	4
y	4	6	8

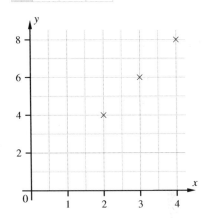

f) $y = x + 1$

x	2	3	4
y	3	4	5

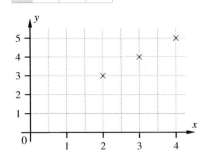

4. a) 3   **b)** 1   **c)** 4   **d)** 2

5. a) x: Produktion (in ME); y: Kosten (in GE). Die Stückkosten betragen $2\,\frac{\text{GE}}{\text{ME}}$.

   b) x: Zahl; y: Teiler von x.

   c) x: Produktion (in ME); y: Gesamtkosten (in GE).
   Die Stückkosten betragen $1{,}5\,\frac{\text{GE}}{\text{ME}}$ bei Fixkosten von 5 GE.

   d) x: Zeit (in s); y: Weg (in m). Die Geschwindigkeit beträgt $2\,\frac{\text{m}}{\text{s}}$.

   e) x: Anzahl der Personen y: Kosten (in $\frac{\text{GE}}{\text{Person}}$). Eine Busfahrt kostet 12 GE.

58

6. a) $y_2 = 20x$

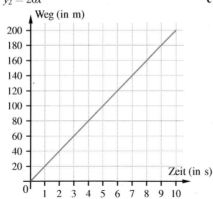

c) $y_3 = -5x^2 + 50x$

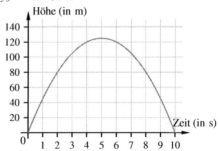

b) $y_4 = 0{,}8x + 6$

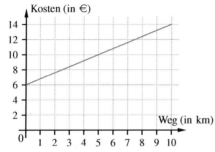

d) $y_1 = 400x$

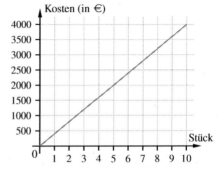

7. a) ca. 5,8 Mrd.

b) 1990

c) Ist x die Anzahl der Jahre, die seit 1950 vergangen sind, und y die Bevölkerungszahl (in Mrd.), dann gilt bei einem linearen Verlauf ungefähr:
$$y = 0{,}06x + 2{,}6$$

d) $y = 0{,}06 \cdot 100 + 2{,}6 = \mathbf{8{,}6}$

e) Informationen findet man auf den Internetseiten des Statistischen Bundesamts oder der Bundeszentrale für politische Bildung.

8. a)

t (in h)	0	0,5	1	1,5	2	2,5	3	3,5	4	4,5	5
Anzahl	10	20	40	80	160	320	640	1280	2560	5120	10240

58

b)

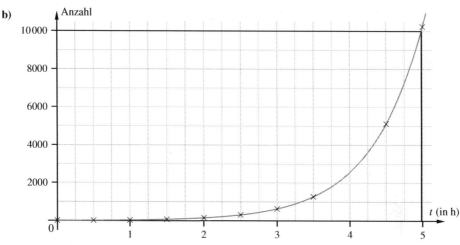

c) nach fast 5 Stunden

1.3.2   Funktionen

1. a) $f(-2) = -2$ $f(0) = 0$ $f(2) = 2$ $f(10) = 10$

61

    b) $f(-2) = -12$ $f(0) = -10$ $f(2) = -8$ $f(10) = 0$

    c) $f(-2) = 8$ $f(0) = 4$ $f(2) = 0$ $f(10) = -16$

    d) $f(-2) = 4$ $f(0) = 0$ $f(2) = 4$ $f(10) = 100$

    e) $f(-2) = 4$ $f(0) = 0$ $f(2) = 4$ $f(10) = 100$

    f) $f(-2) = 0$ $f(0) = 4$ $f(2) = 0$ $f(10) = -96$

2. a) A, C, E   **b)** B, C

3. Die Zuordnungen aus den Aufgaben 1.a), 1.d), 2.a), 2.b), 3.c), 3.d), 3.e) und 3.f) sind Funktionen, weil jedem Element aus der Definitionsmenge genau ein Element aus der Zielmenge zugeordnet ist.
Die Zuordnungen aus den Aufgaben 1.b), 1.c), 2.c), 2.d), 3.a) und 3.b) sind keine Funktionen, weil mindestens einem Element aus der Definitionsmenge mehr als ein Element aus der Zielmenge zugeordnet ist.

61

4. a) $D = \mathbb{R} \setminus \{0\}$

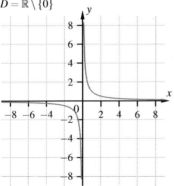

b) $D = \{x \mid x \geq 0 \text{ und } x \in \mathbb{R}\}$ und
$W = \{x \mid x \geq 0 \text{ und } x \in \mathbb{R}\}$

$D = \{x \mid x \geq 0 \text{ und } x \in \mathbb{R}\}$ und
$W = \{x \mid x \leq 0 \text{ und } x \in \mathbb{R}\}$

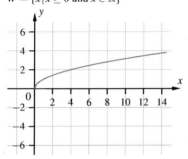

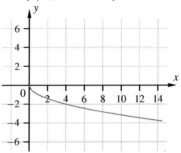

c) $D = \{x \mid -5 \leq x \leq 5 \text{ und } x \in \mathbb{R}\}$ und
$W = \{x \mid x \geq 0 \text{ und } x \in \mathbb{R}\}$

$D = \{x \mid -5 \leq x \leq 5 \text{ und } x \in \mathbb{R}\}$ und
$W = \{x \mid x \leq 0 \text{ und } x \in \mathbb{R}\}$

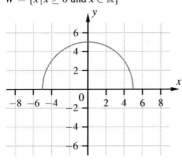

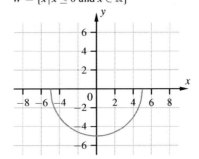

5. Die Zuordnung ist eine Funktion mit der Funktionsgleichung $f(x) = 0{,}197x + 92$.
Dabei ist x der Verbrauch in kWh und $f(x)$ der Rechnungspreis in €.
Definitionsbereich: $D_f = \{x \mid x \geq 0 \text{ und } x \in \mathbb{R}\}$
Wertebereich: $W_f = \{f(x) \mid f(x) \geq 92 \text{ und } f(x) \in \mathbb{R}\}$

6.

Farbe	grün	rot	blau	weiß
Gewinn	0€	1€	1€	2€

Die Zuordnung ist eine Funktion, weil jeder Farbe genau ein Gewinn zugeordnet wird.

7.

Jahr	2006	2007	2008	2009	2010	2011
Gewinn	25 GE	30 GE	45 GE	35 GE	40 GE	50 GE

Die Zuordnung ist eine Funktion, weil zu jedem Jahr genau ein Gewinn gehört.

8. a) Erlös beim Verkauf von 8 Fahrrädern:

$299{,}25\,€ \cdot 8 = \mathbf{2394\ €}$

b) Für den Erlös E (in €) gilt:

$E(x) = 299{,}25 \cdot x$

$D_E = \mathbb{N}$

$W_E = \{E(x)\,|\,E(x) \geq 0 \text{ und } E(x) \in \mathbb{R}\}$

d) $E(x) \geq 50\,000 \quad\Leftrightarrow\quad 299{,}25 \cdot x \geq 50\,000$

$\Leftrightarrow\quad x \geq \mathbf{167{,}08}$

Es müssen mindestens 168 Räder verkauft werden, damit der Erlös mindestens 50 000 € beträgt.

c)

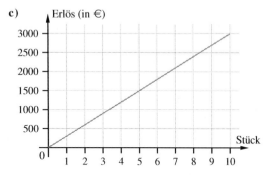

Übungen zu 1.3

1. a) Funktion mit $f(x) = |x|$. Jedem $x \in \mathbb{R}$ mit $-3{,}5 \leq x \leq 3{,}5$ ist genau ein Wert (sein absoluter Betrag) zugeordnet.

b) Funktion, die jeder natürlichen Zahl x die Anzahl ihrer Teiler zuordnet.
Werte für die ersten zehn natürlichen Zahlen:

x	0	1	2	3	4	5	6	7	8	9	...
Anzahl der Teiler von x	0	1	2	2	3	2	4	2	4	3	

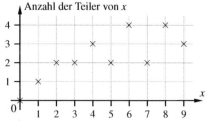

c) Funktion, weil jeder der fünf Zahlen für x genau eine Zahl (ihre Quadratzahl) zugeordnet wird.

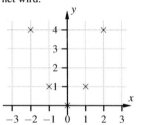

d) Funktion, weil jeder der fünf Zahlen für x genau eine Zahl (die Zahl 2) zugeordnet wird.

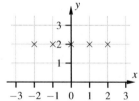

61

62

62

2. a)

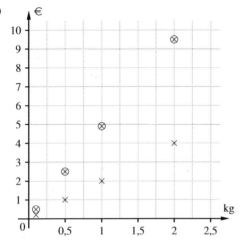

| ⊗ | gepflückt |
| × | selbstgepflückt |

b) Beide Zuordnungen sind Funktionen, weil jeder Menge genau ein Preis zugeordnet ist.

$D = \{100\,g;\ 500\,g;\ 1000\,g;\ 2000\,g\}$

$W = \{0{,}50\,€;\ 2{,}50\,€;\ 4{,}90\,€;\ 9{,}50\,€\}$

$W_{selbstgepflückt} = \{0{,}20\,€;\ 1\,€;\ 2\,€;\ 4\,€\}$

c) Für x (in kg) selbstgepflückte Erdbeeren ergibt sich der Preis P (in €): $P(x) = 2 \cdot x$

d) Wenn für 5 kg gepflückte Erdbeeren 5 € Pflückerlohn anfallen, dann kostet jedes Kilogramm Erdbeeren im Durchschnitt 1 €.

Angaben aller Preise in Euro:

		0,1 kg	0,5 kg	1 kg	2 kg
	Erlös	0,5	2,5	4,9	9,5
gepflückt	Kosten	0,1	0,5	1	2
	Gewinn	0,4	2,0	3,9	7,5
selbstgepflückt	Gewinn = Erlös	0,2	1	2	4

In jedem Fall ist der Gewinn bei gepflückten Erdbeeren größer als bei den selbstgepflückten.

3. a)

	Mo.	Di.	Mi.	Do.	Fr.	Sa.	x_{aM}	Summe x_{aM}
6:00 − 8:00	45	51	48	56	55	30	47,5	47,5
8:00 − 10:00	44	43	52	36	34	74	47,2	94,7
10:00 − 12:00	46	42	32	48	44	51	43,8	138,5
12:00 − 14:00	45	45	47	60	62	50	51,5	190,0
14:00 − 16:00	63	69	87	37	80	50	64,3	254,3
16:00 − 18:00	17	22	23	24	25	15	21,0	275,3
18:00 − 20:00	5	7	4	10	8	4	6,3	281,6

b)

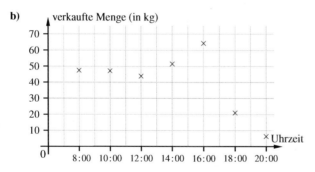

c)

Uhrzeit	6:00	8:00	10:00	12:00	14:00	16:00	18:00	20:00
Kosten	150€	180€	210€	240€	270€	300€	330€	360€

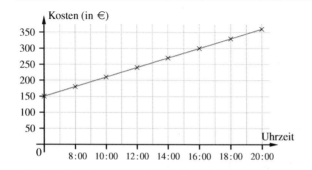

d)

verkaufte Menge	47,5 kg	94,7 kg	138,5 kg	190 kg	254,3 kg	275,3 kg	281,6 kg
Kosten		180€	210€	240€	270€	300€	330€	360€

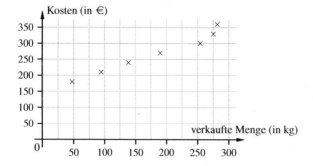

e) Berechnung der Verkaufskosten pro kg:

Uhrzeit	8:00	10:00	12:00	14:00	16:00	18:00	20:00
€ pro kg	3,79	2,22	1,73	1,42	1,18	1,20	1,28

Der Verkaufsstand sollte bis 16 Uhr geöffnet sein, dann sind die Kosten pro Kilogramm am geringsten.

Bis 16 Uhr werden an allen Wochentagen (einschließlich Samstag) im Durchschnitt ca. 250 kg verkauft; das sollte dann auch die tägliche Liefermenge sein.

Test zu 1.3

64

1. a)

x	1	2	2	3	3	3	4	4	4	4	5	5	5	5	5
y	0	0	1	0	1	2	0	1	2	3	0	1	2	3	4

Keine Funktion, weil z. B. der Zahl 5 fünf Werte zugeordnet sind.

b)

x	2	3	3	4	4	4	5	5	5	5
y	0	0	1	0	1	2	0	1	2	3

Keine Funktion, weil z. B. der Zahl 5 vier Werte zugeordnet sind.

c)

x	1
y	0

Keine Funktion, weil z. B. der Zahl 2 kein Wert zugeordnet ist.

d)

x	1	2	3	4	5
y	1	2	3	4	5

Funktion, weil jedem Element aus A genau ein Element aus Z zugeordnet ist.

e)

x	1	2	3	4	5
y	2	4	5	8	10

Funktion, weil jedem Element aus A genau ein Element aus Z zugeordnet ist.

2. In der linkten und der rechten Graphik gibt es Werte für x, denen mindestens zwei Werte für y zugeordnet werden, deshalb sind es keine Graphen von Funktionen.
Die mittlere Graphik ist die einer Funktion, wenn ihr Definitionsbereich eingeschränkt ist auf
$D = \{x \mid 0 \leq x \leq a \text{ und } f(a) = 0\}$.

3. a) Funktion, da zu jeder Person genau eine Ausweisnummer gehört.
   b) Keine Funktion, da eine Person auch mehrere Telefonanschlüsse haben kann.
   c) Keine Funktion, da dasselbe Produkt in unterschiedlichen Mengen verkauft wird.
   d) Keine Funktion, da es Endprodukte gibt, die aus mehreren verschiedenen Rohstoffen gefertigt werden.
   e) Keine Funktion, da es Rohstoffe gibt, die in mehrere unterschiedliche Endprodukte eingehen.

4. a) P und Q liegen auf dem Graphen von f.
   b) Q und R liegen auf dem Graphen von f.

5. a) Falsch, eine Funktion kann mehrere Nullstellen haben.
   b) Wahr, da sonst der 0 mehrere y-Werte zugeordnet wären.
   c) Falsch, da eine Funktion auch nur positive bzw. nur negative Funktionswerte haben kann.
   d) Falsch, da 0 nicht zum Definitionsbereich einer Funktion gehören muss.
   e) Wahr, da dieser Stelle sonst mehrere y-Werte zugeordnet wären.
   f) Falsch, da auch bei weiteren Schnittpunkten noch jedem x-Wert genau ein y-Wert zugeordnet ist.

6. a) Für die Anzahl der Tage x und das Taschengeld (in €) gilt:

Vorschlag der Eltern: $y_E = 3 + 2 \cdot (x - 1)$
$= 2x + 1$
Vorschlag der Tochter: $y_T = 0,2 \cdot 2^{x-1}$

x	1	2	3	4	5	6	7	8	9	10
y_E	3,00	5,00	7,00	9,00	11,00	13,00	15,00	17,00	19,00	21,00
y_T	0,20	0,40	0,80	1,60	3,20	6,40	12,80	25,60	51,20	102,40

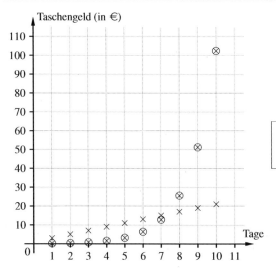

⊗ Vorschlag der Tochter
× Vorschlag der Eltern

b) $D = \{n \,|\, 1 \le n \le 10 \text{ und } n \in \mathbb{N}\}$;
$W_E = \{3,00€; 5,00€; 7,00€; 9,00€; 11,00€; 13,00€; 15,00€; 17,00€; 19,00€; 21,00€\}$
$W_T = \{0,20€; 0,40€; 0,80€; 1,60€; 3,20€; 6,40€; 12,80€; 25,60€; 51,20€; 102,40€\}$

c) Summiertes Taschengeld:

x	1	2	3	4	5	6	7	8	9	10
y_E	3,00	8,00	15,00	24,00	35,00	48,00	63,00	80,00	99,00	120,00
y_T	0,20	0,60	1,40	3,00	6,20	12,60	25,40	51,00	102,20	204,60

Der eigene Vorschlag ist für die Tochter günstiger. Auf dieser Basis erhielte sie insgesamt 204,60 €, während sie auf der Grundlage des elterlichen Vorschlags nur 120 € erhielte. Allerdings hat sie dann die ersten Tage nur sehr wenig Taschengeld zur Verfügung.

2 Umgang mit Zufall und Wahrscheinlichkeit

2.1 Grundbegriffe der Wahrscheinlichkeitstheorie

Einstiegsseite

65

Fragestellung:

Wir müssen entscheiden, ob nach dem formulierten Ziel Maßnahmen ergriffen werden müssen oder nicht. Für das nächste Jahr wird die Statistik aus dem aktuellen Jahr als Grundlage genommen. Gesucht sind die Monate, in denen die Wahrscheinlichkeit der Abwesenheit über 25 % liegt.

Lösungsweg:

Die Abwesenheitsliste in der Produktionsabteilung zeigt nur die absolute Häufigkeit der Abwesenheit. Beziehen wir die Fehlzeiten auf die 12 Mitarbeiter der Abteilung, erhalten wir die relative Häufigkeit der Abwesenheit. Daraus schließen wir auf die entsprechenden Wahrscheinlichkeiten der Fehlzeiten.

Monat	Jan.	Febr.	März	April	Mai	Juni	Juli	Aug.	Sept.	Okt.	Nov.	Dez.
Abwesende	3	3	2	0	1	2	4	2	1	4	3	5
relative Häufigkeit	$\frac{3}{12}$	$\frac{3}{12}$	$\frac{2}{12}$	0	$\frac{1}{12}$	$\frac{2}{12}$	$\frac{4}{12}$	$\frac{2}{12}$	$\frac{1}{12}$	$\frac{4}{12}$	$\frac{3}{12}$	$\frac{5}{12}$
Wahrscheinlichkeit	25 %	25 %	≈ 17 %	0 %	≈ 8 %	≈ 17 %	≈ 33 %	≈ 17 %	≈ 8 %	≈ 33 %	25 %	≈ 42 %

Gemäß der Zielformulierung müssten in den Monaten Juli, Oktober und Dezember zusätzliche Mitarbeiter eingestellt werden.

2.1.1 Zufallsexperiment, Ergebnisse und Ereignisse

69

1. **a)** $\Omega = \{0; 1; 2; 3; 4; 5; 6; 7; 8; 9\}$

   b) $E = \{2; 3; 5; 7\}$

   c) $E_0 = \{0\}$, $E_1 = \{1\}$, $E_2 = \{2\}$, $E_3 = \{3\}$, $E_4 = \{4\}$,
   $E_5 = \{5\}$, $E_6 = \{6\}$, $E_7 = \{7\}$, $E_8 = \{8\}$, $E_9 = \{9\}$.

   d) $E_1 = \{x \,|\, x$ ist durch 3 teilbar.$\}$
   $E_2 = \{x \,|\, x$ ist gerade.$\}$
   $E_3 = \{x \,|\, x$ ist nicht ungerade.$\}$
   E_4 ist das unmögliche Ereignis.
   $E_5 = \Omega$ (E_5 ist das sichere Ereignis.)

2. **a)** $E_1 = \{2; 4; 6; ...; 34; 36\}$
   $E_2 = \{1; 2; 3; ...; 17; 18\}$
   $E_3 = \{19; 21; 23; ...; 33; 35; 0\}$

   b) $E_1 \cup E_2 = \{1; 2; 3; 4; ...; 17; 18; 20; 22; ...; 34; 36\}$
   $E_1 \cap E_2 = \{2; 4; 6; ...; 16; 18\}$
   $E_1 \cap E_3 = \{\}$

3. a) $A = \{1;\ 3;\ 5\}$ $B = \{4;\ 5;\ 6\}$ $A \cup B = \{1;\ 3;\ 4;\ 5;\ 6\}$

69

b) $A = \{2;\ 4;\ 6\}$ $B = \{1;\ 2;\ 3;\ 4\}$ $A \cap B = \{2;\ 4\}$

c) $A = \{2;\ 3;\ 5\}$ $B = \{6\}$ $A \cap B = \{\ \}$

4.

Ω	E_2	$\overline{E_2}$	Summe
E_1	$E_1 \cap E_2 = \{2;\ 4\}$ $25\,\%$	$E_1 \cap \overline{E_2} = \{1;\ 3\}$ $25\,\%$	$\{1;\ 2;\ 3;\ 4\}$ $50\,\%$
$\overline{E_1}$	$\overline{E_1} \cap E_2 = \{6;\ 8\}$ $25\,\%$	$\overline{E_1} \cap \overline{E_2} = \{5;\ 7\}$ $25\,\%$	$\{5;\ 6;\ 7;\ 8\}$ $50\,\%$
Summe	$\{2;\ 4;\ 6;\ 8\}$ $50\,\%$	$\{1;\ 3;\ 5;\ 7\}$ $50\,\%$	$\{1;\ 2;\ 3;\ 4;\ 5;\ 6;\ 7;\ 8\}$ $100\,\%$

2.1.2 Von der relativen Häufigkeit zur Wahrscheinlichkeit

1. a) Beim 100-maligen Werfen fallen zum Beispiel 68 auf die Seite und 32 auf den Kopf (ohne Berück-sichtigung von Beschaffenheit der Reißzwecke, Wurfhöhe, Bodenbeschaffenheit usw.).
Es gibt also zwei Ereignisse, für die gilt: $P(\text{Kopf}) = 0{,}32$
$$P(\text{Seite}) = 0{,}68$$

75

b) Es gilt für beide Ereignisse: $P(\text{Kopf}) \geq 0$
$$P(\text{Seite}) \geq 0$$
$$P(\text{Kopf}) + P(\text{Seite}) = 0{,}32 + 0{,}68 = 1$$
Da die Reißzwecke nur entweder auf den Kopf oder auf die Seite fallen kann, ist die Schnittmenge beider Ereignisse leer. Deshalb gilt dann: $P(\text{Kopf} \cup \text{Seite}) = P(\text{Kopf}) + P(\text{Seite})$

c) Wie schon in a) erwähnt, hängt der Ausgang solcher Experimente von deren Voraussetzungen ab.

2. a) $\sum\limits_{i=1}^{4} P(E_i) = 1$

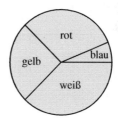

Wenn die Sektoren gleich groß sind und 1 blauer Sektor, 5 rote Sektoren, 4 gelbe Sektoren und 6 weiße Sektoren existieren, dann sind die gegebenen Wahrscheinlichkeiten möglich.

$P(E_1) = \frac{1}{16}$; $P(E_2) = \frac{5}{16}$; $P(E_3) = \frac{1}{4}$; $P(E_4) = \frac{3}{8}$.

b) Die Wahrscheinlichkeiten sind möglich, weil die Axiome von Kolmogoroff erfüllt sind:
1. $P(E_i) \geq 0$ $(i = 1;\ 2;\ 3;\ 4)$
2. $P(\Omega) = \sum\limits_{i=1}^{4} P(E_i) = 1$
3. Es gibt $2^4 = 16$ Teilmengen von Ω. Für alle diese Teilmengen E_i $(i = 1;\ 2;\ ...;\ 16)$ gilt:
   $P(E_i \cup E_j) = P(E_i) + P(E_j)$ $(i, j = 1;\ 2;\ ...;\ 16)$, falls $P(E_i) \cap P(E_j) = \{\}$ gilt.

c) $P(E_1 \cup E_2) = \frac{1}{16} + \frac{5}{16} = \frac{3}{8}$

d) Das Glücksrad könnte z. B. in 16 gleich große Sektoren eingeteilt sein, von denen 1 Sektor blau, 5 Sektoren rot, 4 Sektoren gelb und 6 Sektoren weiß sind.

75

3. Ein Tippkickball besteht aus 6 Quadraten und 8 gleichseitigen Dreiecken, jede „Ballhälfte" somit aus 3 Quadraten und 4 gleichseitigen Dreiecken. Eine Ballhälfte ist schwarz, die andere weiß. Er wird 100-mal geworfen, die einzelnen Ergebnisse werden notiert.

a) Da der Ball immer auf ein Quadrat (E_1) oder ein Dreieck (E_2) fällt, kann man jeder Fläche über die relativen Häufigkeiten eine (positive) Wahrscheinlichkeit zuordnen. Die Summe dieser Wahrscheinlichkeiten ergibt somit 1. Da die Schnittmenge beider Ereignisse leer ist, gilt:
$$P(E_1 \cup E_2) = P(E_1) + P(E_2)$$

b) Mit einer Wahrscheinlichkeit von je 50 % fällt der Tippkickball auf die weiße (E_1) bzw. schwarze Hälfte (E_2). Es gilt also:
$$P(E_1) = P(E_2) = 0{,}5 \quad (P(E_1), P(E_2) \geq 0)$$
$$P(E_1) + P(E_2) = 0{,}5 + 0{,}5 = 1$$
Weiterhin gilt $E_1 \cap E_2 = \{\}$, also $P(E_1 \cup E_2) = P(E_1) + P(E_2)$.

4. Da jedem Elementarereignis eine Wahrscheinlichkeit zugeordnet wird und die Elementarereignisse alle unabhängig voneinander geschehen, ist ihre Schnittmenge leer und die Summe ihrer Wahrscheinlichkeiten 1.

5.
$$\begin{aligned} P(E_1) &= P(\{3\}) + P(\{4\}) \\ &= \frac{3}{8} + \frac{7}{40} \\ &= \frac{11}{20} \end{aligned} \qquad \begin{aligned} P(E_2) &= P(\{1\}) + P(\{3\}) \\ &= \frac{1}{4} + \frac{3}{8} \\ &= \frac{5}{8} \end{aligned} \qquad \begin{aligned} E_1 \cap E_2 &= \{3\} \\ \Rightarrow P(E_3) &= 1 - \frac{3}{8} \\ &= \frac{5}{8} \end{aligned}$$

$$\begin{aligned} \overline{E_1} \cap E_2 &= \{1\} \\ \Rightarrow P(E_4) &= 1 - \frac{1}{4} \\ &= \frac{3}{4} \end{aligned} \qquad \begin{aligned} E_1 \cap \overline{E_2} &= \{4\} \\ \Rightarrow P(E_5) &= \frac{7}{40} \end{aligned} \qquad \begin{aligned} \overline{E_1} \cup \overline{E_2} &= \{1; 2; 4\} \\ \Rightarrow P(E_6) &= P(\{3\}) \\ &= \frac{3}{8} \end{aligned}$$

6. a)

Ω	E_1	$\overline{E_1}$	Summe
E_2	{2} 0,1	{3; 4} 0,4	0,5
$\overline{E_2}$	{1} 0,3	{5; 6} 0,2	0,5
Summe	0,4	0,6	1

b₁) $\overline{E_1} = \{3; 4; 5; 6\}$ c₁) $P(\overline{E_1}) = 0{,}6$
b₂) $\overline{E_2} = \{1; 5; 6\}$ c₂) $P(\overline{E_2}) = 0{,}5$
b₃) $E_1 \cup E_2 = \{1; 2; 3; 4\}$ c₃) $P(E_1 \cup E_2) = 0{,}8$
b₄) $\overline{E_1} \cap \overline{E_2} = \{5; 6\}$ c₄) $P(\overline{E_1} \cap \overline{E_2}) = 0{,}2$
b₅) $\overline{E_1} \cup \overline{E_2} = \{1; 2; 3; 4\}$ c₅) $P(\overline{E_1} \cup \overline{E_2}) = 0{,}9$
b₆) $E_1 \cap E_2 = \{1\}$ c₆) $P(E_1 \cap E_2) = 0{,}3$
b₇) $\overline{E_1} \cap E_2 = \{3; 4\}$ c₇) $P(\overline{E_1} \cap E_2) = 0{,}4$

7.

Ω	E_2: Weinprobe	$\overline{E_2}$	Summe
E_1: Monte Baldo	0,2	0,2	**0,4**
$\overline{E_1}$	0,4	0,2	0,6
Summe	0,6	0,4	1

$\frac{2}{5}$ der Teilnehmer sollten gemeldet werden.

2.1.3   Laplace-Experimente

1. **a)** Laplace-Experimente mit $P(E) = \frac{1}{10^8}$, da jede Ziffer an jeder Stelle mit der Wahrscheinlichkeit $\frac{1}{10}$ auftreten kann. **77**

   b) Kein Laplace-Experiment, da nicht bekannt ist, ob die Nieten oder Gewinne gleich wahrscheinlich eintreten.

   c) Kein Laplace-Experiment, da die Wahrscheinlichkeiten, einen der 5 Ringe zu treffen, unterschiedlich groß sind.

   d) Laplace-Experiment mit $P(E) = \frac{2}{\text{Anzahl der Kugeln}}$, da alle Kugeln gleich wahrscheinlich ausgewählt werden können.

2. $P(\text{Einzelkarte}) = \frac{1}{32}$

   a) $P(\text{Herz}) = 8 \cdot \frac{1}{32} = \frac{1}{4}$ **b)** $P(\text{schwarzes Ass}) = 2 \cdot \frac{1}{32} = \frac{1}{16}$ **c)** $P(\text{Kreuz-König}) = 1 \cdot \frac{1}{32} = \frac{1}{32}$

3. Wahrscheinlichkeit für einen bestimmten Doppelwurf: $\frac{1}{36}$

   Augensumme 2: $P(\{1;\,1\}) = \frac{1}{36}$
   Augensumme 6: $P(\{1;\,5\}) + P(\{2;\,4\}) + P(\{3;\,3\}) + P(\{4;\,2\}) + P(\{5;\,1\}) = \frac{5}{36}$
   Augensumme 7: $P(\{1;\,6\}) + P(\{2;\,5\}) + P(\{3;\,4\}) + P(\{4;\,3\}) + P(\{5;\,2\}) + P(\{6;\,1\}) = \frac{6}{36}$
   Augensumme 8: $P(\{2;\,6\}) + P(\{3;\,5\}) + P(\{4;\,4\}) + P(\{5;\,3\}) + P(\{6;\,2\}) = \frac{5}{36}$

   Die Augensummen 3 und 11 treten mit einer Wahrscheinlichkeit von jeweils $\frac{2}{36}$ auf, die Augensummen 4 und 10 mit einer Wahrscheinlichkeit von jeweils $\frac{3}{36}$ und die Augensummen 6 und 9 mit einer Wahrscheinlichkeit von jeweils $\frac{4}{36}$, daher hat die Augensumme 7 die größte Wahrscheinlichkeit mit $\frac{6}{36}$ bzw. $\frac{1}{6}$.

4. Die Wahrscheinlichkeit beträgt $\frac{1}{2}$, denn es sind nur zwei Karten mit blauer Frontseite vorhanden, von denen eine eine blaue Rückseite hat.

2.1.4   Baumdiagramme und Pfadregeln

1. **a)** $P(\text{mindestens } 1 \times \text{Zahl}) = P(\Omega) - P(\text{K; K; K}) = 1 - \frac{1}{8} = \frac{7}{8}$ **79**

   b) $P(\text{mindestens } 3 \times \text{Z}) = \frac{1}{8}$

   c) $P(\text{mindestens } 1 \times \text{K und } 1 \times \text{Z}) = P(\Omega) - P(\text{K; K; K}) - P(\text{Z; Z; Z}) = 1 - \frac{1}{8} - \frac{1}{8} = \frac{3}{4}$

   d) $P(\text{öfter Z als K}) = P(\text{mindestens } 2 \times \text{Z}) = \frac{1}{2}$

79   **2. a)** Mit Zurücklegen: **b)** Ohne Zurücklegen:

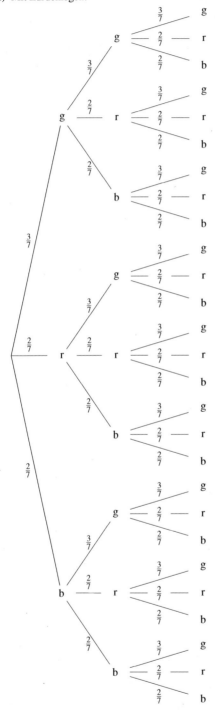

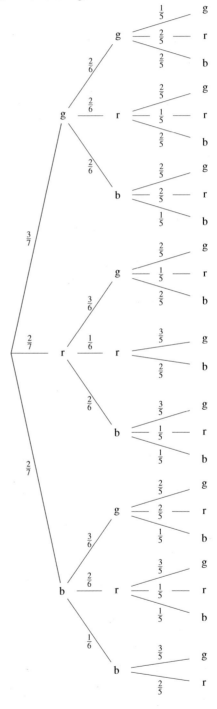

79

c) Mit Zurücklegen:

$P = 3 \cdot \left(\frac{2}{7}\right)^3$

$\approx 0,07$

$\approx \mathbf{7\ \%}$

Ohne Zurücklegen:

$P = \frac{1 \cdot 2 \cdot 2}{7 \cdot 6 \cdot 5} \cdot 3$

$\approx 0,0571$

$\approx \mathbf{5,71\ \%}$

d) Mit Zurücklegen:

$P = 6 \cdot \frac{2}{7} \cdot \frac{2}{7} \cdot \frac{3}{7}$

$\approx 0,2099$

$\approx \mathbf{20,99\ \%}$

Ohne Zurücklegen:

$P = \frac{2 \cdot 2 \cdot 3}{7 \cdot 6 \cdot 5} \cdot 6$

$\approx 0,3429$

$\approx \mathbf{34,29\ \%}$

3. d ... defekt; o. k. ... in Ordnung.

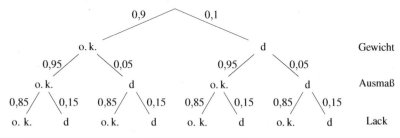

$P = 0,9 \cdot 0,05 \cdot 0,15 + 0,1 \cdot 0,95 \cdot 0,15 + 0,1 \cdot 0,05 = 0,026 = \mathbf{2,6\ \%}$

4.

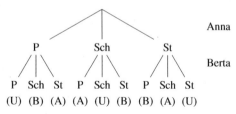

Die Gewinnchancen von Anna und Berta sind gleich groß (jeweils $\frac{1}{3}$).

5. M ... Produkt ist mangelhaft.

   T ... Test zeigt Mängel an.

$P(M \cap T) = 0,05 \cdot 0,97 = 0,0485$

$P(M \cap \overline{T}) = 0,05 \cdot 0,03 = 0,0015$

$P(\overline{M} \cap T) = 0,95 \cdot 0,07 = 0,0665$

$P(\overline{M} \cap \overline{T}) = 0,95 \cdot 0,93 = 0,8835$

a) $P(M \cap T) + P(\overline{M} \cap T) = 0,0485 + 0,0665 = \mathbf{0,115}$

b) $P(M \cap \overline{T}) + P(\overline{M} \cap \overline{T}) = 0,0015 + 0,8835 = \mathbf{0,885}$

2.1.5　Kombinatorische Abzählverfahren

86

1. Produktregel: Anzahl der Auswahlmöglichkeiten: $5 \cdot 8 \cdot 6 \cdot 7 = \mathbf{1680}$

2. Permutation ohne Wiederholung: Anordnungsmöglichkeiten: $6! = \mathbf{720}$

3. Variation mit Wiederholung: Anzahl der möglichen PIN: $10^4 = \mathbf{10\,000}$

4. Kombination ohne Wiederholung: Anzahl der Gemäldekombinationen: $\binom{9}{4} = \frac{9!}{4! \cdot 5!} = \mathbf{126}$

5. Variation ohne Wiederholung:
   Anzahl der möglichen Besuchsreihenfolgen: $\frac{8!}{(8-5)!} = \frac{8!}{3!} = 8 \cdot 7 \cdot 6 \cdot 5 \cdot 4 = \mathbf{6720}$

6. Kombination ohne Wiederholung:　Hinrunde: $\binom{18}{2} = \frac{18!}{16! \cdot 2!} = \mathbf{153}$　Rückrunde: $\binom{18}{2} = \frac{18!}{16! \cdot 2!} = \mathbf{153}$
   $\Rightarrow$ **306** Spiele werden angesetzt.

7. Variation mit Wiederholung:
   Anzahl der möglichen Tippreihen: $3^{11} = \mathbf{177\,147}$

8. Keine örtliche Nummer beginnt mit der 0, sodass für die erste Stelle nur 9 Ziffern vergeben werden können.
   Möglichkeiten: $9 \cdot 10^5 = \mathbf{900\,000}$

9.

		a)	b)	c)
1	Permutation ohne Wiederholung	$5! = \mathbf{120}$	$4! = \mathbf{24}$	$3! = \mathbf{6}$
2	Variation ohne Wiederholung	$\frac{5!}{(5-3)!} = \mathbf{60}$	$\frac{4!}{(4-2)!} = \mathbf{12}$	$\frac{3!}{(5-1)!} = \mathbf{3}$
3	Variation mit Wiederholung	$6^3 = \mathbf{216}$	$6^2 = \mathbf{36}$	$6^1 = \mathbf{6}$

10. Kombination ohne Wiederholung
    a) $\binom{5}{3} = \frac{5!}{3! \cdot 2!} = \mathbf{10}$　　　b) $\binom{4}{2} = \frac{4!}{2! \cdot 2!} = \mathbf{6}$　　　c) $\binom{3}{1} = \frac{3!}{1! \cdot 2!} = \mathbf{3}$

86

11. Beispiele:

1. Aufgabe: Aus einer Urne mit 49 verschiedenen Kugeln werden sechs Kugeln gezogen und nicht zurückgelegt, es kommt aber auf die Reihenfolge an. Berechnen Sie die Anzahl der Möglichkeiten, wenn die jeweils genannte Bedingung gelten soll.

		Variation ohne Wiederholung:
a)	Die erste Kugel ist die Nr. 26.	$\frac{48!}{(48-5)!} = \mathbf{205\,476\,480}$
b)	Die erste Kugel ist die Nr. 26, die zweite Kugel ist die Nr. 15.	$\frac{47!}{(47-4)!} = \mathbf{4\,280\,760}$
c)	Die erste Kugel ist die Nr. 26, die dritte Kugel die Nr. 2 und die vierte Kugel ist die Nr. 3.	$\frac{46!}{(46-3)!} = \mathbf{91\,080}$

2. Aufgabe: Bei den nächsten drei 4×100-m-Staffel-Rennen stehen einem Vereinstrainer für das 1. Rennen sieben, für das 2. Rennen sechs und für das 3. Rennen acht Sportler zur Verfügung. Berechnen Sie die Anzahl der Möglichkeiten, wenn die jeweils genannte Bedingung gelten soll.

		Variation ohne Wiederholung:
a)	Beim 1. Rennen stehen zwei Läufer fest.	$\frac{5!}{(5-2)!} \cdot \frac{6!}{(6-4)!} \cdot \frac{8!}{(8-4)!} = 20 \cdot 360 \cdot 1680 = \mathbf{12\,096\,000}$
b)	Beim 1. Rennen stehen zwei Läufer und beim 2. Rennen drei Läufer fest.	$\frac{5!}{(5-2)!} \cdot \frac{3!}{(3-1)!} \cdot \frac{8!}{(8-4)!} = 20 \cdot 3 \cdot 1680 = \mathbf{100\,800}$
c)	Beim 1. Rennen stehen zwei, beim 2. Rennen drei und beim 3. Rennen ein Läufer fest.	$\frac{5!}{(5-2)!} \cdot \frac{3!}{(3-1)!} \cdot \frac{7!}{(7-3)!} = 20 \cdot 3 \cdot 210 = \mathbf{12\,600}$

3. Aufgabe: Von 15 gekauften Büchern haben nur fünf Platz in einem Regal. Berechnen Sie die Anzahl der Möglichkeiten, wenn die jeweils genannte Bedingung gelten soll.

		Variation ohne Wiederholung:
a)	Das erste Buch ist das rote Mathematikbuch.	$\frac{14!}{(14-4)!} = \mathbf{24\,024}$
b)	Das erste und das zweite Buch stehen fest.	$\frac{13!}{(13-3)!} = \mathbf{1716}$
c)	Die letzten drei Bücher stehen fest.	$\frac{12!}{(12-2)!} = \mathbf{132}$

4. Aufgabe: Von 10 kompetenten Skatpartnern werden 6 für 2 Skatrunden ausgewählt. Berechnen Sie die Anzahl der Möglichkeiten, wenn die jeweils genannte Bedingung gelten soll.

		Variation ohne Wiederholung:
a)	Die beiden Titelverteidiger der letzten Jahre sind gesetzt.	$\frac{8!}{(8-4)!} = \mathbf{1680}$
b)	Die beiden Titelverteidiger und das „Schlusslicht" stehen fest.	$\frac{7!}{(7-3)!} = \mathbf{210}$
c)	Die beiden Titelverteidiger, der Gastgeber und das Schlusslicht stehen fest.	$\frac{6!}{(6-2)!} = \mathbf{30}$

86

12. a) Wahrscheinlichkeit für genau zwei Gewinne: $P = \frac{\binom{4}{2} \cdot 5}{\binom{9}{3}} = \frac{5}{14} \approx 0,3571 = \mathbf{35,71\ \%}$

        Wahrscheinlichkeit für mindestens zwei Gewinne: $P = \frac{\binom{4}{2} \cdot 5}{\binom{9}{3}} + \frac{\binom{4}{3}}{\binom{9}{3}} = \frac{17}{42} \approx 0,4048 = \mathbf{40,48\ \%}$

  b) Wahrscheinlichkeit für drei Gewinne: $P = \frac{\binom{4}{3}}{\binom{9}{3}} = \frac{1}{21} \approx 0,0476 = \mathbf{4,76\ \%}$

13. Permutation ohne Wiederholung

    a) $20! = 2\,432\,902\,008\,176\,640\,000 \approx \mathbf{2,43 \cdot 10^{18}}$

    b) $10! \cdot 10! = 13\,168\,189\,440\,000 \approx \mathbf{1,3 \cdot 10^{13}}$

    c) $10! \cdot 5! \cdot 4! \cdot 1! = 10\,450\,944\,000 \approx \mathbf{1,045 \cdot 10^{10}}$

Übungen zu 2.1

87

1. a)

Ω	J	M	Summe
gelöst	180	520	700
nicht gelöst	250	50	300
Summe	430	570	1000

$\frac{520}{570} \approx 0,9123$

91,23 % der Mädchen lösten die Aufgabe.

  b) E_1 ... Menge der Mädchen

      E_2 ... Menge der Löser

      $P(E_1 \cup E_2) = P(E_1) + P(E_2) - P(E_1 \cap E_2) = \frac{570}{1000} + \frac{700}{1000} - \frac{520}{1000} = \mathbf{\frac{750}{1000}}$

2. a) $p = \mathbf{12,5\ \%}$ **c)** $p = 30\ \% + 7,5\ \% + 12,5\ \% + 12,5\ \% = \mathbf{62,5\ \%}$

  b) $p = 20\ \% + 12,5\ \% + 30\ \% + 7,5\ \% = \mathbf{70\ \%}$ **d)** $p = 20\ \% + 7,5\ \% + 12,5\ \% = \mathbf{40\ \%}$

3. E ... Elektroherd von „Ehe" $\overline{E}$ ... kein Elektroherd von „Ehe"

    K ... Kühlschrank von „Ehe" $\overline{K}$ ... kein Kühlschrank von „Ehe"

a)

Ω	K	$\overline{K}$	Summe
E	40 10 %	120 30 %	160 40 %
$\overline{E}$	60 15 %	180 45 %	240 60 %
Summe	100 25 %	300 75 %	400 100 %

  b) $P(E \cap K) = 0,1 = \mathbf{10\ \%}$

  c) $P(\overline{E} \cap \overline{K}) = 0,45 = \mathbf{45\ \%}$

87

4. $P(\Omega) = P(B) + P(\overline{B}) = P(A) + P(\overline{A})$ mit $P(A) > P(B)$
$\Rightarrow$ $P(B) + P(\overline{B}) > P(B) + P(\overline{A})$
$\Rightarrow$ $P(\overline{B}) > P(\overline{A})$

Alternativ:
$P(A) > P(B)$ $| - 1$
$P(A) - 1 > P(B) - 1$ $| \cdot (-1)$
$1 - P(A) < 1 - P(B)$
$P(\overline{A}) < P(\overline{B})$

5. a) J ... Junge $\overline{J}$ ... Mädchen
L ... Laptopbesitzer $\overline{L}$ ... kein Laptopbesitzer

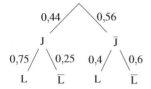

Ω	L	$\overline{L}$	Summe
J	33 %	11 %	44 %
$\overline{J}$	22,4 %	33,6 %	56 %
Summe	55,4 %	44,6 %	100 %

b) $P(\overline{J} \cap L) = 0,56 \cdot 0,4 = 0,224 = \mathbf{22,4\,\%}$

c) $P(L) = 0,44 \cdot 0,75 + 0,56 \cdot 0,4 = 0,554 = \mathbf{55,4\,\%}$

6. a) g ... gesund $\overline{g}$ ... nicht gesund
p ... positiv   n ... negativ

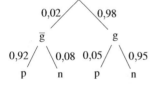

Ω	p	n	Summe
$\overline{g}$	0,0184	0,0016	0,02
g	0,049	0,931	0,98
Summe	0,0674	0,9326	1

$P(\overline{g} \text{ oder } p) = 1 - P(g \text{ und } n) = 1 - 0,98 \cdot 0,95 = 1 - 0,931 = 0,069 = \mathbf{6,9\,\%}$

b) $P(n) = 0,02 \cdot 0,08 + 0,98 \cdot 0,95 = 0,9326 = \mathbf{93,26\,\%}$

88

7. w ... werktags   s ... sonn-/feiertags
      p ... pünktlich   u ... unpünktlich

Wird von einem Jahr ausgegangen, das 365 Tage hat und davon 300 Tage Werktage sind, so ergibt sich:

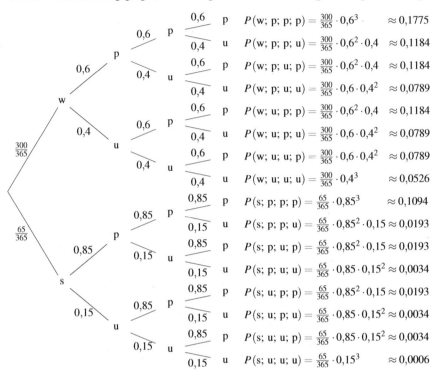

$P(\text{w}; \text{p}; \text{p}; \text{p}) = \frac{300}{365} \cdot 0{,}6^3 \approx 0{,}1775$

$P(\text{w}; \text{p}; \text{p}; \text{u}) = \frac{300}{365} \cdot 0{,}6^2 \cdot 0{,}4 \approx 0{,}1184$

$P(\text{w}; \text{p}; \text{u}; \text{p}) = \frac{300}{365} \cdot 0{,}6^2 \cdot 0{,}4 \approx 0{,}1184$

$P(\text{w}; \text{p}; \text{u}; \text{u}) = \frac{300}{365} \cdot 0{,}6 \cdot 0{,}4^2 \approx 0{,}0789$

$P(\text{w}; \text{u}; \text{p}; \text{p}) = \frac{300}{365} \cdot 0{,}6^2 \cdot 0{,}4 \approx 0{,}1184$

$P(\text{w}; \text{u}; \text{p}; \text{u}) = \frac{300}{365} \cdot 0{,}6 \cdot 0{,}4^2 \approx 0{,}0789$

$P(\text{w}; \text{u}; \text{u}; \text{p}) = \frac{300}{365} \cdot 0{,}6 \cdot 0{,}4^2 \approx 0{,}0789$

$P(\text{w}; \text{u}; \text{u}; \text{u}) = \frac{300}{365} \cdot 0{,}4^3 \approx 0{,}0526$

$P(\text{s}; \text{p}; \text{p}; \text{p}) = \frac{65}{365} \cdot 0{,}85^3 \approx 0{,}1094$

$P(\text{s}; \text{p}; \text{p}; \text{u}) = \frac{65}{365} \cdot 0{,}85^2 \cdot 0{,}15 \approx 0{,}0193$

$P(\text{s}; \text{p}; \text{u}; \text{p}) = \frac{65}{365} \cdot 0{,}85^2 \cdot 0{,}15 \approx 0{,}0193$

$P(\text{s}; \text{p}; \text{u}; \text{u}) = \frac{65}{365} \cdot 0{,}85 \cdot 0{,}15^2 \approx 0{,}0034$

$P(\text{s}; \text{u}; \text{p}; \text{p}) = \frac{65}{365} \cdot 0{,}85^2 \cdot 0{,}15 \approx 0{,}0193$

$P(\text{s}; \text{u}; \text{p}; \text{u}) = \frac{65}{365} \cdot 0{,}85 \cdot 0{,}15^2 \approx 0{,}0034$

$P(\text{s}; \text{u}; \text{u}; \text{p}) = \frac{65}{365} \cdot 0{,}85 \cdot 0{,}15^2 \approx 0{,}0034$

$P(\text{s}; \text{u}; \text{u}; \text{u}) = \frac{65}{365} \cdot 0{,}15^3 \approx 0{,}0006$

a) $P(\text{w}; \text{p}; \text{p}; \text{p}) \approx 0{,}1775 \approx$ **17,75 %**

b) $P(\text{s}; \text{p}; \text{p}; \text{p}) + P(\text{s}; \text{p}; \text{p}; \text{u}) + P(\text{s}; \text{p}; \text{u}; \text{p})$
    $+ P(\text{s}; \text{p}; \text{u}; \text{u}) + P(\text{s}; \text{u}; \text{p}; \text{p}) + P(\text{s}; \text{u}; \text{p}; \text{u}) + P(\text{s}; \text{u}; \text{u}; \text{p}) \approx 0{,}1775 \approx$ **17,75 %**

c) $P(\text{w}; \text{p}; \text{p}; \text{u}) + P(\text{w}; \text{p}; \text{u}; \text{p}) + P(\text{w}; \text{u}; \text{p}; \text{p})$
    $+ P(\text{s}; \text{p}; \text{p}; \text{u}) + P(\text{s}; \text{p}; \text{u}; \text{p}) + P(\text{s}; \text{u}; \text{p}; \text{p}) \approx 0{,}4130 \approx$ **41,3 %**

8. Anzahl der möglichen Produktionswege: $3 \cdot 2 \cdot 2 =$ **12** (Produktregel)

9. Kombination ohne Wiederholung:
    Anzahl der möglichen Mannschaftsaufstellungen: $\binom{2}{1} \cdot \binom{5}{3} \cdot \binom{6}{4} \cdot \binom{5}{3} =$ **3000**

10. Permutation ohne Wiederholung: Anzahl der möglichen Aufstellungen: $11! =$ **39 916 800**
    Der Beschluss ist nicht realisierbar, denn bei einer Spieldauer von 90 Minuten und einer Halbzeitpause von 15 Minuten wären das 4 191 264 000 Minuten auf dem Platz, das sind fast 8000 Jahre.

11. Permutation ohne Wiederholung

  a) $10! = 3\,628\,800$

  $\frac{3\,628\,800}{10^{15}} \approx 3{,}6 \cdot 10^{-9}$

  Für die Auflistung aller Zahlenanordnungen braucht der Computer knapp 4 Nanosekunden.

  b) $26! \approx 4 \cdot 10^{26}$

  $\frac{4 \cdot 10^{26}}{10^{15}}\,s \approx \frac{4 \cdot 10^{11}}{360 \cdot 24 \cdot 365}\,a$

  Für die Buchstabenanordnungen würde der Computer ca. $13\,000$ Jahre benötigen.

12. Kombination ohne Wiederholung

  Berechnungsbeispiele:

  $\binom{14}{4} \cdot \binom{10}{3} \cdot \binom{7}{3} \cdot \binom{4}{2} \cdot \binom{2}{2} = 25\,225\,200$

  $\binom{14}{2} \cdot \binom{12}{2} \cdot \binom{7}{3} \cdot \binom{4}{2} \cdot \binom{2}{2} = 25\,225\,200$

  $\binom{14}{2} \cdot \binom{12}{2} \cdot \binom{10}{3} \cdot \binom{7}{3} = 25\,225\,200$

13. *Hinweis*: Im 1. Druck der 1. Auflage hätte es heißen müssen: Eine Abendgesellschaft aus 6 Frauen und 6 Männern soll an einem Tisch sitzen.

  Permutation ohne Wiederholung, zwei Lösungsmöglichkeiten:

	1. Lösungsmöglichkeit: Alle sitzen nebeneinander, ohne dass die erste Person neben der zwölften Person sitzt.	**2. Lösungsmöglichkeit:** Alle sitzen nebeneinander an einem runden Tisch, sodass die erste Person neben der zwölften Person sitzt. Bei einem runden Tisch ist es unerheblich, wo die erste Person oder das erste Paar platziert wird.
a)	$12! = 479\,001\,600$	$11! = 39\,916\,800$ Möglichkeiten, die elf weiteren Personen zu platzieren.
b)	$6! \cdot 6! = 518\,400$ $p = \frac{518\,400}{479\,001\,600} = \frac{1}{924}$ $\approx 0{,}0011 = 0{,}11\ \%$	$6! = 720$ Möglichkeiten der Paarbildung und nach jedem 1. Paar $5! = 120$ Möglichkeiten, die anderen 5 Paare hinter dem 1. Paar zu platzieren, also insgesamt $6! \cdot 5! = 86\,400$ Möglichkeiten. $p = \frac{86\,400}{39\,916\,800} = \frac{1}{462} \approx 0{,}0022 = 0{,}22\ \%$
c)	$6! \cdot 6! \cdot 7 = 6! \cdot 7! = 3\,628\,800$ $p = \frac{3\,628\,800}{479\,001\,600} = \frac{1}{132}$ $\approx 0{,}0076 = 0{,}76\ \%$	$6!$ Möglichkeiten, die 6 Frauen nebeneinander zu setzen und $6!$ Möglichkeiten, die 6 Männer nebeneinander zu setzen, also insgesamt $6! \cdot 6! = 518\,400$ Möglichkeiten. $p = \frac{518\,400}{39\,916\,800} = \frac{1}{77} \approx 0{,}013 = 1{,}3\ \%$

14. **a)** Wahrscheinlichkeit, vier Asse zu ziehen: $P = \frac{4}{32} \cdot \frac{3}{31} \cdot \frac{2}{30} \cdot \frac{1}{29} \approx 2{,}78 \cdot 10^{-5} = 0{,}003\ \%$

  b) Wahrscheinlichkeit, vier verschiedene Farben zu ziehen: $P = 4 \cdot \frac{8}{32} \cdot \frac{8}{31} \cdot \frac{8}{30} \cdot \frac{8}{29} \approx 0{,}0190 = 1{,}9\ \%$

  c) Wahrscheinlichkeit, mindestens zwei Buben zu ziehen:

  $P = 6 \cdot \frac{4}{32} \cdot \frac{3}{31} \cdot \frac{28}{30} \cdot \frac{27}{29} + 4 \cdot \frac{4}{32} \cdot \frac{3}{31} \cdot \frac{2}{30} \cdot \frac{28}{29} + \frac{4}{32} \cdot \frac{3}{31} \cdot \frac{2}{30} \cdot \frac{1}{29} \approx 0{,}0662 \approx 6{,}6\ \%$

  „Vier Karten nacheinander Ziehen"führt zu den gleichen Wahrscheinlichkeiten wie beim „Ziehen mit einem Griff", falls die Karten nicht in den Stapel zurückgelegt werden.

  Falls die Karten jedoch in den Stapel zurückgelegt werden, werden alle Nenner jeweils 32. Bei Teilaufgabe a) werde alle Zähler 4 und bei Teilaufgabe c) werden die Zähler 1, 2 und 3 zu 4 und Zähler 27 zu 28, da sich die Anzahl der Karten, aus denen gezogen wird, nicht verändert.

88

15. Mithilfe eines geeigneten Baumdiagramms erhält man:

a) $P(X = 3) = 10 \cdot \left(\frac{90}{100} \cdot \frac{89}{99} \cdot \frac{10}{98} \cdot \frac{9}{97} \cdot \frac{8}{96} \right) \approx \mathbf{0{,}0064}$

b) $P(X \le 4) = 1 - P(X = 5) = 1 - \left(\frac{10}{100} \cdot \frac{9}{99} \cdot \frac{8}{98} \cdot \frac{7}{97} \cdot \frac{6}{96} \right) \approx 1 - 3{,}34717 \cdot 10^{-6} \approx \mathbf{1}$

c) $P(X \ge 2) = 1 - 6 \cdot \left(\frac{90}{100} \cdot \frac{89}{99} \cdot \frac{88}{98} \cdot \frac{87}{97} \cdot \frac{86}{96} \right) \approx \mathbf{0{,}0769}$

16.

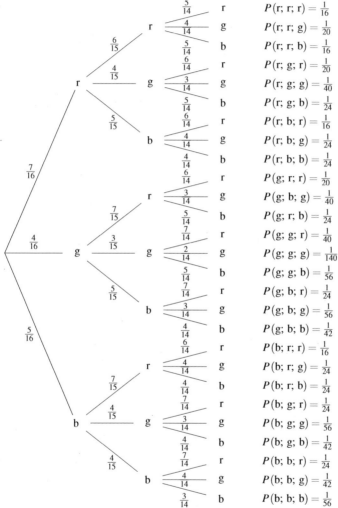

a) Wahrscheinlichkeit für drei verschiedenfarbige Kugeln: $P = 6 \cdot \frac{1}{24} = 0{,}25 = \mathbf{25\ \%}$

b) Wahrscheinlichkeit für drei gelbe Kugeln: $P = \frac{1}{140} = 0{,}0071 = \mathbf{0{,}71\ \%}$

c) Wahrscheinlichkeit für gleichfarbige Kugeln: $P = \frac{1}{16} + \frac{1}{140} + \frac{1}{56} = 0{,}0875 = \mathbf{8{,}75\ \%}$

Test zu 2.1

1. a) $\Omega = \{(1;1); (1;2); (1;3); (1;4); (1;5); (1;6); (2;1); (2;2); (2;3); (2;4); (2;5); (2;6);$
$(3;1); (3;2); (3;3); (3;4); (3;5); (3;6); (4;1); (4;2); (4;3); (4;4); (4;5); (4;6);$
$(5;1); (5;2); (5;3); (5;4); (5;5); (5;6); (6;1); (6;2); (6;3); (6;4); (6;5); (6;6)\}$

b) $E = \{(4;6); (5;5); (5;6); (6;4); (6;5); (6;6)\}$

c) $P(E) = \frac{6}{36}$ $P(\overline{E}) = 1 - \frac{1}{6} = \frac{5}{6}$

Man gewinnt mit einer Wahrscheinlichkeit von $\frac{1}{6}$ und verliert mit einer Wahrscheinlichkeit von $\frac{5}{6}$.

2. a) Wahrscheinlichkeit, dass bei mindestens zwei Kontrollen Fehler gefunden werden:
$P = 2 \cdot 0{,}1 \cdot 0{,}05 \cdot 0{,}9 + 0{,}1^2 \cdot 0{,}95 + 0{,}1^2 \cdot 0{,}05 = 0{,}019 = \mathbf{1{,}9\,\%}$

b) Wahrscheinlichkeit, dass bei mehr als zwei Kontrollen, also bei allen Kontrollen Fehler gefunden werden:
$P = 0{,}1^2 \cdot 0{,}05 = 0{,}0005 = \mathbf{0{,}05\,\%}$
Die Wahrscheinlichkeit von 0,05 % ist eher zu vernachlässigen, d. h., dann könnte man dieses Testverfahren auch aufgeben.

Alternatives Verfahren:
Man lässt einen USB-Stick nicht zum Verkauf zu, wenn er mindestens einen Fehler aufweist:
$P = 1 - 0{,}95 \cdot 0{,}9^2 = 0{,}2305 = \mathbf{23{,}05\,\%}$
Bei diesem Verfahren werden die Sticks mit einer relativ hohen Wahrscheinlichkeit von 23,05 % aussortiert. Die Wahrscheinlichkeit des Aussortierens ist größer und somit die Wahrscheinlichkeit einer Reklamation kleiner.

3. C ... Käufer eines CD-Players   B ... Käufer eines Blu-Ray-Players
$\overline{C}$ ... Käufer keines CD-Players $\overline{B}$ ... Käufer keines Blu-Ray-Players

Ω	B	$\overline{B}$	Summe
C	80	20	100
	16 %	4 %	20 %
$\overline{C}$	300	100	400
	60 %	20 %	80 %
Summe	380	120	500
	76 %	24 %	100 %

a) 100 Personen haben kein Gerät gekauft, das sind $\frac{100}{500}$ bzw. 20 %.

b) 80 Personen haben beide Geräte gekauft.

c) 100 Besitzer von CD-Playern stehen 380 Besitzern von Blu-Ray-Playern gegenüber.

90

4. **a)** Produktregel: Anzahl der möglichen Kombinationen: $1 \cdot 6 \cdot 5 = \mathbf{30}$

    b) Produktregel: Anzahl der möglichen Kombinationen: $4 \cdot 6 \cdot 5 = \mathbf{120}$

    c) Wenn Maria einen Becher mit einer Sorte wählt, dann sind das 11 Möglichkeiten. Wenn sie einen Becher mit zwei Sorten wählt, dann sind das $\binom{11}{2} = 55$ Möglichkeiten, also zusammen 66 Möglichkeiten.

    d) Permutation ohne Wiederholung

    Anzahl der Anordnungsmöglichkeiten: $4! \cdot 6! \cdot 5! = 2\,073\,600$

    Wahrscheinlichkeit für die abgebildete Anordnung $P = \frac{1}{2\,073\,600} = \mathbf{4{,}8 \cdot 10^{-7}}$

5. Variation mit Wiederholung: Anzahl der Code-Möglichkeiten: $\mathbf{10^4}$

    Wahrscheinlichkeit eines „geknackten" Codes: $P = \frac{3}{10^4} = 0{,}0003 = \mathbf{0{,}03\,\%}$

2.2 Zufallsvariablen

Einstiegsseite

Fragestellung:

Im Zentrum der dargelegten Situation steht die Frage nach der Höhe des zu spendenden Betrags der Fly Bike Werke GmbH. Dieser Betrag hängt u. a. von der Anzahl der Glücksradspieler ab. Da diese Anzahl nicht bekannt ist, beschränkt sich die Berechnung zunächst auf die Spende pro Spiel. Dabei müssen zuerst die erwarteten durchschnittlichen Kosten pro Spiel berechnet werden. Nachdem die erwarteten Einnahmen pro Spiel berechnet wurden, wird dieser Betrag verdoppelt und ergibt die Spende der Geschäftsleitung pro Spiel. Nun ist es möglich, die gesamte Spende je nach Besucheranzahl bzw. Glücksradspieler hochzurechnen.

Lösungsweg:

Dem abgebildeten Glücksrad entnimmt man folgende Gewinnwahrscheinlichkeiten:
$\frac{1}{8}$ für eine Lenkertasche, $\frac{2}{8} = \frac{1}{4}$ für eine Trinkflasche, $\frac{3}{8}$ für Flickzeug und $\frac{2}{8} = \frac{1}{4}$ für eine Niete.

Die Chancen für die einzelnen Gewinne sind also unterschiedlich groß. Das Feld für das Flickzeug mit Stückkosten von 1€ kann beim Drehen des Glücksrads auf drei der acht Flächen, das Feld für die Trinkflasche (2€ Stückkosten) auf zwei der acht Flächen und das Feld für die Lenkertasche (5 € Stückkosten) auf einer der acht Flächen getroffen werden. Die zugehörigen Kosten werden also zu unterschiedlichen Wahrscheinlichkeiten wirksam. Der Einkaufspreis für die Gewinne muss dann mit den Wahrscheinlichkeiten multipliziert werden, um die durchschnittlichen Kosten pro Spiel zu ermitteln.

Zur besseren Übersicht verhilft eine Tabelle:

	Niete	Flickzeug	Trickflasche	Lenkertasche
X	0€	1€	2€	5€
$P(X)$	$\frac{1}{4}$	$\frac{3}{8}$	$\frac{1}{4}$	$\frac{1}{8}$

Durchschnittliche Kosten pro Spiel:
$$0€ \cdot \frac{1}{4} + 1€ \cdot \frac{3}{8} + 2€ \cdot \frac{1}{4} + 5€ \cdot \frac{1}{8} = 1,50€$$

Bei einem Einsatz von 5€ pro Spiel sind somit Einnahmen von $5€ - 1,50€ = 3,50€$ für die Jugendgruppe zu erwarten. Da die Fly Bike Werke GmbH den doppelten Betrag spenden will, ist eine Spende von 7€ pro Spiel zu erwarten. Geht man davon aus, dass der Tag der offenen Tür 8 Stunden dauert und pro Stunde etwa 15 Spieler das Glücksrad drehen, ist mit einer Gesamtspende von $8 \cdot 15 \cdot 7€ = 840€$ zu rechnen.

2.2.1   Zufallsvariablen und ihre Verteilungen

95

1.

$P(X=0) = \frac{6}{8} \cdot \frac{5}{7} \cdot \frac{4}{6} = \frac{10}{28}$

$P(X=1) = \frac{6}{8} \cdot \frac{5}{7} \cdot \frac{2}{6} + \frac{6}{8} \cdot \frac{2}{7} \cdot \frac{5}{6} + \frac{2}{8} \cdot \frac{6}{7} \cdot \frac{5}{6} = 3 \cdot \frac{60}{336} = \frac{15}{28}$

$P(X=2) = \frac{6}{8} \cdot \frac{2}{7} \cdot \frac{1}{6} + \frac{2}{8} \cdot \frac{6}{7} \cdot \frac{1}{6} + \frac{2}{8} \cdot \frac{1}{7} = \frac{3}{28}$

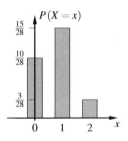

X	0	1	2
$P(X)$	$\frac{10}{28}$	$\frac{15}{28}$	$\frac{3}{28}$

2. X ... Anzahl der gezogenen Gewinne

$P(X=0) = \binom{3}{0} \cdot \frac{5}{10} \cdot \frac{4}{9} \cdot \frac{3}{8} = \mathbf{0{,}08\overline{3}}$

$P(X=1) = \binom{3}{1} \cdot \frac{5}{10} \cdot \frac{5}{9} \cdot \frac{4}{8} = \mathbf{0{,}41\overline{6}}$

$P(X=2) = \binom{3}{2} \cdot \frac{5}{10} \cdot \frac{4}{9} \cdot \frac{5}{8} = \mathbf{0{,}41\overline{6}}$

$P(X=3) = \binom{3}{3} \cdot \frac{5}{10} \cdot \frac{4}{9} \cdot \frac{3}{8} = \mathbf{0{,}08\overline{3}}$

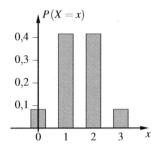

X	0	1	2	3
$P(X)$	$0{,}08\overline{3}$	$0{,}41\overline{6}$	$0{,}41\overline{6}$	$0{,}08\overline{3}$

3. a) Die Zufallsvariable X bezeichnet den Verkaufspreis.

$P(X = 10\,€) \qquad = (1 - 0{,}075) \cdot (1 - 0{,}045) \approx 0{,}8834$

$P(X = 8{,}50\,€) \qquad = 0{,}075 \cdot (1 - 0{,}045) \qquad \approx 0{,}0716$

$P(X = 4\,€) \qquad = (1 - 0{,}075) \cdot 0{,}045 \qquad \approx 0{,}0416$

$P(X = -0{,}50\,€) = 0{,}075 \cdot 0{,}045 \qquad\qquad \approx 0{,}0034$

Wahrscheinlichkeitsverteilung von X:

X	10€	8,50€	4€	−0,50€
$P(X)$	0,8834	0,0716	0,0416	0,0034

b) $P(X < 10\,€) = 1 - 0{,}8834 = 0{,}1166 = \mathbf{11{,}66\,\%}$

4. a) X misst die Anzahl der Kontrollen.

$P(X=0) = 0{,}7^4 = 0{,}2401$

$P(X=1) = \binom{4}{1} \cdot 0{,}7^3 \cdot 0{,}3 = 4 \cdot 0{,}7^3 \cdot 0{,}3 = 0{,}4116$

$P(X=2) = \binom{4}{2} \cdot 0{,}7^2 \cdot 0{,}3^2 = 6 \cdot 0{,}7^2 \cdot 0{,}3^2 = 0{,}2646$

$P(X=3) = \binom{4}{3} \cdot 0{,}7 \cdot 0{,}3^3 = 4 \cdot 0{,}7 \cdot 0{,}3^3 = 0{,}0756$

$P(X=4) = 0{,}3^4 = 0{,}0081$

Wahrscheinlichkeitsverteilung von X:

X	0	1	2	3	4
$P(X)$	0,2401	0,4116	0,2646	0,0756	0,0081

b) $P(X \geq 2) = P(X=2) + P(X=3) + P(X=4) = 0{,}2646 + 0{,}0756 + 0{,}0081 = 0{,}3483 = \mathbf{34{,}83\,\%}$

5. X misst die einzelnen Verspätungen (in Minuten).

$P(X = 0) \;\; = (1 - 0.4)^5 \approx 0.0778$

$P(X = 3) \;\; = \binom{5}{4} \cdot 0.6^4 \cdot 0.4 = 5 \cdot 0.6^4 \cdot 0.4$

$\qquad\qquad = 0.2592$

$P(X = 6) \;\; = \binom{5}{3} \cdot 0.6^3 \cdot 0.4^2 + \binom{5}{2} \cdot 0.6^2 \cdot 0.4^3$

$\qquad\qquad = 10 \cdot 0.6^3 \cdot 0.4^2 + 10 \cdot 0.6^2 \cdot 0.4^3$

$\qquad\qquad = 0.576$

$P(X = 10) = \binom{5}{1} \cdot 0.6 \cdot 0.4^4 + 0.4^5$

$\qquad\qquad = 5 \cdot 0.6 \cdot 0.4^4 + 0.4^5$

$\qquad\qquad \approx 0.0870$

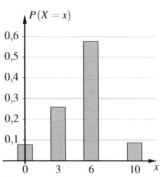

Wahrscheinlichkeitsverteilung von X:

X in min	0	3	6	10
$P(X)$	0,0778	0,2592	0,5760	0,0870

6. X gibt das Lebensjahr an, in dem die Frau stirbt.

Die 60–Jährige stirbt im 61. Lebensjahr: $P(X) = \frac{94\,268 - 93\,760}{94\,268} \approx 0.0054$

Die 60–Jährige wird 61 und stirbt im 62. Lebensjahr: $P(X) = \frac{93\,760 - 93\,222}{94\,268} \approx 0.0057$

Die 60–Jährige wird 62 und stirbt im 63. Lebensjahr: $P(X) = \frac{93\,222 - 92\,634}{94\,268} \approx 0.0062$

Die 60–Jährige wird 63 und stirbt im 64. Lebensjahr: $P(X) = \frac{92\,634 - 92\,009}{94\,268} \approx 0.0066$

Die 60–Jährige wird 64 und stirbt im 65. Lebensjahr: $P(X) = \frac{92\,009 - 91\,333}{94\,268} \approx 0.0072$

Die 60–Jährige wird 65: $P(X) = 1 - (0.0054 + 0.0057 + 0.0062 + 0.0066 + 0.0072) = 0.9689$

X	Tod im 61. Lebensjahr	Tod im 62. Lebensjahr	Tod im 63. Lebensjahr	Tod im 64. Lebensjahr	Tod im 65. Lebensjahr	Alter von 65 Jahren erreicht
$P(X)$	0,0054	0,0057	0,0062	0,0066	0,0072	0,9689

2.2.2 Erwartungswert, Varianz und Standardabweichung

100

1. a) $E(X=x_i) = 0 \cdot \frac{1}{2} + 1 \cdot \frac{1}{4} + 2 \cdot \frac{1}{4} = \frac{3}{4} = \mathbf{0{,}75}$

$V(X=x_i) = (0-\frac{3}{4})^2 \cdot \frac{1}{2} + (1-\frac{3}{4})^2 \cdot \frac{1}{4} + (2-\frac{3}{4})^2 \cdot \frac{1}{4} = \frac{11}{16} = \mathbf{0{,}6875}$

$\sigma(X=x_i) = \sqrt{\frac{11}{16}} \approx \mathbf{0{,}83}$

b) $E(X=x_i) = -5 \cdot 0{,}4 + 0 \cdot 0{,}4 + 10 \cdot 0{,}2 = \mathbf{0}$

$V(X=x_i) = (-5-0)^2 \cdot 0{,}4 + (0-0)^2 \cdot 0{,}4 + (10-0)^2 \cdot 0{,}2 = \mathbf{30}$

$\sigma(X=x_i) = \sqrt{30} \approx \mathbf{5{,}48}$

c) $E(X=x_i) = -4 \cdot \frac{1}{2} + 7 \cdot \frac{3}{8} + 18 \cdot \frac{1}{8} = \frac{23}{8} = \mathbf{2{,}875}$

$V(X=x_i) = (-4-\frac{23}{8})^2 \cdot \frac{1}{2} + (7-\frac{23}{8})^2 \cdot \frac{3}{8} + (18-\frac{23}{8})^2 \cdot \frac{1}{8} = 58\frac{39}{64} \approx \mathbf{58{,}61}$

$\sigma(X=x_i) = \sqrt{58\frac{39}{64}} \approx \mathbf{7{,}66}$

d) $E(X=x_i) = 2 \cdot \frac{1}{6} - 2 \cdot \frac{1}{6} + 1 \cdot 0 - 1 \cdot \frac{2}{3} = -\frac{2}{3}$

$V(X=x_i) = (2+\frac{2}{3})^2 \cdot \frac{1}{6} + (-2+\frac{2}{3})^2 \cdot \frac{1}{6} + (1+\frac{2}{3})^2 \cdot 0 + (-1+\frac{2}{3})^2 \cdot \frac{2}{3} = \frac{14}{9} \approx \mathbf{1{,}56}$

$\sigma(X=x_i) = \sqrt{\frac{14}{9}} \approx \mathbf{1{,}25}$

2. a) Erste Variante: $E(X) = 3\text{€} \cdot \frac{2}{3} - 3\text{€} \cdot \frac{1}{3} = \mathbf{1\,\text{€}}$

    Zweite Variante: $E(Y) = 6\text{€} \cdot \frac{2}{3} - 9\text{€} \cdot \frac{1}{3} = \mathbf{1\,\text{€}}$

b) Erste Variante: $V(X) = (3\text{€}-1\text{€})^2 \cdot \frac{2}{3} + (-3\text{€}-1\text{€})^2 \cdot \frac{1}{3} = 8\text{€}^2 \Rightarrow \sigma(X) = \sqrt{8\text{€}^2} \approx \mathbf{2{,}83\,\text{€}}$

    Zweite Variante: $V(Y) = (6\text{€}-1\text{€})^2 \cdot \frac{2}{3} + (-9\text{€}-1\text{€})^2 \cdot \frac{1}{3} = 50\text{€}^2 \Rightarrow \sigma(Y) = \sqrt{50\text{€}^2} \approx \mathbf{7{,}07\,\text{€}}$

    Bei beiden Varianten beträgt der erwartete Gewinn 1 €. Beim ersten Spiel ist das Risiko für den Gewinn bzw. den Verlust geringer als beim zweiten Spiel. Maria muss sich also entsprechend ihrer Risikobereitschaft für eines der beiden Spiele entscheiden.

3. a)

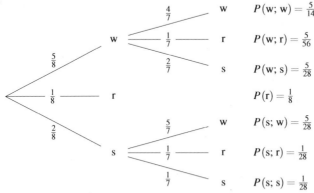

X misst Michaels Gewinn.

$P(X=1\,\text{€}) = \frac{1}{28}$

$P(X=0{,}30\,\text{€}) = \frac{5}{14}$

$P(X=0{,}20\,\text{€}) = \frac{5}{28} + \frac{5}{28} = \frac{5}{14}$

$P(X=-0{,}80\,\text{€}) = \frac{5}{56} + \frac{1}{8} + \frac{1}{28} = \frac{1}{4}$

Wahrscheinlichkeitsverteilung von X:

X	1 €	0,30 €	0,20 €	−0,80 €
$P(X)$	$\frac{1}{28}$	$\frac{5}{14}$	$\frac{5}{14}$	$\frac{1}{4}$

b) $E(X) = 1\text{€} \cdot \frac{1}{28} + 0{,}30\text{€} \cdot \frac{5}{14} + 0{,}20\text{€} \cdot \frac{5}{14} - 0{,}80\text{€} \cdot \frac{1}{4} = \frac{1}{70}\text{€} \approx \mathbf{0{,}01\,\text{€}}$

Michael müsste ca. einen Cent Einsatz pro Spiel zahlen, damit das Spiel fair wird.

4. a) Gewinnerwartung für „Manque":

X gibt den Gewinn bzw. den Verlust an, wenn auf die Zahlen 1 bis 18 gesetzt wird.

$E(X) = 20 \cdot \frac{18}{37} - 20 \cdot \frac{19}{37} = -\frac{20}{37}$

Gewinnerwartung für „Mittleres Dutzend":

Y gibt den Gewinn bzw. den Verlust an, wenn auf die Zahlen 13 bis 24 gesetzt wird.

$E(Y) = 40 \cdot \frac{12}{37} - 20 \cdot \frac{25}{37} = -\frac{20}{37}$

Gewinnerwartung für gesamten Tipp: $Z = X + Y$

Z gibt den Gewinn bzw. den Verlust an, wenn auf die Zahlen 1 bis 18 **und** 13 bis 24 gesetzt wird.

$E(Z) = -40 \cdot \frac{13}{37} + 0 \cdot \frac{12}{37} + 20 \cdot \frac{6}{37} + 60 \cdot \frac{6}{37} = -\frac{40}{37}$

b) $V(X) = \frac{20\,246\,400}{50\,653}$ $\quad V(Y) = \frac{39\,960\,000}{50\,653}$ $\quad V(Z) = V(X+Y) = \frac{61\,272\,000}{50\,653}$

Anmerkung: Mit $Z = X + Y$ gilt $E(X+Y) = E(X) + E(Y)$, aber $V(X+Y) \neq V(X) + V(Y)$.

Obwohl die Erwartungswerte von „Manque" und dem „Mittleren Dutzend" gleich und demnach halb so groß sind wie der Erwartungswert beider Summen, ist die Schwankungsbreite und damit das Risiko aufgrund des doppelten Gewinns beim „Mittleren Dutzend" fast doppelt so groß wie bei „Manque". Die Schwankungsbreite der Summe beider Spiele ist nur ungefähr so groß wie deren Einzelsumme.

5. X misst die Füllmenge von A.

$E(X) = 0{,}48 \cdot 0{,}01 + 0{,}49 \cdot 0{,}07 + 0{,}5 \cdot 0{,}799 + 0{,}51 \cdot 0{,}1 + 0{,}52 \cdot 0{,}02 = 0{,}5$

$V(X) = (0{,}48 - 0{,}5)^2 \cdot 0{,}01 + (0{,}49 - 0{,}5)^2 \cdot 0{,}07 + (0{,}5 - 0{,}5)^2 \cdot 0{,}799$

$\qquad\quad + (0{,}51 - 0{,}5)^2 \cdot 0{,}1 + (0{,}52 - 0{,}5)^2 \cdot 0{,}02 = 0{,}000029$

$\sigma(X) = \sqrt{0{,}000029} \approx \mathbf{0{,}0054}$

Y misst die Füllmenge von B.

$E(Y) = 0{,}48 \cdot 0{,}095 + 0{,}49 \cdot 0{,}03 + 0{,}5 \cdot 0{,}6 + 0{,}51 \cdot 0{,}07 + 0{,}52 \cdot 0{,}2 = 0{,}5$

$V(Y) = (0{,}48 - 0{,}5)^2 \cdot 0{,}095 + (0{,}49 - 0{,}5)^2 \cdot 0{,}03 + (0{,}5 - 0{,}5)^2 \cdot 0{,}6$

$\qquad\quad + (0{,}51 - 0{,}5)^2 \cdot 0{,}07 + (0{,}52 - 0{,}5)^2 \cdot 0{,}2 = 0{,}000128$

$\sigma(Y) = \sqrt{0{,}000128} \approx \mathbf{0{,}0113}$

Beide Abfüllautomaten füllen durchschnittlich $0{,}5\,\ell$ ab. Die Schwankungsbreite ist beim Automaten B größer. Deshalb sollte der Automat A gekauft werden.

6. a)

Einkauf	erwarteter Gewinn
10	$1 \cdot 10 \cdot 3 = 30{,}00$
15	$(0{,}1 \cdot 10 + 0{,}9 \cdot 15) \cdot 3 - 0{,}1 \cdot 5 \cdot 7 = 40{,}00$
30	$(0{,}1 \cdot 10 + 0{,}15 \cdot 15 + 0{,}75 \cdot 30) \cdot 3 - (0{,}1 \cdot 20 + 0{,}15 \cdot 15) \cdot 7 = 47{,}50$
35	$(0{,}1 \cdot 10 + 0{,}15 \cdot 15 + 0{,}25 \cdot 30 + 0{,}5 \cdot 35) \cdot 3 - (0{,}1 \cdot 25 + 0{,}15 \cdot 20 + 0{,}25 \cdot 5) \cdot 7 = 37{,}50$
40	$(0{,}1 \cdot 10 + 0{,}15 \cdot 15 + 0{,}25 \cdot 30 + 0{,}2 \cdot 35 + 0{,}3 \cdot 40) \cdot 3$
	$- (0{,}1 \cdot 30 + 0{,}15 \cdot 25 + 0{,}25 \cdot 10 + 0{,}2 \cdot 5) \cdot 7 = 17{,}50$
45	$(0{,}1 \cdot 10 + 0{,}15 \cdot 15 + 0{,}25 \cdot 30 + 0{,}2 \cdot 35 + 0{,}15 \cdot 40 + 0{,}15 \cdot 45) \cdot 3$
	$- (0{,}1 \cdot 35 + 0{,}15 \cdot 30 + 0{,}25 \cdot 15 + 0{,}2 \cdot 10 + 0{,}15 \cdot 5) \cdot 7 = -10{,}00$
50	$(0{,}1 \cdot 10 + 0{,}15 \cdot 15 + 0{,}25 \cdot 30 + 0{,}2 \cdot 35 + 0{,}15 \cdot 40 + 0{,}1 \cdot 45 + 0{,}05 \cdot 50) \cdot 3$
	$- (0{,}1 \cdot 40 + 0{,}15 \cdot 35 + 0{,}25 \cdot 20 + 0{,}2 \cdot 15 + 0{,}15 \cdot 10 + 0{,}1 \cdot 5) \cdot 7 = -42{,}50$

Der Einkauf von 30 Portionen ergibt den größten Gewinn in Höhe von **47,50 €**.

b) X misst die Anzahl der verkauften Portionen. $\quad E(X) = \mathbf{30{,}75} \quad V(X) = \mathbf{135{,}6875} \quad \sigma(X) \approx \mathbf{11{,}65}$

Der Erwartungswert gibt den durchschnittlichen Gewinn und die Standardabweichung die durchschnittliche Schwankungsbreite des Gewinns wieder.

Übungen zu 2.2

101

1. a)

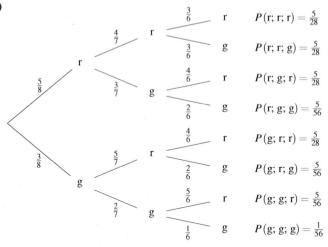

$P(r; r; r) = \frac{5}{28}$

$P(r; r; g) = \frac{5}{28}$

$P(r; g; r) = \frac{5}{28}$

$P(r; g; g) = \frac{5}{56}$

$P(g; r; r) = \frac{5}{28}$

$P(g; r; g) = \frac{5}{56}$

$P(g; g; r) = \frac{5}{56}$

$P(g; g; g) = \frac{1}{56}$

X bezeichnet die Anzahl der grünen Kugeln.

Wahrscheinlichkeitsverteilung von X:

X	0	1	2	3
$P(X)$	$\frac{5}{28}$	$\frac{15}{28}$	$\frac{15}{56}$	$\frac{1}{56}$

b) *Hinweis*: Im 1. Druck der 1. Auflage muss es in der Aufgabenstellung „mit Zurücklegen" heißen, da sonst beide Aufgabenstellungen gleich wären.

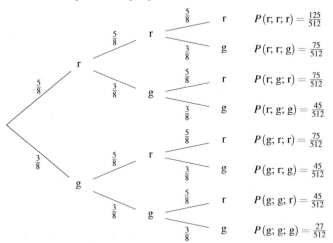

$P(r; r; r) = \frac{125}{512}$

$P(r; r; g) = \frac{75}{512}$

$P(r; g; r) = \frac{75}{512}$

$P(r; g; g) = \frac{45}{512}$

$P(g; r; r) = \frac{75}{512}$

$P(g; r; g) = \frac{45}{512}$

$P(g; g; r) = \frac{45}{512}$

$P(g; g; g) = \frac{27}{512}$

X bezeichnet die Anzahl der grünen Kugeln.

Wahrscheinlichkeitsverteilung von X:

X	0	1	2	3
$P(X)$	$\frac{125}{512}$	$\frac{225}{512}$	$\frac{135}{512}$	$\frac{27}{512}$

2. $E(X) = 18\text{€} \cdot \frac{1}{3} \cdot \frac{1}{3} \cdot 0,5^2 + 18\text{€} \cdot \frac{1}{3} \cdot 0,5^2 + 18\text{€} \cdot \frac{1}{3} \cdot 0,5^2 + 18\text{€} \cdot 0,5^2 = \mathbf{8\text{€}}$

3. a) Variation mit Wiederholung: Es gibt 10^2 Möglichkeiten.

$E(X) = -1 + \frac{2}{100} \cdot 20 + \frac{8}{100} \cdot 5 = -\frac{20}{100} = \mathbf{-0,2}$

b) Der Spieleinsatz müsste um $0,20\text{€}$ auf $0,80\text{€}$ gesenkt werden.

4. $E(X) = 30 \cdot \frac{1}{6} \cdot \frac{1}{6} \cdot \frac{1}{6} + 9 \cdot (\frac{1}{6} \cdot \frac{1}{6} \cdot \frac{5}{6} + \frac{1}{6} \cdot \frac{5}{6} \cdot \frac{1}{6} + \frac{5}{6} \cdot \frac{1}{6} \cdot \frac{1}{6}) + 5 \cdot (\frac{1}{6} \cdot \frac{5}{6} \cdot \frac{5}{6} + \frac{5}{6} \cdot \frac{1}{6} \cdot \frac{5}{6} + \frac{5}{6} \cdot \frac{5}{6} \cdot \frac{1}{6}) = \mathbf{2{,}50}$

Der Einsatz des Spielers müsste $2,50\text{€}$ betragen, damit das Spiel fair wird.

5. Der Gewinnt entspricht der Augensumme in Euro. X misst den Gewinn des Spielers.

a)

Augenzahl	2	3	4	5	6	7	8	9	10	11	12
Gewinn x_i	2€	3€	4€	5€	6€	−35€	8€	9€	10€	11€	12€
$P(X = x_i)$	$\frac{1}{36}$	$\frac{2}{36}$	$\frac{3}{36}$	$\frac{4}{36}$	$\frac{5}{36}$	$\frac{6}{36}$	$\frac{5}{36}$	$\frac{4}{36}$	$\frac{3}{36}$	$\frac{2}{36}$	$\frac{1}{36}$

$$\begin{aligned} E(X) &= 2\text{€} \cdot \tfrac{1}{36} + 3\text{€} \cdot \tfrac{2}{36} + 4\text{€} \cdot \tfrac{3}{36} + 5\text{€} \cdot \tfrac{4}{36} + 6\text{€} \cdot \tfrac{5}{36} + (-35)\text{€} \cdot \tfrac{6}{36} + 8\text{€} \cdot \tfrac{5}{36} + 9\text{€} \cdot \tfrac{4}{36} \\ &\quad + 10\text{€} \cdot \tfrac{3}{36} + 11\text{€} \cdot \tfrac{2}{36} + 12\text{€} \cdot \tfrac{1}{36} \\ &= \tfrac{2+6+12+20+30-210+40+36+30+22+12}{36} \text{€} = \mathbf{0\,\text{€}} \end{aligned}$$

Das Spiel ist fair, weil der Erwartungswert null ist.

b)

Augenzahl	2	3	4	5	6	7	8	9	10	11	12
Gewinn x_i	−1€	0€	1€	2€	3€	−38€	5€	6€	7€	8€	9€
$P(X = x_i)$	$\frac{1}{36}$	$\frac{2}{36}$	$\frac{3}{36}$	$\frac{4}{36}$	$\frac{5}{36}$	$\frac{6}{36}$	$\frac{5}{36}$	$\frac{4}{36}$	$\frac{3}{36}$	$\frac{2}{36}$	$\frac{1}{36}$

$$\begin{aligned} E(X) &= -1\text{€} \cdot \tfrac{1}{36} + 0\text{€} \cdot \tfrac{2}{36} + 1\text{€} \cdot \tfrac{3}{36} + 2\text{€} \cdot \tfrac{4}{36} + 3\text{€} \cdot \tfrac{5}{36} + (-38\text{€}) \cdot \tfrac{6}{36} + 5\text{€} \cdot \tfrac{5}{36} + 6\text{€} \cdot \tfrac{4}{36} \\ &\quad + 7\text{€} \cdot \tfrac{3}{36} + 8\text{€} \cdot \tfrac{2}{36} + 9\text{€} \cdot \tfrac{1}{36} \\ &= \tfrac{-1+0+3+8+15-228+25+24+21+16+9}{36} \text{€} = \mathbf{-3\,\text{€}} \end{aligned}$$

Das Spiel ist nicht fair, weil der Erwartungswert nicht null ist.

c) zu a): $\begin{aligned} V(X) &= (2\text{€} - 0\text{€})^2 \cdot \tfrac{1}{36} + (3\text{€} - 0\text{€})^2 \cdot \tfrac{2}{36} + (4\text{€} - 0\text{€})^2 \cdot \tfrac{3}{36} + (5\text{€} - 0\text{€})^2 \cdot \tfrac{4}{36} \\ &\quad + (6\text{€} - 0\text{€})^2 \cdot \tfrac{5}{36} + (-35\text{€} - 0\text{€})^2 \cdot \tfrac{6}{36} + (8\text{€} - 0\text{€})^2 \cdot \tfrac{5}{36} \\ &\quad + (9\text{€} - 0\text{€})^2 \cdot \tfrac{4}{36} + (10\text{€} - 0\text{€})^2 \cdot \tfrac{3}{36} + (11\text{€} - 0\text{€})^2 \cdot \tfrac{2}{36} + (12\text{€} - 0\text{€})^2 \cdot \tfrac{1}{36} \\ &= \mathbf{250\tfrac{5}{6}\text{€}^2} \end{aligned}$

$\sigma(X) = \sqrt{250\tfrac{5}{6}\text{€}^2} \approx \mathbf{15{,}84\,\text{€}}$

zu b): $\begin{aligned} V(X) &= (-1\text{€} + 3\text{€})^2 \cdot \tfrac{1}{36} + (0\text{€} + 3\text{€})^2 \cdot \tfrac{2}{36} + (1\text{€} + 3\text{€})^2 \cdot \tfrac{3}{36} + (2\text{€} + 3\text{€})^2 \cdot \tfrac{4}{36} \\ &\quad + (3\text{€} + 3\text{€})^2 \cdot \tfrac{5}{36} + (-38\text{€} + 3\text{€})^2 \cdot \tfrac{6}{36} + (5\text{€} + 3\text{€})^2 \cdot \tfrac{5}{36} \\ &\quad + (6\text{€} + 3\text{€})^2 \cdot \tfrac{4}{36} + (7\text{€} + 3\text{€})^2 \cdot \tfrac{3}{36} + (8\text{€} + 3\text{€})^2 \cdot \tfrac{2}{36} + (9\text{€} + 3\text{€})^2 \cdot \tfrac{1}{36} \\ &= \mathbf{250\tfrac{5}{6}\text{€}^2} \end{aligned}$

$\sigma(X) = \sqrt{250\tfrac{5}{6}\text{€}^2} \approx \mathbf{15{,}84\,\text{€}}$

Varianz und Standardabweichung haben in beiden Fällen jeweils den gleichen Betrag. Aufgrund der Einrechnung des Einsatzes von 3€ in den jeweiligen Gewinn x_i ist die Differenz $(x_i - E(X = x_i))$ in allen Fällen identisch.

101

6. a) $E(X) = 10\,€ \cdot 0{,}8834 + 8{,}50\,€ \cdot 0{,}0716 + 4\,€ \cdot 0{,}0416 - 0{,}50\,€ \cdot 0{,}0034 \approx \mathbf{9{,}61\,€}$

b) $V(X) = (10\,€ - 9{,}61\,€)^2 \cdot 0{,}8834 + (8{,}50\,€ - 9{,}61\,€)^2 \cdot 0{,}0716$
$\qquad\qquad + (4\,€ - 9{,}61\,€)^2 \cdot 0{,}0416 + (-0{,}50\,€ - 9{,}61\,€)^2 \cdot 0{,}0034$
$\qquad\qquad \approx 1{,}88\,€^2$

$\sigma(X) \approx \sqrt{1{,}88\,€^2} \approx \mathbf{1{,}37\,€}$

Der erwartete Ertrag pro Kasten beträgt 9,61 €, wobei die durchschnittliche Schwankungsbreite 1,37 € beträgt.

7. $E(X) = 16{,}50\,€ \cdot 0{,}104 + 1{,}25\,€ \cdot 0{,}252 + 10{,}75\,€ \cdot 0{,}275 + 9{,}50\,€ \cdot 0{,}126$
$\qquad\quad + 7{,}20\,€ \cdot 0{,}143 + 4{,}30\,€ \cdot 0{,}1 + 6\,€ = 7{,}64385\,€ + 6\,€$
$\qquad\quad \approx 13{,}64\,€$

Preis: $1{,}2 \cdot E(X) \approx \mathbf{16{,}37\,€}$

102

8. a) F ... Fehler   kF ... kein Fehler   P ... Prüfung bestanden   Pn ... Prüfung nicht bestanden

	P	Pn	Summe
F	0,015	0,085	0,1
kF	0,864	0,036	0,9
Summe	0,879	0,121	1

$P(\text{F; P}) = 0{,}015$

$P(\text{F; Pn}) = 0{,}085$

$P(\text{kF; P}) = 0{,}864$

$P(\text{kF; Pn}) = 0{,}036$

b) $E(X_{\text{vor}}) = 4{,}60\,€ \cdot 0{,}015 + 1{,}50\,€ \cdot 0{,}085 + 1{,}50\,€ \cdot 0{,}036 = 0{,}2505\,€ \approx \mathbf{0{,}25\,€}$

$E(X_{\text{nach}}) = 4{,}60\,€ \cdot 0{,}1 = \mathbf{0{,}46\,€}$

Ohne betriebsinterne Prüfung kostet eine Reparatur durchschnittlich 46 Cent mit betriebsinterner Prüfung 25 Cent.

c) $2000 \cdot 0{,}2505\,€ = \mathbf{501\,€}$ $2000 \cdot 0{,}46\,€ = \mathbf{920\,€}$

Bei einer täglichen Produktion von 2000 Stück betragen die Kosten ohne betriebsinterne Prüfung durchschnittlich 920 €, mit betriebsinterner Prüfung durchschnittlich 501 €.

d) Für die Kosten x (in €) der betriebsinternen Prüfung muss gelten:

$4{,}6 \cdot 0{,}015 + x \cdot (0{,}085 + 0{,}036) \leq 0{,}46 \quad \Rightarrow \quad x \leq \mathbf{3{,}2314}$

Die betriebsinterne Prüfung darf höchstens 3,23 € kosten, wenn sie nicht teurer sein soll als die Reparatur nach Fertigstellung.

102

9. X misst die Kosten.

a) Wahrscheinlichkeitsverteilung der Kosten X:

X	750€	1500€	2400€	4200€	7500€
$P(X)$	0,45	0,2	0,15	0,1	0,1

b) $E(X) = 750€ \cdot 0,45 + 1500€ \cdot 0,2 + 2400€ \cdot 0,15 + 4200€ \cdot 0,1 + 7500€ \cdot 0,1 = \mathbf{2167,50€}$

c) $P(X < 5000€) - P(X < 1000€) = (0,45 + 0,2 + 0,15 + 0,1) - 0,45 = 0,45 = \mathbf{45\,\%}$

d) $V(X) = (750€ - 2167,50€)^2 \cdot 0,45 + (1500€ - 2167,50€)^2 \cdot 0,2 + (2400€ - 2167,50€)^2 \cdot 0,15$
$\qquad + (4200€ - 2167,50€)^2 \cdot 0,1 + (7500€ - 2167,50€)^2 \cdot 0,1$
$\qquad \approx \mathbf{4\,258\,068{,}75\ €^2}$

$\sigma(X) \approx \sqrt{4\,258\,068{,}75\,€^2} \approx \mathbf{2063{,}51\ €}$

Der Erwartungswert gibt die durchschnittlichen Fehlerkosten und die Standardabweichung die durchschnittliche Schwankungsbreite der Fehlerkosten wieder.

10. a) X gibt das Lebensjahr an, in dem die Frau stirbt.

Die 60-Jährige stirbt im 61. Lebensjahr: $P(X) = \frac{94\,268 - 93\,760}{94\,268} \approx 0,0054$

Die 61-Jährige stirbt im 62. Lebensjahr: $P(X) = \frac{93\,760 - 93\,222}{94\,268} \approx 0,0057$

Die 60-Jährige wird 62: $\qquad\qquad\qquad P(X) \approx 1 - (0,0054 + 0,0057) \approx 0,9889$

Wahrscheinlichkeitsverteilungen:

2 Jahre

X	Tod im 61. Lebensjahr	Tod im 62. Lebensjahr	Alter von 62 Jahren erreicht
$P(X)$	0,0054	0,0057	0,9889

5 Jahre (vgl. Lösung zu Aufgabe 6 auf Seite 95):

X	Tod im 61. Lebensjahr	Tod im 62. Lebensjahr	Tod im 63. Lebensjahr	Tod im 64. Lebensjahr	Tod im 65. Lebensjahr	Alter von 65 Jahren erreicht
$P(X)$	0,0054	0,0057	0,0062	0,0066	0,0072	0,9689

102

b) X misst den Betrag, den die Versicherung zahlt (VP ... Versicherungsprämie).

Wahrscheinlichkeitsverteilung 2 Jahre:

	Tod im 61. Lebensjahr	Tod im 62. Lebensjahr	Alter von 62 Jahren erreicht
X	$200\,000\,€$ $-\,\text{VP}_2$	$200\,000\,€$ $-2\,\text{VP}_2$	$0 - 2\,\text{VP}_2$
$P(X)$	$0{,}0054$	$0{,}0057$	$0{,}9889$

$$E_2(X) = (200\,000\,€ - \text{VP}_2)\cdot 0{,}0054 + (200\,000\,€ - 2\,\text{VP}_2)\cdot 0{,}0057 + (0 - 2\,\text{VP}_2)\cdot 0{,}9889$$
$$= 2220\,€ - 1{,}9946\,\text{VP}_2$$

Für $\text{VP}_2 = 1200\,€$ gilt: $E_2(X) = 2220\,€ - 1{,}9946\cdot 1200\,€ = \mathbf{-173{,}52\,€}$

Die Versicherung erzielt durchschnittliche Erlöse von $173{,}52\,€$

Wahrscheinlichkeitsverteilung 5 Jahre:

	Tod im 61. Lebensjahr	Tod im 62. Lebensjahr	Tod im 63. Lebensjahr	Tod im 64. Lebensjahr	Tod im 65. Lebensjahr	Alter von 65 Jahren erreicht
X	$200\,000\,€$ $-\,\text{VP}_5$	$200\,000\,€$ $-2\,\text{VP}_5$	$200\,000\,€$ $-3\,\text{VP}_5$	$200\,000\,€$ $-4\,\text{VP}_5$	$200\,000\,€$ $-5\,\text{VP}_5$	$0 - 5\,\text{VP}_2$
$P(X)$	$0{,}0054$	$0{,}0057$	$0{,}0062$	$0{,}0066$	$0{,}0072$	$0{,}9689$

$$E_5(X) = (200\,000\,€ - \text{VP}_5)\cdot 0{,}0054 + (200\,000\,€ - 2\,\text{VP}_5)\cdot 0{,}0057 + (200\,000\,€ - 3\,\text{VP}_5)\cdot 0{,}0062$$
$$+ (200\,000\,€ - 4\,\text{VP}_5)\cdot 0{,}0066 + (200\,000\,€ - 5\,\text{VP}_5)\cdot 0{,}0072 + (0 - 5\,\text{VP}_5)\cdot 0{,}9689$$
$$= 6220\,€ - 4{,}9423\,\text{VP}_5$$

Für $\text{VP}_5 = 1200\,€$ gilt: $E_5(X) = 6220\,€ - 4{,}9423\cdot 1200\,€ = \mathbf{289{,}24\,€}$

Die Versicherung verliert durchschnittlich $289{,}24\,€$.

c) Aus Aufgabenteil b) ergibt sich:

$$E_2(X) = 0 \quad \Leftrightarrow \quad 2220\,€ - 1{,}9946\,\text{VP}_2 = 0 \quad \Leftrightarrow \quad \text{VP}_2 \approx \mathbf{1113{,}01\,€}$$
$$E_5(X) = 0 \quad \Leftrightarrow \quad 6220\,€ - 4{,}9423\,\text{VP}_5 = 0 \quad \Leftrightarrow \quad \text{VP}_5 \approx \mathbf{1258{,}52\,€}$$

Damit die Versicherung weder Gewinn noch Verlust erwirtschaftet, muss die 60-Jährige bei einer 2-jährigen Laufzeit eine jährliche Versicherungsprämie von $1113{,}01\,€$ und bei einer 5-jährigen Laufzeit eine jährliche Versicherungsprämie von $1258{,}52\,€$ zahlen.

11. $E(X^*) = E(a\cdot X) = \sum\limits_{i=1}^{n} P(x_i^*)\cdot x_i^* = \sum\limits_{i=1}^{n} P(x_i)\cdot a\cdot x_i = a\cdot \sum\limits_{i=1}^{n} P(x_i)\cdot x_i = a\cdot E(X)$

$\quad V(X^*) = \sum\limits_{i=1}^{n}(x_i^* - E(X^*))^2\cdot P(x_i^*) = \sum\limits_{i=1}^{n}(a\cdot x_i - a\cdot E(X))^2\cdot P(x_i)$

$\quad\quad = \sum\limits_{i=1}^{n} a^2(x_i - E(X))^2\cdot P(x_i) = a^2\cdot \sum\limits_{i=1}^{n}(x_i - E(X))^2\cdot P(x_i) = a^2\cdot V(X)$

Test zu 2.2

1. Wahrscheinlichkeitsverteilung von X:

x_i (in €)	-3	2	4	5	10
$P(X = x_i)$	$\frac{84}{216}$	$\frac{90}{216}$	$\frac{24}{216}$	$\frac{12}{216}$	$\frac{6}{216}$

2. Wahrscheinlichkeitsverteilung von X:

x_i (in €)	10	5	1	0
$P(X = x_i)$	0,05	0,1	0,2	0,65

$$E(X) = 10€ \cdot 0{,}05 + 5€ \cdot 0{,}1 + 1€ \cdot 0{,}2 + 0€ \cdot 0{,}65 = \mathbf{1{,}20\,€}$$

Für ein faires Spiel muss der Verkaufspreis eines Loses 1,20 € betragen, der Veranstalter macht dann weder Gewinn noch Verlust.

3. a) Wahrscheinlichkeitsverteilung von X:

X (in €)	$-1{,}5$	1	2	3	4	5
$P(X = x_i)$	$\frac{21}{36}$	$\frac{5}{36}$	$\frac{4}{36}$	$\frac{3}{36}$	$\frac{2}{36}$	$\frac{1}{36}$

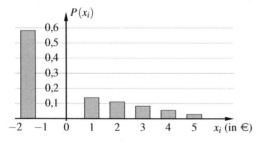

b) $E(X = x_i) = -1{,}5 \cdot \frac{21}{36} + 1 \cdot \frac{5}{36} + 2 \cdot \frac{4}{36} + 3 \cdot \frac{3}{36} + 4 \cdot \frac{2}{36} + 5 \cdot \frac{1}{36} = \frac{7}{72}$

Das Spiel ist nicht fair.

c) $V(X = x_i) = (-1{,}5 - \frac{7}{72})^2 \cdot \frac{21}{36} + (1 - \frac{7}{72})^2 \cdot \frac{5}{36} + (2 - \frac{7}{72})^2 \cdot \frac{4}{36}$
$\qquad\qquad + (3 - \frac{7}{72})^2 \cdot \frac{3}{36} + (4 - \frac{7}{72})^2 \cdot \frac{2}{36} + (5 - \frac{7}{72})^2 \cdot \frac{1}{36}$
$\qquad \approx \mathbf{4{,}22}$

$\sigma(X = x_i) \approx \sqrt{4{,}22} \approx \mathbf{2{,}054}$

Die Standardabweichung gibt die durchschnittliche Schwankungsbreite um den Erwartungswert $\frac{7}{72}$ an.

d₁) $P(X \leq 3€) = P(X = -1{,}5€) + P(X = 1€) + P(X = 2€) + P(X = 3€) = \frac{21}{36} + \frac{5}{36} + \frac{4}{36} + \frac{3}{36} = \frac{11}{12}$

d₂) $P(X > 2€) = P(X = 3€) + P(X = 4€) + P(X = 5€) = \frac{3}{36} + \frac{2}{36} + \frac{1}{36} = \frac{1}{6}$

d₃) $P(1€ \leq X \leq 4€) = P(X = 1€) + P(X = 2€) + P(X = 3€) + P(X = 4€) = \frac{5}{36} + \frac{4}{36} + \frac{3}{36} + \frac{2}{36} = \frac{7}{18}$

104

4. a) F_g ... Fehler gefunden F_{ng} ... Fehler nicht gefunden

   F_{rekl} ... Fehler reklamiert F_{nrekl} ... Fehler nicht reklamiert

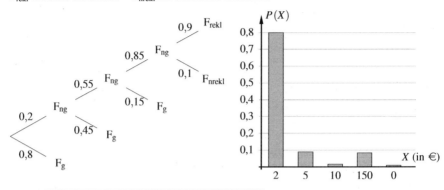

X	2€	5€	10€	150€	0€
$P(X)$	0,8	0,09	0,0165	0,08415	0,00935

b) $E(X) = 2€ \cdot 0,8 + 5€ \cdot 0,09 + 10€ \cdot 0,0165 + 150€ \cdot 0,08415 + 0€ \cdot 0,00935 \approx \mathbf{14,84\,€}$

c) $V(X) = (2€ - 14,84€)^2 \cdot 0,8 + (5€ - 14,84€)^2 \cdot 0,09 + (10€ - 14,84€)^2 \cdot 0,0165$
$+ (150€ - 14,84€)^2 \cdot 0,08415 + (0€ - 14,84€)^2 \cdot 0,00935$
$\approx \mathbf{1680,32\,€^2}$

$\sigma(X) = \sqrt{1680,32€^2} \approx \mathbf{41\,€}$

Die hohe Standardabweichung entsteht durch die sehr hohen Reklamationskosten im Vergleich zu den niedrigen Testkosten.

5. Zur Beurteilung der Termintreue werden Erwartungswert und Standardabweichung berechnet.

$E(X =A) = 4 \cdot 0,05 + 5 \cdot 0,1 + 6 \cdot 0,6 + 7 \cdot 0,2 + 8 \cdot 0,05 = \mathbf{6,1}$
$E(X =B) = 4 \cdot 0 + 5 \cdot 0,15 + 6 \cdot 0,65 + 7 \cdot 0,15 + 8 \cdot 0,05 = \mathbf{6,1}$
Beide liefern durchschnittlich nach 6,1 Tagen.

$V(X =A) = (4 - 6,1)^2 \cdot 0,05 + (5 - 6,1)^2 \cdot 0,1 + (6 - 6,1)^2 \cdot 0,6 + (7 - 6,1)^2 \cdot 0,2 + (8 - 6,1)^2 \cdot 0,05 = 0,69$
$\sigma(X =A) = \sqrt{0,69} \approx \mathbf{0,83}$
$V(X =B) = (4 - 6,1)^2 \cdot 0 + (5 - 6,1)^2 \cdot 0,15 + (6 - 6,1)^2 \cdot 0,65 + (7 - 6,1)^2 \cdot 0,15 + (8 - 6,1)^2 \cdot 0,05 = 0,49$
$\sigma(X =B) = \sqrt{0,49} = \mathbf{0,7}$
Die Lieferungen von B sind weniger schwankend.

2.3 Binomialverteilung

Einstiegsseite

Fragestellung:

105

Herr Schimanski hat den Auftrag, 20 Fahrräder auf Defekte zu untersuchen. Er findet nur ein defektes Fahrrad, obwohl er aufgrund der errechneten 10-prozentigen Wahrscheinlichkeit 2 defekte Räder von insgesamt 20 Fahrrädern erwartet hat.

Er muss sich Gedanken darüber machen, wie wahrscheinlich es ist, nur genau ein defektes Fahrrad zu finden. Dabei erkennt er auch, dass dieser Aspekt gleichbedeutend ist mit dem Auffinden von genau 19 fehlerfreien Fahrrädern.

Lösungsweg:

Die Wahrscheinlichkeit, direkt beim ersten Fahrrad einen Defekt zu finden, beträgt $0{,}1^1 \cdot 0{,}9^{19}$. Herr Schimanski kann das defekte Fahrrad auch an zweiter, dritter usw. ... zwanzigster Stelle finden. Es gibt also insgesamt 20 Möglichkeiten, genau das defekte Fahrrad zu finden:

$P(\text{genau 1 Fahrrad defekt}) = 20 \cdot 0{,}1^1 \cdot 0{,}9^{19} \approx 0{,}2702 = \mathbf{27{,}02\,\%}$

Die Wahrscheinlichkeit, unter 20 Fahrrädern genau ein defektes zu finden, beträgt ca. 27,02 %.

2.3.1 Vom Bernoulli-Experiment zur Binomialverteilung

112

1. **a)** Es handelt sich um eine Bernoulli-Kette, denn es gibt nur zwei Möglichkeiten („Kopf" bzw. „Zahl") und $n = 100$ ist ausreichend groß. Je nach Vereinbarung ist entweder „Kopf" oder „Zahl" das Erfolgsereignis mit $p = 0{,}5$.

    b) Es handelt sich um eine Bernoulli-Kette, denn es gibt nur zwei Möglichkeiten („funktionsfähig" oder „nicht funktionsfähig"). Es müssten jedoch die Prüfungsanzahl n und die Erfolgswahrscheinlichkeit p festgelegt werden.

    c) Es handelt sich nicht um eine Bernoulli-Kette, denn es gibt mehr als zwei Möglichkeiten (sechs mögliche Augenzahlen).

    d) Beim zehnmaligen Ziehen mit Zurücklegen handelt sich um eine Bernoulli-Kette, denn es gibt nur zwei Möglichkeiten („Ass" und „kein Ass"). Da die Kartenanzahl 32 bleibt, ist $n = 10$ genügend groß. Das Erfolgsereignis ist „Ass", die Erfolgswahrscheinlichkeit beträgt bei 4 Ass-Karten von 32 Karten $p = \frac{1}{8}$.
    Wird jedoch nicht zurückgelegt, handelt es sich nicht um eine Bernoulli-Kette, da sich die Wahrscheinlichkeit, ein Ass zu ziehen, mit jeder Ziehung ändert.

    e) Es handelt sich nicht um eine Bernoulli-Kette, denn es gibt beim Toto drei Möglichkeiten ($0 \,\hat{=}\,$ unentschieden, $1 \,\hat{=}\,$ Heimsieg, $2 \,\hat{=}\,$ Auswärtssieg).

2. **a)** $B(10; 0{,}1; 1) \approx \mathbf{0{,}3874}$; $B(10; 0{,}1; 2) \approx \mathbf{0{,}1927}$; $B(10; 0{,}1; 3) \approx \mathbf{0{,}0574}$; $B(10; 0{,}1; 4) \approx \mathbf{0{,}0112}$

    b) $B(20; 0{,}2; 1) \approx \mathbf{0{,}0576}$; $B(20; 0{,}2; 2) \approx \mathbf{0{,}1369}$; $B(20; 0{,}2; 3) \approx \mathbf{0{,}2054}$; $B(20; 0{,}2; 4) \approx \mathbf{0{,}2182}$

    c) $B(30; 0{,}3; 5) \approx \mathbf{0{,}0464}$; $B(30; 0{,}3; 6) \approx \mathbf{0{,}0829}$; $B(30; 0{,}3; 7) \approx \mathbf{0{,}1219}$; $B(30; 0{,}3; 8) \approx \mathbf{0{,}1501}$

112

3. **a)** $P(X=4) = \binom{8}{4} \cdot \left(\frac{1}{3}\right)^4 \cdot \left(\frac{2}{3}\right)^4 \approx 0{,}1707 = \mathbf{17{,}07\,\%}$

b)

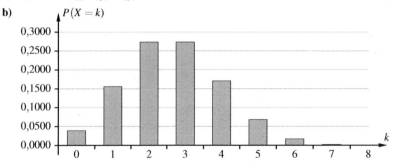

4. Beispiele:

a) Gesucht ist die Wahrscheinlichkeit, beim 20-maligen Würfeln genau 2-mal eine Sechs zu werfen:

$P(X=2) = \binom{20}{2} \cdot \left(\frac{1}{6}\right)^2 \cdot \left(\frac{5}{6}\right)^{18} \approx 0{,}1982 = \mathbf{19{,}82\,\%}$

b) Alle Mitglieder einer vierköpfigen Familie (Vater, Mutter, zwei Töchter) müssen jeden Morgen um halb acht das Haus verlassen. Gesucht ist die Wahrscheinlichkeit, dass von 10 Gelegenheiten genau 8-mal ein weibliches Familienmitglied das Haus zuerst verlässt.

$P(X=8) = \binom{10}{8} \cdot 0{,}75^8 \cdot 0{,}25^2 \approx 0{,}2816 = \mathbf{28{,}16\,\%}$

c) Ein Prüfling fällt bei der Führerscheinprüfung zu 30 % beim ersten Versuch durch. Gesucht ist die Wahrscheinlichkeit, dass von 5 Prüflingen alle beim ersten Versuch bestehen.

$P(X=0) = \binom{5}{0} \cdot 0{,}3^0 \cdot 0{,}7^5 = 0{,}7^5 \approx 0{,}1681 = \mathbf{16{,}81\,\%}$

d) Beim 100-maligen Werfen einer Reißzwecke fallen 65 auf die Seite und 35 auf den Kopf. Gesucht ist die Wahrscheinlichkeit, dass beim 50-maligen Werfen die Reißzwecke mindestens 49-mal auf den Kopf fällt.

$P(X \geq 49) = \binom{50}{49} \cdot 0{,}35^{49} \cdot 0{,}65^1 + 0{,}35^{50} \approx 1{,}5 \cdot 10^{-21} \approx \mathbf{0\,\%}$

e) Gesucht ist die Wahrscheinlichkeit, beim einmaligen Münzwurf nicht „Kopf" zu werfen.

$P(X=0) = \binom{1}{0} \cdot 0{,}5^0 \cdot 0{,}5^1 = 0{,}5 = \mathbf{50\,\%}$

5. **a)** Gesucht ist die Wahrscheinlichkeit, genau 3 von 5 möglichen Treffern zu erzielen, wobei jeder einzelne Treffer die Wahrscheinlichkeit $p = 0{,}4$ besitzt.

$$X = 3$$

$$\overset{\quad\quad\quad\quad\quad\quad}{0 \quad\quad 1 \quad\quad 2 \quad\quad 3 \quad\quad 4 \quad\quad 5}$$

$P(X=3) = \binom{5}{3} \cdot 0{,}4^3 \cdot 0{,}6^2 \approx 0{,}2304 = \mathbf{23{,}04\,\%}$

b) Gesucht ist die Wahrscheinlichkeit, höchstens 2 (also 0, 1 oder 2) von 5 möglichen Treffern zu erzielen, wobei jeder einzelne Treffer die Wahrscheinlichkeit $p = 0{,}7$ besitzt.

$$X \leq 2$$

$$\overset{\quad\quad\quad\quad\quad\quad}{0 \quad\quad 1 \quad\quad 2 \quad\quad 3 \quad\quad 4 \quad\quad 5}$$

$\begin{aligned} P(X \leq 2) &= P(X=0) + P(X=1) + P(X=2) \\ &= \binom{5}{0} \cdot 0{,}7^0 \cdot 0{,}3^5 + \binom{5}{1} \cdot 0{,}7^1 \cdot 0{,}3^4 + \binom{5}{2} \cdot 0{,}7^2 \cdot 0{,}3^3 \\ &\approx 0{,}1631 \\ &= \mathbf{16{,}31\,\%} \end{aligned}$

c) Gesucht ist die Wahrscheinlichkeit, mindestens 9 (also 9 oder 10) von 10 möglichen Treffern zu erzielen, wobei jeder einzelne Treffer die Wahrscheinlichkeit $p = 0{,}45$ besitzt.

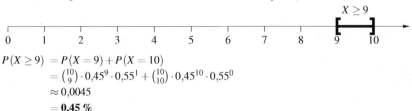

$$P(X \geq 9) = P(X = 9) + P(X = 10)$$
$$= \binom{10}{9} \cdot 0{,}45^9 \cdot 0{,}55^1 + \binom{10}{10} \cdot 0{,}45^{10} \cdot 0{,}55^0$$
$$\approx 0{,}0045$$
$$= \mathbf{0{,}45\ \%}$$

d) Gesucht ist die Wahrscheinlichkeit, mehr als 2 und höchstens 7 (also 3, 4, 5, 6 oder 7) von 11 möglichen Treffern zu erzielen, wobei jeder einzelne Treffer die Wahrscheinlichkeit $p = 0{,}3$ besitzt.

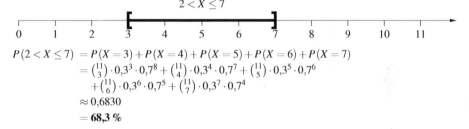

$$P(2 < X \leq 7) = P(X = 3) + P(X = 4) + P(X = 5) + P(X = 6) + P(X = 7)$$
$$= \binom{11}{3} \cdot 0{,}3^3 \cdot 0{,}7^8 + \binom{11}{4} \cdot 0{,}3^4 \cdot 0{,}7^7 + \binom{11}{5} \cdot 0{,}3^5 \cdot 0{,}7^6$$
$$+ \binom{11}{6} \cdot 0{,}3^6 \cdot 0{,}7^5 + \binom{11}{7} \cdot 0{,}3^7 \cdot 0{,}7^4$$
$$\approx 0{,}6830$$
$$= \mathbf{68{,}3\ \%}$$

6. X misst die Anzahl der grünen Kugeln, Y die Anzahl der gelben Kugeln und Z die Anzahl der roten Kugeln.

a) $P(X = 2) = \binom{4}{2} \cdot 0{,}5^2 \cdot 0{,}5^2 = 0{,}375 = \mathbf{37{,}5\ \%}$

b) $P(Y \leq 2) = P(Y = 0) + P(Y = 1) + P(Y = 2)$
$$= \binom{4}{0} \cdot 0{,}2^0 \cdot 0{,}8^4 + \binom{4}{1} \cdot 0{,}2^1 \cdot 0{,}8^3 + \binom{4}{2} \cdot 0{,}2^2 \cdot 0{,}8^2$$
$$\approx 0{,}9728 = \mathbf{97{,}28\ \%}$$

c) $P(Z \geq 2) = P(Z = 2) + P(Z = 3) + P(Z = 4)$
$$= \binom{4}{2} \cdot 0{,}3^2 \cdot 0{,}7^2 + \binom{4}{3} \cdot 0{,}3^3 \cdot 0{,}7^1 + \binom{4}{4} \cdot 0{,}3^4 \cdot 0{,}7^0$$
$$\approx 0{,}3483 = \mathbf{34{,}83\ \%}$$

d) $P(X > 1) = P(X \geq 2)$
$$= P(X = 2) + P(X = 3) + P(X = 4)$$
$$= \binom{4}{2} \cdot 0{,}5^2 \cdot 0{,}5^2 + \binom{4}{3} \cdot 0{,}5^3 \cdot 0{,}5^1 + \binom{4}{4} \cdot 0{,}5^4 \cdot 0{,}5^0$$
$$= 0{,}6875 = \mathbf{68{,}75\ \%}$$

e) $P(1 < Z < 4) = P(2 \leq Z \leq 3)$
$$= P(Z = 2) + P(Z = 3)$$
$$= \binom{4}{2} \cdot 0{,}3^2 \cdot 0{,}7^2 + \binom{4}{3} \cdot 0{,}3^3 \cdot 0{,}7^1$$
$$\approx 0{,}3402 = \mathbf{34{,}02\ \%}$$

f) $P(Y < 4) = P(Y \leq 3)$
$$= P(Y = 0) + P(Y = 1) + P(Y = 2) + P(Y = 3)$$
$$= \binom{4}{0} \cdot 0{,}2^0 \cdot 0{,}8^4 + \binom{4}{1} \cdot 0{,}2^1 \cdot 0{,}8^3 + \binom{4}{2} \cdot 0{,}2^2 \cdot 0{,}8^2 + \binom{4}{2} \cdot 0{,}2^3 \cdot 0{,}8^1$$
$$\approx 0{,}9984 = \mathbf{99{,}84\ \%}$$

g) $P(Z = 4) = \binom{4}{4} \cdot 0{,}3^4 \cdot 0{,}7^0 = 0{,}0081 = \mathbf{0{,}81\ \%}$

7. Da beim Anbieter, zu dem die roten Säulen gehören, immer $P(X \leq k)$ mindestens so groß ist wie bei dem Anbieter, zu dem die blauen Säulen gehören, ist es sinnvoll, die Lose beim Anbieter, zu dem die roten Säulen gehören, zu kaufen.

112 **8.**
$$P(X \geq 1) > 0{,}97$$
$$\Leftrightarrow \quad 1 - P(X = 0) > 0{,}97$$
$$\Leftrightarrow \quad P(X = 0) < 0{,}03$$
$$\Leftrightarrow \quad \binom{n}{0} \cdot 0{,}15^0 \cdot 0{,}85^n < 0{,}03$$
$$\Leftrightarrow \quad 0{,}85^n < 0{,}03$$
$$\Rightarrow \quad n > \frac{\lg 0{,}03}{\lg 0{,}85}$$
$$\Rightarrow \quad n > 21{,}576\ldots$$

Es müssen mindestens 22 USB-Sticks kontrolliert werden.

9.
$$P(X \geq 1) > 0{,}99$$
$$\Leftrightarrow \quad 1 - P(X = 0) > 0{,}99$$
$$\Leftrightarrow \quad P(X = 0) < 0{,}01$$
$$\Leftrightarrow \quad \binom{n}{0} \cdot 0{,}02^0 \cdot 0{,}98^n < 0{,}01$$
$$\Leftrightarrow \quad 0{,}98^n < 0{,}01$$
$$\Rightarrow \quad n > \frac{\lg 0{,}01}{\lg 0{,}98}$$
$$\Rightarrow \quad n > 227{,}948\ldots$$

Es müssen mindestens 228 Haushalte kontrolliert werden.

2.3.2 Hilfsmittel bei der Berechnung

115

1. a) $B(20; 0{,}05; 1) \approx \mathbf{0{,}3774}$
$B(20; 0{,}05; 2) \approx \mathbf{0{,}1887}$
$B(20; 0{,}05; 3) \approx \mathbf{0{,}0596}$
$B(20; 0{,}05; 4) \approx \mathbf{0{,}0133}$
$B(20; 0{,}05; 5) \approx \mathbf{0{,}0022}$

b) $F(20; 0{,}05; 1) \approx \mathbf{0{,}7358}$
$F(20; 0{,}05; 2) \approx \mathbf{0{,}9245}$
$F(20; 0{,}05; 3) \approx \mathbf{0{,}9841}$
$F(20; 0{,}05; 4) \approx \mathbf{0{,}9974}$
$F(20; 0{,}05; 5) \approx \mathbf{0{,}9997}$

2. a) $P(X = 15) = B(15; 0{,}96; 15) = \binom{15}{15} \cdot 0{,}96^{15} \cdot 0{,}04^0 \approx 0{,}5421 = \mathbf{54{,}21\,\%}$

b) $P(Y = 10) = B(15; 0{,}04; 10) = \binom{15}{10} \cdot 0{,}04^{10} \cdot 0{,}96^5 \approx 2{,}57 \cdot 10^{-11} \approx \mathbf{0\,\%}$

c) $P(Y = 2) = B(15; 0{,}04; 2) = \binom{15}{2} \cdot 0{,}04^2 \cdot 0{,}96^{13} \approx 0{,}0988 = \mathbf{9{,}88\,\%}$

d) $P(Y \leq 5) = F(15; 0{,}04; 5) \approx 1 = \mathbf{100\,\%}$

e) $P(X \geq 12) = P(Y \leq 3) = F(15; 0{,}04; 3) \approx 0{,}9976 = \mathbf{99{,}76\,\%}$

3. Als Hilfsmittel wurden für $n = 100$ und $n = 80$ die Binomialtabellen genutzt, was für $n = 65$ nicht möglich ist. Deshalb wurde Excel verwendet.

115

Formel zur Berechnung der Punktwahrscheinlichkeit $B(n; p; k)$:
=BINOMVERT(k; n; p; FALSCH) oder
=BINOM.VERT(k; n; p; FALSCH)

Formel zur Berechnung der summierten Wahrscheinlichkeit $F(n; p; k)$:
=BINOMVERT(k; n; p; WAHR) oder
=BINOM.VERT(k; n; p; WAHR)

Zu beachten ist, dass die Reihenfolge der Argumente in der Excel-Formel anders ist, die beiden Formeln sich nur durch einen Wahrheitswert (FALSCH für die Punktwahrscheinlichkeit bzw. WAHR für die summierte Wahrscheinlichkeit) jeweils an der 4. Stelle unterscheiden und dass in der Excel-Formel nicht die Buchstaben, sondern die Zellbezüge für k, n und p stehen.

		$n = 100$	$n = 80$	$n = 65$
a)	$P(X \geq 40)$	$= 1 - P(X \leq 39)$	$= 1 - P(X \leq 39)$	$= 1 - P(X \leq 39)$
		$= 1 - F(100; 0{,}5; 39)$	$= 1 - F(80; 0{,}5; 39)$	$= 1 - F(65; 0{,}5; 39)$
		$\approx 1 - 0{,}0176$	$\approx 1 - 0{,}4555$	$\approx 1 - 0{,}9592$
		$= 0{,}9824$	$= 0{,}5445$	$= 0{,}0408$
		$= \mathbf{98{,}24\,\%}$	$= \mathbf{54{,}45\,\%}$	$= \mathbf{4{,}08\,\%}$
b)	$P(X \geq 50)$	$= 1 - P(X \leq 49)$	$= 1 - P(X \leq 49)$	$= 1 - P(X \leq 49)$
		$= 1 - F(100; 0{,}5; 49)$	$= 1 - F(80; 0{,}5; 49)$	$= 1 - F(65; 0{,}5; 49)$
		$\approx 1 - 0{,}4602$	$\approx 1 - 0{,}9835$	$\approx 1 - 1$
		$= 0{,}5398$	$= 0{,}0165$	$= 0$
		$= \mathbf{53{,}98\,\%}$	$= \mathbf{1{,}65\,\%}$	$= \mathbf{0\,\%}$
c)	$P(X \leq 40)$	$= F(100; 0{,}5; 40)$	$= F(80; 0{,}5; 40)$	$= F(65; 0{,}5; 40)$
		$\approx 0{,}0284$	$\approx 0{,}5445$	$\approx 0{,}9768$
		$= \mathbf{2{,}84\,\%}$	$= \mathbf{54{,}45\,\%}$	$= \mathbf{97{,}68\,\%}$
d)	$P(40 < X < 60)$	$= P(41 \leq X \leq 59)$	$= P(41 \leq X \leq 59)$	$= P(41 \leq X \leq 59)$
		$= F(100; 0{,}5; 59)$	$= F(80; 0{,}5; 59)$	$= F(65; 0{,}5; 59)$
		$\quad - F(100; 0{,}5; 40)$	$\quad - F(80; 0{,}5; 40)$	$\quad - F(65; 0{,}5; 40)$
		$\approx 0{,}9716 - 0{,}0284$	$\approx 1 - 0{,}5445$	$\approx 1 - 0{,}9768$
		$= 0{,}9432$	$= 0{,}4555$	$= 0{,}0232$
		$= \mathbf{94{,}32\,\%}$	$= \mathbf{45{,}55\,\%}$	$= \mathbf{2{,}32\,\%}$
e)	$P(X = 40)$	$= F(100; 0{,}5; 40)$	$= F(80; 0{,}5; 40)$	$= B(65; 0{,}5; 40)$
		$\quad - F(100; 0{,}5; 39)$	$\quad - F(80; 0{,}5; 39)$	$\approx 0{,}0177$
		$\approx 0{,}0284 - 0{,}0176$	$\approx 0{,}5445 - 0{,}4555$	$= \mathbf{1{,}77\,\%}$
		$= 0{,}0108$	$= 0{,}0890$	
		$= \mathbf{1{,}08\,\%}$	$= \mathbf{8{,}9\,\%}$	
f)	$P(X \leq 65)$	$= F(100; 0{,}5; 65)$	$= F(80; 0{,}5; 65)$	$= F(65; 0{,}5; 65)$
		$\approx 0{,}9991$	≈ 1	≈ 1
		$= \mathbf{99{,}91\,\%}$	$= \mathbf{100\,\%}$	$= \mathbf{100\,\%}$

2.3.3   Eigenschaften und Kennzahlen der Binomialverteilung

120

1. **a)** $E(X) = n \cdot p = 50 \cdot 0{,}2 = 10$ $V(X) = n \cdot p \cdot q = 50 \cdot 0{,}2 \cdot 0{,}8 = 8$ $\sigma(X) = \sqrt{n \cdot p \cdot q} = \sqrt{8} \approx 2{,}83$
    b) $E(X) = 26 \cdot \frac{5}{6} = 21\frac{2}{3}$ $V(X) = 26 \cdot \frac{5}{6} \cdot \frac{1}{6} = 3\frac{11}{18}$ $\sigma(X) = \sqrt{3\frac{11}{18}} \approx 1{,}90$

2. $E(X) = n \cdot p = 4200 \cdot 0{,}02 = 84$ Der Händler muss 84 ungenau arbeitende Waagen erwarten.

3. **a)** Wahrscheinlichkeitsverteilung von X:

X	$-1€$	$3€$
$P(X)$	0,8	0,2

    $E(X) = -1€ \cdot 0{,}8 + 3€ \cdot 0{,}2 = -0{,}20€$
    Bei 10 Spielen hätte man durchschnittlich 2€ verloren.

    $-1€ \cdot 0{,}8 + x€ \cdot 0{,}2 = 0€$ $\Leftrightarrow$ $x = 4$
    $x€ \cdot 0{,}8 + (4 + x)€ \cdot 0{,}2 = 0€$ $\Leftrightarrow$ $x = -0{,}8$
    Entweder müssten die Gewinne 5€ (4€ + 1€ Lospreis) wert sein oder das Los dürfte nur 0,80€ kosten, damit das Spiel fair wird.

    b) $E(X) = 10 \cdot 0{,}2 = 2$
    $\sigma(X) = \sqrt{10 \cdot 0{,}2 \cdot 0{,}8} \approx 1{,}26$
    Bei 10 Losen erwartet man 2 Gewinne, wobei die Gewinnerwartung zwischen 1 und 3 Gewinnen schwankt.

4. **a)** $E(X) = 50 \cdot 0{,}04 = 2$
    $P(X = 2) = F(50; 0{,}04; 2) - F(50; 0{,}04; 1) \approx 0{,}2762 = 27{,}62\,\%$
    oder
    $P(X = 2) = \binom{50}{2} \cdot 0{,}04^2 \cdot 0{,}96^{48} \approx 0{,}2762 = 27{,}62\,\%$
    b) $\sigma(X) = \sqrt{50 \cdot 0{,}04 \cdot 0{,}96} = \sqrt{1{,}92} \approx 1{,}39$
    $P(0 < X < 4) = P(X \le 3) - P(X \le 0) = F(50; 0{,}04; 3) - F(50; 0{,}04; 0) \approx 0{,}8609 - 0{,}1299$
    $\phantom{P(0 < X < 4)} = 0{,}7310 = 73{,}1\,\%$
    Die Anzahl der „kaputten" Schaumküsse liegt mit einer Wahrscheinlichkeit von 73,1 % im Bereich der Standardabweichung um den Erwartungswert.

5. $E(X) = 100 \cdot 0{,}5 = 50$
    $\sigma(X) = \sqrt{100 \cdot 0{,}5 \cdot 0{,}5} = \sqrt{25} = 5$ $\Rightarrow$ $2 \cdot \sigma(X) = 10$ $3 \cdot \sigma(X) = 15$
    $P(50 - \sigma \le X \le 50 + \sigma) = P(45 \le X \le 55) = P(X \le 55) - P(X \le 44)$
    $ = F(100; 0{,}5; 55) - F(100; 0{,}5; 44)$
    $ \approx 0{,}8644 - 0{,}1356$
    $ = 0{,}7288 = 72{,}88\,\%$
    $P(50 - 2\sigma \le X \le 50 + 2\sigma) = P(40 \le X \le 60) = P(X \le 60) - P(X \le 39)$
    $ = F(100; 0{,}5; 60) - F(100; 0{,}5; 39)$
    $ \approx 0{,}9824 - 0{,}0176$
    $ = 0{,}9648 = 96{,}48\,\%$
    $P(50 - 3\sigma \le X \le 50 + 3\sigma) = P(35 \le X \le 65) = P(X \le 65) - P(X \le 34)$
    $ = F(100; 0{,}5; 65) - F(100; 0{,}5; 34)$
    $ \approx 0{,}9991 - 0{,}0009$
    $ = 0{,}9982 = 99{,}82\,\%$

6. a) $P(X > 1) = 1 - P(X \leq 1) = 1 - F(20; 0{,}03; 1) \approx 1 - 0{,}8802 = 0{,}1198 = \mathbf{11{,}98\,\%}$

b) $E(X) = 100 \cdot 0{,}03 = 3$

$\sigma(X) = \sqrt{100 \cdot 0{,}03 \cdot 0{,}97} = \sqrt{2{,}91} \approx \mathbf{1{,}71}$

$P(1 < X < 5) = P(X \leq 4) - P(X \leq 1) = F(100; 0{,}03; 4) - F(100; 0{,}03; 1) \approx 0{,}8179 - 0{,}1946$
$$= 0{,}6233 = \mathbf{62{,}33\,\%}$$

$P(2 \leq X \leq 5) = P(X \leq 5) - P(X \leq 1) = F(100; 0{,}03; 5) - F(100; 0{,}03; 1) \approx 0{,}9192 - 0{,}1946$
$$= 0{,}7246 = \mathbf{72{,}46\,\%}$$

Der Mitarbeiter befindet sich mit einer Wahrscheinlichkeit von 72,46 % fast im Schwankungsbereich um den Erwartungswert, der mit einer Wahrscheinlichkeit von 62,33 % eintritt.

7. Da die Zufallsgrößen X_i unabhängig voneinander sind, gilt entsprechend für die Varianz:

$$
\begin{aligned}
V(X) &= \sum_{i=1}^{n} V(x_i) \\
&= V(X_1 + X_2 + \ldots + X_n) \\
&= V(X_1) + V(X_2) + \ldots + V(X_n) \qquad \blacktriangleright\ V(x_i) = (0 - p)^2 \cdot (1 - p) + (1 - p)^2 \cdot p = p \cdot (1 - p) \\
&= p \cdot (1 - p) + p \cdot (1 - p) + \ldots + p \cdot (1 - p) \qquad\qquad \text{für } 1 \leq i \leq n \\
&= p \cdot (1 - p) \cdot \sum_{i=1}^{n} 1 \\
&= \boldsymbol{n \cdot p \cdot (1 - p)}
\end{aligned}
$$

8. a) $\mu = 0{,}98 \cdot 1000 = 980$

$\sigma = \sqrt{1000 \cdot 0{,}98 \cdot 0{,}02} \approx 4{,}4 > 3 \quad 980 - 4{,}4 \leq X \leq 980 + 4{,}4$

$$\mathbf{976 \leq X \leq 984}$$

Auf der Grundlage der σ-Regel liegt der Annahmebereich für $p = 0{,}98$ zwischen 976 und 984 fehlerfreien Chips.

b) Der Produzent weist die Lieferung zurück, da $970 \notin [976; 984]$.

Der Produzent akzeptiert die Lieferung, da $978 \in [976; 984]$.

9. a) A: $\mu = 24\,250 \qquad \sigma = 26{,}97 \qquad 2\sigma$-Umgebung: $[24\,197; 24\,303]$

Reparaturkosten bei 697 bis 803 fehlerhaften Produkten: 8364 € bis 9636 €

Einkaufskosten: $25\,000 \cdot 24{,}90\,€ = 622\,500\,€$

$\Rightarrow$ Gesamtkosten zwischen 630 864 € und 632 136 €.

B: $\mu = 24\,500 \qquad \sigma = 22{,}14 \qquad 2\sigma$-Umgebung: $[24\,456; 24\,544]$

Reparaturkosten bei 456 bis 544 fehlerhaften Produkten: 4788 € bis 5712 €

Einkaufskosten: $25\,000 \cdot 25{,}10\,€ = 627\,500\,€$

$\Rightarrow$ Gesamtkosten zwischen 632 288 € und 633 212 €.

Wegen der geringeren Gesamtkosten sollte sich der Discounter für den Anbieter A entscheiden.

b) Ja, denn $25\,000 - 535 = 24\,465 \in [24\,456; 24\,544]$.

Übungen zu 2.3

121

1. **a)** $P(X=6) = \binom{8}{6} \cdot 0{,}1^6 \cdot 0{,}9^2 \approx 0{,}00002268 \approx 0 = \mathbf{0\,\%}$

   b) $P(X=3) = \binom{8}{3} \cdot 0{,}5^3 \cdot 0{,}5^5 \approx 0{,}2188 = \mathbf{21{,}88\,\%}$

   c) $P(X=2) + P(Y=3) = \binom{8}{2} \cdot 0{,}1^2 \cdot 0{,}9^6 + \binom{8}{3} \cdot 0{,}5^3 \cdot 0{,}5^5 \approx 0{,}3676 = \mathbf{36{,}76\,\%}$

   d) $P(X<3) = P(X \le 2) = F(8;\,0{,}6;\,2) \approx 1 - 0{,}9502 = 0{,}0498 = \mathbf{4{,}98\,\%}$

   e) $P(X \ge 2) = 1 - P(X \le 1) = 1 - F(8;\,0{,}4;\,1) \approx 1 - 0{,}1064 = 0{,}8936 = \mathbf{89{,}36\,\%}$

   f) *Hinweis:* Im 1. Druck der 1. Auflage hätte es richtig heißen müssen: „höchstens zwei gerade und höchstens zwei ungerade Zahlen"

   $P(X \le 2) \cdot P(Y \le 2) = F(8;\,0{,}5;\,2) \cdot F(8;\,0{,}5;\,2) = 0{,}1445^2 \approx 0{,}0209 = \mathbf{2{,}09\,\%}$

   g) *Hinweis:* Im 1. Druck der 1. Auflage hätte es richtig heißen müssen: „weniger als die ersten drei geraden und weniger als die letzten zwei ungeraden Zahlen"

   $P(X<3) \cdot P(Y<2) = F(8;\,0{,}5;\,2) \cdot F(8;\,0{,}5;\,1) = 0{,}1445 \cdot 0{,}0352 \approx 0{,}0051 = \mathbf{0{,}51\,\%}$

   h) $P(X=3) + P(Y=3) = 3 \cdot 3! \cdot 0{,}1^3 + 3! \cdot 0{,}1^3 = 0{,}024 = \mathbf{2{,}4\,\%}$

   i) $P(X \le 5) = F(8;\,0{,}1;\,5) \approx 1 = \mathbf{100\,\%}$

2. **a)** $P(X=5) = \binom{20}{5} \cdot 0{,}25^5 \cdot 0{,}75^{15} \approx 0{,}2024 = \mathbf{20{,}24\,\%}$

   b) $P(X<7) = P(X \le 6) = F(20;\,0{,}25;\,6) \approx 0{,}7858 = \mathbf{78{,}58\,\%}$

   c) $P(X \ge 3) = 1 - P(X \le 2) = 1 - F(20;\,0{,}25;\,2) \approx 1 - 0{,}0913 = 0{,}9087 = \mathbf{90{,}87\,\%}$

   d) $P(2<X \le 8) = P(3 \le X \le 8) = P(X \le 8) - P(X \le 2) = F(20;\,0{,}25;\,8) - F(20;\,0{,}25;\,2)$
   $\approx 0{,}9591 - 0{,}0913$
   $= 0{,}8678 = \mathbf{86{,}78\,\%}$

   e) $P(4<X<7) = P(5 \le X \le 6) = P(X \le 6) - P(X \le 4) = F(20;\,0{,}25;\,6) - F(20;\,0{,}25;\,4)$
   $\approx 0{,}7858 - 0{,}4148$
   $= 0{,}371 = \mathbf{37{,}1\,\%}$

3. **a)** $P(X=40) = F(100;\,0{,}4;\,40) - F(100;\,0{,}4;\,39) \approx 0{,}0812 = \mathbf{8{,}12\,\%}$

   b) $P(35<X<50) = P(36 \le X \le 49) = P(X \le 49) - P(X \le 35)$
   $= F(100;\,0{,}4;\,49) - F(100;\,0{,}4;\,35)$
   $\approx 0{,}9729 - 0{,}1795 = 0{,}7934 = \mathbf{79{,}34\,\%}$

   c) $P(X>50) = P(X \ge 51) = 1 - P(X \le 50) = 1 - F(100;\,0{,}4;\,50) \approx 1 - 0{,}9832 = 0{,}0168 = \mathbf{1{,}68\,\%}$

   d) $P(X<35) = P(X \le 34) = F(100;\,0{,}4;\,34) \approx 0{,}1303 = \mathbf{13{,}03\,\%}$

   e) $P(X=70) = F(100;\,0{,}6;\,70) - F(100;\,0{,}6;\,69) \approx 1 - 0{,}0148 - (1 - 0{,}0248) = 0{,}0100 = \mathbf{1\,\%}$

   f) $P(60<X<70) = P(61 \le X \le 69) = P(X \le 69) - P(X \le 60)$
   $= F(100;\,0{,}6;\,69) - F(100;\,0{,}6;\,60)$
   $\approx 1 - 0{,}0248 - (1 - 0{,}04621)$
   $= 0{,}4373 = \mathbf{43{,}73\,\%}$

   g) $P(X \ge 80) = 1 - P(X \le 79) = 1 - F(100;\,0{,}6;\,79) \approx 1 - (1 - 0) = 0 = \mathbf{0\,\%}$

   h) $P(X \le 66) = F(100;\,0{,}6;\,66) \approx 1 - 0{,}0913 = 0{,}9087 = \mathbf{90{,}87\,\%}$

4. $n=50 \quad p = \frac{12}{60} = 0{,}2 \quad k = 20$
   $P(X \le 20) = F(50;\,0{,}2;\,20) \approx 0{,}9937 = \mathbf{99{,}37\,\%}$ Der Platz reicht sogar in 99,37 % der Fälle aus.

5. Für $n = 100$; $p = \frac{6}{60} = 0{,}1$ und $k = 20$ gilt: $P(X \le 20) = F(100; 0{,}1; 20) \approx 0{,}9992 = \mathbf{99{,}92\,\%}$

Mit einer Wahrscheinlichkeit von 99,92 % erhält jeder Anrufer eine Beratung ohne Wartezeit.

121

6. a) $F(100; 0{,}3; 30) \approx 0{,}5491 = \mathbf{54{,}91\,\%}$

   b) $F(100; 0{,}3; 40) \approx 0{,}9875 = \mathbf{98{,}75\,\%}$

   c) Jeder Teilnehmer erhält bei 30 Stühlen mit einer Wahrscheinlichkeit von 54,91 % und bei 40 Stühlen mit einer Wahrscheinlichkeit von 98,75 % einen Sitzplatz.

7. $P(X = 30) \ge 0{,}95 \quad \Leftrightarrow \quad \binom{30}{30} \cdot p^{30} \cdot (1-p)^0 \ge 0{,}95 \quad \Leftrightarrow \quad p^{30} \ge 0{,}95$

$p \ge \sqrt[30]{0{,}95} \approx 0{,}9983 = \mathbf{99{,}83\,\%}$

Jeder der 30 Vorgänge muss mit einer Wahrscheinlichkeit von 99,83 % funktionieren, damit das Auto mit einer Wahrscheinlichkeit von mindestens 95 % startet.

8.
$$P(X \ge 1) = a$$
$$\Leftrightarrow \quad 1 - P(X = 0) = a$$
$$\Leftrightarrow \quad P(X = 0) = 1 - a$$
$$\Leftrightarrow \quad \binom{n}{0} \cdot \left(\frac{1}{6}\right)^0 \cdot \left(\frac{5}{6}\right)^n = 1 - a$$
$$\Leftrightarrow \quad \left(\frac{5}{6}\right)^n = 1 - a$$
$$\Leftrightarrow \quad n = \frac{\lg(1-a)}{\lg\left(\frac{5}{6}\right)}$$

122

   a) $a = 0{,}5$: $n = \frac{\lg 0{,}5}{\lg \frac{5}{6}} \approx 3{,}8$ Der Würfel muss 4-mal geworfen werden.

   b) $a = 0{,}6$: $n = \frac{\lg 0{,}4}{\lg \frac{5}{6}} \approx 5{,}03$ Der Würfel muss 6-mal geworfen werden.

   c) $a = 0{,}75$: $n = \frac{\lg 0{,}25}{\lg \frac{5}{6}} \approx 7{,}6$ Der Würfel muss 8-mal geworfen werden.

   d) $a = 0{,}8$: $n = \frac{\lg 0{,}2}{\lg \frac{5}{6}} \approx 8{,}83$ Der Würfel muss 9-mal geworfen werden.

   e) $a = 0{,}9$: $n = \frac{\lg 0{,}1}{\lg \frac{5}{6}} \approx 12{,}63$ Der Würfel muss 13-mal geworfen werden.

   f) $a = 0{,}95$: $n = \frac{\lg 0{,}05}{\lg \frac{5}{6}} \approx 16{,}43$ Der Würfel muss 17-mal geworfen werden.

9. Das Diagramm zeigt die Punktwahrscheinlichkeiten, mit denen man bei 10 Versuchen mit je 50 % Wahrscheinlichkeit 0, 1, 2, …, 9, 10 Treffer erzielt, z. B. beim 10-fachen Münzwurf ($n = 10$; $p = 0{,}5$; $k \in [0; 10]$).

Wegen $p = 0{,}5$ ist die Verteilung symmetrisch.

Diagramm der summierten Wahrscheinlichkeiten:

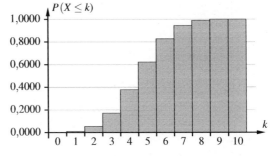

122

10. Das Diagramm zeigt die summierten Wahrscheinlichkeiten, mit denen man bei 10 Versuchen mit je 10 % Wahrscheinlichkeit $0,0$ oder $1,0$ oder 1 oder $2,\dots,0$ oder 1 oder $\dots$ oder 10 Treffer, also höchstens 0 Treffer, höchstens 1 Treffer, $\dots$, höchstens 10 Treffer erzielt.

Diagramm der Punktwahrscheinlichkeiten:

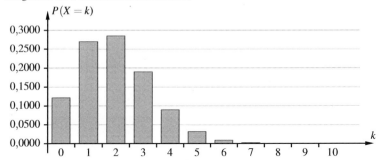

11. Das Diagramm mit den hellblauen Säulen zeigt die summierten Wahrscheinlichkeiten $F(10;\,0{,}3;\,k)$, mit denen man bei 10 Versuchen mit je 30 % Wahrscheinlichkeit höchstens 0 Treffer, höchstens 1 Treffer, höchstens 2 Treffer, $\dots$, höchstens 9 Treffer, höchstens 10 Treffer erzielt.

Die dunkelblauen Säulen zeigen die zugehörigen Punktwahrscheinlichkeiten $B(10;\,0{,}3;\,k)$, mit denen man bei 10 Versuchen mit je 30 % Wahrscheinlichkeit genau $0, 1, 2, \dots, 9, 10$ Treffer erzielt.

Addiert man (von links beginnend) jeweils die Wahrscheinlichkeiten, die zu k aufeinanderfolgenden dunkelblauen Säulen gehören, erhält man jeweils die zugehörige summierte Wahrscheinlichkeit $F(10;\,0{,}3;\,k)$, die durch die k-te hellblaue Säule dargestellt wird.

12. a) $P(X \le 29) = F(50;\,0{,}8;\,29) \approx 1 - 0{,}9997 = 0{,}0003 = \mathbf{0{,}03\,\%}$

b) $P(X \le 59) = F(80;\,0{,}8;\,59) \approx 1 - 0{,}8934 = 0{,}1066 = \mathbf{10{,}66\,\%}$

c) $P(X \le 69) = F(100;\,0{,}8;\,69) \approx 1 - 0{,}9939 = 0{,}0061 = \mathbf{0{,}61\,\%}$

d) $P(X > 90) = 1 - P(X \le 90) = 1 - F(100;\,0{,}8;\,90) \approx 1 - (1 - 0{,}0023) = 0{,}0023 = \mathbf{0{,}23\,\%}$

e)

	zu a)	zu b)	zu c)	zu d)
$E(X)$	$50 \cdot 0{,}8 = \mathbf{40}$	$80 \cdot 0{,}8 = \mathbf{64}$	$100 \cdot 0{,}8 = \mathbf{80}$	$100 \cdot 0{,}8 = \mathbf{80}$
$\sigma(X)$	$\sqrt{50 \cdot 0{,}8 \cdot 0{,}2}$ $= \sqrt{8} \approx \mathbf{2{,}83}$	$\sqrt{80 \cdot 0{,}8 \cdot 0{,}2}$ $= \sqrt{12{,}8} \approx \mathbf{3{,}58}$	$\sqrt{100 \cdot 0{,}8 \cdot 0{,}2}$ $= \sqrt{16} = \mathbf{4}$	$\sqrt{100 \cdot 0{,}8 \cdot 0{,}2}$ $= \sqrt{16} = \mathbf{4}$

Keiner der angegebenen Werte für k liegt im σ-Bereich um den Erwartungswert. Deshalb sind auch die Wahrscheinlichkeiten außer im Teil b) sehr gering. Hier liegt $k = 59$ noch am nächsten zum entsprechenden σ-Bereich.

13. a) $P(X \geq 15) = 1 - P(X \leq 14) = 1 - F(20; 0,8; 14) \approx 1 - (1 - 0,8042) = 0,8042 = \mathbf{80,42\,\%}$

122

b) $E(X) = 20 \cdot 0,8 = \mathbf{16}$

$V(X) = 20 \cdot 0,8 \cdot 0,2 = \mathbf{3,2}$

$\sigma(X) = \sqrt{20 \cdot 0,8 \cdot 0,2} = \sqrt{3,2} \approx \mathbf{1,79}$

c) $P(14 < X < 18) = P(X \leq 17) - P(X \leq 14) = F(20; 0,8; 17) - F(20; 0,8; 14)$

$\approx 1 - 0,2061 - (1 - 0,8042)$

$= 0,5981 = \mathbf{59,81\,\%}$

$2 \cdot \sigma = 3,58 \quad \Rightarrow \quad P(12 < X < 20) = P(X \leq 19) - P(X \leq 12) \approx 0,9546 = \mathbf{95,46\,\%}$

$3 \cdot \sigma = 5,37 \quad \Rightarrow \quad P(10 < X \leq 20) = P(X \leq 20) - P(X \leq 10) \approx 0,9974 = \mathbf{99,74\,\%}$

Während die Wahrscheinlichkeiten für den 2σ– und 3σ–Bereich in etwa übereinstimmen, ist die Abweichung der Wahrscheinlichkeit im σ–Bereich doch erheblicher.

14.

k	$P(X=k)$	$(k-3p)^2 \cdot P(X=k)$
0	q^3	$(0-3p)^2 \cdot q^3 = 9p^2q^3$
		$= 3pq \cdot 3pq^2$
1	$3pq^2$	$(1-3p)^2 \cdot 3pq^2 = 3pq \cdot (1-3p)^2q$
		$= 3pq \cdot (1-p-2p)^2$
		$= 3pq \cdot (q-2p)^2q$
		$= 3pq \cdot (q^3 - 4pq^2 + 4p^2q)$
2	$3p^2q$	$(2-3p)^2 \cdot 3p^2q = 3pq \cdot (2-3p)^2p$
		$= 3pq \cdot (2-2p-p)^2p$
		$= 3pq \cdot (2q-p)^2p$
		$= 3pq \cdot (4pq^2 - 4p^2q + p^3)$
3	p^3	$(3-3p)^2 \cdot p^3 = (3q)^2 \cdot p^3$
		$= 9q^2p^3$
		$= 3pq \cdot 3p^2q$

$V(X) = 3pq \cdot 3pq^2 + 3pq \cdot (q^3 - 4pq^2 + 4p^2q) + 3pq \cdot (4pq^2 - 4p^2q + p^3) + 3pq \cdot 3p^2q$

$= 3pq \cdot (3pq^2 + q^3 - 4pq^2 + 4p^2q + 4pq^2 - 4p^2q + p^3 + 3p^2q)$

$= 3pq \cdot (p^3 + 3p^2q + 3pq^2 + q^3)$

$= 3pq \cdot (p+q)^3 \qquad \blacktriangleright \; p+q=1$

$= 3pq$

123

15. a) a$_1$) $E(X) = 100 \cdot 0{,}2 = \mathbf{20}$

$P(X = 20) = \binom{100}{20} \cdot 0{,}2^{20} \cdot 0{,}8^{80} \approx 0{,}0993 = \mathbf{9{,}93\,\%}$

a$_2$) $P(X > 25) = 1 - P(X \leq 25) = 1 - F(100;\,0{,}2;\,25) \approx 1 - 0{,}9125 = 0{,}0875 = \mathbf{8{,}75\,\%}$

a$_3$) $P(15 \leq X \leq 22) = P(X \leq 21) - P(X \leq 14) = F(100;\,0{,}2;\,21) - F(100;\,0{,}2;\,14)$
$$\approx 0{,}6540 - 0{,}0804$$
$$= 0{,}5736 = \mathbf{57{,}36\,\%}$$

a$_4$) $\sigma(X) = \sqrt{100 \cdot 0{,}2 \cdot 0{,}8} = \sqrt{16} = \mathbf{4}$

$P(16 \leq X \leq 24) = P(X \leq 24) - P(X \leq 15) = F(100;\,0{,}2;\,24) - F(100;\,0{,}2;\,15)$
$$\approx 0{,}8686 - 0{,}1285$$
$$= 0{,}7401 = \mathbf{74{,}01\,\%}$$

b)
$$P(X \geq 1) \geq 0{,}99$$
$$\Leftrightarrow \quad 1 - P(X = 0) \geq 0{,}99$$
$$\Leftrightarrow \quad P(X = 0) \leq 0{,}01$$
$$\Leftrightarrow \quad \binom{n}{0} \cdot 0{,}2^0 \cdot 0{,}8^n \leq 0{,}01$$
$$\Leftrightarrow \quad 0{,}8^n \leq 0{,}01$$
$$\Rightarrow \quad n \geq \tfrac{\lg 0{,}01}{\lg 0{,}8} \approx \mathbf{20{,}64}$$

Es müssen mindestens 21 Schokoriegel gekauft werden.

c) $P(X \leq 4) = \dfrac{\binom{16}{4} \cdot \binom{4}{1}}{\binom{20}{5}} + \dfrac{\binom{16}{3} \cdot \binom{4}{2}}{\binom{20}{5}} + \dfrac{\binom{16}{2} \cdot \binom{4}{3}}{\binom{20}{5}} + \dfrac{\binom{16}{1} \cdot \binom{4}{4}}{\binom{20}{5}} = \tfrac{232}{323} \approx 0{,}7183 = \mathbf{71{,}83\,\%}$

16. a) $E(X) = 20 \cdot 0{,}05 = \mathbf{1}$

$P(X = 1) = F(20;\,0{,}05;\,1) - F(20;\,0{,}05;\,0) \approx 0{,}3774 = \mathbf{37{,}74\,\%}$

b) $P(X < 7) = P(X \leq 6) = F(20;\,0{,}05;\,6) \approx 1 = \mathbf{100\,\%}$

Diese Aussage stimmt mit einer Wahrscheinlichkeit von 100 %.

c)
$$P(X = 20) > 0{,}9$$
$$\Leftrightarrow \quad \binom{20}{20} \cdot p^{20} \cdot (1 - p)^0 > 0{,}9$$
$$\Leftrightarrow \quad p^{20} > 0{,}9$$
$$\Leftrightarrow \quad p > \sqrt[20]{0{,}9} \approx 0{,}9947 = \mathbf{99{,}47\,\%}$$

Diese hohe Wahrscheinlichkeit der Fehlerfreiheit jeder einzelnen Gangschaltung ist von den Fly Bike Werken kaum zu erfüllen.

d) $P(X > 2) = 1 - P(X \leq 2) = 1 - F(20;\,0{,}05;\,2) \approx 1 - 0{,}9245 = 0{,}0755 = \mathbf{7{,}55\,\%}$

Die Wahrscheinlichkeit, dass eine Box mehr als 2 fehlerhafte Gangschaltungen aufweist, liegt bei 7,55 %.

$P(Y \geq 1) = 1 - P(Y = 0) = 1 - \binom{5}{0} \cdot 0{,}0755^0 \cdot 0{,}9245^5 \approx 1 - 0{,}6754 = 0{,}3246 = \mathbf{32{,}46\,\%}$

Die Wahrscheinlichkeit für eine Auftragsstornierung beträgt 32,46 %.

17. a) Für $n = 20$; $p = \tfrac{6}{60} = 0{,}1$ und $k = 2$ bzw. $k = 3$ gilt:

$P(X \leq 2) = F(20;\,0{,}1;\,2) \approx 0{,}6769 = \mathbf{67{,}69\,\%}$

$P(X \leq 3) = F(20;\,0{,}1;\,3) \approx 0{,}8670 = \mathbf{86{,}70\,\%}$

b) Für $n = 20$ und $p = 0{,}1$ muss $P(X \leq k) \geq 0{,}95$ gelten.

Laut Tabelle ist $F(20;\,0{,}1;\,3) \approx 0{,}8670$ und $F(20;\,0{,}1;\,4) \approx 0{,}9568$.

Mit einer Wahrscheinlichkeit von 95,68 % reichen 4 Drucker aus, ohne dass jemand warten muss.

18. a) $n = 100 \quad p = \frac{30}{180} = \frac{1}{6} \quad E(X) = 100 \cdot \frac{1}{6} = 16\frac{2}{3} \approx \mathbf{16{,}67}$

b) $P(X \le 30) = F(100; \frac{1}{6}; 30) \approx 0{,}9997 = \mathbf{99{,}97\,\%}$

Mit einer Wahrscheinlichkeit von 99,97 % erhält jeder Hotelgast einen Frühstücksplatz ohne Wartezeit.

c) $P(X > 24) = 1 - P(X \le 24) = 1 - F(100; \frac{1}{6}; 24) \approx 1 - 0{,}9783 = 0{,}0217 = \mathbf{2{,}17\,\%}$

Die Wahrscheinlichkeit, dass nun ein Gast auf einen Sitzplatz warten muss, liegt bei 2,17 %.

d) Die durchschnittliche Nutzungsdauer von 30 Minuten von 7 bis 10 Uhr ist eine unrealistische Annahme. Erfahrungsgemäß gibt es eine Kernzeit zwischen 8 und 9 Uhr, in der die meisten Gäste frühstücken.

Test zu 2.3

1. a) $P(X = 3) = B(10; 0{,}4; 3) = F(10; 0{,}4; 3) - F(10; 0{,}4; 2) \approx 0{,}3823 - 0{,}1673 = 0{,}2150 = \mathbf{21{,}5\,\%}$

Alternative: $P(X = 3) = \binom{10}{3} \cdot 0{,}4^3 \cdot 0{,}6^7 \approx 0{,}2150 = \mathbf{21{,}5\,\%}$

b) $P(Y = 3) = B(10; 0{,}6; 3) = F(10; 0{,}6; 3) - F(10; 0{,}6; 2) \approx 1 - 0{,}9452 - (1 - 0{,}9877)$
$$= 0{,}0425 = \mathbf{4{,}25\,\%}$$

c)

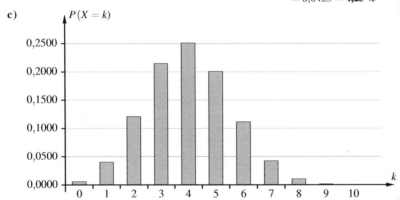

d) Der Erwartungswert E ist $n \cdot p$ und somit für das Ziehen roter Kugeln $5 \cdot 0{,}6 = 3$ und für das Ziehen grüner Kugeln $5 \cdot 0{,}4 = 2$.

e) Beim 10-maligen Ziehen ohne Zurücklegen werden alle Kugeln, also genau 6 rote und genau 4 grüne Kugeln gezogen. Die Wahrscheinlichkeit, genau 3 rote Kugeln zu ziehen, ist somit 0.

2. *Hinweis*: Im 1. Druck der 1. Auflage ist jede der fünf Aussagen falsch. Ab zweitem Druck lauten die korrigierten Aufgabenstellungen wie folgt:

a) Die Wahrscheinlichkeit, dass in einem Paket höchstens eine Lampe fehlerhaft ist, beträgt ca. 39,5 %.

b) Die Wahrscheinlichkeit, dass in einem Paket genau eine Lampe defekt ist, beträgt ca. 27 %.

a) Richtig, dies kann dem Diagramm für $P(X \le 1)$ entnommen werden.

b) Richtig, denn dies gilt anhand des Diagramms für $P(X \le 1) - P(X \le 0)$.

c) Falsch, denn man berechnet:

$P(2 < X \le 6) = P(3 \le X \le 6) = P(X \le 6) - P(X \le 2)) \approx 1 - 0{,}7$

Man erhält 0,3 und nicht 0,6.

d) Falsch, denn die Differenz $P(X \le 5) - P(X \le 4) = P(X = 5)$ ist mit weniger als 5 % erheblich kleiner als die Differenz $P(X \le 2) - P(X \le 1) = P(X = 2)$, die (laut Diagramm) knapp 30 % beträgt.

e) Falsch, denn die Differenz $1 - P(X \le 2) = P(X \ge 3)$ ist mit gut 30 % erheblich kleiner als 95 %.

126

3. a) a_1) $P(X=5) = \binom{50}{5} \cdot 0{,}04^5 \cdot 0{,}96^{45} \approx 0{,}0346 = \mathbf{3{,}46\,\%}$

      a_2) $P(X<2) = P(X \leq 1) = F(50;\,0{,}04;\,1) \approx 0{,}4005 = \mathbf{40{,}05\,\%}$

      a_3) $P(Y \leq 45) = P(X \geq 5) = 1 - F(50;\,0{,}04;\,4) \approx 1 - 0{,}9510 = 0{,}0490 = \mathbf{4{,}9\,\%}$

      a_4) $P(3 < X \leq 6) = P(4 \leq X \leq 6) = F(50;\,0{,}04;\,6) - F(50;\,0{,}04;\,3) \approx 0{,}9964 - 0{,}8609$
$$= 0{,}1355 = \mathbf{13{,}55\,\%}$$

      a_5) $P(X \geq 4) = 1 - P(X \leq 3) = 1 - F(50;\,0{,}04;\,3) \approx 1 - 0{,}8609 = 0{,}1391 = \mathbf{13{,}91\,\%}$

b) $E(X) = 50 \cdot 0{,}04 = \mathbf{2} \quad \Rightarrow \sigma(X) = \sqrt{50 \cdot 0{,}04 \cdot 0{,}96} \approx \mathbf{1{,}39}$

    $P(0 < X < 4) = P(X \leq 3) - P(X = 0) = F(50;\,0{,}04;\,3) - B(50;\,0{,}04;\,0) \approx 0{,}8609 - 0{,}1299$
$$= 0{,}731 = \mathbf{73{,}1\,\%}$$

c) $\qquad\qquad P(X \geq 1) \geq 0{,}95$

$\Leftrightarrow \qquad 1 - P(X = 0) \geq 0{,}95$

$\Leftrightarrow \qquad\quad P(X = 0) \leq 0{,}05$

$\Leftrightarrow \binom{n}{0} \cdot 0{,}04^0 \cdot 0{,}96^n \leq 0{,}05$

$\Leftrightarrow \qquad\qquad 0{,}96^n \leq 0{,}05$

$\Leftrightarrow \qquad\qquad n \geq \frac{\lg 0{,}05}{\lg 0{,}96} \approx \mathbf{73{,}39}$

Es müssen mindestens 74 Smartphones kontrolliert werden.

3 Analysis

3.1 Lineare Funktionen

Einstiegsseite

Fragestellung:

127

Die Produktion des e-City-Bikes sollte aufgenommen werden, wenn das Rad gewinnbringend verkauft werden kann. Ein Gewinn wird erwirtschaftet, wenn die Verkaufserlöse größer als die Produktionskosten sind. Für die Ermittlung des Gewinns müssen also die Kosten und die Erlöse in Abhängigkeit von den produzierten und verkauften Stückzahlen bekannt sein.

Lösungsweg:

Bei einem Verkaufspreis von 1899 € beträgt der **Erlös** E für x Räder $E(x) = 1899x$.

Die **Kosten** K setzen sich zusammen aus den fixen Kosten in Höhe von 40 000 € und den variablen Kosten von 1500 € pro Stück: $K(x) = 1500x + 40\,000$

Der **Gewinn** G als Differenz von Erlös und Kosten $(E - K)$ beträgt dann in Abhängigkeit von der produzierten und abgesetzten Stückzahl x: $G(x) = E(x) - K(x) = 399x - 40\,000$

Mit jedem zusätzlich verkauften Fahrrad steigt der Gewinn also um 399 €. Bei 100 Rädern entsteht noch ein Verlust von 100 €: $G(100) = 399\,€ \cdot 100 - 40\,000\,€ = -100\,€$

Ab dem 101. Rad kann aber mit einem (positiven) Gewinn gerechnet werden: $G(101) = 299\,€$

Die Geschäftsleitung sollte sich deshalb für die Aufnahme des e-City-Bikes in das Produktionsprogramm entscheiden, wenn sie mit einem Absatz von über 100 Stück rechnen kann.

3.1.1 Gleichungen und Graphen

1. **a)** 2   **b)** 3   **c)** 6   **d)** 1   **e)** 5   **f)** 4

136

2. Die Zahl 3 ist die Maßzahl für die Steigung der Geraden. Die Zahl -4 ist das Absolutglied und damit die y-Koordinate des Geradenpunkts $(0 \mid -4)$ auf der y-Achse.

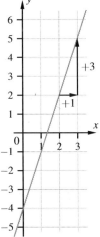

136

3. a)

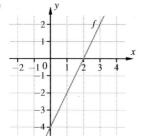

b)

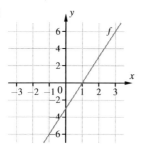

c)

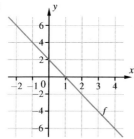

4. a)

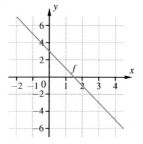

b)

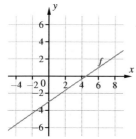

d)

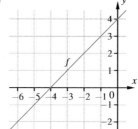

e)

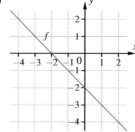

f)

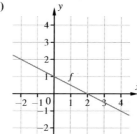

c)

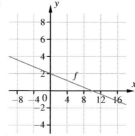

d)

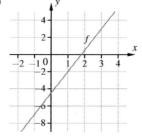

5. a)

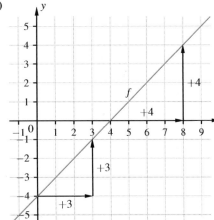

Für die eingezeichneten Steigungsdreiecke gilt:

$$\frac{\Delta y}{\Delta x} = \frac{4-0}{8-4} = 1$$

$$\frac{\Delta y}{\Delta x} = \frac{-1-(-4)}{3-0} = 1$$

b)

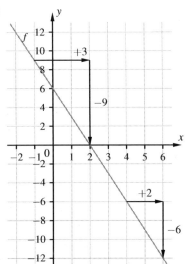

Für die eingezeichneten Steigungsdreiecke gilt:

$$\frac{\Delta y}{\Delta x} = \frac{9-0}{-1-2} = -3$$

$$\frac{\Delta y}{\Delta x} = \frac{-12-(-6)}{6-4} = -3$$

6. $g(-2) = 1{,}5 \cdot (-2) - 4 = -7$

$g(4) = 1{,}5 \cdot 4 - 4 = 2$

Der Punkt $(4 \mid 2)$ liegt auf der Geraden, der Punkt $(-2 \mid -6)$ dagegen nicht.

136

136

7. a) Die Gerade ist eine Ursprungsgerade mit der Steigung 1 (1. Winkelhalbierende).

   b) Die Gerade ist eine Parallele zur x-Achse im Abstand -3.

   c) Die Gerade mit der Steigung 1 hat den Schnittpunkt $(0\,|\,4)$ mit der y-Achse und verläuft parallel zur Geraden aus Teilaufgabe a).

   d) Die Gerade fällt mit der Steigung -2 und schneidet die y-Achse im Punkt $(0\,|\,-3)$.

   e) Die Gerade fällt mit der Steigung $-\frac{1}{3}$ und schneidet die y-Achse im Punkt $(0\,|\,-3)$.

   f) Die Gerade mit der Steigung 5 hat den Schnittpunkt $(0\,|\,4)$ mit der y-Achse und verläuft steiler als die Geraden aus den Teilen a) und c).

Die Geraden aus b), d) und e) schneiden einander alle auf der y-Achse im Punkt $(0\,|\,-3)$.
Die Geraden c) und f) schneiden einander auf der y-Achse im Punkt $(0\,|\,4)$.

8. a) $n = 0$
   $$m = \frac{6-3}{6-3} = 1 \qquad \Rightarrow f(x) = x$$

   b) $n = 3$
   $$m = \frac{-3-(-1)}{6-4} = -1 \qquad \Rightarrow f(x) = -x+3$$

   c) $n = 2$
   $$m = \frac{-4-0}{3-1} = -2 \qquad \Rightarrow f(x) = -2x+2$$

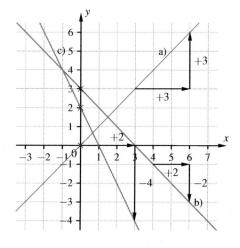

9. a) $f(3) = 2 \cdot 3 + n = 4$
$\Rightarrow n = -2$
$\Rightarrow f(x) = 2x - 2$

d) $f(4) = -\frac{2}{3} \cdot 4 + n = -1$
$\Rightarrow n = \frac{5}{3}$
$\Rightarrow f(x) = -\frac{2}{3}x + \frac{5}{3}$

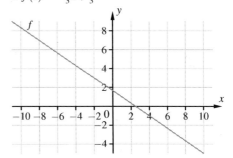

b) $f(2) = -1 \cdot 2 + n = 1$
$\Rightarrow n = 3$
$\Rightarrow f(x) = -x + 3$

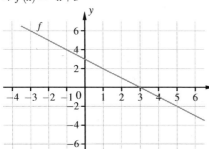

e) $f(-2) = 3,5 \cdot (-2) + n = -4$
$\Rightarrow n = 3$
$\Rightarrow f(x) = 3,5x + 3$

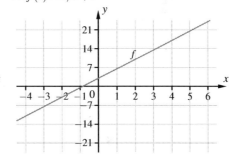

c) $f(14) = \frac{3}{7} \cdot 14 + n = 8$
$\Rightarrow n = 2$
$\Rightarrow f(x) = \frac{3}{7}x + 2$

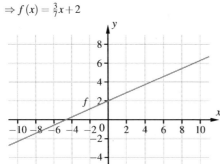

f) $f(-4) = -2,25 \cdot (-4) + n = 6$
$\Rightarrow n = -3$
$\Rightarrow f(x) = -2,25x - 3$

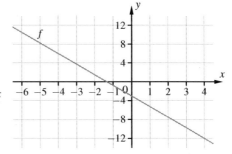

136

10. $f(x) = 2x + 1$

Die zum Graphen von f senkrecht verlaufende Gerade gehört zur Funktion g mit der Gleichung $g(x) = -\frac{1}{2}x + 1$.

Für die Steigung m_g der Funktion g und die Steigung m_f der Funktion f gilt: $m_g = -\frac{1}{m_f}$.

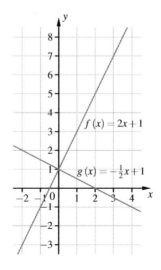

11. a) Dreisatz:

30000 Bogen werden in 75 Stunden ausgewertet.

1 Bogen wird in $\frac{75}{30000}$ Stunden ausgewertet.

4000 Bogen werden in $\frac{75 \cdot 4000}{30000}$ Stunden ausgewertet. Das sind 10 Stunden.

$75 + 10 = 85$

Die Auswertung dauert insgesamt 85 Stunden.

b) Für die Anzahl x der Fragebogen und die Auswertungsdauer f (in Stunden) gilt:

$f(x) = \frac{75}{30000}x = \frac{1}{400}x$

137

12. a)

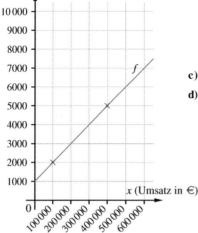

b) Der y-Achsenabschnitt 1000 gibt den umsatzunabhängigen Einkommensanteil wieder.

Die Steigung 0,01 bedeutet, dass der Vertreter eine Vergütung von einem Prozent seines Umsatzes erhält.

c) $f(x) = 0,01x + 1000$

d) $f(500000) = 0,01 \cdot 500000 + 1000 = \mathbf{6000}$

Bei einem Umsatz von 500000 € erhält der Vertreter eine Vergütung von 6000 €.

13. a) $\frac{15}{1,1} \approx 13,6$

Bei einer Übertragungsrate von 1,1 MB pro Sekunde würde der Download einer 15 MB großen Datei knapp 14 Sekunden dauern.

b) Für die Dateigröße x (in MB) und die Downloaddauer t (in Sekunden) gilt:
$t(x) = \frac{1}{1,1}x = \frac{10}{11}x$

c) 25 % sind ein Drittel von 75 %. Ein Drittel von einer Minute sind 20 Sekunden.

Oder:

$60 = \frac{10}{11}x \quad \Rightarrow \quad x = 66$

$t(22) = \frac{10}{11} \cdot 22 = 20$

Der Download dauert noch 20 Sekunden.

14. a)

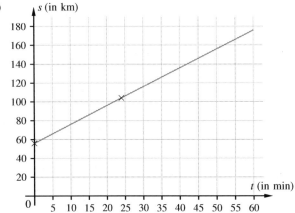

b) Die Steigung der Geraden besagt, dass der LKW 2 km pro Minute zurücklegt. Das entspricht einer Geschwindigkeit von 120 km/h.

c) Wenn der LKW 2 km pro Minute zurücklegt, dann sind es in 16 Minuten 32 km.

$104\,\text{km} + 32\,\text{km} = 136\,\text{km}$

Oder:

Für die Zeit t (in min) und den Weg s (in km) gilt $s(t) = 2t + 56$.

$s(24 + 16) = 2 \cdot 40 + 56 = 136$

Der LKW befindet sich nach insgesamt 40 Minuten an KM 136.

15. a) $103\,\text{Yen} \mathrel{\hat=} 1\,€ \quad \Rightarrow \quad 1\,\text{Yen} \mathrel{\hat=} \frac{1}{103}\,€$

b) $\left. \begin{array}{l} 1,27\,\$ \mathrel{\hat=} 1\,€ \\ 1,20\,\text{sfr} \mathrel{\hat=} 1\,€ \end{array} \right\} \quad \Rightarrow \quad 1,27\,\$ \mathrel{\hat=} 1,20\,\text{sfr}$

$1\,\$ \mathrel{\hat=} \frac{1,20}{1,27}\,\text{sfr} \quad 1\,\text{sfr} \mathrel{\hat=} \frac{1,27}{1,20}\,\$$

16. a) $0,6 \cdot 249 = 149,4$

Der neue Preis beträgt 149,40 €.

b) Für den neuen Preis p (in €) und den ursprünglichen Preis x (in €) gilt: $p(x) = 0,6 \cdot x$

c) $720 = 0,6 \cdot x \quad \Rightarrow \quad x = 1200$

Der alte Preis betrug 1200 €.

d) $264 \mathrel{\hat=} 40\,\% \quad \Rightarrow \quad 100\,\% \mathrel{\hat=} 660$ Der alte Preis betrug 660 €.

137

17. a) Beispiel: Die Gerade hat die Steigung 2 und geht durch den Punkt $(4\,|\,3)$.

$$\Rightarrow f(4) = 2\cdot 4 + n = 3$$
$$\Rightarrow n = -5$$
$$\Rightarrow f(x) = 2x - 5$$

Nach der Punktsteigungsformel gilt ebenfalls: $f(x) = 2\cdot(x-4)+3 = 2x-5$

Beispiel: Der Graph der Funktion f mit $f(x) = -3x+10$ geht durch die Punkte $(2\,|\,4)$ und $(4\,|\,-2)$.

Nach der Zweipunkteformel gilt ebenfalls: $f(x) = \frac{-2-4}{4-2}\cdot(x-2)+4 = -3x+10$

b) Punktsteigungsformel:

$$f(x_1) = m\cdot x_1 + n = y_1$$
$$\Rightarrow \quad n = -m\cdot x_1 + y_1$$
$$f(x) = m\cdot x + (-m\cdot x_1 + y_1) = m\cdot(x-x_1)+y_1$$

Zweipunkteformel:

$$m = \frac{\Delta y}{\Delta x} = \frac{y_2-y_1}{x_2-x_1} \quad \Rightarrow \quad f(x) = \frac{y_2-y_1}{x_2-x_1}\cdot(x-x_1)+y_1$$

18. Für die Kosten K (in €) und die Anzahl x der hergestellten Decken gilt:

$$K(x) = \begin{cases} 30x + 60\,000 & \text{für } 0 \le x \le 5000 \\ 30x + 90\,000 & \text{für } 5000 < x \le 10\,000 \end{cases}$$

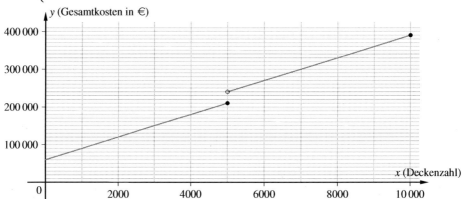

3.1.2 Berechnung von Schnittpunkten

1. a) $f(0) = -2 \Rightarrow S_y(0 \mid -2)$
$f(x_N) = 0 \Rightarrow 4x_N - 2 = 0$
$\Leftrightarrow x_N = 0,5$
$\Rightarrow S_x(0,5 \mid 0)$

b) $f(0) = 1 \Rightarrow S_y(0 \mid 1)$
$f(x_N) = 0 \Rightarrow -3x_N + 1 = 0$
$\Leftrightarrow x_N = \frac{1}{3}$
$\Rightarrow S_x(\frac{1}{3} \mid 0)$

c) $f(0) = 4 \Rightarrow S_y(0 \mid 4)$
$f(x_N) = 0 \Rightarrow \frac{1}{2}x_N + 4 = 0$
$\Leftrightarrow x_N = -8$
$\Rightarrow S_x(-8 \mid 0)$

d) $f(0) = 4 \Rightarrow S_y(0 \mid 4)$
$f(x_N) = 4 \neq 0$
Es gibt keinen Schnittpunkt mit der x-Achse, da die Gerade parallel zur x-Achse im Abstand 4 verläuft.

2. $f(x_S) = g(x_S)$

a) $0,5x_S + 4 = -0,25x_S + 5,5 \Leftrightarrow x_S = 2$
$f(2) = 5 \Rightarrow S(2 \mid 5)$

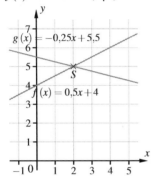

c) $3x_S - 5 = 2x_S - 2 \Leftrightarrow x_S = 3$
$f(3) = 4 \Rightarrow S(3 \mid 4)$

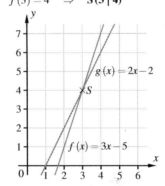

b) $-2x_S + 5 = x_S - 1 \Leftrightarrow x_S = 2$
$f(2) = 1 \Rightarrow S(2 \mid 1)$

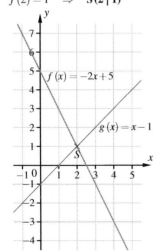

d) $0,5x_S + 8 = -2x_S + 18 \Leftrightarrow x_S = 4$
$f(4) = 10 \Rightarrow S(4 \mid 10)$

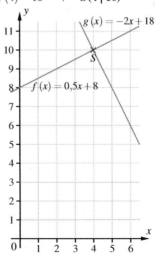

143

3. a) $g(x) = -1,5x + 8$

b)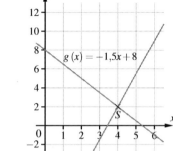

c) $f(x_N) = 0 \Rightarrow 3,5x_N - 12 = 0 \Leftrightarrow x_N = \frac{24}{7}$

$\frac{24}{7}$ ist Nullstelle von f.

$g(x_N) = 0 \Rightarrow -1,5x_N + 8 = 0 \Rightarrow x_N = \frac{16}{3}$

$\frac{16}{3}$ ist Nullstelle von g.

d)

	Schnittpunkt mit der x-Achse	Schnittpunkt mit der y-Achse
f	$S_x\left(\frac{24}{7} \mid 0\right)$	$f(0) = -12$ $\Rightarrow S_y\,(0 \mid -12)$
g	$S_x\left(\frac{16}{3} \mid 0\right)$	$g(0) = 8$ $\Rightarrow S_y\,(0 \mid 8)$

Für den Schnittpunkt S der Graphen von f und g gilt:

$$f(x_S) = g(x_S)$$
$$3,5x_S - 12 = -1,5x_S + 8$$
$$x_S = 4$$
$$f(4) = 2 \quad \Rightarrow \quad S(4 \mid 2)$$

4. a) $g_1(x) = -0,5x + 8$

$g_2(x) = 2x - 3$

b)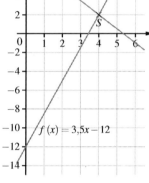

c) $x_{01} = 16$

$x_{02} = 1,5$

d) $S(4,4 \mid 5,8)$

5.

	g_1	Nullstelle von g_1	g_2	Nullstelle von g_2	Schnittpunkt
a)	$g_1(x) = 2x - 2$	$x_0 = 1$	$g_2(x) = 0,5x + 5$	$x_0 = -10$	$S\left(\frac{14}{3} \mid \frac{22}{3}\right)$
b)	$g_1(x) = -2x + 1$	$x_0 = 0,5$	$g_2(x) = 2x + 3$	$x_0 = -1,5$	$S(-0,5 \mid 2)$
c)	$g_1(x) = 1,5x + 3$	$x_0 = -2$	$g_2(x) = -0,5x + 5$	$x_0 = 10$	$S(1 \mid 4,5)$
d)	$g_1(x) = -5x + 2$	$x_0 = 0,4$	$g_2(x) = 3x - 3$	$x_0 = 1$	$S(0,625 \mid -1,125)$
e)	$g_1(x) = -0,5x + 3$	$x_0 = 6$	$g_2(x) = 1,5x - 1$	$x_0 = \frac{2}{3}$	$S(2 \mid 2)$
f)	$g_1(x) = -2x + 6$	$x_0 = 3$	$g_2(x) = 0,5x + 1$	$x_0 = -2$	$S(2 \mid 2)$

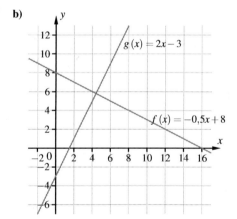

6. **a)** $K_R(x) = 0{,}03x + 1600$

$K_H(x) = 0{,}07x$

b) $K_R(30\,000) = 2500$ $K_R(70\,000) = 3700$

$K_H(30\,000) = 2100$ $K_H(70\,000) = 4900$

c) $x_G = 40\,000$

143

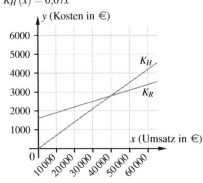

7. **a)** $f_1(x) = 600x + 1000$

$f_2(x) = 400x + 1600$

b) 13:00 Uhr

c) 14:10 Uhr (Gruppe 1)

14:45 Uhr (Gruppe 2)

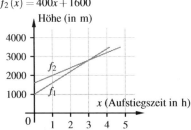

8. **a)** Für den Monatsumsatz x (in €) ergibt sich das folgende Gehalt (in €):

Angebot 1: $f_1(x) = 0{,}08x + 3600$

Angebot 2: $f_2(x) = 0{,}28x + 1400$

b) $f_1(8000) = 4240$ $f_2(8000) = 3640$

Bei einem Monatsumsatz von 8000 € verdient sie mit dem ersten Angebot 4240 €, während es mit dem zweiten Angebot nur 3640 € sind.

$f_1(25\,000) = 5600$ $f_2(25\,000) = 8400$

Bei einem Monatsumsatz von 25 000 € verdient sie mit dem zweiten Angebot 8400 €, während es mit dem ersten Angebot nur 5600 € sind.

c) $f_1(x_S) = f_2(x_S)$

$\Leftrightarrow 0{,}08x_S + 3600 = 0{,}28x_S + 1400$

$\Leftrightarrow x_S = 11\,000$

$f_1(11\,000) = 4480$

Bei einem Monatsumsatz von 11 000 € betragen beide Gehälter 4480 €.

144

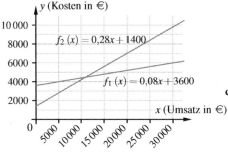

144

9. **a)** Der Tabelle kann entnommen werden, dass am Markt Gleichgewicht herrscht, wenn 20t zum Preis von 350 € angeboten und nachgefragt werden.

b) Für die Stahlmasse (in t) und den Angebotspreis p_A bzw. den Nachfragepreis p_N pro Tonne (in €) gilt für die jeweils ersten beiden Angaben unter der Annahme von Linearität:

$$p_A(x) = \frac{200-50}{10-0}x + 50 = 15x + 50 \qquad p_N(x) = \frac{475-600}{10-0}x + 600 = -12{,}5x + 600$$

Punktprobe:

$p_A(20) = 350 \quad p_A(30) = 500 \quad p_A(40) = 650 \quad p_N(20) = 350 \quad p_A(30) = 225 \quad p_A(40) = 100$

c) $p_A(25) = 15 \cdot 25 + 50 = 425$

Der Angebotspreis beträgt 425 €.

d) $p_N(x) = 450 \Leftrightarrow -12{,}5x + 600 = 450 \Leftrightarrow x = 12$

Bei einem Preis von 450 € werden 12 t nachgefragt.

e) $p_A(x) = 450 \Leftrightarrow 15x + 50 = 450 \Leftrightarrow x = 26\frac{2}{3}$

$26\frac{2}{3} - 12 = 14\frac{2}{3}$

Bei einem Preis von 450 € werden $26\frac{2}{3}$ t angeboten. Es herrscht also ein Angebotsüberhang von $14\frac{2}{3}$ t.

f)

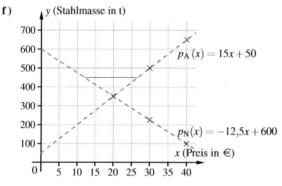

Übungen zu 3.1

1. **a)** $f(x) = 10x - 48$

   b) $f(x) = -\frac{12}{7}x + 21\frac{4}{7}$

   c) $n = 8 \quad m = \frac{-4-8}{-4-0} = 3 \quad f(x) = 3x + 8$

d) Der Graph verläuft durch $(0 \mid 5)$ und $(15 \mid 0)$.

$$n = 5 \quad m = \frac{0-5}{15-0} = -\frac{1}{3} \quad f(x) = -\frac{1}{3}x + 5$$

145

2. **a)** $y = mx + n$

$$f: \quad \begin{matrix} 3 = 1 \cdot m + n \\ -1 = 5 \cdot m + n \end{matrix} \quad \Leftrightarrow \quad \begin{matrix} m = -1 \\ n = 4 \end{matrix} \quad \Rightarrow \quad f(x) = -x + 4$$

$$g: \quad \begin{matrix} -1 = 1 \cdot m + n \\ 8 = 4 \cdot m + n \end{matrix} \quad \Leftrightarrow \quad \begin{matrix} m = 3 \\ n = -4 \end{matrix} \quad \Rightarrow \quad g(x) = 3x - 4$$

$$h: \quad \begin{matrix} 3 = -3 \cdot m + n \\ 6 = 6 \cdot m + n \end{matrix} \quad \Leftrightarrow \quad \begin{matrix} m = \frac{1}{3} \\ n = 4 \end{matrix} \quad \Rightarrow \quad h(x) = \frac{1}{3}x + 4$$

b) Die drei Graphen lassen sich leicht zeichnen, weil die Punkte auf der y-Achse und die Steigungen bekannt sind.

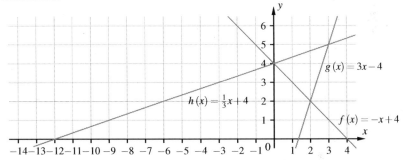

c)

	Schnittpunkt mit der x-Achse	Schnittpunkt mit der y-Achse
f	$0 = -x_N + 4 \Rightarrow S_x(4 \mid 0)$	$f(0) = 4 \Rightarrow \mathbf{S_y(0 \mid 4)}$
g	$0 = 3x_N - 4 \Rightarrow S_x\left(\frac{4}{3} \mid 0\right)$	$g(0) = -4 \Rightarrow \mathbf{S_y(0 \mid -4)}$
h	$0 = \frac{1}{3}x_N + 4 \Rightarrow S_x(-12 \mid 0)$	$h(0) = 4 \Rightarrow \mathbf{S_y(0 \mid 4)}$

Schnittpunkt der Graphen von f und h: $S_{fh}(0 \mid 4)$

Schnittpunkt der Graphen von f und g: $-x_S + 4 = 3x_S - 4 \Leftrightarrow x_S = 2 \Rightarrow y_S = 2 \Rightarrow \mathbf{S_{fg}(2 \mid 2)}$

Schnittpunkt der Graphen von g und h: $3x_S - 4 = \frac{1}{3}x_S + 4 \Leftrightarrow x_S = 3 \Rightarrow y_S = 5 \Rightarrow \mathbf{S_{gh}(3 \mid 5)}$

d) $A = 3 \cdot 3 - 0{,}5 \cdot (1 \cdot 3 + 2 \cdot 2 + 1 \cdot 3) = 4$

Das Dreieck hat einen Flächeninhalt von 4 FE.

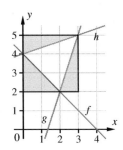

145

3. $f(x) = -0,5x + 2$

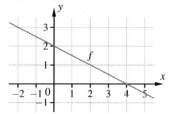

4. a)

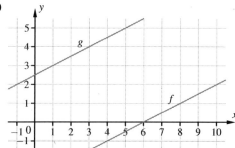

b) $g(x) = 0,5x + 2,5$

c) $x_N = -5$

5. $K(x) = 0,1x + 150 \qquad E(x) = 0,5x \qquad G(x) = 0,4x - 150$

a) $G(1200) = \mathbf{330}$

b) Gewinnschwelle: $x_{GS} = \mathbf{375}$

c) $K(x) = 0,1x + 150 \quad E(x) = 0,6x \quad \Rightarrow \quad$ Gewinnschwelle: $x_{GS} = \mathbf{300}$

6. Fixkosten: **210 000 €**

Variable Stückkosten: **12 €**

Kostenfunktion: $K(x) = 12x + 210000$

7. a) $K(x) = 15x + 57\,200$
$\ E(x) = 37x$
$\ G(x) = 22x - 57\,200$

b) Gewinnschwelle $x_{GS} = \mathbf{2600}$
$\ G(2000) = \mathbf{-13\,200}$ (Verlust)
$\ G(3500) = \mathbf{19\,800}$ (Gewinn)

d) Gewinnschwelle: $x_{GS} = \mathbf{5200}$

c)

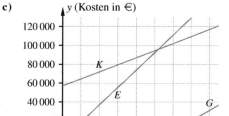
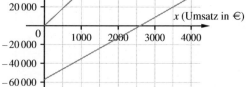

8. a) $p_N(x) = -0{,}8x + 80$

$p_A(x) = \frac{1}{3}x + 28$

145

b) $x_G = \frac{780}{17} \approx 45{,}9$

$p_N\left(\frac{780}{17}\right) = \frac{736}{17} \approx 43{,}3$

c) $p_N(x) = 40 \;\Rightarrow\; x_N = 50$

$p_A(x) = 40 \;\Rightarrow\; x_A = 36$

$\Rightarrow$ Nachfrageüberschuss: **14 ME**

$p_N(x) = 20 \;\Rightarrow\; x_N = 75$

$p_A(x) = 20 \;\Rightarrow\; x_A = -24 \;\Rightarrow\;$ kein Angebot

$\Rightarrow$ Nachfrageüberschuss: **75 ME**

9. a) $p_N(x) \geq 0$ **$D_{ök} = [0; 100]$**

146

Gleichgewichtspreis = **17,5 GE**

Gleichgewichtsmenge = **12,5 ME**

b) *Hinweis*: Fehler im 1. Druck der 1. Auflage: Richtig ist: $p_{N2}(x) = -0{,}25x + 25$

Gleichgewichtspreis = **21 GE**

Gleichgewichtsmenge = **16 ME**

Da die Nachfragefunktion von 0 ME bis 100 ME oberhalb der alten Nachfragefunktion verläuft, ist die neue Gleichgewichtsmenge größer und der neue Gleichgewichtspreis höher als vorher.

c) Gleichgewichtspreis = **20 GE**

Gleichgewichtsmenge = **20 ME**

Die Rationalisierungsmaßnahmen haben dazu geführt, dass jetzt die jeweiligen Mengen preisgünstiger angeboten werden können. In Verbindung mit der neuen Nachfragefunktion aus b) ergibt sich dadurch ein Marktgleichgewicht, in dem der Erlös als Produkt von Menge und Preis sowohl höher ist als in der Ausgangssituation als auch in der Konstellation aus b).

10. a) $f_A(x) = 0{,}14x + 260$

$f_B(x) = 0{,}24x + 190$

$f_C(x) = 0{,}18x + 220$

b)

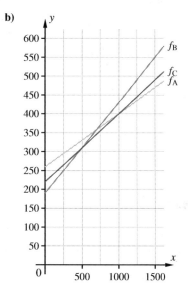

c) $f_A(x_S) = f_B(x_S) \;\Rightarrow\; x_S = \mathbf{700}$

$f_A(x_S) = f_C(x_S) \;\Rightarrow\; x_S = \mathbf{1000}$

$f_B(x_S) = f_C(x_S) \;\Rightarrow\; x_S = \mathbf{500}$

d) Modell C

e) „Wenn du monatlich höchstens 500 km fährst, dann solltest du dich für das Modell B entscheiden. Da zwischen 500 km und 1000 km monatlicher Fahrleistung das Modell C die geringsten Kosten verursacht, müsste deine Entscheidung für Modell C fallen, wenn du mehr als 500 km, aber weniger als 1000 km pro Monat fahren wirst. Solltest du monatlich mehr als 1000 km fahren, dann liegst du mit Modell A am kostengünstigsten."

146

11. a) Für die produzierte Stückzahl x und die zugehörigen Kosten K_1 (in €) gilt:

x	0	10	20	30	40	50
K_1	25	40	55	70	85	100

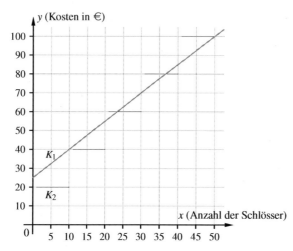

b) Die Funktion ist abschnittsweise definiert.

$$K_2(x) = \begin{cases} 20 & \text{für } 1 \le x \le 10 \\ 40 & \text{für } 11 \le x \le 20 \\ 60 & \text{für } 21 \le x \le 30 \\ 80 & \text{für } 31 \le x \le 40 \\ 100 & \text{für } 41 \le x \le 50 \end{cases}$$

c) $K_1(x) = 60 \quad \Rightarrow \quad x \approx 23$

$K_2(x) = 60 \quad \Rightarrow \quad 21 \le x \le 30$

23 Schlösser würden auf M_1 ca. 60 € Kosten verursachen.

Auf M_2 entstünden 60 € Kosten bei einer Produktion von 21 bis 30 Schlössern.

d) $K_1(38) = 82$

$K_2(38) = 80$

M_2 sollte eingesetzt werden.

e) M_1 ist günstiger, wenn 21 bis 23, 31 bis 36, sowie 41 bis 49 Schlösser gefertigt werden (siehe Zeichnung).

Test zu 3.1

1. **a)** $f(x) = 2x + 12$
   $g(x) = -0,25x + 3$

148

b)

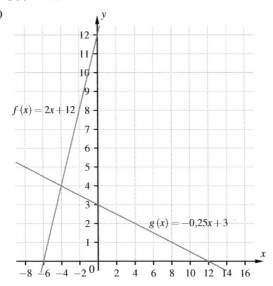

c)

	Schnittpunkt mit der x-Achse	Schnittpunkt mit der y-Achse
f	$0 = 2x_N + 12 \Rightarrow S_x(-6 \mid 0)$	$f(0) = 12 \Rightarrow S_y(0 \mid 12)$
g	$0 = -0,25x_N + 3 \Rightarrow S_x(12 \mid 0)$	$g(0) = 3 \Rightarrow S_y(0 \mid 3)$

Schnittpunkt S der Graphen von f und g:
$2x_S + 12 = -0,25x_S + 3 \Leftrightarrow x_S = -4 \Rightarrow y_S = 4 \Rightarrow S(-4 \mid 4)$

148

2. a) $K(x) = 21x + 16\,000$

$E(x) = 29x$

$G(x) = E(x) - K(x) = \mathbf{8x - 16\,000}$

b)

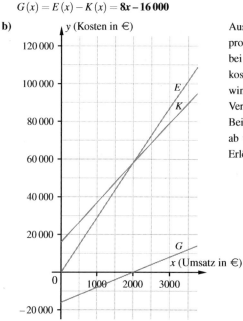

Ausgehend von den Fixkosten steigen die Kosten proportional an. Die Erlöse wachsen von $0\,€$ linear; bei 2000 Stück sind sie so hoch wie die Gesamtkosten und von dort ab höher als diese. Für den Gewinn bedeutet das: Er ist anfangs negativ, also ein Verlust, weil die Kosten größer sind als die Erlöse. Bei 2000 Stück liegt der Break-even-Punkt, von hier ab wird kein Verlust mehr erwirtschaftet, weil die Erlöse nicht mehr unter den Kosten liegen.

c) $G(x_N) = 0 \quad \Leftrightarrow \quad x_N = \mathbf{2000}$

Die Gewinnschwelle liegt bei 2000 Stück.

d) $G(1000) = \mathbf{-8000}$ (Verlust von $8000\,€$)

$G(3500) = \mathbf{12\,000}$ (Gewinn von $12\,000\,€$)

e) $11\,200 = 8x - 16\,000 \quad \Leftrightarrow \quad x = \mathbf{3400}$

f) $K(x) = 32x + 16\,000 \qquad E(x) = 39x \qquad G(x) = \mathbf{7x - 16\,000}$

Die MP3–Player mit doppelter Speicherkapazität sollten nicht hergestellt werden, weil dann der Stückgewinn um $1\,€$ geringer ausfiele.

3. a) $p_N(x) = -\frac{1}{3}x + 150$

$p_A(x) = \frac{1}{10}x + 20$

148

b)

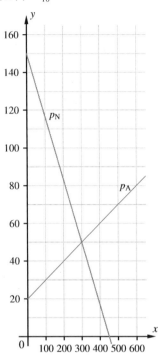

Der Graph der Angebotsfunktion ist eine steigende Gerade: Je höher der Marktpreis ist, desto mehr Produzenten sind in der Lage, das Gut anzubieten, weil der Preis kostendeckend ist. Die Nachfragefunktion ist eine fallende Gerade: Je höher der Preis ist, desto weniger Konsumenten sind bereit, das Gut zu kaufen. Angebots- und Nachfragefunktion schneiden einander dort, wo die angebotene und die nachgefragte Menge gleich groß sind (Gleichgewichtsmenge 300 ME). In diesem Marktgleichgewicht werden die Güter zum Gleichgewichtspreis (50 GE) gehandelt.

c) $p_N(0) = 150$ Der Höchstpreis beträgt 150 GE.

$p_N(x) = 0 \quad \Leftrightarrow \quad x = 450$ Die Sättigungsmenge beträgt 450 ME.

d) $p_N(x_G) = p_A(x_G) \quad \Leftrightarrow \quad x_G = 300$

Gleichgewichtsmenge: 300 ME $\quad \Rightarrow \quad p_G = 50$

Gleichgewichtspreis: 50 GE

e) $p_N(x) = 30 \Leftrightarrow x = 360 \quad p_A(x) = 30 \Leftrightarrow x = 100$ Der Nachfrageüberschuss beträgt 260 ME.

$p_N(x) = 75 \Leftrightarrow x = \mathbf{225} \quad p_A(x) = 75 \Leftrightarrow x = \mathbf{550}$ Der Angebotsüberschuss beträgt 325 ME.

4. $p_N(x) = \frac{50-0}{0-2000}x + 50 = -0{,}025x + 50$

3.2 Quadratische Funktionen

Einstiegsseite

149

Fragestellung:

Herr Schumacher hat zur Veranschaulichung des Bogens einen Graphen im Koordinatensystem gewählt, bei dem eine Zeicheneinheit einem Meter in der Realität entspricht. Ein Banner soll an dem Bogen befestigt werden, das 4 m breit und 6 cm hoch ist. Herr Schumacher muss nun prüfen, ob das Banner so an dem Bogen befestigt werden kann, dass die Durchgangshöhe mindestens 2,50 m beträgt.

Lösungsweg:

Um ein 4 m breites Banner zwischen dem Bogen aufhängen zu können, müsste es in 3 m Höhe am Bogen angebracht werden. Die Höhe des Banners von 60 cm bedeutet, dass die Durchgangshöhe nur noch 2,40 m ist. Ändert man an den gegebenen Voraussetzungen nichts, dann darf der Bogen nicht in Auftrag gegeben werden.

3.2.1 Gleichungen und Graphen

156

1.   **a)** 5   **b)** 2   **c)** 1   **d)** 3   **e)** 4   **f)** 6

2. **a)** Nach oben geöffnet, Normalparabel um 1 Einheit nach oben verschoben, $S(0|1)$, Symmetrie zur y-Achse.

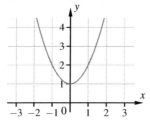

     c) Nach unten geöffnet, gestreckt, um 3 Einheiten nach oben verschoben, $S(0|3)$, Symmetrie zur y-Achse.

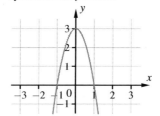

     b) Nach oben geöffnet, gestreckt, um 2 Einheiten nach unten verschoben, $S(0|-2)$, Symmetrie zur y-Achse.

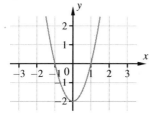

     d) Nach unten geöffnet, gestaucht, um 1 Einheit nach unten verschoben, $S(0|-1)$, Symmetrie zur y-Achse.

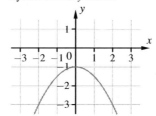

e) Nach oben geöffnet, gestreckt, um 1 Einheit nach rechts verschoben, $S(1\,|\,0)$, Symmetrie zur Geraden mit der Gleichung $x = 1$.

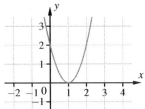

f) Nach oben geöffnet, Normalparabel um 3 Einheiten nach rechts und um 2 Einheiten nach oben verschoben, $S(3\,|\,2)$, Symmetrie zur Geraden mit der Gleichung $x = 3$.

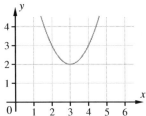

3. a) Normalparabel an der x-Achse gespiegelt, nach unten geöffnet, $S(0\,|\,0)$, Symmetrie zur y-Achse.

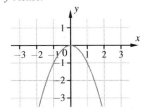

b) Nach unten geöffnet, Normalparabel um 2 Einheiten nach oben verschoben, $S(0\,|\,2)$, Symmetrie zur y-Achse.

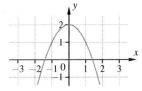

c) Nach unten geöffnet, Normalparabel um 2 Einheiten nach links verschoben, $S(-2\,|\,0)$, Symmetrie zur Geraden mit der Gleichung $x = -2$.

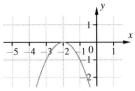

d) Nach oben geöffnet, Normalparabel um 2 Einheiten nach rechts und 4 Einheiten nach unten verschoben, $S(2\,|\,-4)$, Symmetrie zur Geraden mit der Gleichung $x = 2$.

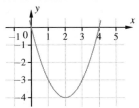

e) Nach oben geöffnet, gestaucht, um 2 Einheiten nach rechts und um 4,5 Einheiten nach unten verschoben, $S(2\,|\,-4,5)$, Symmetrie zur Geraden mit der Gleichung $x = 2$.

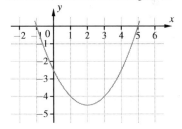

156

f) Nach unten geöffnet, gestaucht, um 2 Einheiten nach links und um 4,5 Einheiten nach unten verschoben, $S(-2\,|\,-4,5)$, Symmetrie zur Geraden mit der Gleichung $x=-2$.

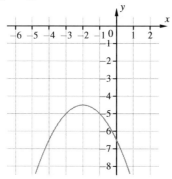

g) Nach unten geöffnet, gestreckt, um 3 Einheiten nach links und um 8 Einheiten nach oben verschoben, $S(-3\,|\,8)$, Symmetrie zur Geraden mit der Gleichung $x=-3$.

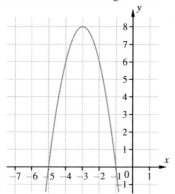

h) Nach unten geöffnet, gestaucht, $S(0\,|\,0)$, Symmetrie zur y-Achse.

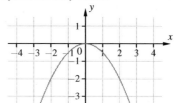

i) Nach unten geöffnet, gestaucht, um 4 Einheiten nach oben verschoben $S(0\,|\,4)$, Symmetrie zur y-Achse.

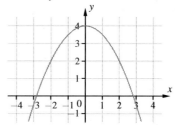

4. a) $f(x)=2\cdot(x+3)^2+4$

  b) $f(x)=-0,5\cdot(x-2)^2-1$

  c) $f(x)=-(x-4)^2+0,5$

  d) $f(x)=0,25\cdot(x+1)^2-6$

5. Beispiele:

a) $f_1(x) = (x-1)^2 + 2$ $f_2(x) = 2(x-1)^2 + 2$ $f_3(x) = -0{,}5(x-1)^2 + 2$ $f_4(x) = -2(x-1)^2 + 2$

b) $f_1(x) = (x-3)^2 - 2$ $f_2(x) = 0{,}5(x-3)^2 - 2$ $f_3(x) = -0{,}25(x-3)^2 - 2$ $f_4(x) = -1{,}5(x-3)^2 - 2$

c) $f_1(x) = (x+2)^2 + 4$ $f_2(x) = -(x+2)^2 + 4$ $f_3(x) = 1{,}25(x+2)^2 + 4$ $f_4(x) = -1{,}25(x+2)^2 + 4$

d) $f_1(x) = (x+4)^2 - 3$ $f_2(x) = 0{,}7(x+4)^2 - 3$ $f_3(x) = 2(x+4)^2 - 3$ $f_4(x) = -0{,}7(x+4)^2 - 3$

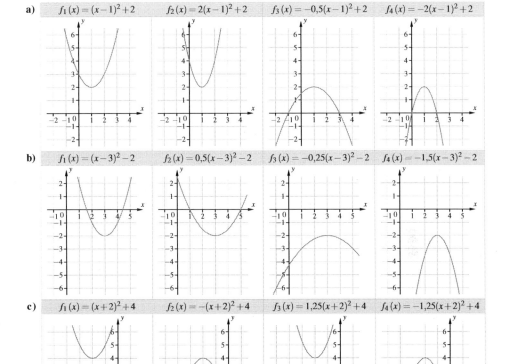

6. Beispiele:

a) $f_1(x) = (x-1)^2 + 2$ $f_2(x) = 2 \cdot (x-1)^2 + 2$ $f_3(x) = -0{,}5 \cdot (x-1)^2 + 2$

b) $f_1(x) = (x-3)^2 - 2$ $f_2(x) = 0{,}5 \cdot (x-3)^2 - 2$ $f_3(x) = -0{,}25 \cdot (x-3)^2 - 2$

c) $f_1(x) = (x+2)^2 + 4$ $f_2(x) = -(x+2)^2 + 4$ $f_3(x) = 1{,}25 \cdot (x+2)^2 + 4$

d) $f_1(x) = (x+4)^2 - 3$ $f_2(x) = 0{,}7 \cdot (x+4)^2 - 3$ $f_3(x) = 2 \cdot (x+4)^2 - 3$

7. Individuelle Lösungen unter Verwendung der Datei mit dem Mediencode 153-1.

156

8. a) $f(x) = x^2 - 1$

Die Normalparabel wurde um 1 Einheit nach unten verschoben.

b) $f(x) = (x - 3)^2$

Die Normalparabel wurde um 3 Einheiten nach rechts verschoben.

c) $f(x) = (x + 1)^2 + 1$

Die Normalparabel wurde um je 1 Einheit nach links und oben verschoben.

d) $f(x) = -2x^2$

Die Normalparabel wurde gestreckt. Die Parabel ist nach unten geöffnet.

e) $f(x) = -(x + 3)^2 - 1$

Die Normalparabel wurde um 3 Einheiten nach links und 1 Einheit nach unten verschoben. Die Parabel ist nach unten geöffnet.

f) $f(x) = -0{,}5(x - 3)^2$

Die Normalparabel wurde gestaucht und um 3 Einheiten nach rechts verschoben. Die Parabel ist nach unten geöffnet.

3.2.2 Normalform, allgemeine Form und Scheitelpunktform

1. a) $f(x) = x^2 - 4x + 1$

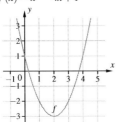

160

f) $f(x) = -x^2 + 2x$

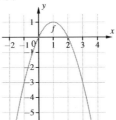

b) $f(x) = x^2 + 6x + 8$

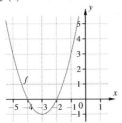

g) $f(x) = -2x^2 - 8x - 3$

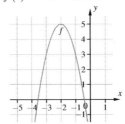

c) $f(x) = x^2 - 6x + 11$

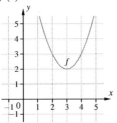

h) $f(x) = -4x^2 + 4x - 4$

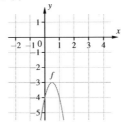

d) $f(x) = x^2 + 3x + 2{,}25$

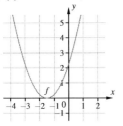

i) $f(x) = -0{,}5x^2 + 2x + 2{,}5$

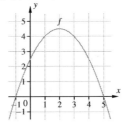

e) $f(x) = x^2 - 5x + 3{,}25$

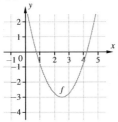

160

2. **a)** $f(x) = (x+2)^2 - 2$
  $S(-2 \mid -2)$

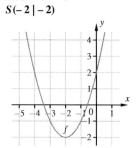

b) $f(x) = (x-1)^2 - 4$
  $S(1 \mid -4)$

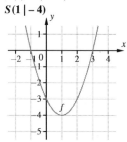

c) $f(x) = (x-4)^2 + 3$
  $S(4 \mid 3)$

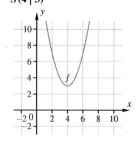

d) $f(x) = -(x-2)^2 - 1$
  $S(2 \mid -1)$

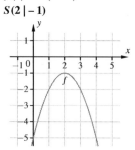

e) $f(x) = 2(x+1)^2 + 1$
  $S(-1 \mid 1)$

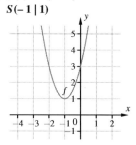

f) *Hinweis:* Im 1. Druck der 1. Auflage hätte der
  Funktionsterm $-3x^2 + 9x - 9$ heißen müssen.
  $f(x) = -3(x - 1{,}5)^2 - 2{,}25$
  $S(1{,}5 \mid -2{,}25)$

3.

	Funktionsterm in Scheitelpunktform	Scheitelpunkt der Parabel	x_S	y_S	Funktionsterm in Normalform	b	c
a)	$(x-2)^2$	$(2 \mid 0)$	2	0	$x^2 - 4x + 4$	-4	4
b)	$(x-3)^2 + 4$	$(3 \mid 4)$	3	4	$x^2 - 6x + 13$	-6	13
c)	$(x+3)^2 - 5$	$(-3 \mid -5)$	-3	-5	$x^2 + 6x + 4$	6	4
d)	$(x+2{,}5)^2 + 4{,}5$	$(-2{,}5 \mid 4{,}5)$	$-2{,}5$	$4{,}5$	$x^2 + 5x + 10{,}75$	5	10,75
e)	$(x+2)^2 - 9$	$(-2 \mid -9)$	-2	-9	$x^2 + 4x - 5$	4	-5
f)	$(x-3)^2 - 4$	$(3 \mid -4)$	3	-4	$x^2 - 6x + 5$	-6	5
g)	$(x-2)^2 + 6$	$(2 \mid 6)$	2	6	$x^2 - 4x + 10$	-4	10
h)	$(x-4{,}5)^2 - 6{,}5$	$(4{,}5 \mid -6{,}5)$	$4{,}5$	$-6{,}5$	$x^2 - 9x + 13{,}75$	-9	13,75

4. $P(x) = x \cdot (40 - x) \quad \Rightarrow \quad S(20 \mid 400)$
Die beiden Summanden sind jeweils 20.
Maximales Produkt: **400**

5. $F(x) = x \cdot (80 - 2x) \quad \Rightarrow \quad S(20 \mid 800)$
Maximale Fläche: **800 m²**
Seitenlängen **20 m** und **40 m**.

6. Beispiel: $f(x) = 2x^2 - 12x + 10$
Wir klammern zuerst den Faktor 2 vor x^2 aus: $f(x) = 2 \cdot (x^2 - 6x + 5)$

Wir suchen dann anhand des linearen Glieds $-6x$ die quadratische Ergänzung für das zu bildende Binom. Die quadratische Ergänzung ist $\left(\frac{6}{2}\right)^2 = 3^2$. Die quadratische Ergänzung 3^2 wird in der Klammer ergänzt und gleichzeitig abgezogen:

$$f(x) = 2 \cdot ((x^2 - 6x + 3^2) - 3^2 + 5))$$

Dann fassen wir die ersten 3 Summanden in der Klammer zum Binom $(x-3)^2$ zusammen:

$$f(x) = 2 \cdot ((x-3)^2 - 9 + 5)$$
$$= 2 \cdot ((x-3)^2 - 4)$$

Jetzt wird die äußere Klammer ausmultipliziert: $f(x) = 2 \cdot (x-3)^2 - 8$

Der Scheitelpunkt ist also $S(3 \mid -8)$.

7. a) $E(x) = p(x) \cdot x = (-0{,}1x + 100) \cdot x = -\mathbf{0{,}1\,x^2 + 100\,x}$

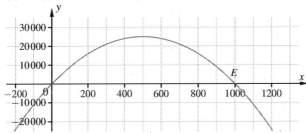

b) Erlösmaximum: Scheitelpunkt des Graphen von E: $S(500 \mid 25\,000)$
Maximaler Erlös: **25 000 GE**

3.2.3 Berechnung von Schnittpunkten

167

1. $f(x_N) = 0$ Nullstellen:

  a) $x_N^2 - 9 = 0$ $x_{N_1} = -3$ $x_{N_2} = 3$

  b) $x_N^2 + x_N - 12 = 0$ $x_{N_1} = -4$ $x_{N_2} = 3$

  c) $(x_N + 3)^2 + 9 = 0$ keine Nullstellen

  d) $2x_N^2 + 14x_N + 20 = 0$ $x_{N_1} = -5$ $x_{N_2} = -2$

2. Anna multipliziert das Binom aus und löst die zusammengefasste Gleichung dann mithilfe der p-q-Formel. Lara löst die Gleichung zum Binom hin auf und zieht dann direkt die Wurzel. Laras Lösungsweg ist kürzer und außerdem mathematisch eleganter.

3. $f(x_S) = g(x_S)$

  Abgelesen: $x_{S_1} \approx 0{,}7$ $y_{S_1} \approx 2{,}1$ $S_1\,(0{,}7 \mid 2{,}1)$
                      $x_{S_2} \approx -1{,}2$ $y_{S_2} \approx 7{,}9$ $S_2\,(-1{,}2 \mid 7{,}9)$

  Berechnet: $2x_S^2 - 2x_S + 2{,}5 = -2x_S^2 - 4x_S + 6$

$$0 = 4x_S^2 + 2x_S - 3{,}5$$

$$0 = x_S^2 + \frac{1}{2}x_S - \frac{7}{8}$$

$$x_{S_{1,2}} = \frac{-1 \pm \sqrt{15}}{4}$$

  $x_{S_1} \approx 0{,}718$ $y_{S_1} \approx 2{,}095$ $S_1(\frac{-1+\sqrt{15}}{4} \mid 5 - \frac{3}{4}\sqrt{15})$
  $x_{S_2} \approx -1{,}218$ $y_{S_2} \approx 7{,}905$ $S_2(\frac{-1-\sqrt{15}}{4} \mid 5 + \frac{3}{4}\sqrt{15})$

4.

		Schnittpunkte	Graphen
a)	x-Achse	$S_x\,(0 \mid 0)$	
	y-Achse	$S_y\,(0 \mid 0)$	
	Graph von g	keine	
b)	x-Achse	$S_{x1}\,(-5 \mid 0)$	
		$S_{x2}\,(1 \mid 0)$	
	y-Achse	$S_y\,(0 \mid -5)$	
	Graph von g	$S_{g1}\,(-4{,}37 \mid -3{,}37)$	
		$S_{g2}\,(1{,}37 \mid 2{,}37)$	
c)	x-Achse	$S_{x1}\,(2 \mid 0)$	
		$S_{x2}\,(6 \mid 0)$	
	y-Achse	$S_y\,(0 \mid 12)$	
	Graph von g	$S_{g1}\,(1{,}46 \mid 2{,}46)$	
		$S_{g2}\,(7{,}54 \mid 8{,}54)$	

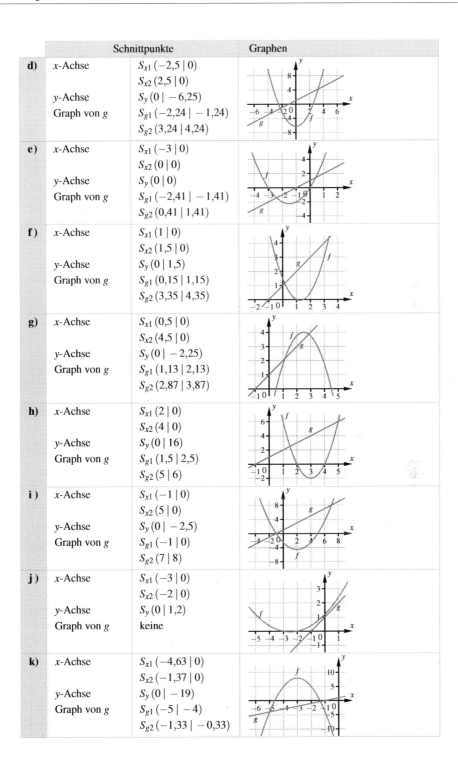

		Schnittpunkte	Graphen
d)	x-Achse	$S_{x1}\,(-2,5\mid 0)$	
		$S_{x2}\,(2,5\mid 0)$	
	y-Achse	$S_y\,(0\mid -6,25)$	
	Graph von g	$S_{g1}\,(-2,24\mid -1,24)$	
		$S_{g2}\,(3,24\mid 4,24)$	
e)	x-Achse	$S_{x1}\,(-3\mid 0)$	
		$S_{x2}\,(0\mid 0)$	
	y-Achse	$S_y\,(0\mid 0)$	
	Graph von g	$S_{g1}\,(-2,41\mid -1,41)$	
		$S_{g2}\,(0,41\mid 1,41)$	
f)	x-Achse	$S_{x1}\,(1\mid 0)$	
		$S_{x2}\,(1,5\mid 0)$	
	y-Achse	$S_y\,(0\mid 1,5)$	
	Graph von g	$S_{g1}\,(0,15\mid 1,15)$	
		$S_{g2}\,(3,35\mid 4,35)$	
g)	x-Achse	$S_{x1}\,(0,5\mid 0)$	
		$S_{x2}\,(4,5\mid 0)$	
	y-Achse	$S_y\,(0\mid -2,25)$	
	Graph von g	$S_{g1}\,(1,13\mid 2,13)$	
		$S_{g2}\,(2,87\mid 3,87)$	
h)	x-Achse	$S_{x1}\,(2\mid 0)$	
		$S_{x2}\,(4\mid 0)$	
	y-Achse	$S_y\,(0\mid 16)$	
	Graph von g	$S_{g1}\,(1,5\mid 2,5)$	
		$S_{g2}\,(5\mid 6)$	
i)	x-Achse	$S_{x1}\,(-1\mid 0)$	
		$S_{x2}\,(5\mid 0)$	
	y-Achse	$S_y\,(0\mid -2,5)$	
	Graph von g	$S_{g1}\,(-1\mid 0)$	
		$S_{g2}\,(7\mid 8)$	
j)	x-Achse	$S_{x1}\,(-3\mid 0)$	
		$S_{x2}\,(-2\mid 0)$	
	y-Achse	$S_y\,(0\mid 1,2)$	
	Graph von g	keine	
k)	x-Achse	$S_{x1}\,(-4,63\mid 0)$	
		$S_{x2}\,(-1,37\mid 0)$	
	y-Achse	$S_y\,(0\mid -19)$	
	Graph von g	$S_{g1}\,(-5\mid -4)$	
		$S_{g2}\,(-1,33\mid -0,33)$	

167

5. Dividiert man die Gleichung durch $a \neq 0$, so erhält man $x^2 + \frac{b}{a}x + \frac{c}{a} = 0$.

Diese normierte Gleichung besitzt dieselben Lösungen wie die Ausgangsgleichung. Für die Lösungen erhält man mithilfe der p-q-Formel

$$x_N = -\frac{b}{2a} \pm \sqrt{\frac{b^2}{4a^2} - \frac{c}{a}}.$$

Nach weiteren Umformungen erhält man die „abc-Formel": $x_N = \frac{-b \pm \sqrt{b^2 - 4ac}}{2a}$

6. a) $P_1(-5 \mid 8)$ $P_2(1 \mid 8)$

b) $f(x) = 8$

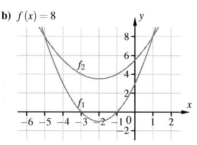

7. a) $f(x) = (x+7) \cdot (x-1)$ **b)** $f(x) = (x+7) \cdot (x-7)$

8. a) $K(x) = 0{,}5x + 2{,}5$
$ G(x) = -0{,}5x^2 + 3x - 2{,}5$

b) $G(x_N) = 0 \quad \Rightarrow \quad x_{N_1} = 1 \quad x_{N_2} = 5$
Gewinn wird bei einem Absatz zwischen 1 ME und 5 ME erzielt (Gewinnzone: [1; 5]).

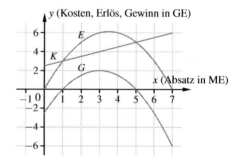

c) $G(x) = -0{,}5x^2 + 3x - 2{,}5 = -0{,}5 \cdot (x-3)^2 + 2$
Das Gewinnmaximum beträgt 2 GE und wird bei einer Ausbringungsmenge von 3 ME erreicht.

9. a) $p(x) \geq 0 \quad \Rightarrow \quad 0 \leq x \leq 60 \quad\quad \Rightarrow \quad$ **$D_{ök} = [0; 60]$**

b) $p(0) = 30 \quad \Rightarrow \quad$ **Höchstpreis: 30 GE**
$ p(x) = 0 \quad \Rightarrow \quad x_0 = 60 \quad\quad \Rightarrow \quad$ **Sättigungsmenge: 60 ME**

c) $E(x) = p(x) \cdot x = (-0{,}5x + 30) \cdot x = \mathbf{-0{,}5x^2 + 30x}$
$ G(x) = E(x) - K(x) = -0{,}5x^2 + 30x - (12x + 15) = \mathbf{-0{,}5x^2 + 18x - 15}$

d) $E(x) = K(x)$ oder $G(x) = 0 \quad \Rightarrow \quad \mathbf{x_{GS} \approx 0{,}85}$
$$\mathbf{x_{GG} \approx 35{,}15}$$
Gewinnschwelle: 0,85 ME und Gewinngrenze: 35,15 ME, Gewinnzone: [0,85; 35,15].
Verkaufspreis an der Gewinnschwelle **29,58 GE** und an der Gewinngrenze **12,43 GE**.

e) Erlösmaximum: Scheitelpunkt des Graphen von E ist $S(30 \mid 450)$,
 der maximale Erlös beträgt 450 GE.

 Gewinnmaximum: Scheitelpunkt des Graphen von G ist $S(18 \mid 147)$,
 der maximale Gewinn beträgt 147 GE.

3.2.4   Bestimmung von quadratischen Funktionsgleichungen

1.

3	3	2	5	$: 2$ $\cdot 3$ $\cdot 2$
2	4	3	4	$\cdot (-2)$ +
-5	2	4	-9	$\cdot (-1)$ +

1,5	1,5	1	2,5	+
5	1	0	7	$\cdot 1,5$ $\cdot 4$
11	4	0	19	$\cdot (-1)$ +

-6	0	1	-8	
5	1	0	7	+
9	0	0	9	$: 9$ $\cdot (-\frac{5}{9})$ $\cdot \frac{2}{3}$ +

0	0	1	-2	▶ $z = -2$
0	1	0	2	▶ $y = 2$
1	0	0	1	▶ $x = 1$

2. a) $f(x) = x^2 + 3x - 4$ **b)** $f(x) = x^2 + x - 2$ **c)** $f(x) = -x^2 - 3x + 10$

3. a) $f(x) = -3x^2 + 5x - 7$

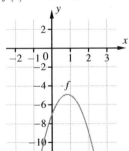

b)

Scheitelpunkt	Schnittpunkt mit der y-Achse	Schnittpunkte mit der x-Achse
$S(\frac{5}{6} \mid -4{,}92)$	$S_y(0 \mid -7)$	keine

171

4. a) $f(x) = ax^2 + bx + c$ $f(2) = g(2) = \frac{35}{9}$ $f(-3) = g(-3) = -\frac{40}{9}$ $f(0) = -\frac{25}{9} = c$

$\Rightarrow$ $4a + 2b - \frac{25}{9} = \frac{35}{9}$ $9a - 3b - \frac{25}{9} = -\frac{40}{9}$

$\Rightarrow$ $4a + 2b = \frac{60}{9}$ $9a - 3b = -\frac{15}{9}$

$\Rightarrow$ Damit gilt $a = \frac{5}{9}$ und $b = \frac{20}{9}$ und somit hat f den Funktionsterm $\frac{5}{9}x^2 + \frac{20}{9}x - \frac{25}{9}$.

b)

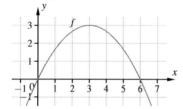

5. $f(x) = -\frac{1}{3}(x-3)^2 + 3$

6. Für den Gewinn G (in GE) und den Absatz x (in ME) gilt:

$G(3) = 1{,}2$ $\Rightarrow$ $9a + 3b + c = 1{,}2$

$G(4) = 3$ $\Rightarrow$ $16a + 4b + c = 3$

$G(8) = 2{,}2$ $\Rightarrow$ $64a + 8b + c = 2{,}2$ $\Rightarrow$ $a = -\mathbf{0{,}4}$ $b = \mathbf{4{,}6}$ $c = -\mathbf{9} \Rightarrow G(x) = -0{,}4x^2 + 4{,}6x - 9$

$G(x_N) = 0$ $\Rightarrow$ $x_{N_1} = \mathbf{2{,}5}$ $x_{N_2} = \mathbf{9}$ $\Rightarrow$ Gewinnzone: [2,5; 9]

$G(x) = -0{,}4x^2 + 4{,}6x - 9 = -0{,}4 \cdot (x^2 - 11{,}5x + 22{,}5) = -0{,}4 \cdot ((x - 5{,}75)^2 - 10{,}5625)$
$= -0{,}4 \cdot (x - 5{,}75)^2 + 4{,}225$

Der größte Gewinn in Höhe von 4,225 GE wird bei einem Absatz von 5,75 ME erwirtschaftet.

7. Für x (in ME) und den Preis G (in GE) gilt:

$p_N(3) = 84$ $\Rightarrow$ $9a + 3b + c = 84$

$p_N(6) = 51$ $\Rightarrow$ $36a + 6b + c = 51$

$p_N(9) = 0$ $\Rightarrow$ $81a + 9b + c = 0$ $\Rightarrow$ $a = -\mathbf{1}$ $b = -\mathbf{2}$ $c = \mathbf{99}$

Der Term der Nachfragefunktion p_N lautet $-x^2 - 2x + 99$.

8. Bei der gleichen Lage im Koordinatensystem gilt für die Höhe g (in m) $g(x) = ax^2 + bx + 192$.

$g\left(\frac{192}{2}\right) = 0$ $\Rightarrow$ $9216a + 96b + 192 = 0$

$g\left(-\frac{192}{2}\right) = 0$ $\Rightarrow$ $9216a - 96b + 192 = 0$ $\Rightarrow$ $a = -\frac{1}{48} \approx -\mathbf{0{,}0208}$ $b = \mathbf{0}$

$\Rightarrow g(x) \approx -0{,}0208x^2 + 192$.

Übungen zu 3.2

1. a) 4   b) 1   c) 5   d) 6   e) 3   f) 2

172

2. a) Wenn der Funktionsterm einer quadratischen Funktion die Form $ax^2 + bx + c$ mit $a \neq 0$ hat, dann ist die quadratische Funktion in allgemeiner Form dargestellt.

Sie kann aber auch in Scheitelpunktform dargestellt werden. Der Funktionsterm hat dann die Form $a \cdot (x - x_S)^2 + y_S$, wobei der Scheitelpunkt der Parabel die Koordinaten x_S bzw. y_S besitzt.

	a	b	c
a)	-1	0	0
b)	2	0	-1
d)	1	2	1
f)	1	4	5

	a	x_S	y_S
a)	-1	0	0
b)	2	0	-1
c)	-1	-3	0
e)	-1	3	-2

b) a) $f(x) = -x^2$ ist sowohl allgemeine Form als auch Scheitelpunktform.
    b) $f(x) = 2x^2 - 1$ ist sowohl allgemeine Form als auch Scheitelpunktform.
    c) Allgemeine Form: $f(x) = -x^2 - 6x - 9$
    d) Scheitelpunktform: $f(x) = (x+1)^2$
    e) Allgemeine Form: $f(x) = -x^2 + 6x - 11$
    f) Scheitelpunktform: $f(x) = (x+2)^2 + 1$

c) Am Absolutglied c der allgemeinen Form der quadratischen Funktion kann man den y-Achsenabschnitt ablesen, z. B. bei $f(x) = x^2 + 4x + 5$ verläuft der Graph bei $y = 5$ bzw. im Punkt $(0 \mid 5)$ durch die y-Achse. Bei der Scheitelpunktform ist sofort der Scheitelpunkt ablesbar. Zum Beispiel ist bei $f(x) = -(x-3)^2 - 2$ der Scheitelpunkt $S(3 \mid -2)$.

172

3. a) $f(x) = (x+1{,}5)^2 + 2{,}5$

Scheitelpunkt: $S(-1{,}5 \mid 2{,}5)$

Keine Schnittpunkte mit der x-Achse.

Schnittpunkt mit der y-Achse: $S_y(0 \mid 4{,}75)$

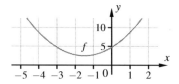

b) $f(x) = (x-2{,}5)^2 + 1{,}75$

Scheitelpunkt: $S(2{,}5 \mid 1{,}75)$

Keine Schnittpunkte mit der x-Achse.

Schnittpunkt mit der y-Achse: $S_y(0 \mid 8)$

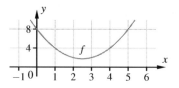

c) $f(x) = (x-0{,}5)^2 - 1{,}25$

Scheitelpunkt: $S(0{,}5 \mid -1{,}25)$

Schnittpunkte mit der x-Achse (gerundet):

$S_{x_1}(-0{,}62 \mid 0) \quad S_{x2}(1{,}62 \mid 0)$

Schnittpunkt mit der y-Achse: $S_y(0 \mid -1)$

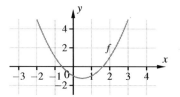

d) $f(x) = 4(x+0{,}125)^2 + 5{,}9375$

Scheitelpunkt: $S(-0{,}125 \mid 5{,}9375)$

Keine Schnittpunkte mit der x-Achse.

Schnittpunkt mit der y-Achse: $S_y(0 \mid 6)$

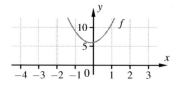

e) $f(x) = -0{,}5(x-2)^2 - 3$

Scheitelpunkt: $S(2 \mid -3)$

Keine Schnittpunkte mit der x-Achse.

Schnittpunkt mit der y-Achse: $S_y(0 \mid -5)$

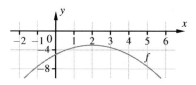

f) $f(x) = 0{,}25(x-4)^2 - 3$

Scheitelpunkt: $S(4 \mid -3)$

Schnittpunkte mit der x-Achse (gerundet):

$S_{x1}(0{,}54 \mid 0) \quad S_{x2}(7{,}46 \mid 0)$

Schnittpunkt mit der y-Achse: $S_y(0 \mid 1)$

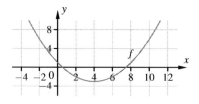

4. a) $f(x) = 0{,}5(x+3)^2 - 2$

Scheitelpunkt: $S(-3 \mid -2)$

Schnittpunkte mit der x-Achse:

$S_{x1}(-5 \mid 0)$

$S_{x2}(-1 \mid 0)$

Schnittpunkt mit der y-Achse: $S_y(0 \mid 2{,}5)$

b) $S_1(1 \mid 6) \qquad S_2(5 \mid 30)$

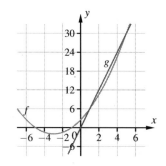

5. a) $f(x) = 0{,}5x^2 - 0{,}5x - 3$ **b)** $f(x) = 0{,}5x^2 + 1{,}5x - 5$ **c)** $f(x) = -0{,}5x^2 + 3{,}5x - 6$

6. a) $f(x) = 0 \;\Leftrightarrow\; x_{N_1} \approx -2{,}29 \notin D_f \quad x_{N_2} \approx 8{,}95$ (**Sprungweite: 8,95 m**)

b) Scheitelpunkt von f: $S(3{,}33 \mid 1{,}9)$; sein Körperschwerpunkt erreichte maximal **1,90 m**.

7. a) Bei gegebener Pylonenhöhe h errechnet sich die Hauptspannweite s zu: $s(h) = \sqrt{\dfrac{4 \cdot (h - 72)}{0{,}0004}}$

bzw. gilt für die Pylonenhöhe bei gegebener Hauptspannweite: $h(s) = 0{,}0004 \cdot \dfrac{s^2}{4} + 72$.

Mit einer Hauptspannweite von $s = \mathbf{1280\ m}$ erhält man die Pylonenhöhe $h \approx \mathbf{235{,}84\ m}$.

$b = 164 = 0{,}0004 \cdot \left(\frac{s}{2}\right)^2 \;\Rightarrow\; s \approx \mathbf{1280\ m}$

b) Pylonenhöhe ca. 46,7 m über der Straße, Hälfte der Hauptspannweite 250 m:

$f(x) = ax^2 \;\Rightarrow\; a \cdot 250^2 = 46{,}7 \;\Rightarrow\; a \approx 0{,}00075 \;\Rightarrow\; f(x) = \mathbf{0{,}00075x^2}$

8. a) $f(x) = 0 \Leftrightarrow x_{N_1} \approx 0{,}26;\ x_{N_2} \approx 7{,}74 \;\Rightarrow\;$ Torbogenbreite: $7{,}74\,\text{m} - 0{,}26\,\text{m} = \mathbf{7{,}48\ m}$

b) Scheitelpunkt des Graphen von f: $S(4 \mid 7) \;\Rightarrow\;$ Torbogenhöhe: **7 m**

$\quad 7{,}48 : 4 = 1{,}87 \quad \Rightarrow \quad$ Die Unterstützungsträger sind 1,87 m von den Fußpunkten entfernt.

$\quad\qquad\qquad\qquad \Rightarrow \quad$ Die Unterstützungsträger liegen bei $x = 0{,}26 + 1{,}87 = 2{,}13$ und bei

$\quad\qquad\qquad\qquad\qquad\quad x = 7{,}74 - 1{,}87 = 5{,}87$.

$\quad\qquad\qquad\qquad \Rightarrow \quad f(2{,}13) = f(5{,}87) = 5{,}25155$

$\quad\qquad\qquad\qquad \Rightarrow \quad$ Höhe der Unterstützungsträger ca. **5,25 m**.

9. a) $f(x) = -0{,}004(x^2 - 300x + 8100) = -0{,}004(x - 150)^2 + 57{,}6$

Scheitelpunkt des Graphen von f: $S(150 \mid 57{,}6)$

Höhe der Brücke: **57,6 m**

b) $f(x_N) = 0 \;\Leftrightarrow\; x_{N_1} = 30 \quad x_{N_2} = 270 \;\Rightarrow\;$ **Brückenlänge:** $270\,\text{m} - 30\,\text{m} = \mathbf{240\ m}$

c) $f(0) = -32{,}4 \;\Rightarrow\; S_y(0 \mid -32{,}4) \;\Rightarrow\;$ Verankerungspunkte liegen **32,40 m** unter der Straße.

d) $y_{CS} = \mathbf{0{,}6x - 32{,}4} \qquad y_{DS} = \mathbf{-0{,}6x + 147{,}6}$

173

10. a) Wenn der Kanal als Grenze nicht mit einem Zaun versehen werden muss, gilt für die Seitenlängen a und x des Rechtecks (jeweils in m) und den Flächeninhalt F (in m^2):

$$2x + a = 240 \quad \Leftrightarrow \quad a = 240 - 2x$$
$$F(x) = x \cdot (240 - 2x)$$

b)

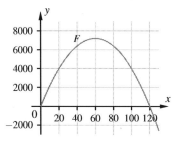

c) Der Graph ist eine nach unten geöffnete Parabel mit dem Scheitelpunkt $S(60 \mid 7200)$. Ist also einer der beiden gegenüberliegenden Zäune 60 m lang, dann wird mit 7200 m^2 die größte Fläche eingezäunt.

d) $F(x) = x \cdot (240 - x) = -2x^2 + 240x = -2(x^2 - 120x + 60^2 - 60^2) = -2(x - 60)^2 + 7200$
$\Rightarrow S(60 \mid 7200)$

An der Stelle $x = 60$ nimmt $F(x)$ den größten Wert an. Für die Zaunlänge 60 m wird also der Flächeninhalt mit 7200 m^2 maximal, die beiden anderen Zaunlängen betragen 120 m und 60 m.

11. *Hinweis*: Fehler im 1. Druck der 1. Auflage: Die Nachfragefunktion hat die Gleichung $p_N(x) = -2x + 100$.

a) Funktionsterm von E: $-2x^2 + 100x$

b) $E(15) = 1050 \quad E(40) = 800 \quad E(50) = 0$

c) $E(x) = -2x^2 + 100x = -2 \cdot (x - 25)^2 + 1250$
$\Rightarrow \quad S(25 \mid 1250)$
Der höchste Erlös von 1250 GE wird mit einem Absatz von 25 ME erreicht.

d)

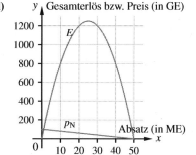

12. a) $E(x) = x \cdot p_N(x) = -4000x^2 + 40\,000x$
$E_{max}(5 \mid 100\,000)$

b) $G(x) = E(x) - K(x)$
$\qquad = -4000x^2 + 36\,000x - 32\,000$
$x_{N_1} = x_{GS} = 1 \qquad x_{N_2} = x_{GG} = 8$
Oder: $E(x) = K(x)$
$\Rightarrow \quad x_{N_1} = x_{GS} = 1 \qquad x_{N_2} = x_{GG} = 8$

c) $G_{max}(4{,}5 \mid 49\,000)$

d)

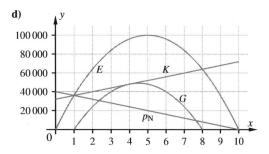

13. a) $p(x)$ bestimmt durch die Punkte $(10\,000\,|\,10)$ und $(11\,000\,|\,9{,}75)$ $\Rightarrow$ $p(x) = -0{,}00025x + 12{,}5$

174

b) $E(x) = -0{,}00025x^2 + 12{,}5x$

c) $E(x) = -0{,}00025(x^2 - 50\,000x + 6{,}25 \cdot 10^8 - 6{,}25 \cdot 10^8)$
$= -0{,}00025((x - 25\,000)^2 - 6{,}25 \cdot 10^8)$
$= -0{,}00025(x - 25\,000)^2 + 156\,250$

$x_{\max} = \mathbf{25\,000}$

$p_{\max} = \mathbf{6{,}25}$

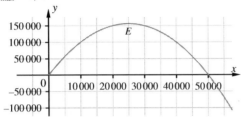

14. a)

Preis	Anzahl Käufer	Erlös	Kosten	Gewinn
120€	0	0€	1200€	−1200€
110€	40	4400€	2200€	2200€
100€	80	8000€	3200€	4800€
90€	120	10800€	4200€	6600€
80€	160	12800€	5200€	7600€
70€	200	14000€	6200€	7800€
60€	240	14400€	7200€	7200€
50€	280	14000€	8200€	5800€
40€	320	12800€	9200€	3600€
30€	360	10800€	10200€	600€
20€	400	8000€	11200€	−3200€
10€	440	4400€	12200€	−7800€
0€	480	0€	13200€	−13200€

b) Der Break-even-Punkt liegt zwischen 1 und 39 Schlössern.

c) $p(x) = -0{,}25x + 120$ $\Rightarrow$ $E(x) = -0{,}25x^2 + 120x$

d) $E(x) = -0{,}25 \cdot (x - 240)^2 + 14\,400$
Der maximale Erlös beträgt 14400€ und wird mit einem Absatz von 240 Schlössern erreicht.

e) Die Behauptung ist falsch. Der maximale Gewinn wird bei 190 Schlössern erreicht und beträgt
7825€: $G(x) = E(x) - K(x) = -0{,}25x^2 + 95x - 1200 = -0{,}25 \cdot (x - 190)^2 + 7825$

Test zu 3.2

176

1. $f(x) = (x+3)^2 - 1 = x^2 + 6x + 8 = (x+4) \cdot (x+2)$

2. Funktionsgleichungen:

  a) $f(x) = -(x+1)^2 + 4 = -x^2 - 2x + 3$

  b) $f(x) = -0{,}5 \cdot (x+1)^2 + 3 = -0{,}5x^2 - x + 2{,}5$

  c) $f(x) = 0{,}5 \cdot (x+1{,}5)^2 - 4 = 0{,}5x^2 + 1{,}5x - 2{,}875$

3. $K(x) = 0{,}25x + 9{,}5$ $E(x) = -0{,}5x^2 + 6x$ $G(x) = -0{,}5x^2 + 5{,}75x - 9{,}5 = -0{,}5(x - 5{,}75)^2 + 7{,}03125$
   $G(x) = 0$ $\Rightarrow$ Gewinnzone: $[2;\ 9{,}5]$
   Das Gewinnmaximum in Höhe von $7{,}03125$ GE wird erreicht bei einer Menge von $5{,}75$ ME.

4. a) $p(x) = -0{,}001x + 16$ $E(x) = -0{,}001x^2 + 16x$ $K(x) = 10x$ $G(x) = -0{,}001x^2 + 6x$

  b)

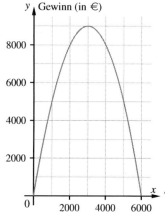

  c) $G(x) = -0{,}001(x - 3000)^2 + 9000$
   $p(3000) = 13$
   Der Gewinn wird am größten bei einer Absatzmenge von 3000 Sticks für einen Preis von 13€ pro Stick.

  d) Maximaler Gewinn: 9000€

5. $p_A(x) = 5x + 16$ $p_N(x) = -0{,}5x^2 - 2x + 48$ $p_A(x) = p_N(x)$ $\Rightarrow$ **MGG $(3{,}63 \mid 34{,}15)$**
   Der Gleichgewichtspreis liegt bei etwa $34{,}15 \text{€}$ pro $100\,m\ell$. Sollte der Höchstpreis oberhalb des Gleichgewichtspreises angesetzt werden, pendelt sich der Preis auf den Gleichgewichtspreis ein. Wenn die Global AG mit diesem Preis Gewinne erzielen kann, sollte sie auf dem Markt bleiben; im anderen Fall sollte das Mittel aus dem Produktionssortiment herausgenommen werden.
   Liegt der Höchstpreis unterhalb des Gleichgewichtspreises, dann entsteht auf dem Markt ein Nachfrageüberschuss. Ist die Global AG in der Lage, zum Höchstpreis gewinnbringend anzubieten, dann könnte sie versuchen, die erhöhte Nachfrage durch ein höheres Angebot gewinnsteigernd auszugleichen. Erzielt sie zum Höchstpreis keinen Gewinn mehr, sollte sie das Produkt aufgeben.

3.3   Ganzrationale Funktionen

Einstiegsseite

Fragestellung:

177

Für die Analyse der Kosten muss Herr Steffens das Minimum der variablen Stückkosten ermitteln. Der Funktionsterm der variablen Stückkosten ist der Quotient aus den gesamten variablen Kosten und der Stückzahl. Die Produktionsmenge, bei der kein Gewinn mehr erzielt wird, liest Herr Steffens am Funktionsgraphen der Gewinnfunktion ab.

Lösungsweg:

Herr Steffens zeichnet zur Veranschaulichung zuerst einmal den Graphen der Kostenfunktion K.

Am Graphen der Kostenfunktion K liest Herr Steffens ab, dass die Kosten zwar an jeder Stelle steigen, die Zunahme der Kosten aber bis zu einer Produktion von 100 Fahrrädern geringer wird. Bei der Produktion von mehr als 100 Rädern steigen die Kosten dann allerdings immer schneller an.

Da Herr Peters auch über den Verlauf der durchschnittlichen variablen Kosten k_v informiert werden will, ermittelt Herr Steffens deren Abhängigkeit von der Produktionsmenge, indem er die gesamten variablen Kosten K_v durch die Stückzahl dividiert:

$k_v(x) = \frac{K_v(x)}{x} = 0{,}009x^2 - 2{,}7x + 280$

Auch deren Verlauf veranschaulicht er durch eine Zeichnung. Der Graph der Funktion k_v ist eine nach oben geöffnete Parabel, an der Herr Steffens abliest, dass bei der Produktion von 150 Fahrrädern die geringsten variablen Stückkosten anfallen. Um ganz sicher zu gehen, ermittelt er die Scheitelpunktgleichung von k_v:

$k_v(x) = 0{,}009(x - 150)^2 + 77{,}5$

Aus ihr kann er ablesen, dass tatsächlich bei einer Produktion von 150 Rädern die geringsten durchschnittlichen variablen Kosten in Höhe von 77,50 € anfallen.

Da der Verkaufspreis von 245 € pro Fahrrad vorgegeben ist, wird bei einem Absatz von x Rädern ein Erlös von $245x$ erzielt. Der Gewinn G als Differenz aus dem Erlös E und den Kosten K wird dann durch die Funktion G wiedergegeben:

$G(x) = -0{,}009x^3 + 2{,}7x^2 - 35x - 10\,000$

Am Graphen der Gewinnfunktion G erkennt Herr Steffens, dass beim Verkauf zwischen ca. 80 und ca. 270 Rädern Gewinn erwirtschaftet wird und dass der Gewinn beim Verkauf von ca. 190 Rädern am größten ist.

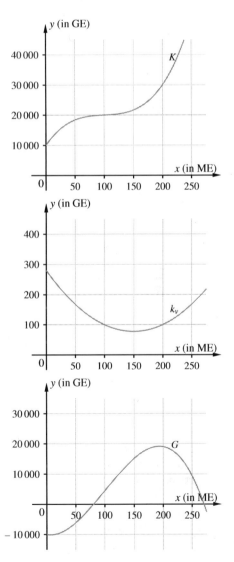

3.3.1   Gleichungen und Graphen

181

1. $f(x) = 4x^5 - x^3 + 2x^2 + 9x - 1$

2. Die Funktionen aus e) und f) sind gerade Funktionen, deshalb sind ihre Graphen symmetrisch zur y-Achse.

3. Die Funktionen aus d), e) und f) sind ungerade Funktionen, deshalb sind ihre Graphen punktsymmetrisch zum Koordinatenursprung.

4. Die Funktion aus g) ist eine gerade Funktion, deshalb ist ihr Graph symmetrisch zur y-Achse. Die Funktionen aus b) und h) sind ungerade Funktionen, deshalb sind ihre Graphen punktsymmetrisch zum Koordinatenursprung.

a)
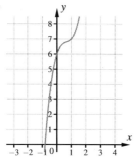

d)
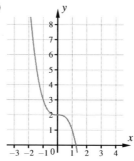

g)
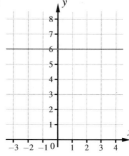

b)
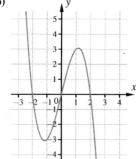

e)
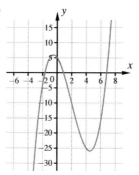

h)
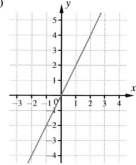

c)
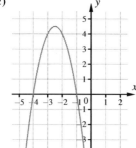

f)
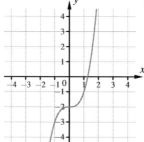

i)
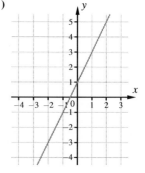

3.3.2   Berechnung von Schnittpunkten

1. **a)** $x_{N_1} = 1$ $(x^3 + 8x^2 - x - 8) : (x - 1) = x^2 + 9x + 8$

   $x_{N_{2,3}} = -\frac{9}{2} \pm \sqrt{(\frac{9}{2})^2 - 8}$ $\Rightarrow$ $x_{N_2} = -1$ $x_{N_3} = -8$ f besitzt drei einfache Nullstellen.

   $f(x) = x^3 + 8x^2 - x - 8 = (x + 8) \cdot (x + 1) \cdot (x - 1)$ $f(0) = -8$ $\Rightarrow$ $S_y(0 \,|\, -8)$

   b) $x_{N_1} = 3$ $(x^3 + 3x^2 - 13x - 15) : (x - 3) = x^2 + 6x + 5$

   $x_{N_{2,3}} = -\frac{6}{2} \pm \sqrt{(\frac{6}{2})^2 - 5}$ $\Rightarrow$ $x_{N_2} = -5$ $x_{N_3} = -1$ f besitzt drei einfache Nullstellen.

   $f(x) = x^3 + 3x^2 - 13x - 15 = (x + 5) \cdot (x + 1) \cdot (x - 3)$ $f(0) = -15$ $\Rightarrow$ $S_y(0 \,|\, -15)$

   c) $x_{N_1} = 1$ $(-0{,}2x^3 - x^2 + 0{,}2x + 1) : (x - 1) = -0{,}2x^2 - 1{,}2x - 1 = -0{,}2(x^2 + 6x + 5)$

   $x_{N_{2,3}} = -\frac{6}{2} \pm \sqrt{(\frac{6}{2})^2 - 5}$ $\Rightarrow$ $x_{N_2} = -5$ $x_{N_3} = -1$ f besitzt drei einfache Nullstellen.

   $f(x) = -0{,}2x^3 - x^2 + 0{,}2x + 1 = -0{,}2(x + 5) \cdot (x + 1) \cdot (x - 1)$ $f(0) = 1$ $\Rightarrow$ $S_y(0 \,|\, 1)$

   d) *Hinweis*: Fehler im 1. Druck der 1. Auflage: Es muss heißen: $f(x) = 2x^3 - 24x^2 + 90x - 100$

   $x_{N_1} = 2$ $(2x^3 - 24x^2 + 90x - 100) : (x - 2) = 2x^2 - 20x + 50 = 2 \cdot (x^2 - 10x + 25)$

   $x_{N_{2,3}} = \frac{10}{2} \pm \sqrt{(\frac{10}{2})^2 - 25}$ $\Rightarrow$ $x_{N_{2,3}} = 5$

   f besitzt die doppelte Nullstelle 5 und die einfache Nullstelle 2.

   $f(x) = 2x^3 - 24x^2 + 90x - 100 = 2 \cdot (x - 2) \cdot (x - 5)^2$ $f(0) = -100$ $\Rightarrow$ $S_y(0 \,|\, -100)$

   e) $x_{N_1} = 2$ $(0{,}5x^3 - 3x^2 - 2x + 12) : (x - 2) = 0{,}5x^2 - 2x - 6 = 0{,}5(x^2 - 4x - 12)$

   $x_{N_{2,3}} = \frac{4}{2} \pm \sqrt{(\frac{4}{2})^2 + 12}$ $\Rightarrow$ $x_{N_2} = -2$ $x_{N_3} = 6$ f besitzt drei einfache Nullstellen.

   $f(x) = 0{,}5x^3 - 3x^2 - 2x + 12 = 0{,}5(x + 2) \cdot (x - 2) \cdot (x - 6)$ $f(0) = 12$ $\Rightarrow$ $S_y(0 \,|\, 12)$

   f) $0{,}25x \cdot (x^3 - x^2 - 8x + 12) = 0$ $\Rightarrow$ $x_{N_1} = 0$

   $x_{N_2} = 2$ $(x^3 - x^2 - 8x + 12) : (x - 2) = x^2 + x - 6$

   $x_{N_{3,4}} = -\frac{1}{2} \pm \sqrt{(\frac{1}{2})^2 + 6}$ $\Rightarrow$ $x_{N_3} = 2$ $x_{N_4} = -3$

   f besitzt die doppelte Nullstelle 2 und die einfachen Nullstellen 0 und -3.

   $f(x) = 0{,}25x^4 - 0{,}25x^3 - 2x^2 + 3x = 0{,}25 \cdot x \cdot (x + 3) \cdot (x - 2)^2$ $f(0) = 0$ $\Rightarrow$ $S_y(0 \,|\, 0)$

2. Jede Funktion f besitzt nur einfache Nullstellen.

   a) $x^2 = z$ $z_N^2 - 4z_N + 3 = 0$ $\Rightarrow$ $z_{N_1} = 1$ $z_{N_2} = 3$

   $x_{N_1} = -1$ $x_{N_2} = 1$ $x_{N_3} = -\sqrt{3}$ $x_{N_4} = \sqrt{3}$

   b) $x^2 = z$ $z_N^2 - 9z_N + 20 = 0$ $\Rightarrow$ $z_{N_1} = 4$ $z_{N_2} = 5$

   $x_{N_1} = -2$ $x_{N_2} = 2$ $x_{N_3} = -\sqrt{5}$ $x_{N_4} = \sqrt{5}$

   c) $x^2 = z$ $z_N^2 - z_N - 2 = 0$ $\Rightarrow$ $z_{N_1} = -1$ $z_{N_2} = 2$

   $x_{N_1} = -\sqrt{2}$ $x_{N_2} = \sqrt{2}$ $(\sqrt{z_{N_1}} \notin \mathbb{R})$

   d) $x^2 = z$ $0{,}25(z_N^2 - 4z_N - 5) = 0$ $\Rightarrow$ $z_{N_1} = -1$ $z_{N_2} = 5$

   $x_{N_1} = -\sqrt{5}$ $x_{N_2} = \sqrt{5}$ $(\sqrt{z_{N_1}} \notin \mathbb{R})$

   e) $x^2 = z$ $-0{,}5(z_N^2 - 10z_N + 9) = 0$ $\Rightarrow$ $z_{N_1} = 1$ $z_{N_2} = 9$

   $x_{N_1} = -1$ $x_{N_2} = 1$ $x_{N_3} = -3$ $x_{N_4} = 3$

   f) $0{,}5x_N \cdot (x_N^4 - 6x_N^2 + 5) = 0$ $\Rightarrow$ $x_{N_1} = 0$

   $x^2 = z$ $z_N^2 - 6z_N + 5 = 0$ $\Rightarrow$ $z_{N_1} = 1$ $z_{N_2} = 5$

   $x_{N_2} = -1$ $x_{N_3} = 1$ $x_{N_4} = -\sqrt{5}$ $x_{N_5} = \sqrt{5}$

   g) $x^2 = z$ $2(z_N^3 - z_N^2 - 4z_N + 4) = 0$ $\Rightarrow$ $z_{N_1} = 2$ $(z^3 - z^2 - 4z + 4) : (z - 2) = z^2 + z - 2$

   $z_{N_{2,3}} = -\frac{1}{2} \pm \sqrt{(\frac{1}{2})^2 + 2}$ $\Rightarrow$ $z_{N_2} = 1$ $z_{N_3} = -2$

   $z = x^2$ $\Rightarrow$ $x_{N_{1,2}} = \pm\sqrt{z_{N_1}} = \pm\sqrt{2}$ $x_{N_{3,4}} = \pm\sqrt{z_{N_2}} = \pm\sqrt{1}$ $(\sqrt{z_{N_3}} \notin \mathbb{R})$

   $\Rightarrow$ $x_{N_1} = -\sqrt{2}$ $x_{N_2} = \sqrt{2}$ $x_{N_3} = -1$ $x_{N_4} = 1$

186

3. a) $x_N \cdot (x_N^2 - 2x_N - 3) = 0 \;\Rightarrow\; x_{N_1} = 0 \quad x_{N_2} = -1 \quad x_{N_3} = 3$

b) $(-x^3 + 2x^2 + 5x - 6) : (x - 1) = -x^2 + x + 6 \quad -x_N^2 + x_N + 6 = 0 \Rightarrow x_{N_1} = 1 \quad x_{N_2} = -2 \quad x_{N_3} = 3$

c) $x^2 = z \;\Rightarrow\; (-3z_N^2 + 21z_N - 36) = 0 \;\Rightarrow\; z_{N_1} = 4 \quad z_{N_2} = 3$
$\Rightarrow x_{N_1} = -\sqrt{3} \quad x_{N_2} = \sqrt{3} \quad x_{N_3} = -2 \quad x_{N_4} = 2$

d) $-x_N^2 \cdot (x_N^2 - 2{,}5x_N - 3{,}5) = 0 \;\Rightarrow\; x_{N_{1,2}} = 0 \quad x_{N_3} = -1 \quad x_{N_4} = 3{,}5$

e) $x_{N_1} = \sqrt[3]{-1} = -1$

f) $0{,}25x_N \cdot (x_N^3 - x_N^2 - 8x_N - 20) = 0 \Rightarrow x_{N_1} = 0$
$\Rightarrow g(x) = x^3 - x^2 - 8x - 20$
$x_N^3 - x_N^2 - 8x_N - 20 = 0$
Abgelesen aus Zeichnung: $x_{N_2} \approx 4{,}1$

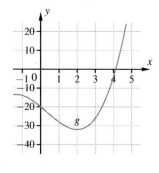

g) $x^2 = z \;\Rightarrow\; -(z_N^2 - 3z_N - 4) = 0$
$\Rightarrow z_{N_1} = -1 \quad z_{N_2} = 4$
$\Rightarrow x_{N_1} = -2 \quad x_{N_2} = 2$

h) $x^2 = z \;\Rightarrow\; 2(z_N^3 - 3z_N + 2) = 0$
$\Rightarrow z_{N_1} = 1$
$(z^3 - 3z + 2) : (z - 1) = z^2 + z - 2$
$\Rightarrow z_{N_2} = 1 \quad z_{N_3} = -2$
$\Rightarrow x_{N_{1,2}} = -1 \quad x_{N_{3,4}} = 1$
Beide Nullstellen sind doppelte Nullstellen von f.

i) $x_{N_1} = -1 \;\Rightarrow\; (0{,}25x^4 - x^3 + 4x + 2{,}75) : (x + 1) = 0{,}25x^3 - 1{,}25x^2 + 1{,}25x + 2{,}75$
$x_{N_2} = -1 \;\Rightarrow\; (0{,}25x^3 - 1{,}25x^2 + 1{,}25x + 2{,}75) : (x + 1) = 0{,}25x^2 - 1{,}5x + 2{,}75$
$\Rightarrow$ Keine weiteren Nullstellen.

4. a) $f(x) = (x + 1) \cdot (x - 2) \cdot (x - 5)$
$= x^3 - 6x^2 + 3x + 10$

c) $f(x) = (x + 3)^2 \cdot (x - 1) \cdot (x - 4)$
$= x^4 + x^3 - 17x^2 - 21x + 36$

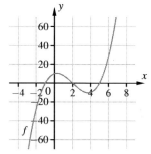

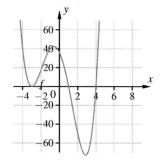

Weitere mögliche Funktionen g_a
mit $a \in \mathbb{R} \backslash \{0;\, 1\}$:
$g_a(x) = a \cdot (x^3 - 6x^2 + 3x + 10)$

Weitere mögliche Funktionen g_a
mit $a \in \mathbb{R} \backslash \{0;\, 1\}$:
$g_a(x) = a \cdot (x^4 + x^3 - 17x^2 - 21x + 36)$

b) $f(x) = x \cdot (x-2) \cdot (x-5) \cdot (x-6)$
$ = x^4 - 13x^3 + 52x^2 - 60x$

d) $f(x) = (x-2)^3 \cdot (x-7)$
$ = x^4 - 13x^3 + 54x^2 - 92x + 56$

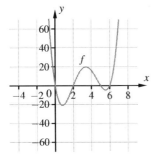

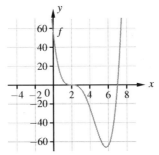

Weitere mögliche Funktionen g_a
mit $a \in \mathbb{R}\backslash\{0; 1\}$:
$g_a(x) = a \cdot (x^4 - 13x^3 + 52x^2 - 60x)$

Weitere mögliche Funktionen g_a
mit $a \in \mathbb{R}\backslash\{0; 1\}$:
$g_a(x) = a \cdot (x^4 - 13x^3 + 54x^2 - 92x + 56)$

5. a) f ist eine Funktion mindestens dritten Grades.

Achsenschnittpunkte: $S_{x1}(-1\,|\,0)$, $S_{x2}(3\,|\,0)$, $S_y(0\,|\,1,5)$.

-1 ist doppelte Nullstelle und 3 ist einfache Nullstelle.

$f_a(x) = a \cdot (x+1)^2 \cdot (x-3), a \in \mathbb{R}\backslash\{0\}$

$f(0) = 1,5 \quad \Rightarrow \quad -3a = 1,5 \quad \Rightarrow \quad a = -0,5 \quad \Rightarrow \quad f(x) = -0,5 \cdot (x+1)^2 \cdot (x-3)$

g ist eine Funktion mindestens dritten Grades.

Achsenschnittpunkte: $S_{x1}(-3\,|\,0)$, $S_{x2}(1\,|\,0)$, $S_{x3}(2\,|\,0)$, $S_y(0\,|\,3)$.

$-3, 1$ und 3 sind einfache Nullstellen.

$g_a(x) = a \cdot (x+3) \cdot (x-1) \cdot (x-2), a \in \mathbb{R}\backslash\{0\}$

$g(0) = 3 \quad \Rightarrow \quad 6a = 3 \quad \Rightarrow \quad a = 0,5 \quad \Rightarrow \quad g(x) = 0,5 \cdot (x+3) \cdot (x-1) \cdot (x-2)$

h ist eine Funktion mindestens vierten Grades.

Achsenschnittpunkte: $S_{x1}(-1\,|\,0)$, $S_{x2}(2\,|\,0)$, $S_y(0\,|-6)$.

-1 und 2 sind jeweils doppelte Nullstellen.

$h_a(x) = a \cdot (x+1)^2 \cdot (x-2)^2, a \in \mathbb{R}\backslash\{0\}$

$h(0) = -6 \quad \Rightarrow \quad 4a = -6 \quad \Rightarrow \quad a = -1,5 \quad \Rightarrow \quad h(x) = 1,5 \cdot (x+1)^2 \cdot (x-2)^2$

b) f ist eine Funktion mindestens fünften Grades.

Achsenschnittpunkte: $S_{x1}(-3\,|\,0)$, $S_{x2}(1\,|\,0)$, $S_y(0\,|\,0,3)$.

-3 ist einfache Nullstelle und 1 ist vierfache Nullstelle.

$f_a(x) = a \cdot (x+3) \cdot (x-1)^4, a \in \mathbb{R}\backslash\{0\}$

$f(0) = 0,3 \quad \Rightarrow \quad 3a = 0,3 \quad \Rightarrow \quad a = 0,1 \quad \Rightarrow \quad f(x) = 0,1 \cdot (x+3) \cdot (x-1)^4$

g ist eine Funktion mindestens fünften Grades.

Achsenschnittpunkte: $S_{x1}(-1\,|\,0)$, $S_{x2}(2\,|\,0)$, $S_{x3}(3\,|\,0)$, $S_y(0\,|-3)$.

-1 ist dreifache Nullstelle und 2 und 3 sind einfache Nullstellen.

$g_a(x) = a \cdot (x+1)^3 \cdot (x-2) \cdot (x-3), a \in \mathbb{R}\backslash\{0\}$

$g(0) = -3 \quad \Rightarrow \quad 6a = -3 \quad \Rightarrow \quad a = -0,5 \quad \Rightarrow \quad g(x) = -0,5 \cdot (x+1)^3 \cdot (x-2) \cdot (x-3)$

h ist eine Funktion mindestens zweiten Grades.

Achsenschnittpunkte: $S_{x1}(-1,5\,|\,0)$, $S_{x2}(1\,|\,0)$, $S_y(0\,|\,4,5)$.

$-1,5$ und 1 sind einfache Nullstellen.

$h_a(x) = a \cdot (x+1,5) \cdot (x-1), a \in \mathbb{R}\backslash\{0\}$

$h(0) = 4,5 \quad \Rightarrow \quad -1,5a = 4,5 \quad \Rightarrow \quad a = -3 \quad \Rightarrow \quad h(x) = -3 \cdot (x+1,5) \cdot (x-1)$

186

6. a) $E(x) = 300x \quad G(x) = -10x^3 + 50x^2 - 120$

b) Gewinnschwelle 2 ME, Gewinngrenze 4,37 ME; die Gewinnschwelle liegt bei genau 2 Rädern; bei 4 Rädern wird noch Gewinn erwirtschaftet, bei 5 Rädern liegt man schon in der Verlustzone.

7. Die Produktion lohnt sich im Intervall [2,79; 10], da sich dort die Gewinnzone befindet und der ökonomische Definitionsbereich $D_{\text{ök}} = [0;\ 17,5]$ ist.

3.3.3   Verhalten im Unendlichen, Extrempunkte und Wendepunkte

190

1. a) $x \to -\infty \Rightarrow f(x) \to -\infty \qquad x \to +\infty \Rightarrow f(x) \to +\infty$

b) $x \to -\infty \Rightarrow f(x) \to +\infty \qquad x \to +\infty \Rightarrow f(x) \to -\infty$

c) $x \to -\infty \Rightarrow f(x) \to +\infty \qquad x \to +\infty \Rightarrow f(x) \to -\infty$

d) $x \to -\infty \Rightarrow f(x) \to -\infty \qquad x \to +\infty \Rightarrow f(x) \to +\infty$

2. Die Angabe der Koordinaten ist z. T. gerundet.

a) f:

Der Graph von f hat die Achsenschnittpunkte $S_{x1}(-3 \mid 0)$, $S_{x2}(-1 \mid 0)$, $S_{x3}(2 \mid 0)$ und $S_y(0 \mid 6)$, die Extrempunkte $T(-2,1 \mid -4,1)$ und $H(0,8 \mid 8,2)$ sowie den Wendepunkt $W(-0,7 \mid 2,1)$. Der Graph fällt bis zum Tiefpunkt T, steigt dann bis zum Hochpunkt H und fällt danach wieder. Bis zum Wendepunkt W ist der Graph linksgekrümmt, danach rechtsgekrümmt. Zwischen je zwei aufeinanderfolgenden Nullstellen existiert ein Extrempunkt und zwischen zwei aufeinanderfolgenden Extremstellen ein Wendepunkt. Der Graph ist weder symmetrisch zur y-Achse noch punktsymmetrisch zum Koordinatenursprung. Der Grad der Funktion muss ungerade und mindestens 3 sein. Die Funktionsgleichung könnte lauten: $f(x) = -(x+3)(x+1)(x-2) = -x^3 - 2x^2 + 5x + 6$

g:

Der Graph von g hat die Achsenschnittpunkte $S_{x1}(-2 \mid 0)$, $S_{x2}(1 \mid 0)$, $S_{x3}(3 \mid 0)$ und $S_y(0 \mid 3)$, die Extrempunkte $H(-0,8 \mid 4,1)$ und $T(2,1 \mid -2)$ sowie den Wendepunkt $W(0,7 \mid 1)$. Der Graph steigt bis zum Hochpunkt H, fällt dann bis zum Tiefpunkt T und steigt danach wieder. Bis zum Wendepunkt W ist der Graph rechtsgekrümmt, danach linksgekrümmt. Zwischen je zwei aufeinanderfolgenden Nullstellen existiert ein Extrempunkt und zwischen zwei aufeinanderfolgenden Extremstellen ein Wendepunkt. Der Graph ist weder symmetrisch zur y-Achse noch punktsymmetrisch zum Koordinatenursprung. Der Grad der Funktion muss ungerade und mindestens 3 sein. Die Funktionsgleichung könnte lauten: $g(x) = 0,5 \cdot (x+2)(x-1)(x-3) = 0,5x^3 - x^2 - 2,5x + 3$

h:

Der Graph von h hat die Achsenschnittpunkte $S_{x1}(-2 \mid 0)$, $S_{x2}(3 \mid 0)$ und $S_y(0 \mid 6)$, die Extrempunkte $T(-2 \mid 0)$ und $H(1,3 \mid 9,3)$ sowie den Wendepunkt $W(-0,3 \mid 4,6)$. Der Graph fällt bis zum Tiefpunkt T, steigt dann bis zum Hochpunkt H und fällt danach wieder. Bis zum Wendepunkt W ist der Graph linksgekrümmt, danach rechtsgekrümmt. Zwischen zwei aufeinanderfolgenden Nullstellen existiert ein Extrempunkt und zwischen zwei aufeinanderfolgenden Extremstellen ein Wendepunkt. Der Graph ist weder symmetrisch zur y-Achse noch punktsymmetrisch zum Koordinatenursprung. Der Grad der Funktion muss ungerade und mindestens 3 sein. Die Funktionsgleichung könnte lauten: $h(x) = -0,5(x+2)^2(x-3) = -0,5x^3 - 0,5x^2 + 4x + 6$

b) f:

Der Graph von f hat die Achsenschnittpunkte $S_x(1 \mid 0)$ und $S_y(0 \mid -0,25)$, keine Extrempunkte sowie den Wendepunkt $W(1 \mid 0)$. Der Graph steigt in seinem gesamten Definitionsbereich. Bis zum Wendepunkt ist der Graph rechtsgekrümmt, danach linksgekrümmt. Der Graph ist weder symmetrisch zur y-Achse noch punktsymmetrisch zum Koordinatenursprung. Der Grad der Funktion muss ungerade und mindestens 3 sein. Die Funktionsgleichung könnte lauten:

$f(x) = 0,25 \cdot (x-1)^3 = 0,25x^3 - 0,75x^2 + 0,75x - 0,25$

g:

Der Graph von g hat die Achsenschnittpunkte $S_{x1}(-2 \mid 0)$, $S_{x2}(0 \mid 0)$, $S_{x3}(3 \mid 0)$ und $S_y(0 \mid 0)$, die Extrempunkte $T(-1,1 \mid -4,1)$ und $H(1,8 \mid 8,2)$ sowie den Wendepunkt $W(0,3 \mid 2,1)$. Der Graph fällt bis zum Tiefpunkt T, steigt dann bis zum Hochpunkt H und fällt danach wieder. Bis zum Wendepunkt W ist der Graph linksgekrümmt, danach rechtsgekrümmt. Zwischen je zwei aufeinanderfolgenden Nullstellen existiert ein Extrempunkt und zwischen je zwei aufeinanderfolgenden Extremstellen ein Wendepunkt. Der Graph ist weder symmetrisch zur y-Achse noch punktsymmetrisch zum Koordinatenursprung. Der Grad der Funktion muss ungerade und mindestens 3 sein. Die Funktionsgleichung könnte lauten: $g(x) = -x \cdot (x+2) \cdot (x-3) = -x^3 + x^2 + 6x$

h:

Der Graph von h hat die Achsenschnittpunkte $S_{x1}(-2 \mid 0)$, $S_{x2}(-1 \mid 0)$, $S_{x3}(1 \mid 0)$, $S_{x4}(3 \mid 0)$ und $S_y(0 \mid -3)$, die Extrempunkte $H_1(-1,6 \mid 3,7)$, $T_1(-0,3 \mid -3,3)$, $H_2(1 \mid 0)$ und $T_2(2,5 \mid -8,9)$ sowie die Wendepunkte $W_1(-1,1 \mid 0,8)$, $W_2(0,4 \mid -1,7)$ und $W_3(1,9 \mid -5,2)$. Der Graph steigt bis zum Hochpunkt H_1, fällt dann bis zum Tiefpunkt T_1, steigt wieder bis zum Hochpunkt H_2, fällt aufs Neue bis zum Tiefpunkt T_2 und steigt danach wieder. Bis zum Wendepunkt W_1 ist der Graph rechtsgekrümmt, danach linksgekrümmt bis zum Wendepunkt W_2, dann wieder rechtsgekrümmt bis zum Wendepunkt W_3 und anschließend wieder linksgekrümmt. Zwischen je zwei aufeinanderfolgenden Nullstellen existiert ein Extrempunkt und zwischen je zwei aufeinanderfolgenden Extremstellen ein Wendepunkt. Der Graph ist weder symmetrisch zur y–Achse noch symmetrisch zum Koordinatenursprung. Der Grad der Funktion muss ungerade und mindestens 5 sein. Die Funktionsgleichung könnte lauten: $h(x) = 0,5 \cdot (x+2) \cdot (x+1) \cdot (x-1)^2 \cdot (x-3) = 0,5x^5 - x^4 - 3x^3 + 4x^2 + 2,5x - 3$

	Funktion	Anzahl der Nullstellen		Anzahl der	Anzahl der
		mehrfache zusammengefasst	einzeln gezählt	Extrempunkte	Wendepunkte
a)	f	3	3	2	1
	g	3	3	2	1
	h	2	3	2	1
b)	f	1	3	0	1
	g	3	3	2	1
	h	4	5	4	3

190

3. a) $D_{\text{ök}} = [0;\ 17{,}5]$ $E(x) = -0{,}16x^2 + 2{,}8x$

b) Siehe rechte Zeichnung.

c) Der Graph der Preis-Absatz-Funktion p_N ist eine fallende Gerade mit dem Höchstpreis von 2,8 GE/ME und der Sättigungsmenge 17,5 ME.
Der Graph der Erlösfunktion E ist eine nach unten geöffnete Parabel, deren Hochpunkt $H(8{,}75\mid 12{,}25)$ ist. Die Parabel steigt bis zum Hochpunkt und fällt dann bis zu ihrem Schnittpunkt mit der x-Achse $(17{,}5\mid 0)$.
Die Parabel ist rechtsgekrümmt.
Der Graph der Kostenfunktion K steigt progressiv (linksgekrümmt) an. Die Kosten liegen an jeder Stelle über den Erlösen, d. h., dass das Unternehmen nur mit Verlust arbeitet, z. B.:
$E(10) = 12$ $K(10) = 66$ $\Rightarrow G(10) = -54$
$E(15) = 6$ $K(15) = 168{,}5 \Rightarrow G(15) = -162{,}5$

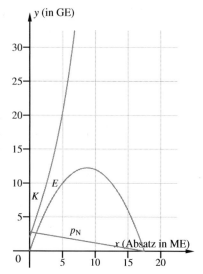

4. a) Siehe rechte Zeichnung.

b) Der Pkw legt innerhalb von 10 Minuten eine Strecke von 25 km zurück, erst mit zunehmender, dann mit abnehmender Geschwindigkeit.

c) $f(7) = 19{,}6$
Nach 7 Minuten wurde eine Strecke von 19,6 km zurückgelegt.

d) Nach 5 Minuten wurde eine Strecke von 12,5 km zurückgelegt.

e) Die Linkskrümmung des Graphen bis zum Wendepunkt $W(5\mid 12{,}5)$ bedeutet, dass der Wagen in den ersten 5 Minuten mit größer werdender Geschwindigkeit fährt. Nach 5 Minuten wird er langsamer und erreicht nach 10 Minuten die Geschwindigkeit $0\ \frac{\text{km}}{\text{h}}$.

f) Der Wagen fährt rückwärts bzw. zurück.

g) $D = [0;\ 10]$. Der Wagen hat nach 10 Minuten eine Geschwindigkeit von $0\ \frac{\text{km}}{\text{h}}$ erreicht, er steht still.

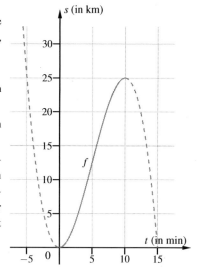

3.3.4   Bestimmung von Funktionsgleichungen ganzrationaler Funktionen

1. *Hinweis*: Fehler im 1. Druck der 1. Auflage. Richtige Koordinaten jeweils angegeben.

192

   a) $x^3 + x^2 - 10x + 8$

   b) $x^3 - 12x^2 + 45x - 50$

   c) $x^3 - 3x^2 - 9x - 5$

   d) $x^3 - 2x^2 - 2{,}75x + 3{,}75$

   e) $A(-4 \mid 14)\ B(-1 \mid 8)$
   $\ C(0 \mid 18)\quad D(2 \mid 20)$
   $\ -x^3 - 2x^2 + 9x + 18$

   f) $A(-2 \mid 0)\ B(-1 \mid 4)$
   $\ C(0 \mid 6)\quad D(2 \mid -20)$
   $\ -x^3 - 4x^2 - x + 6$

   g) $A(-4 \mid -2{,}5)\ B(-1 \mid -4)$
   $\ C(0 \mid -4{,}5)\quad D(2 \mid 12{,}5)$
   $\ 0{,}5x^3 + 2{,}5x^2 + 1{,}5x - 4{,}5$

   h) $A(-3 \mid -24)\ B(-2 \mid 0)$
   $\ C(2 \mid -4)\quad D(4 \mid 18)$
   $\ x^3 - 2x^2 - 5x + 6$

2. $K(0) = 24\quad K(2) = 40\quad K(3) = 42\quad K(5) = 94\quad \Rightarrow\quad K(x) = 2x^3 - 12x^2 + 24x + 24$

3. $K(x) = ax^3 + bx^2 + cx + d\ \Rightarrow\ k(x) = \frac{K(x)}{x} = ax^2 + bx + c + \frac{d}{x}\ \Rightarrow\ k_v(x) = \frac{K_v(x)}{x} = ax^2 + bx + c$
   $K(2) = 56\,724\qquad\qquad k(6) = 10\,198\qquad\qquad k_v(5) = 1237{,}5$
   $K(4) = 59\,112$
   $\Rightarrow K(x) = 0{,}5x^3 - 45x^2 + 1450x + 54\,000$

4. **a)** $K(x) = 5x^3 - 50x^2 + 215x + 360\quad G(x) = -5x^3 + 32{,}5x^2 + 135x - 360$
   $\Rightarrow E(x) = G(x) + K(x) = -17{,}5x^2 + 350x$

   b) $G(x_N) = 0 \Rightarrow x_{N_1} = 2\quad x_{N_2} \approx 8{,}66\quad x_{N_3} \approx -4{,}16\ (\notin D_{\ddot{o}k})$
   $\Rightarrow$ Gewinnschwelle: 2 ME
   Gewinngrenze: 8,66 ME

5. **a)** $K(x) = ax^3 + bx^2 + cx + d \Rightarrow k(x) = \frac{K(x)}{x} = ax^2 + bx + c + \frac{d}{x} \Rightarrow k_v(x) = \frac{K_v(x)}{x} = ax^2 + bx + c$
   $K(2) = 126\qquad\qquad\qquad\qquad k_v(6) = 19$
   $K(5) = 162\qquad\qquad\qquad\qquad k_v(7) = 22$
   $\Rightarrow K(x) = x^3 - 10x^2 + 43x + 72$

   b) $k_v(x) = x^2 - 10x + 43$

   c) $k_v(x) = (x - 5)^2 + 18\quad \Rightarrow\quad$ Betriebsminimum: **5 ME**

   d) Kurzfristige Preisuntergrenze: **18 GE/ME**

   e) $G(x) = -x^3 + 6{,}5x^2 + 27x - 72$

   f) $G(x_N) = 0 \Rightarrow x_{N_1} = 2\quad x_{N_2} \approx 8{,}66\quad x_{N_3} \approx -4{,}16\ (\notin D_{\ddot{o}k})$
   $\Rightarrow$ Gewinnschwelle: **2 ME**
   Gewinngrenze: 8,66 ME

   g) $E(x) = G(x) + K(x) = -3{,}5x^2 + 70x$

Übungen zu 3.3

193

1. Der Graph von f ist punktsymmetrisch zum Koordinatenursprung, weil f eine ungerade Funktion ist - alle Exponenten von x sind ungerade und das Absolutglied ist null.
   Der Graph von g ist achsensymmetrisch zur y-Achse, weil g eine gerade Funktion ist - alle Exponenten von x sind gerade.

2. **a)** $S_{x1}(-2\,|\,0)$ $S_{x2}(1\,|\,0)$ $S_{x3}(3\,|\,0)$
   -2 und 1 sind einfache Nullstellen, 3 ist doppelte Nullstelle.

   b) $S_{x1}(-1\,|\,0)$ $S_{x2}(0\,|\,0)$ $S_{x3}(3\,|\,0)$ $S_{x4}(5\,|\,0)$
   -1 und 5 sind einfache Nullstellen, 0 ist dreifache Nullstelle und 3 ist vierfache Nullstelle.

   c) $S_{x1}(-5\,|\,0)$ $S_{x2}(-1\,|\,0)$ $S_{x3}(5\,|\,0)$
   -1 und 5 sind einfache Nullstellen, -5 ist sechsfache Nullstelle.

   d) $S_{x1}(-0{,}1\,|\,0)$ $S_{x2}(0\,|\,0)$ $S_{x3}(0{,}1\,|\,0)$ $S_{x4}(4\,|\,0)$
   $-0{,}1;\ 0$ und 4 sind einfache Nullstellen und $0{,}1$ ist doppelte Nullstelle.

3. **a)** $x_{N_1}=1$ $\Rightarrow$ $(x^3-3x^2-x+3):(x-1)=x^2-2x-3$
   $\Rightarrow x_{N_2}=3$ $x_{N_3}=-1$
   $\Rightarrow f(x)=-(x-1)\cdot(x-3)\cdot(x+1)$

   b) $-2x_N^2\cdot(x_N^2-3x_N-4)=0$
   $\Rightarrow x_{N_1}=0$ (doppelt) $x_{N_2}=4$ $x_{N_3}=-1$
   $\Rightarrow f(x)=-2x^2\cdot(x-4)\cdot(x+1)$

   c) $x_{N_1}=2$ $\Rightarrow$ $(x^3+4x^2-3x-18):(x-2)=x^2+6x+9$
   $\Rightarrow x_{N_2}=-3$ (doppelt)
   $\Rightarrow f(x)=(x-2)\cdot(x+3)^2$

   d) $x^2=z:$ $-x^6-3x^4+4=-(z^3+3z^2-4)$
   $z_{N_1}=1$ $\Rightarrow$ $(z^3+3z^2-4):(z-1)=z^2+4z+4$
   $\Rightarrow z_{N_2}=-2$ (doppelt)
   $\Rightarrow x_{N_1}=-1$ $x_{N_2}=1$
   $\Rightarrow f(x)=-(x-1)\cdot(x+1)\cdot(x^4+4)$
   $\Rightarrow f$ lässt sich nicht in Linearform angeben.

   e) $x^2=z:$ $2x^4+2x^2-12=2\cdot(z^2+z-6)$
   $(z_N^2+z_N-6)=0$ $\Rightarrow$ $z_{N_1}=2$ $z_{N_2}=-3$
   $\Rightarrow x_{N_1}=-\sqrt{2}$ $x_{N_2}=\sqrt{2}$
   $\Rightarrow f(x)=2\cdot(x-\sqrt{2})\cdot(x+\sqrt{2})\cdot(x^2+3)$
   $\Rightarrow f$ lässt sich nicht in Linearform angeben.

4. Die Angabe der Koordinaten erfolgt z. T. gerundet.

a) f:

Der Graph ist punktsymmetrisch zum Koordinatenursprung.

$x \to -\infty \;\Rightarrow\; f(x) \to +\infty \qquad x \to +\infty \;\Rightarrow\; f(x) \to -\infty$

Der Graph von f hat die Achsenschnittpunkte $S_{x1}(-2\mid 0)$, $S_{x2}(0\mid 0)$, $S_{x3}(2\mid 0)$ und $S_y(0\mid 0)$, die Extrempunkte $T(-1{,}2\mid -6{,}2)$ und $H(1{,}2\mid 6{,}2)$, sowie den Wendepunkt $W(0\mid 0)$. Der Graph fällt bis zum Tiefpunkt T, steigt dann bis zum Hochpunkt H und fällt danach wieder. Bis zum Wendepunkt W (im Koordinatenursprung) ist der Graph linksgekrümmt, danach rechtsgekrümmt. Zwischen je zwei aufeinanderfolgenden Nullstellen existiert ein Extrempunkt und zwischen den beiden Extremstellen der Wendepunkt. Es gibt drei Nullstellen, zwei Extrempunkte und einen Wendepunkt - die Anzahlen verringern sich jeweils um 1.

g:

Der Graph ist weder achsensymmetrisch zur y-Achse noch punktsymmetrisch zum Koordinatenursprung.

$x \to -\infty \;\Rightarrow\; f(x) \to -\infty \qquad x \to +\infty \;\Rightarrow\; f(x) \to +\infty$

Der Graph von g hat die Achsenschnittpunkte $S_{x1}(-3\mid 0)$, $S_{x2}(-1\mid 0)$, $S_{x3}(3\mid 0)$ und $S_y(0\mid -4{,}5)$, die Extrempunkte $H(-2{,}1\mid 2{,}5)$ und $T(1{,}4\mid -8{,}5)$ sowie den Wendepunkt $W(-0{,}3\mid -3)$. Der Graph steigt bis zum Hochpunkt H, fällt dann bis zum Tiefpunkt T und steigt danach wieder. Zwischen je zwei aufeinanderfolgenden Nullstellen existiert ein Extrempunkt und zwischen den beiden Extremstellen der Wendepunkt. Es gibt drei Nullstellen, zwei Extrempunkte und einen Wendepunkt - die Anzahlen verringern sich jeweils um 1.

b) f:

Der Graph ist weder achsensymmetrisch zur y-Achse noch punktsymmetrisch zum Koordinatenursprung.

$x \to -\infty \;\Rightarrow\; f(x) \to -\infty \qquad x \to +\infty \;\Rightarrow\; f(x) \to -\infty$

Der Graph von f hat die Achsenschnittpunkte $S_{x1}(-2\mid 0)$, $S_{x2}(-1\mid 0)$, $S_{x3}(1\mid 0)$, $S_{x4}(3\mid 0)$ und $S_y(0\mid -3)$, die Extrempunkte $H_1(-1{,}6\mid 1{,}4)$, $T(-0{,}1\mid -3)$ und $H_2(2{,}3\mid 6{,}5)$ sowie die Wendepunkte $W_1(-0{,}9\mid -0{,}6)$, $W_2(1{,}4\mid 2{,}3)$. Der Graph steigt bis zum Hochpunkt H_1, fällt dann bis zum Tiefpunkt T, steigt wieder bis zum Hochpunkt H_2, fällt danach aufs Neue. Bis zum Wendepunkt W_1 ist der Graph rechtsgekrümmt, danach linksgekrümmt bis zum Wendepunkt W_2, dann wieder rechtsgekrümmt. Zwischen je zwei aufeinanderfolgenden Nullstellen existiert ein Extrempunkt und zwischen je zwei aufeinanderfolgenden Extremstellen ein Wendepunkt. Es gibt vier Nullstellen, drei Extrempunkte und zwei Wendepunkte - die Anzahlen verringern sich jeweils um 1.

g:

Der Graph ist punktsymmetrisch zum Koordinatenursprung.

$x \to -\infty \;\Rightarrow\; f(x) \to -\infty \qquad x \to +\infty \;\Rightarrow\; f(x) \to +\infty$

Der Graph von g hat die Achsenschnittpunkte $S_{x1}(-3\mid 0)$, $S_{x2}(-1\mid 0)$, $S_{x3}(0\mid 0)$, $S_{x4}(1\mid 0)$, $S_{x5}(3\mid 0)$ und $S_y(0\mid 0)$, die Extrempunkte $H_1(-2{,}4\mid 9{,}3)$, $T_1(-0{,}5\mid -0{,}8)$, $H_2(0{,}6\mid 0{,}8)$ und $T_2(2{,}4\mid -9{,}3)$ sowie die Wendepunkte $W_1(-1{,}7\mid 5{,}2)$, $W_2(0\mid 0)$, $W_3(1{,}7\mid -5{,}2)$. Der Graph steigt bis zum Hochpunkt H_1, fällt dann bis zum Tiefpunkt T_1, steigt wieder bis zum Hochpunkt H_2, fällt wieder bis zum Tiefpunkt T_2 und steigt aufs Neue. Bis zum Wendepunkt W_1 ist der Graph rechtsgekrümmt, danach linksgekrümmt bis zum Wendepunkt W_2, dann wieder rechtsgekrümmt bis zum Wendepunkt W_3 und dann wieder linksgekrümmt. Zwischen je zwei aufeinanderfolgenden Nullstellen existiert ein Extrempunkt und zwischen je zwei aufeinanderfolgenden Extremstellen ein Wendepunkt. Es gibt fünf Nullstellen, vier Extrempunkte und drei Wendepunkte - die Anzahlen verringern sich jeweils um 1.

193

5. a) grüner Graph

b)

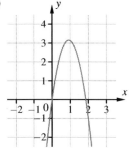

d)

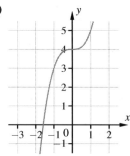

c) schwarzer Graph

e) blauer Graph

6. a) $S_y(0\,|\,0)$ $x_{N_1}=0$ $x_{N_2}=4$ (doppelt)

$f(x)=x\cdot(x-4)^2=x^3-8x^2+16x$

Keine Symmetrie; wegen $f(x)\to-\infty$ für $x\to-\infty$ steigt der Graph von f zunächst von links nach rechts bis zu seinem höchsten Punkt zwischen den Nullstellen 0 und 4, muss dann bis zu seinem tiefsten Punkt $((4\,|\,2)$; doppelte Nullstelle) fallen und schließlich wegen $f(x)\to\infty$ für $x\to\infty$ nur noch steigen.

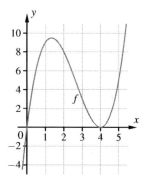

b) $S_y(0\,|\,6)$ $x_{N_1}=-2$ $x_{N_2}=1$ $x_{N_3}=3$

$f(x)=(x+2)\cdot(x-1)\cdot(x-3)=x^3-2x^2-5x+6$

Keine Symmetrie; wegen $f(x)\to-\infty$ für $x\to-\infty$ steigt der Graph von f zunächst von links nach rechts bis zu seinem höchsten Punkt zwischen den Nullstellen -2 und 1, muss dann bis zu seinem tiefsten Punkt zwischen den Nullstellen 1 und 3 fallen und schließlich wegen $f(x)\to\infty$ für $x\to\infty$ nur noch steigen.

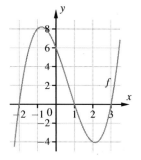

c) $S_y(0\,|\,4)$ $x_{N_1} = \mathbf{1}$ $x_{N_2} = \mathbf{2}$ (doppelt)

$f(x) = -(x-1)\cdot(x-2)^2 = -x^3 + 5x^2 - 8x + 4$

Keine Symmetrie; wegen $f(x) \to \infty$ für $x \to -\infty$ fällt
der Graph von f zunächst von links nach rechts bis
zu seinem tiefsten Punkt zwischen den Nullstellen
1 und 2, muss dann bis zu seinem höchsten Punkt
$((2\,|\,0)$; doppelte Nullstelle) steigen und schließlich wegen $f(x) \to -\infty$ für $x \to \infty$ nur noch fallen.

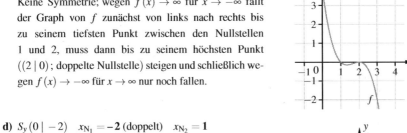

d) $S_y(0\,|-2)$ $x_{N_1} = \mathbf{-2}$ (doppelt) $x_{N_2} = \mathbf{1}$

$f(x) = 0.5\cdot(x+2)^2\cdot(x-1) = 0.5x^3 + 1.5x^2 - 2$

Keine Symmetrie; wegen $f(x) \to -\infty$ für $x \to -\infty$ steigt
der Graph von f zunächst von links nach rechts bis zu
seinem höchsten Punkt $((-2\,|\,0)$; doppelte Nullstelle),
muss dann bis zu seinem tiefsten Punkt zwischen den
Nullstellen -2 und 1 fallen und schließlich wegen
$f(x) \to \infty$ für $x \to \infty$ nur noch steigen.

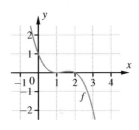

e) $S_y(0\,|\,1)$ $x_{N_1} = \mathbf{1}$ (doppelt) $x_{N_2} = \mathbf{2}$

$f(x) = -0.5\cdot(x-1)^2\cdot(x-2) = -0.5x^3 + 2x^2 - 2.5x + 1$

Keine Symmetrie; wegen $f(x) \to \infty$ für $x \to -\infty$ fällt
der Graph von f zunächst von links nach rechts bis
zu seinem tiefsten Punkt $((1\,|\,0)$; doppelte Nullstelle),
muss dann bis zu seinem höchsten Punkt zwischen
den Nullstellen 1 und 2 steigen und schließlich wegen
$f(x) \to -\infty$ für $x \to \infty$ nur noch fallen.

f) $S_y(0\,|-3)$ $x_{N_1} = \mathbf{1}$ (doppelt) $x_{N_2} = \mathbf{3}$

$f(x) = (x-1)^2\cdot(x-3) = x^3 - 5x^2 + 7x - 3$

Keine Symmetrie; wegen $f(x) \to -\infty$ für $x \to -\infty$ steigt
der Graph von f zunächst von links nach rechts bis
zu seinem höchsten Punkt $((1\,|\,0)$; doppelte Nullstelle),
muss dann bis zu seinem höchsten Punkt zwischen
den Nullstellen 1 und 3 fallen und schließlich wegen
$f(x) \to \infty$ für $x \to \infty$ nur noch steigen.

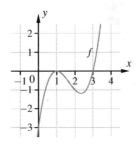

193

g) $S_y(0\,|\,0)$ $x_{N_1} = \mathbf{0}$ (doppelt) $x_{N_2} = \mathbf{3}$ (doppelt)

$f(x) = x^2 \cdot (x-3)^2 = x^4 - 6x^3 + 9x^2$

Keine Symmetrie; wegen $f(x) \to \infty$ für $x \to -\infty$ fällt der Graph von f zunächst von links nach rechts bis zu seinem ersten Tiefpunkt $((0\,|\,0);$ doppelte Nullstelle), muss dann bis zu seinem höchsten Punkt zwischen den Nullstellen 0 und 3 steigen, dann bis zu seinem anderen Tiefpunkt $((3\,|\,0);$ doppelte Nullstelle) wieder fallen und schließlich wegen $f(x) \to \infty$ für $x \to \infty$ nur noch steigen.

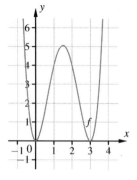

h) $S_y(0\,|\,4)$ $x_{N_1} = \mathbf{-2}$ $x_{N_2} = \mathbf{-1}$ $x_{N_3} = \mathbf{1}$ $x_{N_4} = \mathbf{2}$

$f(x) = (x+2) \cdot (x+1) \cdot (x-1) \cdot (x-2) = x^4 - 5x^2 + 4$

Achsensymmetrie zur y-Achse; wegen $f(x) \to \infty$ für $x \to -\infty$ fällt der Graph von f zunächst von links nach rechts bis zu seinem ersten Tiefpunkt zwischen den Nullstellen -2 und -1, muss dann bis zu seinem höchsten Punkt zwischen den Nullstellen -1 und 1 steigen, dann bis zu seinem anderen Tiefpunkt zwischen den Nullstellen 1 und 2 wieder fallen und schließlich wegen $f(x) \to \infty$ für $x \to \infty$ nur noch steigen.

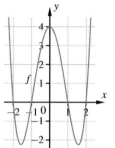

i) $S_y(0\,|\,6)$ $x_{N_1} = \mathbf{-3}$ $x_{N_2} = \mathbf{-2}$ $x_{N_3} = \mathbf{1}$ $x_{N_4} = \mathbf{2}$

$f(x) = 0{,}5 \cdot (x+3) \cdot (x+2) \cdot (x-1) \cdot (x-2)$
$ = 0{,}5x^4 + x^3 - 3{,}5x^2 - 4x + 6$

Keine Symmetrie; wegen $f(x) \to \infty$ für $x \to -\infty$ fällt der Graph von f zunächst von links nach rechts bis zu seinem ersten Tiefpunkt zwischen den Nullstellen -3 und -2, muss dann bis zu seinem höchsten Punkt zwischen den Nullstellen -2 und 1 steigen, dann bis zu seinem anderen Tiefpunkt zwischen den Nullstellen 1 und 2 wieder fallen und schließlich wegen $f(x) \to \infty$ für $x \to \infty$ nur noch steigen.

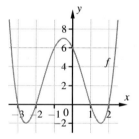

7. a) $x^3 - x^2 - 9x + 9$

b) $-0{,}5x^3 + x^2 + 0{,}5x - 1$

c) $0{,}25x^3 - 0{,}5x^2 - 2{,}75x + 3$

d) $-0{,}1875x^3 - 0{,}375x^2 + 2{,}8125x - 2{,}25$

194

8. a) Der Infekt dauert 36 Stunden.

b) $f(10) = 5200 \quad f(15) = 9450 \quad f(30) = 10\,800$

c) $f(20) = 12\,800$

d) Der stärkste Anstieg ist nach 12 Stunden. Bis $t = 12$ (Wendestelle) verläuft der Graph progressiv, danach degressiv.

e) Die Anzahl der Krankheitserreger steigt von 0 zum Zeitpunkt 0 progressiv (Linkskrümmung des Graphen) auf 6912 Erreger nach 12 Stunden an. In diesem Zeitpunkt (Wendestelle des Graphen) erhält der Patient das Medikament. Dadurch verlangsamt sich die Zunahme der Krankheitserreger (degressive Steigung, Rechtskrümmung des Graphen), bis nach 24 Stunden ihre Anzahl den höchsten Wert mit 13 824 Erregern erreicht hat. In den nächsten 12 Stunden sinkt dann die Anzahl der Erreger auf 0.

9. a) $E(t_N) = 0 \quad \Leftrightarrow \quad -t_N \cdot (t_N^2 - 7t_N - 8) = 0$

$\Rightarrow t_{N_1} = -1 \ (\notin D_E) \quad t_{N_2} = 0 \quad t_{N_3} = 8$

$\Rightarrow$ Erlösschwelle: $t = 0$ Erlösgrenze: $t = 8$

b) Der Erlös steigt ab Verkaufsbeginn Anfang September zuerst progressiv an (Linkskrümmung des Graphen) bis etwa zum 10. November (Wendestelle des Graphen bei $t = \frac{7}{3}$). Ab dem 10. November schwächt sich die Zunahme des Erlöses ab (degressive Steigung, Rechtskrümmung des Graphen), bis Anfang Februar der höchste Erlös von etwas über 90 GE erreicht wird. In der Folgezeit sinkt der Erlös (negative Steigung des Graphen). Ende April (nach acht Monaten) findet kein Verkauf mehr statt (Nullstelle).

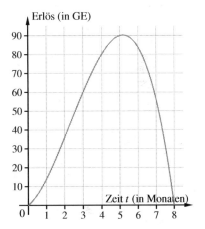

10. $p_N(x) = -4x + 32 \quad E(x) = -4x^2 + 32x \quad G(x) = -x^3 + 2x^2 + 16x - 32 \quad k_v(x) = x^2 - 6x + 16$

194

11. a) $K(x) = 0{,}5x^3 - 60x^2 + 2500x + 30\,000$

$p_N(x) = -37{,}5x + 3750 \quad \Rightarrow \quad E(x) = -37{,}5x^2 + 3750x$

b) Der Graph der Kostenfunktion K schneidet die y-Achse in Höhe der Fixkosten (30 000 €) und steigt von dort aus degressiv (Rechtskrümmung) bis zu ihrem Wendepunkt W (40 Stück | 66 000 €) und dann weiter progressiv an.

Der Graph der Erlösfunktion E ist eine nach unten geöffnete Parabel. Die Nullstellen liegen bei 0 und 100. Die Erlöse steigen von 0 € bis zum Erlösmaximum an. Die größten Erlöse in Höhe von 93 750 € werden bei einem Absatz von 50 Kühlgeräten erreicht. Werden mehr als 50 Geräte verkauft, sinken die Erlöse bis auf 0 € bei einem Verkauf von 100 Geräten (Sättigungsmenge).

Bei 20 Kühlgeräten ist der Break-even-Punkt erreicht (beim ersten Schnittpunkt der Graphen von E und K).

Die Gewinnzone reicht bis zu 68 Geräten. Bei 69 Geräten wird bereits ein Verlust erwirtschaftet (2. Schnittstelle bei ca. 68,68). Der höchste Gewinn stellt sich bei 48 Geräten mit 26 544 € ein (größte Differenz zwischen den y–Werten der Graphen von E und K in der Gewinnzone).

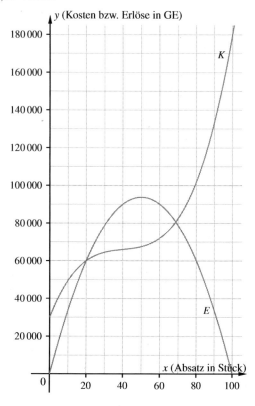

c) $G(x) = E(x) - K(x) = -0{,}5x^3 + 22{,}5x^2 + 1250x - 30\,000$

$G(x_N) = 0 \quad \Rightarrow \quad x_{N_1} = 20 \quad x_{N_2} \approx 68{,}68 \quad x_{N_3} \approx -43{,}68 \ (\notin D_{\text{ök}})$

Gewinnschwelle: 20 Kühlgeräte   Gewinngrenze: 68 Kühlgeräte

12. a) Funktionsterm von p_N: $-7x+49$ $D_{ök} = [0;\,7]$

194

  b) $E(x) = -7x^2 + 49x$
   $G(x) = E(x) - K(x) = -x^3 - x^2 + 34x - 32$
   $G(x_N) = 0$ $\Rightarrow$ $x_{N_1} = 1$ $x_{N_2} \approx 4{,}74$ $x_{N_3} \approx -6{,}74$ $(\notin D_{ök})$
   Die Gewinngrenze liegt bei 474 Karaffen.

  c) $k_v(x) = x^2 - 6x + 15 = (x-3)^2 + 6$ $\Rightarrow$ $S(3\,|\,6)$
   Im Betriebsminimum entstehen bei der Produktion von 300 Karaffen die geringsten variablen
   Stückkosten in Höhe von $6\,€$.

  d) Der Graph der Kostenfunktion K schneidet die y-Achse in Höhe der Fixkosten ($3200\,€$) und steigt von dort aus degressiv (Rechtskrümmung) bis zu ihrem Wendepunkt $W\,(200\text{ Stück}\,|\,4600\,€)$ und dann weiter progressiv an.
   Der Graph der Erlösfunktion E ist eine nach unten geöffnete Parabel mit den Nullstellen 0 und 7. Die Erlöse steigen von $0\,€$ bis zum Erlösmaximum an. Die größten Erlöse in Höhe von $8575\,€$ werden bei einem Absatz von 350 Karaffen erreicht. Werden mehr als 350 Stück verkauft, sinken die Erlöse bis auf $0\,€$ bei einem Verkauf von 700 Stück (Sättigungsmenge).
   Der Graph der Gewinnfunktion G beginnt auf der y-Achse bei $-3200\,€$, einem Verlust, der durch die Fixkosten entsteht, wenn noch kein Erlös erzielt wird. Der Gewinn steigt monoton über den Break even-Punkt (100 Karaffen) hinaus, bis er beim Verkauf von 305 Karaffen mit $3402\,€$ am höchsten ist. Von dort fällt er auf $0\,€$ bei einem Verkauf von 474 Karaffen. Ab 475 Karaffen wird ein Verlust erwirtschaftet.
   Der Graph der Preis-Absatz-Funktion p_N ist eine fallende Gerade, die beim Höchstpreis von $49\,€$ pro Karaffe auf der y-Achse beginnt und auf der x-Achse bei der Sättigungsmenge von 700 Karaffen endet.

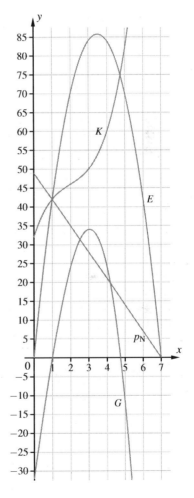

195

13. **a)** $K(x) = 0{,}001x^3 - 0{,}1x^2 + 5x + 80$
$E(x) = 4{,}6x$
$G(x) = -0{,}001x^3 + 0{,}1x^2 - 0{,}4x - 80$

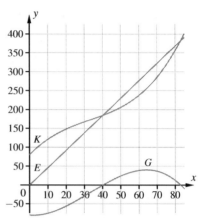

b) Der Graph der Kostenfunktion K schneidet die y-Achse in Höhe der Fixkosten (80 €) und steigt von dort aus degressiv (Rechtskrümmung) bis zu ihrem Wendepunkt W (ca. 33 Stück | ca. 172 €) und dann weiter progressiv an.

Der Graph der Erlösfunktion E ist eine Ursprungsgerade mit positiver Steigung, wobei der Steigungsfaktor dem Stückpreis (4,60 €) entspricht.

Der Graph der Gewinnfunktion G beginnt auf der y-Achse bei -80 €, einem Verlust, der durch die Fixkosten entsteht, wenn noch kein Erlös erzielt wird. Der Gewinn steigt monoton über den Break–even–Punkt (40 Stück) hinaus, bis er beim Verkauf von ca. 65 Stück mit ca. 42 € am höchsten ist. Von dort fällt er auf 0 € bei einem Verkauf von ca. 83 Stück. Ab 84 Stück wird ein Verlust erwirtschaftet.

c) $G(x_N) = 0 \Rightarrow x_{N_1} = 40 \quad x_{N_2} \approx 83{,}85 \quad x_{N_3} \approx -23{,}85 \,(\notin D_{\text{ök}})$ Gewinnschwelle: 40 ME
Gewinngrenze: 83,85 ME

d) $k(x) = 0{,}001x^2 - 0{,}1x + 5 + \frac{80}{x} \quad k_v(x) = 0{,}001x^2 - 0{,}1x + 5$

e) $k_v(x) = 0{,}001 \cdot (x - 50)^2 + 2{,}5 \quad \Rightarrow \quad S(50 \,|\, 2{,}5)$

Betrachtung der Wettbewerbssituation:
Zwar liegt die kurzfristige Preisuntergrenze bei 2,50 € pro Stick, also noch unter dem Dumpingpreis des Konkurrenten, jedoch würde bei diesem Verkaufspreis immer Verlust erwirtschaftet. Kurzfristig kann der Stick also zum Konkurrenzpreis von 3,90 € angeboten werden, langfristig muss die Produktion aber eingestellt werden, weil zu diesem Preis kein Gewinn mehr erzielt werden kann. Das lässt sich am Graphen der Funktion G^* mit

$G^*(x) = 3{,}9x - (0{,}001x^3 - 0{,}1x^2 + 5x + 80)$
$ = -0{,}001x^3 + 0{,}1x^2 - 1{,}1x - 80$

ablesen.

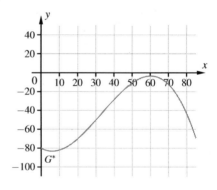

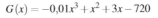

14. $K(x) = 0{,}01x^3 - x^2 + 50x + 720$ $E(x) = 53x$ $G(x) = -0{,}01x^3 + x^2 + 3x - 720$

Der Graph der Kostenfunktion K schneidet die y-Achse in Höhe der Fixkosten (720 €) und steigt von dort aus degressiv (Rechtskrümmung) bis zu ihrem Wendepunkt W (ca. 33 Stück | 1640 €) und dann weiter progressiv (Linkskrümmung) an.

Der Graph der Erlösfunktion E ist eine Ursprungsgerade mit positiver Steigung, wobei der Steigungsfaktor dem Stückpreis (53 €) entspricht.

Der Graph der Gewinnfunktion G beginnt auf der y-Achse bei –720 €, einem Verlust, der durch die Fixkosten entsteht, wenn noch kein Erlös erzielt wird. Der Gewinn steigt monoton über den Break-even-Punkt (30 Stück) hinaus, bis er beim Verkauf von ca. 68 Stück mit 964 € am höchsten ist. Von dort fällt er auf 0 € bei einem Verkauf von ca. 95 Stück. Ab 96 Stück wird ein Verlust erwirtschaftet.

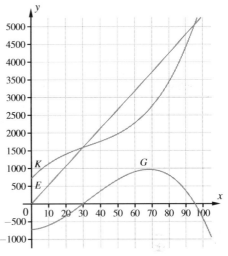

15. a) $x_{GS} = 30$ $x_{GG} \approx 95{,}2$

  b) $G(60) = 900$

  c) $BM(50 \mid 25)$
  $$k_v(x) = 0{,}01x^2 - x + 50$$
  $$= 0{,}01(x - 50)^2 + 25$$

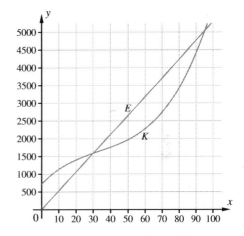

16. $p_N(x) = -75x + 1500$ $E(x) = -75x^2 + 1500x$ $K(x) = 250x + 1750$
$G(x) = -75x^2 + 1250x - 1750 = -75 \cdot (x - 8\tfrac{1}{3})^2 + 3458\tfrac{1}{3}$
Nullstellen von G: $x_{N_1} \approx 1{,}5$ $x_{N_2} \approx 15{,}1$

Beispiel für einen Bericht: „Die Gewinnzone liegt zwischen 2 und 15 Stühlen. Mit 8 Stühlen wird der größte Gewinn in Höhe von 3450 € erwirtschaftet. Dabei ist ein Erlös von 7200 € zu erwarten."

Test zu 3.3

1. **a)** f ist eine gerade Funktion, also ist ihr Graph symmetrisch zur y-Achse.
    $$x \to -\infty \quad \Rightarrow \quad f(x) \to +\infty$$
    $$x \to +\infty \quad \Rightarrow \quad f(x) \to +\infty$$

    b) Die Funktion f ist weder gerade noch ungerade, also ist ihr Graph weder symmetrisch zur y-Achse noch punktsymmetrisch zum Koordinatenursprung.
    $$x \to -\infty \quad \Rightarrow \quad f(x) \to +\infty$$
    $$x \to +\infty \quad \Rightarrow \quad f(x) \to -\infty$$

2. **a)** $0{,}5x_N^2 \cdot (x_N^2 - 12x_N + 36) = 0$
    $$\Rightarrow x_{N_{1,2}} = \mathbf{0} \text{ (doppelt)} \quad x_{N_{3,4}} = \mathbf{6} \text{ (doppelt)}$$

    b) $(x^3 - 2x^2 - 5x + 6) : (x - 1) = x^2 - x - 6$
    $$\Rightarrow x_{N_1} = \mathbf{1} \quad x_{N_2} = \mathbf{3} \quad x_{N_3} = \mathbf{-2}$$

    c) $0{,}25 \cdot (z_N^2 - 5z_N - 24) = 0$
    $$\Rightarrow z_{N_1} = 8 \quad z_{N_2} = -3 \quad \Rightarrow \quad x_{N_1} = -\sqrt{8} \quad x_{N_2} = \sqrt{8}$$

3. **a)** 100 Sweatshirts entsprechen 1 ME und 1000 € entsprechen 1 GE. Für die Anzahl x der Sweatshirts (in ME) und den Gewinn G (in GE) gilt dann:
    $$G(3) = 2{,}5$$
    $$G(6) = -20$$
    $$G(0) = -2$$
    $$G(1) = 0$$
    $$\Rightarrow G(x) = -0{,}25x^3 + 0{,}75x^2 + 1{,}5x - 2$$

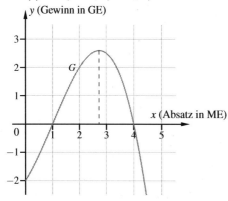

    b) Die Gewinnschwelle ist mit 100 Sweatshirts und die Gewinngrenze mit 400 Sweatshirts erreicht. Bei einem Absatz von 273 Stück wird der größte Gewinn von 2598 € erzielt.

198

4. a) $K(x) = \frac{1}{3}x^3 - 4x^2 + 17x + 5\frac{1}{3}$

$p_N(x) = -x + 15$

b) $D_{\ddot{o}k} = [0; 15]$

Eine Erweiterung der Kapazitätsgrenze ist nur sinnvoll bis zur Sättigungsmenge 15 ME. Dort jedoch ist die Differenz aus Erlös und Gewinn noch größer als bei der Ausbringungsmenge 14 ME (siehe Zeichnung zu Aufgabenteil h).

c) $k_v(x) = \frac{1}{3}x^2 - 4x + 17 = \frac{1}{3} \cdot (x-6)^6 + 5$

$\Rightarrow S(6 \mid 5)$

Betriebsminimum: 6 ME

Kurzfristige Preisuntergrenze: 5 GE

d) $E(x) = -x^2 + 15x = -(x-7{,}5)^2 + 56{,}25$

$\Rightarrow S(7{,}5 \mid 56{,}25)$

Der höchste Erlös von 56,25 GE wird bei einem Absatz von 7,5 ME erzielt.

e) $G(x) = -\frac{1}{3}x^3 + 3x^2 - 2x - 5\frac{1}{3}$

Gewinnschwelle: 2 ME

Gewinnzone: [2; 8]

f) Das Gewinnmaximum wird der Skizze aus Aufgabenteil h) entnommen: Es wird erzielt bei einer verkauften Produktion von ca. 5,6 ME und beträgt ca. 19 GE.

g) $p_N(5{,}6) = 9{,}4$

Das Unternehmen muss einen Verkaufspreis von 9,4 GE ansetzen, um den maximalen Gewinn zu erzielen.

h) Siehe rechte Zeichnung.

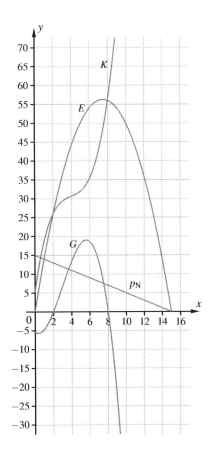

5. *Hinweis*: Im 1. Druck der 1. Auflage hätte die Aufgabenstellung lauten müssen: Die reelle Funktion $A(t) = 0{,}1t^3 - 4t^2 + 52{,}5t - 225$ beschreibt den Absatz von Skianzügen im Winter, wobei t für die Anzahl der seit 1. Januar vergangenen Monate steht und $A(t)$ für den Absatz in ME mit $D_A = [10; 15[$.

a) Der Absatz endet im März ($t = 15$).

b) Der Absatz steigt von Anfang Oktober (1. Nullstelle) degressiv an (Rechtskrümmung) und erreicht ungefähr am 20. November den höchsten Wert mit ca. 1 850 verkauften Skianzügen. Nach dem 20. November fällt der Absatz progressiv bis ungefähr zum 10. Januar (Wendestelle). Danach schwächt sich der Absatzrückgang etwas ab (Linkskrümmung). Anfang März ist dann der Absatz auf null gesunken (Nullstelle).

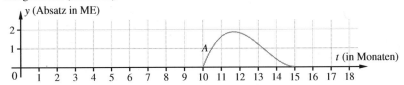

Exkurs: Gebrochenrationale Funktionen

202

1. Diese Übung geht über die im Exkurs behandelten Inhalte hinaus. Deshalb wird die Lösung zu a) sehr ausführlich erläutert.

a) Der Nenner $(x-2)$ wird null für $x = 2$. Da die Division durch null nicht definiert ist, muss die Polstelle 2 aus der Definitionsmenge ausgeschlossen werden: $D_f = \mathbb{R}\backslash\{2\}$ Untersucht man, wie sich die Funktionswerte in der Nähe der Polstelle verhalten, dann muss man sich sowohl von links als auch von rechts der Polstelle nähern:

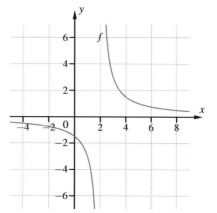

Von links: $\quad \lim\limits_{x\to 2^-} f(x) = \lim\limits_{x\to 2^-} \frac{3}{x-2} = -\infty$

Von rechts: $\quad \lim\limits_{x\to 2^+} f(x) = \lim\limits_{x\to 2^+} \frac{3}{x-2} = +\infty$

Das heißt anschaulich, dass der Graph von f links von der Stelle 2 nach unten und rechts davon nach oben „verschwindet".

Da die Funktion f nicht nur für positive reelle Zahlen (ausgenommen 2), sondern auch für negative reelle Zahlen definiert ist, müssen die Grenzwerte für $x \to +\infty$ und für $x \to -\infty$ gebildet werden:

$\lim\limits_{x\to -\infty} f(x) = \lim\limits_{x\to -\infty} \frac{3}{x-2} = \mathbf{0}$ Die negativen Funktionswerte nähern sich dem Wert 0 „von unten".

$\lim\limits_{x\to +\infty} f(x) = \lim\limits_{x\to +\infty} \frac{3}{x-2} = \mathbf{0}$ Die positiven Funktionswerte nähern sich dem Wert 0 „von oben".

b) $D_f = \mathbb{R}\backslash\{-3\}$

Von links: $\quad \lim\limits_{x\to -3^-} \frac{-5}{x+3} = +\infty$ Von rechts: $\quad \lim\limits_{x\to -3^+} \frac{-5}{x+3} = -\infty$

$\lim\limits_{x\to -\infty} \frac{-5}{x+3} = 0 \quad \lim\limits_{x\to +\infty} \frac{-5}{x+3} = 0$

c) $D_f = \mathbb{R}\backslash\{-4\}$

Von links: $\quad \lim\limits_{x\to -4^-} \frac{-7}{-x-4} = -\infty$ Von rechts: $\quad \lim\limits_{x\to -4^+} \frac{-7}{-x-4} = +\infty$

$\lim\limits_{x\to -\infty} \frac{-7}{-x-4} = 0 \quad \lim\limits_{x\to +\infty} \frac{-7}{-x-4} = 0$

d) $D_f = \mathbb{R}\backslash\{3\}$

Von links und von rechts: $\quad \lim\limits_{x\to 3} \frac{-0,5}{(x-3)^2} = -\infty$

$\lim\limits_{x\to -\infty} \frac{-0,5}{(x-3)^2} = 0 \quad \lim\limits_{x\to +\infty} \frac{-0,5}{(x-3)^2} = 0$

2. a) $K(x) = 0,5x + 2$

b) $\lim\limits_{x\to 0}(0,5x+2) = \mathbf{2}$

$\lim\limits_{x\to 100}(0,5x+2) = \mathbf{52}$

Stückfixkosten bzw. durchschnittliche Fixkosten:

$k_{\text{fix}} = \frac{2}{x}$

$\lim\limits_{x\to 0} \frac{2}{x} = +\infty$

$\lim\limits_{x\to 100} \frac{2}{x} = \mathbf{0,02}$

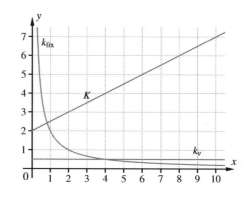

3. $K(x) = 5x + 1800$

$E(x) = 50x$

$G(x) = 45x - 1800$

a) $DK(x) = \frac{K(x)}{x} = 5 + \frac{1800}{x}$

$DE(x) = \frac{E(x)}{x} = \mathbf{50}$

$DG(x) = \frac{G(x)}{x} = \mathbf{45 - \frac{1800}{x}}$

b) $G(x_N) = 0 \quad \Leftrightarrow \quad x_N = \mathbf{40}$

c) $G(800) = \mathbf{34\,200}$

d) $\lim\limits_{x \to 800} \left(5 + \frac{1800}{x}\right) = \mathbf{7{,}25}$

$\lim\limits_{x \to 800} 50 = \mathbf{50}$

$\lim\limits_{x \to 800} \left(45 - \frac{1800}{x}\right) = \mathbf{42{,}75}$

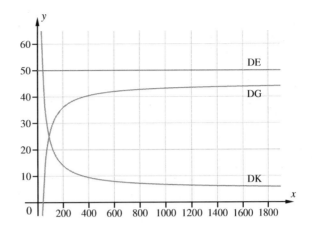

4. a) $W(x) = \frac{0{,}6x}{0{,}0004x^2 + 200}$

b) $W(x) = 1 \quad \Rightarrow \quad x_1 = \mathbf{500} \quad x_2 = \mathbf{1000}$

c) $W(600) = \mathbf{1{,}0465} \quad W(800) = \mathbf{1{,}0526} \quad W(900) = \mathbf{1{,}0305}$

5. $K \cdot \frac{p}{100} = 600$

a) $K(p) = \frac{60\,000}{p}$

b)

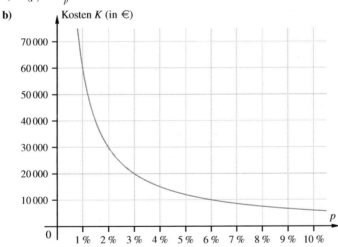

c) $K(3) = \frac{60\,000}{3} = \mathbf{20\,000}$

$K(4) = \frac{60\,000}{4} = \mathbf{15\,000}$

$K(5) = \frac{60\,000}{5} = \mathbf{12\,000}$

$K(6) = \frac{60\,000}{6} = \mathbf{10\,000}$

$K(8) = \frac{60\,000}{8} = \mathbf{7500}$

3.4   Einführung in die Differenzialrechnung

Einstiegsseite

203

Fragestellung:

Es soll ein Erfahrungsbericht erstellt werden, der den Verlauf in Abschnitte einteilt, die durch die Steigung bzw. das Gefälle gekennzeichnet sind. Zu den einzelnen Abschnitten lassen sich die durchschnittlichen Steigungen berechnen.

Lösungsweg:

Auf einer Gesamtlänge von 52 km sind ca. 1860 Höhenmeter zu überwinden.

Der Anstieg zum ersten Pass, dem Campolongo-Pass, beträgt etwa 375 Meter bei einer Strecke von 4640 Metern. Das entspricht einer durchschnittlichen Steigung von $\frac{375}{4640} \approx 0{,}08$, also ungefähr 8 %. Entsprechend lassen sich die folgenden durchschnittlichen Gefälle und Steigungen berechnen:

Gefälle hinter dem Campolongo-Pass ca. 10 %, durchschnittliche Steigung zum Pordoijoch ca. 7 %, Gefälle hinter dem Pordoijoch ca. 6 %, Anstieg zum Sellajoch ca. 7 %, Gefälle hinter dem Sellajoch ca. 10 %, durchschnittliche Steigung zum Grödner Joch etwa 4 % und schließlich die Abfahrt vom Grödner Joch nach Corvara mit einem Gefälle von ca. 10 %.

Alle Zahlenangaben sind aus dem abgebildeten Höhenprofil jeweils für einen kompletten Aufstieg bzw. eine komplette Abfahrt hergeleitet. Tatsächlich sind Steigung und Gefälle an jeder Stelle der gesamten Tour unterschiedlich. Die errechneten Werte sind Durchschnittswerte, von denen in der Realität zum Teil beträchtlich nach oben und nach unten abgewichen wird. Das lässt sich besonders zeigen beim Anstieg zum Grödner Joch: Er enthält zwei sehr steile Abschnitte, zwischen denen ein flacher, fast ebener Abschnitt liegt, der die Durchschnittssteigung erheblich senkt.

3.4.1   Steigung einer Funktion an einer bestimmten Stelle

209

1. **a)** $m_s = \frac{0{,}5-2}{1-(-2)} = -0{,}5$

   $n = 1$

   $y_s = -0{,}5x + 1$

   G_f hat in $[-2; 0]$ ein Gefälle, das am Anfang sehr viel größer ist, dann gegen 0 geht. In $]0; 1[$ ist die Steigung sogar positiv.

   b) $m_s = \frac{4-(-11)}{1-(-2)} = 5$

   $n = -1$

   $y_s = 5x - 1$

   Die Steigung der Sekante berücksichtigt nicht die anfänglich sehr große und später negative Steigung von G_f.

   c) $m_s = 2$

   $n = 0$

   $y_s = f(x) = 2x$

   Wegen $y_s = f(x)$ ist der Sekantenanstieg gleich der Steigung der Geraden.

   d) $m_s = \frac{1{,}5-6}{2-0{,}5} = -3$

   $n = 7{,}5$

   $y_s = -3x + 7{,}5$

   Die Steigung der Sekante entspricht der Steigung von G_f im Punkt $(1 \mid 3)$.

2. a) $m_T = \lim\limits_{x \to -1,4} \frac{5x^2-2x+3-15,6}{x+1,4} = \lim\limits_{x \to -1,4}(5x-9) = -16$

$m_T = \lim\limits_{x \to -1} \frac{5x^2-2x+3-10}{x+1} = \lim\limits_{x \to -1}(5x-7) = -12$

$m_T = \lim\limits_{x \to 0} \frac{5x^2-2x+3-3}{x} = \lim\limits_{x \to 0}(5x-2) = -2$

$m_T = \lim\limits_{x \to 0,5} \frac{5x^2-2x+3-3,25}{x-0,5} = \lim\limits_{x \to 0,5}(5x+0,5) = 3$

$m_T = \lim\limits_{x \to 3} \frac{5x^2-2x+3-42}{x-3} = \lim\limits_{x \to 3}(5x+13) = 28$

b) $m_T = \lim\limits_{x \to -1,4} \frac{3x^3-3x^2-12x+12-14,688}{x+1,4} = \lim\limits_{x \to -1,4}(3x^2-7,2x-1,92) = 14,04$

$m_T = \lim\limits_{x \to -1} \frac{3x^3-3x^2-12x+12-18}{x+1} = \lim\limits_{x \to -1}(3x^2-6x-6) = 3$

$m_T = \lim\limits_{x \to 0} \frac{3x^3-3x^2-12x+12-12}{x} = \lim\limits_{x \to 0}(3x^2-3x-12) = -12$

$m_T = \lim\limits_{x \to 0,5} \frac{3x^3-3x^2-12x+12-5,625}{x-0,5} = \lim\limits_{x \to 0,5}(3x^2-1,5x-12,75) = -12,75$

$m_T = \lim\limits_{x \to 3} \frac{3x^3-3x^2-12x+12-30}{x-3} = \lim\limits_{x \to 3}(3x^2+6x+6) = 51$

c) $m_T = \lim\limits_{x \to -1,4} \frac{-2x^3+5x+1,512}{x+1,4} = \lim\limits_{x \to -1,4}(-2x^2+2,8x+1,08) = -6,76$

$m_T = \lim\limits_{x \to -1} \frac{-2x^3+5x+3}{x+1} = \lim\limits_{x \to -1}(-2x^2+2x+3) = -1$

$m_T = \lim\limits_{x \to 0} \frac{-2x^3+5x}{x} = \lim\limits_{x \to 0}(-2x^2+5) = 5$

$m_T = \lim\limits_{x \to 0,5} \frac{-2x^3+5x-2,25}{x-0,5} = \lim\limits_{x \to 0,5}(-2x^2-x+4,5) = 3,5$

$m_T = \lim\limits_{x \to 3} \frac{-2x^3+5x+39}{x-3} = \lim\limits_{x \to 3}(-2x^2-6x-13) = -49$

d) $m_T = \lim\limits_{x \to -1,4} \frac{x^4-5x^2+10x+19,9584}{x+1,4} = \lim\limits_{x \to -1,4}(x^3-1,4x^2-3,04x+14,256) = 13,024$

$m_T = \lim\limits_{x \to -1} \frac{x^4-5x^2+10x+14}{x+1} = \lim\limits_{x \to -1}(x^3-x^2-4x+14) = 16$

$m_T = \lim\limits_{x \to 0} \frac{x^4-5x^2+10x}{x} = \lim\limits_{x \to 0}(x^3-5x+10) = 10$

$m_T = \lim\limits_{x \to 0,5} \frac{x^4-5x^2+10x-3,8125}{x-0,5} = \lim\limits_{x \to 0,5}(x^3+0,5x^2-4,75x+7,625) = 5,5$

$m_T = \lim\limits_{x \to 3} \frac{x^4-5x^2+10x-66}{x-3} = \lim\limits_{x \to 3}(x^3+3x^2+4x+22) = 88$

209

3. a) $m_T = \lim\limits_{x \to -2,5} \dfrac{x^4 + \frac{8}{3}x^3 - \frac{1}{2}x^2 - 2x + 8 - \frac{349}{48}}{x + 2,5} = \lim\limits_{x \to -2,5}(x^3 + \frac{1}{6}x^2 - \frac{11}{12}x + \frac{7}{24}) = -\mathbf{12}$

$m_T = \lim\limits_{x \to -1} \dfrac{x^4 + \frac{8}{3}x^3 - \frac{1}{2}x^2 - 2x + 8 - \frac{47}{6}}{x + 1} = \lim\limits_{x \to -1}(x^3 + \frac{5}{3}x^2 - \frac{13}{6}x + \frac{1}{6}) = \mathbf{3}$

$m_T = \lim\limits_{x \to 0,5} \dfrac{x^4 + \frac{8}{3}x^3 - \frac{1}{2}x^2 - 2x + 8 - \frac{349}{48}}{x - 0,5} = \lim\limits_{x \to 0,5}(x^3 + \frac{19}{6}x^2 + \frac{13}{12}x - \frac{35}{24}) = \mathbf{0}$

$m_T = \lim\limits_{x \to 1,2} \dfrac{x^4 + \frac{8}{3}x^3 - \frac{1}{2}x^2 - 2x + 8 - 11,5616}{x - 1,2} = \lim\limits_{x \to 1,2}(x^3 + \frac{58}{15}x^2 + \frac{207}{50}x + \frac{371}{125}) = \mathbf{15,232}$

b) Die höchste Steigung ist im Punkt $\left(1 \mid \frac{55}{6}\right)$:

$m_T = \lim\limits_{x \to 1} \dfrac{x^4 + \frac{8}{3}x^3 - \frac{1}{2}x^2 - 2x - \frac{7}{6}}{x - 1} = \lim\limits_{x \to 1}(x^3 + \frac{11}{3}x^2 + \frac{19}{6}x + \frac{7}{6}) = \mathbf{9}$

Das stärkste Gefälle ist ablesbar in der Nähe des Punktes $(0 \mid 8)$:

$m_T = \lim\limits_{x \to 0} \dfrac{x^4 + \frac{8}{3}x^3 - \frac{1}{2}x^2 - 2x}{x} = \lim\limits_{x \to 0}(x^3 + \frac{8}{3}x^2 - \frac{1}{2}x - 2) = -\mathbf{2}$

(Exakt hat der Graph von f das stärkste Gefälle mit $m_T = \dfrac{28 - 19\sqrt{19}}{27} \approx -2,03$ an der Stelle $\dfrac{\sqrt{19} - 4}{6} \approx 0,06$.)

c) Die Steigung 0 gilt in den Punkten $\left(-2 \mid \frac{14}{3}\right)$, $\left(-0,5 \mid \frac{413}{48}\right)$ und $\left(0,5 \mid \frac{349}{48}\right)$.

$m_T = \lim\limits_{x \to -2} \dfrac{x^4 + \frac{8}{3}x^3 - \frac{1}{2}x^2 - 2x + \frac{10}{3}}{x + 2} = \lim\limits_{x \to -2}(x^3 + \frac{2}{3}x^2 - \frac{11}{6}x + \frac{5}{3}) = \mathbf{0}$

$m_T = \lim\limits_{x \to -0,5} \dfrac{x^4 + \frac{8}{3}x^3 - \frac{1}{2}x^2 - 2x - \frac{29}{48}}{x + 0,5} = \lim\limits_{x \to -0,5}(x^3 + \frac{13}{6}x^2 - \frac{19}{12}x + \frac{29}{24}) = \mathbf{0}$

$m_T = \lim\limits_{x \to 0,5} \dfrac{x^4 + \frac{8}{3}x^3 - \frac{1}{2}x^2 - 2x - \frac{349}{48}}{x + 0,5} = \lim\limits_{x \to 0,5}(x^3 + \frac{19}{6}x^2 + \frac{13}{12}x - \frac{35}{24}) = \mathbf{0}$

4. a) Die Aussage ist falsch. Richtig wäre z. B.: „Die Steigung des Graphen einer Funktion kann positiv, negativ oder null sein."

b) Die Aussage ist falsch. Richtig wäre: „Ist der Graph einer Funktion an einer Stelle fallend, dann ist die Steigung an dieser Stelle kleiner als 0."

c) Die Aussage ist richtig.

d) Die Aussage ist nur dann richtig, wenn die Steigung einer Tangente ermittelt wird, deren Graph bekannt ist. Ansonsten gilt: „Die Steigung einer Sekante berechnet man über das Steigungsdreieck, die Steigung der Tangente über den Grenzwert des Differenzenquotienten."

3.4.2   Steigung einer Funktion an einer beliebigen Stelle

212

1. a) $m_T = \lim\limits_{x \to x_0} \frac{-2x^2 + 2x_0^2}{x - x_0} = \lim\limits_{x \to x_0} ((-2) \cdot (x + x_0)) = -\mathbf{4}\,\mathbf{x_0}$

$x_1 = -2 \Rightarrow m_T = \mathbf{8}$ $\qquad$ $x_2 = 0 \Rightarrow m_T = \mathbf{0}$ $\qquad$ $x_3 = 4 \Rightarrow m_T = -\mathbf{16}$

b) $m_T = \lim\limits_{x \to x_0} \frac{3x^2 + 4 - (3x_0^2 + 4)}{x - x_0} = \lim\limits_{x \to x_0} (3 \cdot (x + x_0)) = \mathbf{6}\,\mathbf{x_0}$

$x_1 = -2 \Rightarrow m_T = -\mathbf{12}$ $\qquad$ $x_2 = 0 \Rightarrow m_T = \mathbf{0}$ $\qquad$ $x_3 = 4 \Rightarrow m_T = \mathbf{24}$

c) $m_T = \lim\limits_{x \to x_0} \frac{\frac{1}{3}x^2 - \frac{1}{3}x_0^2}{x - x_0} = \lim\limits_{x \to x_0} (\frac{1}{3} \cdot (x + x_0)) = \frac{\mathbf{2}}{\mathbf{3}}\,\mathbf{x_0}$

$x_1 = -2 \Rightarrow m_T = -\frac{\mathbf{4}}{\mathbf{3}}$ $\qquad$ $x_2 = 0 \Rightarrow m_T = \mathbf{0}$ $\qquad$ $x_3 = 4 \Rightarrow m_T = \frac{\mathbf{8}}{\mathbf{3}}$

d) $m_T = \lim\limits_{x \to x_0} \frac{5x^3 - 5x_0^3}{x - x_0} = \lim\limits_{x \to x_0} (5 \cdot (x^2 + x \cdot x_0 + x_0^2)) = \mathbf{15}\,\mathbf{x_0^2}$

$x_1 = -2 \Rightarrow m_T = \mathbf{60}$ $\qquad$ $x_2 = 0 \Rightarrow m_T = \mathbf{0}$ $\qquad$ $x_3 = 4 \Rightarrow m_T = \mathbf{240}$

e) $m_T = \lim\limits_{x \to x_0} \frac{3x^{-0,5} - 3x_0^{-0,5}}{x - x_0} = \lim\limits_{x \to x_0} \frac{(-3) \cdot (x^{0,5} - x_0^{0,5})}{(x - x_0) \cdot x^{0,5} \cdot x_0^{0,5}} = \lim\limits_{x \to x_0} \frac{(-3) \cdot (x^{0,5} - x_0^{0,5})}{(x^{0,5} + x_0^{0,5})(x^{0,5} - x_0^{0,5}) \cdot (x \cdot x_0)^{0,5}}$

$= \lim\limits_{x \to x_0} \frac{(-3)}{(x^{0,5} + x_0^{0,5}) \cdot (x \cdot x_0)^{0,5}} = \frac{-3}{2x_0^{0,5} \cdot x_0^{2 \cdot 0,5}} = -\frac{\mathbf{3}}{\mathbf{2}}\,\mathbf{x_0^{-1,5}}$

$x_1 \notin D_f$ $\qquad$ $x_2 \notin D_f$ $\qquad$ $x_3 = 4 \Rightarrow m_T = -\frac{\mathbf{3}}{\mathbf{16}}$

f) $m_T = \lim\limits_{x \to x_0} \frac{3x^5 - 3x_0^5}{x - x_0} = \lim\limits_{x \to x_0} 3 \cdot (x^4 + x^3 \cdot x_0 + x^2 \cdot x_0^2 + x \cdot x_0^3 + x_0^4) = \mathbf{15}\,\mathbf{x_0^4}$

$x_1 = -2 \Rightarrow m_T = \mathbf{240}$ $\qquad$ $x_2 = 0 \Rightarrow m_T = \mathbf{0}$ $\qquad$ $x_3 = 4 \Rightarrow m_T = \mathbf{3840}$

2.

	f	g	h
a)	$m_T = \lim\limits_{x \to -2} \frac{0,25x^2 - 1}{x + 2}$ $= \lim\limits_{x \to -2} (0,25 \cdot (x - 2))$ $= -\mathbf{1}$	$m_T = \lim\limits_{x \to -2} \frac{x^2 + 4x + 7 - 3}{x + 2}$ $= \lim\limits_{x \to -2} (x + 2)$ $= \mathbf{0}$	$m_T = \lim\limits_{x \to -2} \frac{x^3 - 2x + 4}{x + 2}$ $= \lim\limits_{x \to -2} (x^2 - 2x + 2)$ $= \mathbf{10}$
b)	$m_T = \lim\limits_{x \to x_0} \frac{0,25x^2 - 0,25x_0^2}{x - x_0}$ $= \lim\limits_{x \to x_0} (0,25 \cdot (x + x_0))$ $= \mathbf{0,5}\,\mathbf{x_0}$	$m_T = \lim\limits_{x \to x_0} \frac{x^2 + 4x + 7 - (x_0^2 + 4x_0 + 7)}{x - x_0}$ $= \lim\limits_{x \to x_0} (x + x_0 + 4)$ $= \mathbf{2}\,\mathbf{x_0} + \mathbf{4}$	$m_T = \lim\limits_{x \to x_0} \frac{x^3 - 2x - (x_0^3 - 2x_0)}{x - x_0}$ $= \lim\limits_{x \to x_0} (x^2 + x \cdot x_0 + x_0^2 - 2)$ $= \mathbf{3}\,\mathbf{x_0^2} - \mathbf{2}$
c)	$m_T = 0,5 \cdot 5 = \mathbf{2,5}$	$m_T = 2 \cdot 5 + 4 = \mathbf{14}$	$m_T = 3 \cdot 5^2 - 2 = \mathbf{73}$

3. a) Berechnung des durchschnittlichen Wachstums:

$\frac{12 - 0}{10 - 0} = 1,2$ $\quad$ $\frac{39 - 12}{25 - 10} = 1,8$ $\quad$ $\frac{73 - 39}{50 - 25} = 1,36$ $\quad$ $\frac{124 - 73}{100 - 50} = 1,02$ $\quad$ $\frac{140 - 124}{125 - 100} = 0,64$ $\quad$ $\frac{160 - 140}{150 - 125} = 0,8$ $\quad$ $\frac{192 - 160}{200 - 150} = 0,64$

Zwischen dem 10. und 25. Tag wächst die Sonnenblume am schnellsten. Am langsamsten wächst sie zwischen dem 100. und 125. Tag bzw. dem 150. und 200. Tag.

b) *Hinweis*: Fehler im 1. Druck der 1. Auflage: Der Faktor vor x^2 muss $\frac{23\,197}{1\,372\,500}$ heißen.

$x = 25$:

$m_T = \lim\limits_{x \to 25} \left(\frac{1}{1\,372\,500} \cdot \frac{97x^3 - 23\,197x^2 + 3\,182\,000x - 66\,567\,500}{x - 25} \right) = \lim\limits_{x \to 25} \frac{97x^2 - 20\,772x + 2\,662\,700}{1\,372\,500} \approx \mathbf{1,61}$

$x = 100$:

$m_T = \lim\limits_{x \to 100} \left(\frac{1}{1\,372\,500} \cdot \frac{97x^3 - 23\,197x^2 + 3\,182\,000x - 183\,230\,000}{x - 100} \right) = \lim\limits_{x \to 100} \frac{97x^2 - 13\,497x + 1\,832\,300}{1\,372\,500} \approx \mathbf{1,06}$

c) Die Bemerkungen unter Aufgabenteil b) geben die tatsächliche (lokale) Wachstumsrate wieder, während die Ergebnisse unter Aufgabenteil a) Durchschnittswerte darstellen und damit ungenauer sind.

4. a) Siehe rechte Zeichnung.

b) Für die Geschwindigkeit v (in $\frac{m}{s}$) gilt:

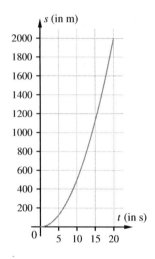

s (in m)

$$v(t_0) = \lim_{t \to t_0} \frac{5t^2 - 5t_0^2}{t - t_0} = \lim_{t \to t_0} 5 \cdot (t + t_0) = \mathbf{10\, t_0}$$

$v(2) = \mathbf{20}$

$v(5) = \mathbf{50}$

$v(10) = \mathbf{100}$

$v(20) = \mathbf{200}$

c) Nach der Berechnung der Fallzeit t (in s) erfolgt die Berechnung der Fallgeschwindigkeit v (in $\frac{m}{s}$):

$$5 = 5t^2 \quad \Rightarrow \quad t = 1 \quad \Rightarrow \quad v(1) = \mathbf{10}$$
$$20 = 5t^2 \quad \Rightarrow \quad t = 2 \quad \Rightarrow \quad v(2) = \mathbf{20}$$
$$45 = 5t^2 \quad \Rightarrow \quad t = 3 \quad \Rightarrow \quad v(3) = \mathbf{30}$$
$$80 = 5t^2 \quad \Rightarrow \quad t = 4 \quad \Rightarrow \quad v(4) = \mathbf{40}$$
$$125 = 5t^2 \quad \Rightarrow \quad t = 5 \quad \Rightarrow \quad v(5) = \mathbf{50}$$

5. a) Für den in den ersten fünf Minuten zurückgelegten Weg s (in km) und die Zeit t (in min) gilt $s(t) = 0{,}04t^2$.

Für die zweite Etappe ist das Tempo gleichmäßig, also ist der Graph von s_2 geradlinig. Seine Steigung entspricht der Geschwindigkeit, die nach fünf Minuten erreicht wurde.

t	1	2	3	4	5
s	0,04	0,16	0,36	0,64	1

b) $v(5) = \lim_{t \to 5} \frac{0{,}04t^2 - 1}{t - 5} = \lim_{t \to 5}(0{,}04 \cdot (t + 5)) = \mathbf{0{,}4}$

Nach 5 Minuten beträgt die Geschwindigkeit 0,4 $\frac{km}{min}$ bzw. 24 $\frac{km}{h}$.

c) Zurückgelegte Gesamtstrecke:

$$s(5) + (s_2(10) - s_2(5)) = 0{,}04 \cdot 5^2 + ((0{,}4 \cdot 10 - 1) - (0{,}4 \cdot 5 - 1)) = 3$$

Die Rechnung bestätigt, dass in 10 Minuten 3 Kilometer zurückgelegt wurden.

d) Im Idealfall stimmt die individuelle Skizze mit den Ergebnissen aus b) und c) überein.

3.4.3 Die Ableitungsfunktion

1. a)

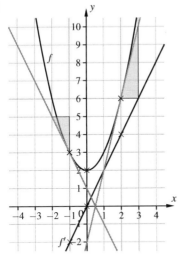

d)

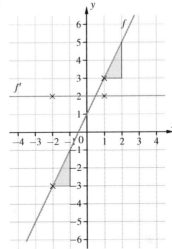

216

b)

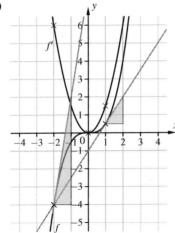

e)

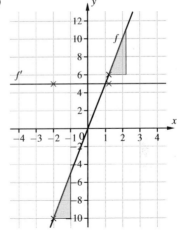

c)

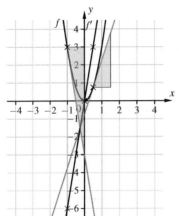

f)

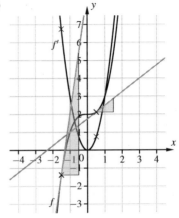

216

2.

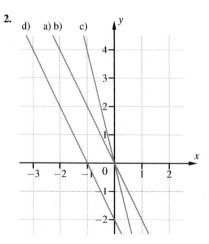

3.

	$f'(x_0)$		$f'(-2)$	$f'(3)$	$f'\left(-\tfrac{2}{3}\right)$
a)	$\lim\limits_{x\to x_0}\dfrac{x^2-x_0^2}{x-x_0}=\lim\limits_{x\to x_0}(x+x_0)=2\cdot x_0$	$f'(x)=2x$	-4	6	$-\tfrac{4}{3}$
b)	$\lim\limits_{x\to x_0}\dfrac{0{,}5x^2-0{,}5x_0^2}{x-x_0}=\lim\limits_{x\to x_0}(0{,}5\cdot(x+x_0))=x_0$	$f'(x)=x$	-2	3	$-\tfrac{2}{3}$
c)	$\lim\limits_{x\to x_0}\dfrac{2x^3-2x_0^3}{x-x_0}=\lim\limits_{x\to x_0}(2\cdot(x^2+x\cdot x_0^2+x_0^2))=6\cdot x_0^2$	$f'(x)=6x^2$	24	54	$\tfrac{8}{3}$
d)	$\lim\limits_{x\to x_0}\dfrac{5x-5x_0}{x-x_0}=\lim\limits_{x\to x_0}5=5$	$f'(x)=5$	5	5	5
e)	$\lim\limits_{x\to x_0}\dfrac{2x^2+4-(2x_0^2+4)}{x-x_0}=\lim\limits_{x\to x_0}(2\cdot(x+x_0))=4\cdot x_0$	$f'(x)=4x$	-8	12	$-\tfrac{8}{3}$
f)	$\lim\limits_{x\to x_0}\dfrac{x^2+x-(x_0^2+x_0)}{x-x_0}=\lim\limits_{x\to x_0}(x+x_0+1)=2\cdot x_0+1$	$f'(x)=2x+1$	-3	7	$-\tfrac{1}{3}$

4. Beispiele für mögliche Ausgangs-
funktionen:

a) $f(x)=2x-4$

b) $f(x)=\tfrac{1}{3}x^3$

c) $f(x)=x^2-1$

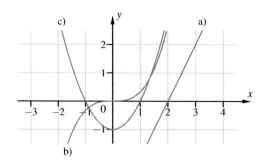

5. Gleichbedeutend sind einerseits „lokale Änderungsrate", „Steigung der Tangente in $P(x_0\mid f(x_0))$" sowie andererseits „$\dfrac{f(x)-f(x_0)}{x-x_0}$", „Steigung der Sekante durch $P(x_0\mid f(x_0))$" und „$D(x_0,x)$".

3.4.4   Ableitungsregeln

1. a) $f'(x) = 4x$ $f'(\frac{1}{2}) = 2$ **i)** $f'(x) = 9x^2 + 6x$ $f'(-1) = 3$

219

b) $f'(x) = 6x^3$ $f'(4) = 384$ **j)** $f'(x) = 5$ $f'(2) = 5$

c) $f'(x) = 1{,}5x^2$ $f'(1{,}5) = 3{,}375$ **k)** $f'(x) = -21x^6$ $f'(3) = -15\,309$

d) $f'(x) = 1{,}5x^2$ $f'(0{,}5) = 0{,}375$ **l)** $f'(x) = 0$ $f'(\frac{1}{3}) = 0$

e) $f'(x) = 1{,}5x^2$ $f'(2) = 6$ **m)** $f'(x) = -x^2 + 2$ $f'(-3) = -7$

f) $f'(x) = 12{,}5x^4$ $f'(1) = 12{,}5$ **n)** $f'(x) = \frac{3}{x^4}$ $f'(3) = \frac{1}{27}$

g) $f'(x) = 2{,}5x^4$ $f'(0{,}2) = 0{,}004$ **o)** $f'(x) = \frac{8}{5}x^3 - \frac{2}{x^3}$ $f'(5) = 199{,}984$

h) $f'(x) = -\frac{7}{9}x^6 + \frac{4}{3}x$ $f'(9) = -413\,331$ **p)** $f'(x) = 12x^3 - \frac{4}{x^3}$ $f'(2) = 95{,}5$

2. a) $f'(x) = 12{,}5x^4 + 12x^3$

$f''(x) = 50x^3 + 36x^2$

$f'''(x) = 150x^2 + 72x$

$f^{(IV)}(x) = 300x + 72$

$f^{(V)}(x) = 300$

b) $f'(x) = 2x^7 + 4x^9$

$f''(x) = 14x^6 + 36x^8$

$f'''(x) = 84x^5 + 288x^7$

$f^{(IV)}(x) = 420x^4 + 2016x^6$

$f^{(V)}(x) = 1680x^3 + 12\,096x^5$

$f^{(VI)}(x) = 5040x^2 + 60\,480x^4$

$f^{(VII)}(x) = 10\,080x + 241\,920x^3$

$f^{(VIII)}(x) = 10\,080 + 725\,760x^2$

$f^{(IX)}(x) = 1\,451\,520x$

$f^{(X)}(x) = 1\,451\,520$

c) $f'(x) = 21x^6 - 1{,}5x^2$

$f''(x) = 126x^5 - 3x$

$f'''(x) = 630x^4 - 3$

$f^{(IV)}(x) = 2520x^3$

$f^{(V)}(x) = 7560x^2$

$f^{(VI)}(x) = 15\,120x$

$f^{(VII)}(x) = 15\,120$

d) $f'(x) = -\frac{7}{9}x^6 + \frac{4}{3}x$

$f''(x) = -\frac{14}{3}x^5 + \frac{4}{3}$

$f'''(x) = -\frac{70}{3}x^4$

$f^{(IV)}(x) = -\frac{280}{3}x^3$

$f^{(V)}(x) = -280x^2$

$f^{(VI)}(x) = -560x$

$f^{(VII)}(x) = -560$

e) $f'(x) = 3ax^2$

$f''(x) = 6ax$

$f'''(x) = 6a$

f) $f'(x) = 8ax^3 + 25bx^4$

$f''(x) = 24ax^2 + 100bx^3$

$f'''(x) = 48ax + 300bx^2$

$f^{(IV)}(x) = 48a + 600bx$

$f^{(V)}(x) = 600b$

3. Beispiele:

a) $f(x) = 5$

b) $f(x) = 2x + 1$

c) $f(x) = \pi \cdot x - 3$

d) $f(x) = -x^3 + 4{,}12x$

e) $f(x) = \frac{1}{8}x^4 - x^5 + 7$

f) $f(x) = -\frac{1}{81}x^9 + \frac{2}{9}x^3$

g) $f(x) = x^{-2} = \frac{1}{x^2}$

h) $f(x) = \frac{1}{3}x^{-3} = \frac{1}{3x^3}$

i) $f(x) = 2x^a + 4$

j) $f(x) = \frac{a}{a+1}x^{a+1} - x^{b+1}$

4. $f: G_{f'}$ ist die fallende Ursprungsgerade.

$g: G_{g'}$ ist die Parallele zur x-Achse.

$h: G_{h'}$ ist der Graph der ganzrationalen Funktion 3. Grades.

$i: G_{i'}$ ist die nach oben geöffnete Parabel.

3.4.5 Anwendungen

223

1. **a)** $K'(x) = 3x^2 - 12x + 15$

$K'(1) = 6$ $K'(2) = 3$ $K'(2,5) = 3,75$ $K'(4) = 15$ $K'(5,25) = 34,6875$

Von $x = 1$ nach $x = 2$ fallen die Grenzkosten. Ab $x = 2$ steigen sie offensichtlich wieder und zwar immer schneller.

b) Die Kosten steigen zunächst degressiv (unterproportional) und ab $x = 2$ progressiv (überproportional).

2. **a)** $K'(x) = K'(4) = K'(10) = 5$

Die Grenzkosten sind konstant und so hoch wie die durchschnittlichen variablen Kosten (variablen Durchschnittskosten).

b) Eine Veränderung der Fixkosten hat keinen Einfluss auf die Grenzkosten, da der Kostenanstieg gleich bleibt.

3. **a)** $G(x) = -x^3 + x^2 + 40x - 32$ $G'(x) = -3x^2 + 2x + 40$ $G'(3,5) = 10,25$ $G'(4) = 0$

b) Bei einem Absatz von 3,5 ME ist der Grenzgewinn positiv, d. h., der Gewinn nimmt mit steigendem Absatz noch weiter zu. Bei einem Absatz von 4 ME ist keine Gewinnerhöhung mehr zu erwarten, weil der Grenzgewinn 0 ist.

4. Gesucht sind alle Stellen x_0, an denen die erste Ableitung von f den jeweiligen angegebenen Wert für die Steigung annimmt.

	1. Ableitung	Steigung -2	Steigung -1	Steigung 0	Steigung 2	Steigung 4
a)	$f'(x) = 4x$	$x_0 = -\frac{1}{2}$	$x_0 = -\frac{1}{4}$	$x_0 = 0$	$x_0 = \frac{1}{2}$	$x_0 = 1$
b)	$f'(x) = 2x + 6$	$x_0 = -4$	$x_0 = -\frac{7}{2}$	$x_0 = -3$	$x_0 = -2$	$x_0 = -1$
c)	$f'(x) = -3x^2$	$x_{01} = -\frac{\sqrt{6}}{3}$ $x_{02} = \frac{\sqrt{6}}{3}$	$x_{01} = -\frac{\sqrt{3}}{3}$ $x_{02} = \frac{\sqrt{3}}{3}$	$x_0 = 0$	Der Graph von f kann diese Steigung nicht annehmen.	Der Graph von f kann diese Steigung nicht annehmen.
d)	$f'(x) = 3x^2 - 4$	$x_{01} = -\frac{\sqrt{6}}{3}$ $x_{02} = \frac{\sqrt{6}}{3}$	$x_{01} = -1$ $x_{02} = 1$	$x_{01} = -\frac{2}{3}\sqrt{3}$ $x_{01} = \frac{2}{3}\sqrt{3}$	$x_{01} = -\sqrt{2}$ $x_{01} = \sqrt{2}$	$x_{01} = -\frac{2}{3}\sqrt{6}$ $x_{01} = \frac{2}{3}\sqrt{6}$
e)	$f'(x) = -6x^2 + 2x$	$x_{01} = \frac{1-\sqrt{13}}{6}$ $x_{01} = \frac{1+\sqrt{13}}{6}$	$x_{01} = \frac{1-\sqrt{7}}{6}$ $x_{01} = \frac{1+\sqrt{7}}{6}$	$x_0 = 0$ $x_{01} = \frac{1}{3}$	Der Graph von f kann diese Steigung nicht annehmen.	Der Graph von f kann diese Steigung nicht annehmen.

5. a) $f(x) = -x^2 + 1$
   $f'(x) = -2x$

$f(-2) = -3$
$f'(-2) = 4$ $\Rightarrow$ $y_T = 4x + 5$

$f(-0,5) = 0,75$
$f'(-0,5) = 1$ $\Rightarrow$ $y_T = x + 1,25$

$f(0) = 1$
$f'(0) = 0$ $\Rightarrow$ $y_T = 1$

$f(1,5) = -1,25$
$f'(1,5) = -3$ $\Rightarrow$ $y_T = -3x + 3,25$

$f(3) = -8$
$f'(3) = -6$ $\Rightarrow$ $y_T = -6x + 10$

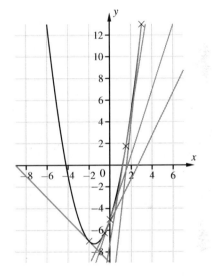

b) $f(x) = x^2 + 3x - 5$
   $f'(x) = 2x + 3$

$f(-2) = -7$
$f'(-2) = -1$ $\Rightarrow$ $y_T = -x - 9$

$f(-0,5) = -6,25$
$f'(-0,5) = 2$ $\Rightarrow$ $y_T = 2x - 5,25$

$f(0) = -5$
$f'(0) = 3$ $\Rightarrow$ $y_T = 3x - 5$

$f(1,5) = 1,75$
$f'(1,5) = 6$ $\Rightarrow$ $y_T = 6x - 7,25$

$f(3) = 13$
$f'(3) = 9$ $\Rightarrow$ $y_T = 9x - 14$

c) $f(x) = -2x^3 + x^2 - 6x + 6$
   $f'(x) = -6x^2 + 2x - 6$

$f(-2) = 38$
$f'(-2) = -34$ $\Rightarrow$ $y_T = -34x - 30$

$f(-0,5) = 9,5$
$f'(-0,5) = -8,5$ $\Rightarrow$ $y_T = -8,5x + 5,25$

$f(0) = 6$
$f'(0) = -6$ $\Rightarrow$ $y_T = -6x + 6$

$f(1,5) = -7,5$
$f'(1,5) = -16,5$ $\Rightarrow$ $y_T = -16,5x + 17,25$

$f(3) = -57$
$f'(3) = -54$ $\Rightarrow$ $y_T = -54x + 105$

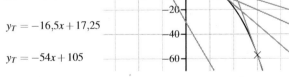

223

d) $f(x) = 4x^3 - 7x$
$f'(x) = 12x^2 - 7$

$f(-2) = -18$
$f'(-2) = 41$ $\Rightarrow$ $y_T = 41x + 64$

$f(-0,5) = 3$
$f'(-0,5) = -4$ $\Rightarrow$ $y_T = -4x + 1$

$f(0) = 0$
$f'(0) = -7$ $\Rightarrow$ $y_T = -7x$

$f(1,5) = 3$
$f'(1,5) = 20$ $\Rightarrow$ $y_T = 20x - 27$

$f(3) = 87$
$f'(3) = 101$ $\Rightarrow$ $y_T = 101x - 216$

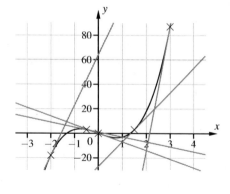

e) $f(x) = 18x^4 + 15x^3 - 24x^2 - 21x$
$f'(x) = 72x^3 + 45x^2 - 48x - 21$

$f(-2) = 114$
$f'(-2) = -321$ $\Rightarrow$ $y_T = -321x - 528$

$f(-0,5) = 3,75$
$f'(-0,5) = 5,25$ $\Rightarrow$ $y_T = 5,25x + 6,375$

$f(0) = 0$
$f'(0) = -21$ $\Rightarrow$ $y_T = -21x$

$f(1,5) = 56,25$
$f'(1,5) = 251,25$ $\Rightarrow$ $y_T = 251,25x - 320,625$

$f(3) = 1584$
$f'(3) = 2184$ $\Rightarrow$ $y_T = 2184x - 4968$

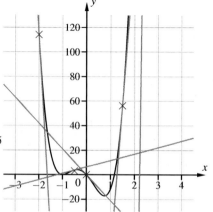

Übungen zu 3.4

224

1. **a)** In den ersten 14 Minuten steigt das Flugzeug gemächlich – mit zwei deutlich erkennbaren Unterbrechungen – auf eine Höhe von 250 m. In dieser Höhe bleibt es ca. 10 Minuten, um dann bis zur 40. Minute langsam eine Höhe von ca. 400 m zu erreichen. In den nächsten 11 Minuten steigt es schneller bis auf eine Höhe von ca. 650 m, wo es ca. 6 Minuten bleibt, um dann ein kleines Stück abzusinken.

   b) Durchschnittliche Steigung in [10; 40]: $\frac{200\,\text{m}}{30\,\text{min}} = 6\frac{2}{3}\frac{\text{m}}{\text{min}}$
   Durchschnittliche Steigung in [30; 60]: $\frac{300\,\text{m}}{30\,\text{min}} = 10\frac{\text{m}}{\text{min}}$

   c) Die errechneten durchschnittlichen Steigungen in b) stimmen mit den Aussagen in a) überein.

2. **a) und b)**   Bis 1990 steigt die Anzahl der Studienanfänger leicht an, bleibt dann bis 1995 etwa auf demselben Niveau. In den nächsten 5 Jahren ist ein sehr starker Anstieg zu beobachten (1996 bis 2000), der der wachsenden Bedeutung des Fachs Informatik gerecht wird. Der Einbruch in den Jahren 2001 bis 2006 ist möglicherweise durch das Platzen der Dotcom-Blase im Jahr 2000 entstanden. Nach 2006 steigen die Anmeldungen wieder wie in den 5 Jahren vor 2001, weil vor allem in der Wirtschaft eine sehr große Nachfrage nach Informatikern existiert.

   c) 1980: ca. 800 Frauen und 4200 Männer   ⇒ Anteil der Frauen 16 %, Anteil der Männer 84 %.
   2011: ca. 10 000 Frauen und 37 000 Männer   ⇒ Anteil der Frauen 21 %, Anteil der Männer 79 %.

3. **a)**

von	nach	Entfernung (in km)	Fahrtdauer (in min)	durchschnittliche Geschwindigkeit (in $\frac{\text{km}}{\text{h}}$)
Köln Hbf.	Köln Messe/Deutz	1	2	30
Köln Messe/Deutz	Köln-Mülheim	5	4	75
Köln-Mülheim	Leverkusen Mitte	9	6	90
Leverkusen Mitte	Düsseldorf Benrath	17	8	127,5
Düsseldorf Benrath	Düsseldorf Hbf.	10	6	100
Düsseldorf Hbf.	Düsseldorf Flughafen	7	5	84
Düsseldorf Flughafen	Duisburg	17	8	127,5
Duisburg	Mülheim	10	4	150
Mülheim	Essen	10	6	100
Essen	Wattenscheid	10	5	120
Wattenscheid	Bochum	6	4	90
Bochum	Dortmund	19	10	114
Köln Hbf.	Dortmund	121	68	106,76

   b) Die Durchschnittsgeschwindigkeiten zwischen den Haltepunkten können nicht die momentanen Geschwindigkeiten wiedergeben, die sich durch Beschleunigen und Bremsen zumindest nach und vor den Haltepunkten ständig ändern. Das bedeutet auch, dass die Höchstgeschwindigkeiten des Zuges erheblich über den Durchschnittsgeschwindigkeiten liegen.

225

4. a) $f(x) = 5x^2 - 2x + 3$ **b)** $g(x) = 3x^3 - 3x^2 - 12x + 12$ **c)** $h(x) = -2x^3 + 5x$ **d)** $k(x) = -2x^2 + 5$
$\quad f'(x) = 10x - 2$ $\qquad g'(x) = 9x^2 - 6x - 12$ $\qquad h'(x) = -6x^2 + 5$ $\qquad k'(x) = -4x$
$\quad f'(-1,4) = -16$ $\qquad g'(-1,4) = 14,04$ $\qquad h'(-1,4) = -6,76$ $\qquad k'(-1,4) = 5,6$
$\quad f'(-1) = -12$ $\qquad g'(-1) = 3$ $\qquad h'(-1) = -1$ $\qquad k'(-1) = 4$
$\quad f'(0) = -2$ $\qquad g'(0) = -12$ $\qquad h'(0) = 5$ $\qquad k'(0) = 0$
$\quad f'(0,5) = 3$ $\qquad g'(0,5) = -12,75$ $\qquad h'(0,5) = 3,5$ $\qquad k'(0,5) = -2$

5. a) $f'(x_0) = \lim\limits_{x \to x_0} \frac{5x^2 - 5x_0^2}{x - x_0} = \lim\limits_{x \to x_0} (5 \cdot (x + x_0)) = \mathbf{10x_0}$
$\quad \Rightarrow \quad f'(x) = 10x$
$\quad f'(x_1) = 4 \Leftrightarrow x_1 = 0,4 \quad \Rightarrow \quad f(0,4) = 0,8 \quad \Rightarrow \quad \mathbf{P(0,4 \mid 0,8)}$
$\quad f'(2) = \mathbf{20}$

b) $f'(x_0) = \lim\limits_{x \to x_0} \frac{2x^2 - 1 - (2x_0^2 - 1)}{x - x_0} = \lim\limits_{x \to x_0} (2 \cdot (x + x_0)) = \mathbf{4x_0}$
$\quad \Rightarrow \quad f'(x) = 4x$
$\quad f'(x_1) = 2 \Leftrightarrow x_1 = 0,5 \quad \Rightarrow \quad f(0,5) = -0,5 \quad \Rightarrow \quad \mathbf{P(0,5 \mid -0,5)}$
$\quad f'(2) = \mathbf{8}$

c) $f'(x_0) = \lim\limits_{x \to x_0} \frac{-3x^2 - 12x + 12 - (-3x_0^2 - 12x_0 + 12)}{x - x_0} = \lim\limits_{x \to x_0} (-3 \cdot (x + x_0) - 12) = \mathbf{-6x_0 - 12}$
$\quad \Rightarrow \quad f'(x) = -6x - 12$
$\quad f'(x_1) = 6 \Leftrightarrow x_1 = -3 \quad \Rightarrow \quad f(-3) = 21 \quad \Rightarrow \quad \mathbf{P(-3 \mid 21)}$
$\quad f'(2) = \mathbf{-24}$

d) $f'(x_0) = \lim\limits_{x \to x_0} \frac{-5x^2 + 10x - (-5x_0^2 + 10x_0)}{x - x_0} = \lim\limits_{x \to x_0} (-5 \cdot (x + x_0) + 10) = \mathbf{-10x_0 + 10}$
$\quad \Rightarrow \quad f'(x) = -10x + 10$
$\quad f'(x_1) = 30 \Leftrightarrow x_1 = -2 \quad \Rightarrow \quad f(-2) = -40 \quad \Rightarrow \quad \mathbf{P(-2 \mid -40)}$
$\quad f'(2) = \mathbf{-10}$

6. a) $f'(x) = 10x - 2$ $\qquad\qquad\qquad\qquad$ **c)** $f'(x) = -6x^2 + 5$
$\quad f'(-1,4) = -16$ $\quad y_T = -16x - 6,8$ $\qquad f'(-1,4) = -6,76$ $\quad y_T = -6,76x - 10,976$
$\quad f'(-1) = -12$ $\quad y_T = -12x - 2$ $\qquad f'(-1) = -1$ $\quad y_T = -x - 4$
$\quad f'(0) = -2$ $\quad y_T = -2x + 3$ $\qquad f'(0) = 5$ $\quad y_T = 5x$
$\quad f'(0,5) = 3$ $\quad y_T = 3x + 1,75$ $\qquad f'(0,5) = 3,5$ $\quad y_T = 3,5x + 0,5$
$\quad f'(3) = 28$ $\quad y_T = 28x - 42$ $\qquad f'(3) = -49$ $\quad y_T = -49x + 108$

b) $f'(x) = 9x^2 - 6x - 12$ $\qquad\qquad\qquad$ **d)** $f'(x) = 4x^3 - 10x + 10$
$\quad f'(-1,4) = 14,04$ $\quad y_T = 14,04x + 34,344$ $\qquad f'(-1,4) = 13,024$ $\quad y_T = 13,024x - 1,7248$
$\quad f'(-1) = 3$ $\quad y_T = 3x + 21$ $\qquad f'(-1) = 16$ $\quad y_T = 16x + 2$
$\quad f'(0) = -12$ $\quad y_T = -12x + 12$ $\qquad f'(0) = 10$ $\quad y_T = 10x$
$\quad f'(0,5) = -12,75$ $\quad y_T = -12,75x + 12$ $\qquad f'(0,5) = 5,5$ $\quad y_T = 5,5x + 1,0625$
$\quad f'(3) = 51$ $\quad y_T = 51x - 123$ $\qquad f'(3) = 88$ $\quad y_T = 88x - 198$

7. a) Am stärksten gebremst wird nach einem langen geraden Streckenabschnitt, weil auf einem solchen Abschnitt eine höhere Geschwindigkeit erreicht werden kann. Dementsprechend wird am stärksten beschleunigt zu Beginn eines langen geraden Streckenabschnitts.

b) Die obige Vermutung stimmt in etwa mit dem Geschwindigkeit-Zeit-Profil überein. Allerdings handelt es sich hier kaum um ein Sicherheitstraining, sondern eher um eine Rennstrecke, da Geschwindigkeiten von über 200 $\frac{km}{h}$ erreicht werden.

8. *Hinweis*: Fehler im 1. Druck der 1. Auflage: Die 2. Kostenfunktion hat die Gleichung 226
$K_2(x) = 0{,}05x^3 - 1{,}5x^2 + 30x + 400$.

Die Beantwortung der Frage hängt natürlich davon ab, wie viele Mengeneinheiten im letzten Jahr produziert wurden und wie die Situation auf dem Verkaufsmarkt war bzw. jetzt ist. Geht man aber allein von der Produktionsseite aus, dann können anhand des Verlaufs der Graphen der Gesamtkostenfunktionen, der Grenzkostenfunktionen und der Stückkostenfunktionen aber einige Aussagen getroffen werden.

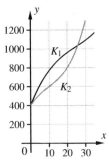 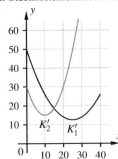 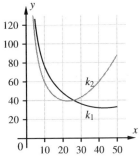

Eine Ausweitung der Produktion mindestens bis zur Wendestelle von K_1 (bei 25 ME) wäre sinnvoll gewesen, da bis dorthin die Grenzkosten abgenommen hätten.

Aber auch mit zunehmenden Grenzkosten - bei einer Produktion über 25 ME hinaus - hätte es durchaus Sinn ergeben, die Produktion bis zum Betriebsoptimum (bei ca. 42 ME) auszudehnen.

Im neuen Jahr ist die Kostensituation, was die oben angesprochenen Punkte betrifft, in jedem Fall schlechter: Die Grenzkosten steigen schon ab 10 ME und das Betriebsoptimum wird viel früher bei ca. 22 ME erreicht. Deshalb wäre es besser gewesen, die Produktion schon im abgelaufenen Jahr zu erhöhen.

Günstiger als im letzten Jahr liegt man bei den Kosten im neuen Jahr, wenn man von der absoluten Kostenhöhe ausgeht: Bis zu einer Produktion von ca. 26 ME liegen bei gleicher Produktionsmenge die Gesamtkosten im neuen Jahr unter denen im alten Jahr.

Die Entscheidung des Unternehmens kann also ohne Kenntnis seiner Gewinnsituation - und damit seiner Erlössituation - nicht bewertet werden.

9. $K'(x) = k_v = 250$ $k(100) = 250 + \frac{7500}{100} = 325$ $k(350) = 250 + \frac{7500}{350} \approx 271{,}43$ $k'(x) = -\frac{7500}{x^2}$

Die Grenzkosten sind für jede Ausbringungsmenge gleich hoch (250 GE/ME), eine Erhöhung der Produktion hat also keinen Einfluss auf ihre Höhe. Geht man allein von der Produktion aus, dann sollte man sie bis an die Kapazitätsgrenze ausweiten, weil mit steigender Produktion die Durchschnittskosten immer weiter sinken ($k'(x) < 0$ für alle $x \in D_{\text{ök}}$), bis sie an der Kapazitätsgrenze ca. 271,43 GE pro ME betragen.

10. *Hinweis*: Der Tipp hätte im 1. Druck der 1. Auflage wie folgt lauten müssen: „Musa glaubt, die Höhe h des Wasserstands in der Wanne (in cm) in Abhängigkeit von der Zeit t (in Minuten) durch die Gleichung $h(t) = 2t^2 - 20t + 50$ beschreiben zu können. Äußern Sie sich dazu."

Die Randbedingungen $h(0) = 50$ und $h(5) = 0$ stimmen mit dem Experiment überein:

Zum Zeitpunkt 0 ist die Wanne bis zu einer Höhe von 50 cm gefüllt, nach 5 Minuten ist sie leer. Da der Druck mit der Höhe abnimmt, wird auch die Abflussgeschwindigkeit geringer. Im Laufe der Zeit wird also der Wasserstand immer langsamer sinken, weil die Abflussgeschwindigkeit kleiner wird. Die Veränderung des Wasserstands wird durch die 1. Ableitung der Funktion h ausgedrückt. Diese ist mit $h'(t) = 4t - 20$ negativ für t aus $[0; 5[$.

Mit der Funktion h könnte also der Wasserstand und seine Veränderung modelliert werden.

11. Die Funktion f beschreibt den Benzinstand in ℓ. Dann gibt die Funktion g mit $g(x) = \frac{1}{1500}x^2$ den Verbrauch (in ℓ) für die ersten x Kilometer wieder.

   a) Der Verbrauch für die ersten 150 km beträgt 15 ℓ, also im Durchschnitt 10 ℓ pro 100 km.

   b) $g'(x) = \frac{1}{750}x$ $g'(50) = \frac{1}{15}$

       Der lokale Benzinverbrauch an der Stelle 50 km beträgt $\frac{1}{15}$ ℓ pro km, also ca. 6,7 ℓ pro 100 km.

   c) Der hohe Durchschnittsverbrauch könnte daraus resultieren, dass der PKW über die ersten 50 km hinaus sehr viel schneller fährt. So ist z. B. der lokale Verbrauch an der Stelle 150 km bereits auf $g'(150) = 0{,}2\,\ell$ pro km, also auf 20 ℓ pro 100 km gestiegen.

Test zu 3.4

228

1. **a)** Kurz vor Beginn des 3. Jahrzehnts und kurz darüber hinaus wird die höchste Zunahme von wirtschaftlich Abhängigen prognostiziert.

   b) Ungefähre Änderungsrate (in % pro Jahr): $\frac{60-34}{2060-2010} = \mathbf{0{,}52}$

2. a)

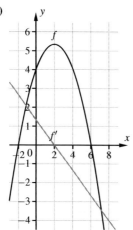

b)

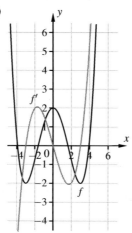

c)

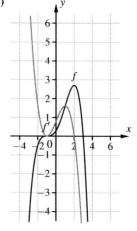

3. $y_T = -12x + 8$

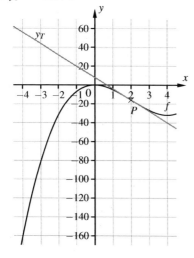

228

4. $f'(x_0) = \lim\limits_{x \to x_0} \dfrac{x^3 - x_0^3}{x - x_0} = \lim\limits_{x \to x_0}(x^2 + x \cdot x_0 + x_0^2) = 3 \cdot x_0^2 \quad \Rightarrow \quad f'(x) = 3x^2$

5. a) $f'(x) = -2x + 6 \qquad g'(x) = 1{,}5x^2$

b) $f'(-2) = 10 \qquad g'(-2) = 6$

c) Die Funktion f hat im Punkt $P(0 \mid 0)$ die Steigung 6. Die Funktion g hat in den Punkten $Q_1(-2 \mid -8)$
und $Q_2(2 \mid 0)$ jeweils die Steigung 6.

6. $v(t) = s'(t) = \begin{cases} 5t & \text{für } t \in [0;\, 6] \\ 30 & \text{für } t \in {]6;\, \infty[} \end{cases}$

a) $v(5) = 25$
$\quad v(7) = 30$

b) $v(6) = 5 \cdot 6 = 30$

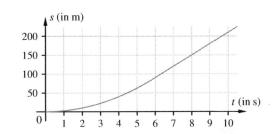

7. Die Aufgabe wird z. T. zeichnerisch gelöst.

$K(x) = x^3 + 8x^2 + 30x + 50$
$K'(x) = 3x^2 - 16x + 30$
$K(4) = 106$
$K'(4) = 14$
$K(8) = 290$
$K'(8) = 94$

Das Unternehmen befindet sich in der Phase des progressiven Kostenverlaufs, da der Übergang vom degressiven zum progressiven Kostenverlauf bereits bei ca. 270 000 Stück war. Dort beliefen sich die Kosten auf ca. 92 000 €. Eine Verdopplung der Produktion von 400 000 auf 800 000 Stück bedeutet fast eine Verdreifachung der Kosten von 106 000 € auf 290 000 €.

Wie ungünstig die Kostensituation ist, kann man auch daran sehen, dass die Grenzkosten bei der beabsichtigten Verdopplung der Produktion von 14 GE/ME auf 94 GE/ME steigen; am geringsten waren sie im Wendepunkt der Kostenkurve mit ca. 9 GE/ME bei einer Produktion von ca. 270 000 Stück.

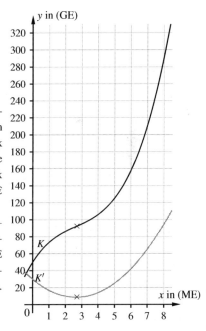

Fazit:

Von einer Verdopplung der Produktion ist aus Kostengründen abzuraten.

3.5   Kurvendiskussion ganzrationaler Funktionen

Einstiegsseite

229

Fragestellung:

Frau Dogan kann anhand der Trendlinie den günstigsten Zeitpunkt für die Markteinführung des Fahrrades ablesen. Sie kann auch mithilfe der Funktion f den Zeitpunkt berechnen. Um die 12 Wochen in kennzeichnende Abschnitte einzuteilen, ist es hilfreich, die Steigungen an einzelnen Stellen zu betrachten.

Lösungsweg:

Der Trendlinie kann man folgende Informationen entnehmen: Von der Einführung bis zum Ende der 5. Woche steigen die Verkaufszahlen an; dabei wird der Anstieg allerdings immer schwächer, bis er etwa am Ende der 5. Woche null beträgt. Vom Anfang der 6. Woche an sinken die Verkaufszahlen bis etwa Mitte der 10. Woche. Der Zeitpunkt des stärksten Rückgangs liegt ungefähr am Anfang der 8. Woche. Ab Mitte der 10. Woche nimmt der Absatz wieder zu, wobei die Zunahme selbst immer größer wird. Mathematisch lassen sich die Zeitpunkte über folgende Gleichungen berechnen:

Höchster Absatz in den ersten Wochen: $f'(x) = 0 \quad \Rightarrow \quad x \approx 5$

Geringster Absatz danach: $\qquad\qquad f'(x) = 0 \quad \Rightarrow \quad x \approx 9{,}43$

Größter Absatzrückgang: $\qquad\qquad f''(x) = 0 \quad \Rightarrow \quad x \approx 7{,}2$

Damit der höchste Absatz in die erste Dezemberwoche fällt, sollte das neue Fahrrad Ende Oktober auf den Markt gebracht werden. Ausgehend von der Trendlinie wird dann der Absatz in den nächsten 5 Wochen steigen, bis er in der 5. Woche gesättigt ist und danach wieder leicht abnimmt.

3.5.1   Monotonieverhalten und Extrempunkte

235

1. **a)** f fällt monoton in $]-6; -2]$ und steigt monoton in $[-2; 6[$. G_f besitzt einen Extrempunkt an der Stelle $x = -2$.

   b) f fällt monoton in $]-2; -1]$, steigt monoton in $[-1; 2]$ und fällt monoton in $[2; 3[$. G_f besitzt Extrempunkte an den Stellen $x = -1$ und $x = 2$.

   c) f steigt monoton in $]-3{,}7; -3]$, fällt monoton in $[-3; 0]$, steigt monoton in $[0; 3]$ und fällt monoton in $[3; 3{,}7[$. G_f besitzt Extrempunkte an den Stellen $x = -3, x = 0$ und $x = 3$.

2.

	f fällt im angegebenen Intervall …		f steigt im angegebenen Intervall …	
	… streng monoton.	… monoton.	… streng monoton.	… monoton.
a) $f'(x) = 2x$	$]-\infty; 0[$	$]-\infty; 0]$	$]0; \infty[$	$[0; \infty[$
b) $f'(x) = 3x^2$			$]-\infty; 0[$ $]0; \infty[$	$]-\infty; \infty[$
c) $f'(x) = 3x^2 - 12$ $= 3 \cdot (x^2 - 4)$	$]-2; 2[$	$[-2; 2]$	$]-\infty; -2[$ $]2; \infty[$	$]-\infty; -2]$ $[2; \infty[$
d) $f'(x) = -3x^2 + 6x$ $= -3x \cdot (x - 2)$	$]-\infty; 0[$ $]2; \infty[$	$]-\infty; 0]$ $[2; \infty[$	$]0; 2[$	$[0; 2]$
e) $f'(x) = x^2 - 2x - 1$	$]1-\sqrt{2}; 1+\sqrt{2}[$	$[1-\sqrt{2}; 1+\sqrt{2}]$	$]-\infty; 1-\sqrt{2}[$ $]1+\sqrt{2}; \infty[$	$]-\infty; 1-\sqrt{2}]$ $[1+\sqrt{2}; \infty[$
f) $f'(x) = x^3 - x^2$ $= x^2 \cdot (x - 1)$	$]-\infty; 0[$ $]0; 1[$	$]-\infty; 1]$	$]1; \infty[$	$[1; \infty[$

235

3. a) $f'(x_E) = 0$

$\Rightarrow x_E = 0{,}5$ $f'(0{,}4) = -0{,}2$ $f'(0{,}6) = 0{,}2$

VZW bei $x_E = 0{,}5$ von „–" nach „+":

$\Rightarrow x_E = 0{,}5$ ist lokale Minimalstelle von f.

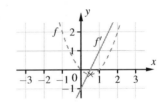

b) $f'(x_E) = 0$

$\Rightarrow x_{E_1} = -1$ $f'(-1{,}1) = 0{,}61$ $f'(-0{,}9) = -0{,}59$

VZW bei $x_E = -1$ von „+" nach „–":

$\Rightarrow x_E = -1$ ist lokale Maximalstelle von f.

$\Rightarrow x_{E_2} = 5$ $f'(4{,}9) = -0{,}59$ $f'(5{,}1) = 0{,}61$

VZW bei $x_E = 5$ von „–" nach „+":

$\Rightarrow x_E = 5$ ist lokale Minimalstelle von f.

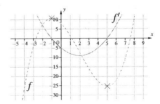

c) $f'(x_E) = 0$

$\Rightarrow x_{E_1} = -1$ $f'(-1{,}1) = 0{,}63$ $f'(-0{,}9) = -0{,}57$

VZW bei $x_E = -1$ von „+" nach „–":

$\Rightarrow x_E = -1$ ist lokale Maximalstelle von f.

$\Rightarrow x_{E_2} = 1$ $f'(0{,}9) = -0{,}57$ $f'(1{,}1) = 0{,}63$

VZW bei $x_E = 1$ von „–" nach „+":

$\Rightarrow x_E = 1$ ist lokale Minimalstelle von f.

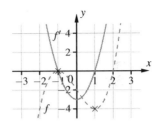

d) $f'(x_E) = 0$

$\Rightarrow x_{E_1} = -1$ $f'(-1{,}1) = -0{,}41$ $f'(-0{,}9) = 0{,}39$

VZW bei $x_E = -1$ von „–" nach „+":

$\Rightarrow x_E = -1$ ist lokale Minimalstelle von f.

$\Rightarrow x_{E_2} = 3$ $f'(2{,}9) = 0{,}39$ $f'(3{,}1) = -0{,}41$

VZW bei $x_E = 3$ von „+" nach „–":

$\Rightarrow x_E = 3$ ist lokale Maximalstelle von f.

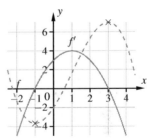

e) $f'(x_E) = 0$

$\Rightarrow x_{E_1} = -2$ $f'(-2{,}1) \approx 0{,}84$ $f'(-1{,}9) \approx -0{,}76$

VZW bei $x_E = -2$ von „+" nach „–":

$\Rightarrow x_E = -2$ ist lokale Maximalstelle von f.

$\Rightarrow x_{E_2} = 2$ $f'(1{,}9) \approx -0{,}02$ $f'(2{,}1) \approx -0{,}02$

Kein VZW bei $x_E = 2$: f hat keine lokale

Extremstelle bei $x_E = 2$.

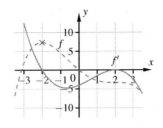

f) $f'(x_E) = 0$

$\Rightarrow x_{E_1} = -3$ $f'(-3{,}1) = -0{,}451$ $f'(-2{,}9) = 0{,}351$

VZW bei $x_E = -3$ von „–" nach „+":

$\Rightarrow x_E = -3$ ist lokale Minimalstelle von f.

$\Rightarrow x_{E_2} = -2$ $f'(-2{,}1) = 0{,}279$ $f'(-1{,}9) = -0{,}319$

VZW bei $x_E = -2$ von „+" nach „–":

$\Rightarrow x_E = -2$ ist lokale Maximalstelle von f.

$\Rightarrow x_{E_3} = 1$ $f'(0{,}9) = -1{,}131$ $f'(1{,}1) = 1{,}271$

VZW bei $x_E = 1$ von „–" nach „+":

$\Rightarrow x_E = 1$ ist lokale Minimalstelle von f.

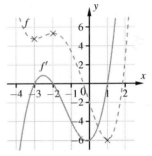

235

4. a) $f'(x) = 6x^2 - 24x + 18$ $f'(x_E) = 0$ $\Rightarrow$ $x_{E_1} = 1$ $x_{E_2} = 3$
Der Graph von f hat in den Punkten $P_1\,(1 \mid 8)$ und $P_2\,(3 \mid 0)$ waagerechte Tangenten.

b) $f'(x) = x^4 + 3x^2 - 4$ $f'(x_E) = 0$ $\Rightarrow$ $x_{E_1} = -1$ $x_{E_2} = 1$
Der Graph von f hat in den Punkten $P_1\,(-1 \mid 2{,}8)$ und $P_2\,(1 \mid -2{,}8)$ waagerechte Tangenten.

c) $f'(x) = 0{,}25x^3 - 0{,}5x^2$ $f'(x_E) = 0$ $\Rightarrow$ $x_{E_1} = 0$ (doppelt) $x_{E_2} = 2$
Der Graph von f hat in den Punkten $P_1\,(0 \mid 1)$ und $P_2\,(2 \mid \frac{2}{3})$ waagerechte Tangenten.

d) $f'(x) = x^3 + 4x^2 - x$ $f'(x_E) = 0$ $\Rightarrow$ $x_{E_1} \approx -4{,}24$ $x_{E_2} = 0$ $x_{E_3} \approx 0{,}24$
Der Graph von f hat in den Punkten $P_1\,(-4{,}24 \mid -35{,}82)$, $P_2\,(0 \mid -6)$ und $P_3\,(0{,}24 \mid -6{,}01)$ zum
Teil angenähert waagerechte Tangenten.

5. a) $x_E = 0$ ist lokale Minimalstelle von f.
$y_T = -1$

b) $x_E = 1$ ist lokale Maximalstelle von f.
$y_T = 0{,}5$

c) $x_E = -1{,}5$ ist lokale Minimalstelle von f.
$y_T = -2{,}25$

d) $x_E = 2$ ist lokale Minimalstelle von f.
$y_T = 1$

e) $x_E = -2$ ist lokale Maximalstelle von f.
$y_T = 7\frac{1}{3}$
$x_E = 3$ ist lokale Minimalstelle von f.
$y_T = -13{,}5$

f) $x_E = -2$ ist lokale Minimalstelle von f.
$y_T = -5\frac{1}{3}$
$x_E = 2$ ist lokale Maximalstelle von f.
$y_T = 5\frac{1}{3}$

g) f hat keine Extremstellen.

h) $x_E = -2$ ist lokale Minimalstelle von f.
$y_T = -16$
$x_E = 0$ ist lokale Maximalstelle von f.
$y_T = 0$
$x_E = 2$ ist lokale Minimalstelle von f.
$y_T = -16$

i) $x_E = -3$ ist lokale Maximalstelle von f.
$y_T = 6{,}75$

j) $x_E = -\frac{8}{3}$ ist lokale Maximalstelle von f.
$y_T = 14{,}5$
$x_E = 0$ ist lokale Minimalstelle von f.
$y_T = 5$

k) $x_E = -3$ ist lokale Minimalstelle von f.
$y_T = 8{,}75$
$x_E = -2$ ist lokale Maximalstelle von f.
$y_T = 9\frac{1}{3}$
$x_E = 1$ ist lokale Minimalstelle von f.
$y_T = -1\frac{11}{12}$

6. $f'(x) = 2x^2 - 4x$

a) $f'(x) = 0$ $\Rightarrow x_1 = 0$ $x_2 = 2$ $f(0) = -1$ $f(2) = -3\frac{2}{3}$ $P_1\,(0 \mid -1)$ $P_2\,(2 \mid -3\frac{2}{3})$

b) $f'(x) = -2$ $\Rightarrow x_{1|2} = 1$ $f(1) = -2\frac{1}{3}$ $P\,(1 \mid -2\frac{1}{3})$

c) $f'(x) = 6$ $\Rightarrow x_1 = -1$ $x_2 = 3$ $f(-1) = -3\frac{2}{3}$ $f(3) = -1$ $P_1\,(-1 \mid -3\frac{2}{3})$ $P_2\,(3 \mid -1)$

7. a) $G'(x) = -1,5x^2 - x + 17$

$G'(x_E) = 0 \quad \Rightarrow \quad x_{E_1} \approx -3,72 \ (\notin D_{ök}) \quad x_{E_2} \approx \mathbf{3,05}$

$G'(3,0) = 0,5 \qquad G'(3,1) = -0,515$

$\Rightarrow x_{E_2} \approx 3,05$ ist Maximalstelle von G.

$G(3,05) \approx 17,01 \quad \Rightarrow \quad \mathbf{G_{max}(3,05 \mid 17,01)}$

Wenn nichts verkauft wird ($x = 0$), fällt ein Verlust in Höhe
der Fixkosten an. Der Verlust wird immer geringer, G_G steigt.
Bei $x = 1$ ist die Gewinnschwelle erreicht. Bei 3,05 verkauften ME ist der Gewinn mit 17,01 GE am größten. Von dort
ab sinkt er und erreicht bei ca. 4,74 ME die Gewinngrenze.
Werden mehr als 4,74 ME verkauft, wird ein Verlust erwirtschaftet.

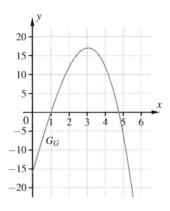

3.5.2 Krümmungsverhalten und Wendepunkte

1. a) G_f ist rechtsgekrümmt in $]-\infty; -1,5[$ und linksgekrümmt in $]-1,5; \infty[$.

G_f hat einen Wendepunkt an der Stelle $-1,5$.

b) G_f ist linksgekrümmt in $]-\infty; 1,5[$ und rechtsgekrümmt in $]1,5; \infty[$.

G_f hat einen Wendepunkt an der Stelle $1,5$.

c) G_f ist linksgekrümmt in $]-\infty; -1,5[$, rechtsgekrümmt in $]-1,5; 1,5[$ und linksgekrümmt in $]1,5; \infty[$.

G_f hat Wendepunkte an den Stellen $-1,5$ und $1,5$.

2. a) $f'(x) = -2x + 4 \qquad\qquad\qquad f''(x) = -2$

G_f ist rechtsgekrümmt für alle $x \in \mathbb{R}$.

b) $f'(x) = 4x - 3 \qquad\qquad\qquad f''(x) = 4$

G_f ist linksgekrümmt für alle $x \in \mathbb{R}$.

c) $f'(x) = -3x^2 \qquad\qquad\qquad f''(x) = -6x$

G_f ist linksgekrümmt in $]-\infty; 0[$ und rechtsgekrümmt $]0; \infty[$.

d) $f'(x) = \frac{1}{6}x^3 - 1,5x^2 \qquad\qquad f''(x) = 0,5x^2 - 3x = 0,5x \cdot (x - 6)$

G_f ist linksgekrümmt in $]-\infty; 0[$; rechtsgekrümmt in $]0; 6[$ und linksgekrümmt in $]6; \infty[$.

e) $f'(x) = -\frac{1}{3}x^3 + 4x \qquad\qquad f''(x) = -x^2 + 4 = -(x + 2) \cdot (x - 2)$

G_f ist rechtsgekrümmt in $]-\infty; -2[$; linksgekrümmt in $]-2; 2[$ und rechtsgekrümmt in $]2; \infty[$.

f) $f'(x) = 1,5x^2 + 3 \qquad\qquad f''(x) = 3x$

G_f ist rechtsgekrümmt in $]-\infty; 0[$ und linksgekrümmt in $]0; \infty[$.

g) $f'(x) = 0,5x^2 - x \qquad\qquad f''(x) = x - 1$

G_f ist rechtsgekrümmt in $]-\infty; 1[$ und linksgekrümmt in $]1; \infty[$.

h) $f'(x) = \frac{1}{3}x^3 + 1,5x^2 - 4x + 1 \qquad f''(x) = x^2 + 3x - 4 = (x + 4) \cdot (x - 1)$

G_f ist linksgekrümmt in $]-\infty; -4[$; rechtsgekrümmt in $]-4; 1[$ und linksgekrümmt in $]1; \infty[$.

238

238

3. a) $f'(x) = x^2$ $f''(x) = 2x$
    $f''(x_W) = 0 \Rightarrow x_W = \mathbf{0}$ $f''(-0,1) = -0,2$ $f''(0,1) = 0,2$ $\Rightarrow W(0 \mid -1)$
                                        $f'(0) = 0$ $\Rightarrow y_{WT} = -1$

b) $f'(x) = x^2 - 2x$ $f''(x) = 2x - 2$
    $f''(x_W) = 0 \Rightarrow x_W = \mathbf{1}$ $f''(0,9) = -0,2$ $f''(1,1) = 0,2$ $\Rightarrow W(1 \mid -\frac{2}{3})$
                                        $f'(1) = -1$ $\Rightarrow y_{WT} = -x + \frac{1}{3}$

c) $f'(x) = \frac{2}{3}x^3 - x^2$ $f''(x) = 2x^2 - 2x$
    $f''(x_W) = 0 \Rightarrow x_{W_1} = \mathbf{0}$ $f''(-0,1) = -0,22$ $f''(0,1) = -0,18$ $\Rightarrow W_1(0 \mid 0)$
                                          $f'(0) = 0$ $\Rightarrow y_{WT1} = 0$
        $\Rightarrow x_{W_2} = \mathbf{1}$ $f''(0,9) = -0,18$ $f''(1,1) = 0,22$ $\Rightarrow W_2(1 \mid -\frac{1}{6})$
                                          $f'(1) = -\frac{1}{3}$ $\Rightarrow y_{WT2} = -\frac{1}{3}x + \frac{1}{6}$

d) $f'(x) = \frac{1}{3}x^3 - x$ $f''(x) = x^2 - 1$
    $f''(x_W) = 0 \Rightarrow x_{W_1} = \mathbf{-1}$ $f''(-1,1) = 0,21$ $f''(-0,9) = -0,19$ $\Rightarrow W_1(-1 \mid -\frac{5}{12})$
                                          $f'(-1) = \frac{2}{3}$ $\Rightarrow y_{WT1} = \frac{2}{3}x + 0,25$
        $\Rightarrow x_{W_2} = \mathbf{1}$ $f''(0,9) = -0,19$ $f''(1,1) = 0,21$ $\Rightarrow W_2(1 \mid -\frac{5}{12})$
                                          $f'(1) = -\frac{2}{3}$ $\Rightarrow y_{WT2} = -\frac{2}{3}x + 0,25$

e) $f'(x) = 3x^2 - 12x + 15$ $f''(x) = 6x - 12$
    $f''(x_W) = 0 \Rightarrow x_W = \mathbf{2}$ $f''(1,9) = -0,6$ $f''(2,1) = 0,6$ $\Rightarrow W(2 \mid 46)$
                                          $f'(2) = 3$ $\Rightarrow y_{WT} = 3x + 40$

f) $f'(x) = 1,5x^2 - 8x + 8$ $f''(x) = 3x - 8$
    $f''(x_W) = 0 \Rightarrow x_W = \frac{8}{3} \approx \mathbf{2,67}$ $f''(2,6) = -0,2$ $f''(2,7) = 0,1$ $\Rightarrow W(\frac{8}{3} \mid \frac{64}{27})$
                                          $f'(\frac{8}{3}) = -\frac{8}{3}$ $\Rightarrow y_{WT} = -\frac{8}{3}x + \frac{256}{27}$

g) $f'(x) = \frac{1}{3}x^3 - 0,5x^2 - 6x + 1$ $f''(x) = x^2 - x - 6$
    $f''(x_W) = 0 \Rightarrow x_{W_1} = \mathbf{-2}$ $f''(-2,1) = 0,51$ $f''(-1,9) = -0,49$ $\Rightarrow W_1(-2 \mid -11\frac{1}{3})$
                                          $f'(-2) = 8\frac{1}{3}$ $\Rightarrow y_{WT1} = 8\frac{1}{3}x + 5\frac{1}{3}$
        $\Rightarrow x_{W_2} = \mathbf{3}$ $f''(2,9) = -0,49$ $f''(3,1) = 0,51$ $\Rightarrow W_2(3 \mid -21,75)$
                                          $f'(3) = -12,5$ $\Rightarrow y_{WT2} = -12,5x + 15,75$

h) $f'(x) = x^4 + x^2$ $f''(x) = 4x^3 + 2x = 4x \cdot (x^2 + 0,5)$
    $f''(x_W) = 0 \Rightarrow x_W = \mathbf{0}$ $f''(-0,1) = -0,204$ $f''(0,1) = 0,204$ $\Rightarrow W(0 \mid 0)$
                                          $f'(0) = 0$ $\Rightarrow y_{WT} = 0$

i) $f'(x) = 2,5x^4 - 6x^2 + 0,25$ $f''(x) = 10x^3 - 12x = 10x \cdot (x^2 - 1,2)$
    $f''(x_W) = 0 \Rightarrow x_{W_1} = \mathbf{0}$ $f''(-0,1) = 1,19$ $f''(0,1) = -1,19$ $\Rightarrow W_1(0 \mid 0)$
                                          $f'(0) = 0,25$ $\Rightarrow y_{WT1} = 0,25x$
        $\Rightarrow x_{W_2} = -\sqrt{1,2} = \mathbf{-1,1}$ $f''(-1,2) = -2,88$ $f''(-1) = 2$ $\Rightarrow W_2(-1,1 \mid 1,57)$
                                          $f'(-1,1) \approx -3,35$ $\Rightarrow y_{WT2} \approx -3,35x - 2,1$
        $\Rightarrow x_{W_3} = \sqrt{1,2} = \mathbf{1,1}$ $f''(1) = -2$ $f''(1,2) = 2,88$ $\Rightarrow W_3(1,1 \mid -1,57)$
                                          $f'(1,1) \approx -3,35$ $\Rightarrow y_{WT3} \approx -3,35x + 2,1$

4. $f'(x) = 1,5x^2 - 4,5x - 1,5$
    $f'(x_P) = 4,5 \Rightarrow 1,5x_P^2 - 4,5x_P - 1,5 = 4,5$ $\Rightarrow x_{P_1} = \mathbf{-1}$ $f(-1) = 8,75$ $\Rightarrow P_1(-1 \mid 8,75)$
                                                        $\Rightarrow x_{P_2} = \mathbf{4}$ $f(4) = 0$ $\Rightarrow P_2(4 \mid 0)$

    $f''(x) = 3x - 4,5$
    $f''(x_P) = 2 \Rightarrow 3x_P - 4,5 = 2$ $x_P = \frac{13}{6}$ $f(\frac{13}{6}) \approx 1,27$ $\Rightarrow P_3(2,2 \mid 11)$

5. $f'(x) = 3x^2 - 1$ $f''(x) = 6x$

a) $f''(x_W) = 0$ $\Rightarrow 6x_W = 0$ $\Rightarrow x_W = 0$ $\Rightarrow f(0) = 0$ $\Rightarrow P_W(0 \mid 0)$
b) $f''(x_K) = 2$ $\Rightarrow 6x_K = 2$ $\Rightarrow x_K = \frac{1}{3}$ $\Rightarrow f(\frac{1}{3}) = -\frac{8}{27}$ $\Rightarrow P_K(\frac{1}{3} \mid -\frac{8}{27})$

6. $f'(x) = -\frac{1}{3}x^3 + 0{,}5x^2 + 2x$ $\qquad$ $f''(x) = -x^2 + x + 2$

$f''(x_\mathrm{W}) = 0$ $\quad\Rightarrow x_{\mathrm{W}_1} = -1$ $\quad W_1(-1\mid 0{,}75)$ $\quad f'(-1) = -\frac{7}{6}$ $\quad y_{\mathrm{WT}_1} = -\frac{7}{6}x - \frac{5}{12}$

$\qquad\qquad\qquad\Rightarrow x_{\mathrm{W}_2} = 2$ $\qquad W_2(2\mid 4)$ $\qquad f'(2) = \frac{10}{3}$ $\qquad y_{\mathrm{WT}_2} = \frac{10}{3}x - \frac{8}{3}$

$y_{\mathrm{WT}_1} = y_{\mathrm{WT}_2}$ $\quad\Rightarrow\quad x = 0{,}5$ $\quad\Rightarrow\quad S(0{,}5\mid -1)$

7. a) $K(x) = 0{,}5x^3 - 3x^2 + 7{,}5x + 16$

$\qquad$ $K'(x) = 1{,}5x^2 - 6x + 7{,}5$

b) $K''(x_\mathrm{W}) = 0$

$\qquad\Rightarrow 3x_\mathrm{W} - 6 = 0$

$\qquad\Rightarrow x_\mathrm{W} = 2$

$\qquad W_K(2\mid 23)$

$\qquad T_{K'}(2\mid 1{,}5)$

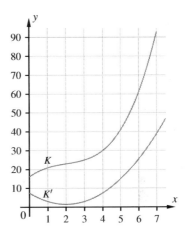

c) Der Tiefpunkt des Graphen der Grenzkostenfunktion liegt an derselben Stelle wie der Wendepunkt des Graphen der Kostenfunktion.

d) Die Kosten steigen zunächst degressiv bis zum Wendepunkt.

Die Grenzkosten fallen bis zum Tiefpunkt.

Die Kosten steigen ab dem Wendepunkt progressiv.

Die Grenzkosten steigen ab dem Tiefpunkt.

3.5.3 Ein weiteres Kriterium zur Bestimmung von Extrem- und Wendepunkten

1. a) f ist eine Funktion dritten Grades, deren Graph einen Hochpunkt in $H(-1\mid f(-1))$, einen Wendepunkt mit Rechts-Links-Krümmungswechsel in $W(1\mid f(1))$ und einen Tiefpunkt in $T(3\mid f(3))$ besitzt.

241

f steigt streng monoton in $]{-\infty};\,-1[$, fällt streng monoton in $]{-1};\,3[$ und steigt streng monoton in $]3;\,\infty[$. G_f ist rechtsgekrümmt in $]{-\infty};\,-1[$ und linksgekrümmt in $]1;\,\infty[$.

b) f ist eine Funktion dritten Grades, deren Graph einen Tiefpunkt in $T(-0{,}3\mid f(-0{,}3))$, einen Wendepunkt mit Links-Rechts-Krümmungswechsel in $W(2\mid f(2))$ und einen Hochpunkt in $H(4{,}2\mid f(4{,}2))$ besitzt.

f fällt streng monoton in $]{-\infty};\,-0{,}3[$, steigt streng monoton in $]{-0{,}3};\,4{,}2[$ und fällt streng monoton in $]4{,}2;\,\infty[$. G_f ist linksgekrümmt in $]{-\infty};\,2[$ und rechtsgekrümmt in $]2;\,\infty[$.

c) f ist eine Funktion vierten Grades. Ihr Graph ist symmetrisch zur y-Achse mit einem 1. Tiefpunkt in $T_1(-1{,}8\mid f(-1{,}8))$, einem 1. Wendepunkt mit Links-Rechts-Krümmungswechsel in $W_1(-1\mid f(-1))$, einem Hochpunkt in $H(0\mid f(0))$, einem 2. Wendepunkt mit Rechts-Links-Krümmungswechsel in $W_2(1\mid f(1))$ und einem 2. Tiefpunkt in $T_2(1{,}8\mid f(1{,}8))$.

f fällt streng monoton in $]{-\infty};\,-1{,}8[$, steigt streng monoton in $]{-1{,}8};\,0[$, fällt streng monoton in $]0;\,1{,}8[$ und steigt streng monoton in $]1{,}8;\,\infty[$. G_f ist linksgekrümmt in $]{-\infty};\,-1[$; rechtsgekrümmt in $]{-1};\,1[$ und linksgekrümmt in $]1;\,\infty[$.

241

2. a) $f'(x) = 3x^2 + 6x \qquad f''(x) = 6x + 6 \qquad f'''(x) = 6$

Extremstellen: $f'(x_E) = 0 \Rightarrow x_{E_1} = -2 \; f''(-2) = -6 \, (< 0; \text{Maximum}) \Rightarrow$ Hochpunkt $H(-2 \mid 4)$

$\Rightarrow x_{E_2} = 0 \quad f''(0) = 6 \, (> 0; \text{Minimum}) \qquad \Rightarrow$ Tiefpunkt $T(0 \mid 0)$

f steigt monoton in $]-\infty; \, -2]$, fällt monoton in $[-2; \, 0]$ und steigt in $[0; \, \infty[$.

Wendestellen: $f''(x_W) = 0 \Rightarrow x_W = -1 \; f'''(-1) = 6 \, (> 0; \text{R-L-KW}) \Rightarrow$ Wendepunkt $W(-1 \mid 2)$

G_f ist rechtsgekrümmt in $]-\infty; \, -1[$ und linksgekrümmt in $]-1; \, \infty[$.

b) $f'(x) = 0{,}75x^2 - 4x + 4 \qquad f''(x) = 1{,}5x - 4 \qquad f'''(x) = 1{,}5$

Extremstellen: $f'(x_E) = 0 \Rightarrow x_{E_1} = \frac{4}{3} \; f''(\frac{4}{3}) = -2 \, (< 0; \text{Maximum}) \Rightarrow$ Hochpunkt $H(\frac{4}{3} \mid 2\frac{10}{27})$

$\Rightarrow x_{E_2} = 4 \quad f''(4) = 2 \, (> 0; \text{Minimum}) \qquad \Rightarrow$ Tiefpunkt $T(4 \mid 0)$

f steigt monoton in $]-\infty; \, \frac{4}{3}]$, fällt monoton in $[\frac{4}{3}; \, 4]$ und steigt in $[4; \, \infty[$.

Wendestellen: $f''(x_W) = 0 \Rightarrow x_W = \frac{8}{3} \; f'''(\frac{8}{3}) = 1{,}5 \, (> 0; \text{R-L-KW}) \Rightarrow$ Wendepunkt $W(\frac{8}{3} \mid 1\frac{5}{27})$

G_f ist rechtsgekrümmt in $]-\infty; \, \frac{8}{3}[$ und linksgekrümmt in $]\frac{8}{3}; \, \infty[$.

c) $f'(x) = 3x^2 - 12x + 9 \qquad f''(x) = 6x - 12 \qquad f'''(x) = 6$

Extremstellen: $f'(x_E) = 0 \Rightarrow x_{E_1} = 1 \; f''(1) = -6 \, (< 0; \text{Maximum}) \Rightarrow$ Hochpunkt $H(1 \mid 4)$

$\Rightarrow x_{E_2} = 3 \quad f''(3) = 6 \, (> 0; \text{Minimum}) \qquad \Rightarrow$ Tiefpunkt $T(3 \mid 0)$

f steigt monoton in $]-\infty; \, 1]$, fällt monoton in $[1; \, 3]$ und steigt in $[3; \, \infty[$.

Wendestellen: $f''(x_W) = 0 \Rightarrow x_W = 2 \; f'''(2) = 6 \, (> 0; \text{R-L-KW}) \Rightarrow$ Wendepunkt $W(2 \mid 2)$

G_f ist rechtsgekrümmt in $]-\infty; \, 2[$ und linksgekrümmt in $]2; \, \infty[$.

d) $f'(x) = 3x^2 - 6x + 3 \qquad f''(x) = 6x - 6 \qquad f'''(x) = 6$

Extremstellen: $f'(x_E) = 0 \Rightarrow x_{E_1} = 1 \; f''(1) = 0$

Es ist hieraus keine Aussage über das Vorliegen eines Extrempunkts möglich.

Wegen $f'(x) = 3(x-1)^2 \geq 0$ steigt f monoton in $]-\infty; \, \infty[$.

Wendestellen: $f''(x_W) = 0 \Rightarrow x_W = 1 \; f'''(1) = 6 \, (> 0; \text{R-L-KW}) \Rightarrow$ Wendepunkt $W(1 \mid 0)$

▶ W ist Sattelpunkt (siehe Kasten im Schülerbuch auf Seite 245)

G_f ist rechtsgekrümmt in $]-\infty; \, 1[$ und linksgekrümmt in $]1; \, \infty[$.

e) $f'(x) = 32x^3 - 6x \qquad f''(x) = 96x^2 - 6 \qquad f'''(x) = 192x$

Extremstellen:

$f'(x_E) = 0 \qquad \Rightarrow x_{E_1} = -\sqrt{\frac{3}{16}} \; f''(-\sqrt{\frac{3}{16}}) = 12 \, (> 0; \text{Minimum}) \Rightarrow$ Tiefpunkt $T_1(-0{,}43 \mid -0{,}28)$

$\Rightarrow x_{E_2} = 0 \qquad f''(0) = -6 \, (< 0; \text{Maximum}) \qquad \Rightarrow$ Hochpunkt $H(0 \mid 0)$

$\Rightarrow x_{E_3} = \sqrt{\frac{3}{16}} \; f''(\sqrt{\frac{3}{16}}) = 12 \, (> 0; \text{Minimum}) \qquad \Rightarrow$ Tiefpunkt $T_2(0{,}43 \mid -0{,}28)$

f fällt monoton in $]-\infty; \, -0{,}43]$, steigt streng monoton in $]-0{,}43; \, 0[$, fällt streng monoton in $]0; \, 0{,}43[$ und steigt streng monoton in $]0{,}43; \, \infty[$.

Wendestellen:

$f''(x_W) = 0 \qquad \Rightarrow x_{W_1} = -\frac{1}{4} \; f'''(-\frac{1}{4}) = -48 \, (< 0; \text{L-R-KW}) \Rightarrow$ Wendepunkt $W_1(-0{,}25 \mid -0{,}16)$

$\Rightarrow x_{W_2} = \frac{1}{4} \; f'''(\frac{1}{4}) = 48 \, (> 0; \text{R-L-KW}) \qquad \Rightarrow$ Wendepunkt $W_2(0{,}25 \mid -0{,}16)$

G_f ist linksgekrümmt in $]-\infty; \, -0{,}25[$, rechtsgekrümmt in $]-0{,}25; \, 0{,}25[$ und linksgekrümmt in $]0{,}25; \, \infty[$.

f) $f'(x) = 4x^3 - 18x^2 + 10x + 24 \qquad f''(x) = 12x^2 - 36x + 10 \qquad f'''(x) = 24x - 36$

241

Extremstellen:

$f'(x_E) = 0 \Rightarrow x_{E_1} \approx -0,85 \quad f''(-0,85) \approx 49 \,(> 0;\ \text{Minimum}) \quad \Rightarrow$ Tiefpunkt $T_1\,(-0,85 \mid -48,58)$

$\Rightarrow x_{E_2} \approx 2,35 \quad f''(2,35) \approx -8,33 \,(< 0;\ \text{Maximum}) \Rightarrow$ Hochpunkt $H\,(2,35 \mid 0,64)$

$\Rightarrow x_{E_3} = 3 \quad f''(3) = 10 \,(> 0;\ \text{Minimum}) \quad \Rightarrow$ Tiefpunkt $T_2\,(3 \mid 0)$

f fällt monoton in $]-\infty;\ -0,85]$, steigt monoton in $[-0,85;\ 2,35]$, fällt monoton in $[2,35;\ 3]$ und steigt monoton in $[3;\ \infty[$.

Wendestellen:

$f''(x_W) = 0 \Rightarrow x_{W_1} \approx 0,31 \quad f'''(0,31) \approx -28,56 \,(< 0;\ \text{L-R-KW}) \Rightarrow$ Wendepkt. $W_1\,(0,31 \mid -28,25)$

$\Rightarrow x_{W_2} \approx 2,69 \quad f'''(2,69) \approx 28,56 \,(> 0;\ \text{R-L-KW}) \quad \Rightarrow$ Wendepunkt $W_2\,(2,69 \mid 0,31)$

G_f ist linksgekrümmt in $]-\infty;\ 0,31[$, rechtsgekrümmt in $]0,31;\ 2,69[$ und linksgekrümmt in $]2,69;\ \infty[$.

g) $f'(x) = x^3 + x^2 - 4x - 4 \qquad f''(x) = 3x^2 + 2x - 4 \qquad f'''(x) = 6x + 2$

Extremstellen:

$f'(x_E) = 0 \Rightarrow x_{E_1} = -2 \quad f''(-2) = 4 \,(> 0;\ \text{Minimum}) \quad \Rightarrow$ Tiefpunkt $T_1\,(-2 \mid 1\tfrac{1}{3})$

$\Rightarrow x_{E_2} = -1 \quad f''(-1) = -3 \,(< 0;\ \text{Maximum}) \Rightarrow$ Hochpunkt $H\,(-1 \mid 1\tfrac{11}{12})$

$\Rightarrow x_{E_3} = 2 \quad f''(2) = 12 \,(> 0;\ \text{Minimum}) \quad \Rightarrow$ Tiefpunkt $T_2\,(2 \mid -9\tfrac{1}{3})$

f fällt monoton in $]-\infty;\ -2]$, steigt monoton in $[-2;\ -1]$, fällt monoton in $[-1;\ 2]$ und steigt monoton in $[2;\ \infty[$.

Wendestellen:

$f''(x_W) = 0 \Rightarrow x_{W_1} \approx -1,54 \quad f'''(-1,54) \approx -7,24 \,(< 0;\ \text{L-R-KW}) \Rightarrow$ Wendepkt. $W_1\,(-1,54 \mid 1,61)$

$\Rightarrow x_{W_2} \approx 0,87 \quad f'''(0,87) \approx 7,22 \,(> 0;\ \text{R-L-KW}) \quad \Rightarrow$ Wendepkt. $W_2\,(0,87 \mid -4,63)$

G_f ist linksgekrümmt in $]-\infty;\ -1,54[$, rechtsgekrümmt in $]-1,54;\ 0,87[$ und linksgekrümmt in $]0,87;\ \infty[$.

h) $f'(x) = -4x^3 + 6x^2 + 6x - 4 \qquad f''(x) = -12x^2 + 12x + 6 \qquad f'''(x) = -24x + 12$

Extremstellen:

$f'(x_E) = 0 \Rightarrow x_{E_1} = -1 \quad f''(-1) = -18 \,(< 0;\ \text{Maximum}) \Rightarrow$ Hochpunkt $H_1\,(-1 \mid 0)$

$\Rightarrow x_{E_2} = 0,5 \quad f''(0,5) = 9 \,(> 0;\ \text{Minimum}) \quad \Rightarrow$ Tiefpunkt $T\,(0,5 \mid -5,06)$

$\Rightarrow x_{E_3} = 2 \quad f''(2) = -18 \,(< 0;\ \text{Maximum}) \Rightarrow$ Hochpunkt $H_2\,(2 \mid 0)$

f steigt monoton in $]-\infty;\ -1]$, fällt monoton in $[-1;\ 0,5]$, steigt monoton in $[0,5;\ 2]$ und fällt monoton in $[2;\ \infty[$.

Wendestellen:

$f''(x_W) = 0 \Rightarrow x_{W_1} \approx -0,37 \quad f'''(-0,37) \approx 20,88 \,(> 0;\ \text{R-L-KW}) \Rightarrow$ Wendepkt. $W_1\,(-0,37 \mid -2,25)$

$\Rightarrow x_{W_2} \approx 1,37 \quad f'''(1,37) \approx -20,88 \,(< 0;\ \text{L-R-KW}) \Rightarrow$ Wendepkt. $W_2\,(1,37 \mid -2,25)$

G_f ist rechtsgekrümmt in $]-\infty;\ -0,37[$, linksgekrümmt in $]-0,37;\ 1,37[$ und rechtsgekrümmt in $]1,37;\ \infty[$.

241

i) $f'(x) = -\frac{1}{3}x^3 + 0{,}5x^2 + 2x$ $f''(x) = -x^2 + x + 2$ $f'''(x) = -2x + 1$

Extremstellen:

$f'(x_E) = 0 \Rightarrow x_{E_1} \approx -1{,}81$ $f''(-1{,}81) = -3{,}1\,(<0;\text{ Maximum}) \Rightarrow$ Hochpunkt $H_1(-1{,}81 \mid 1{,}39)$

$\Rightarrow x_{E_2} = 0$ $f''(0) = 2\,(>0;\text{ Minimum})$ $\Rightarrow$ Tiefpunkt $T(0 \mid 0)$

$\Rightarrow x_{E_3} \approx 3{,}31$ $f''(3{,}31) = -5{,}6\,(<0;\text{ Maximum})$ $\Rightarrow$ Hochpunkt $H_2(3{,}31 \mid 7)$

f steigt streng monoton in $]-\infty;\,-1{,}81[$, fällt streng monoton in $]-1{,}81;\,0[$, steigt streng monoton in $]0;\,3{,}31[$ und fällt streng monoton in $]3{,}31;\,\infty[$.

Wendestellen:

$f''(x_W) = 0 \Rightarrow x_{W_1} = -1$ $f'''(-1) = 3\,(>0;\text{ R-L-KW}) \Rightarrow$ Wendepunkt $W_1(-1 \mid 0{,}75)$

$\Rightarrow x_{W_2} = 2$ $f'''(2) = -3\,(<0;\text{ L-R-KW}) \Rightarrow$ Wendepunkt $W_2(2 \mid 4)$

G_f ist rechtsgekrümmt in $]-\infty;\,-1[$, linksgekrümmt in $]-1;\,2[$ und rechtsgekrümmt in $]2;\,\infty[$.

j) $f'(x) = x^4 + 6x^2 - 12{,}5$ $f''(x) = 4x^3 + 12x$ $f'''(x) = 12x^2 + 12$

Extremstellen:

$f'(x_E) = 0 \Rightarrow x_{E_1} \approx -1{,}28$ $f''(-1{,}28) \approx -24\,(<0;\text{ Maximum}) \Rightarrow$ Hochpunkt $H(-1{,}28 \mid 11{,}12)$

$\Rightarrow x_{E_2} \approx 1{,}28$ $f''(1{,}28) \approx 24\,(>0;\text{ Minimum})$ $\Rightarrow$ Tiefpunkt $T(1{,}28 \mid -11{,}12)$

f steigt streng monoton in $]-\infty;\,-1{,}28[$, fällt streng monoton in $]-1{,}28;\,1{,}28[$ und steigt streng monoton in $]1{,}28;\,\infty[$.

Wendestellen:

$f''(x_W) = 0$ $\Rightarrow$ $x_W = 0$ $f'''(0) = 12\,(>0;\text{ R-L-KW})$ $\Rightarrow$ Wendepunkt $W(0 \mid 0)$

G_f ist rechtsgekrümmt in $]-\infty;\,0[$ und linksgekrümmt in $]0;\,\infty[$.

3. $f(x) = x^3 - 6x^2 + 12x - 8$ $f'(x) = 3x^2 - 12x + 12$ $f''(x) = 6x - 12$ $f'''(x) = 6$

f besitzt keine Extremstellen. An der Stelle $x = 2$ gilt $f'(2) = f''(2) = 0$ und $f'''(2) = 6$. Es handelt sich hier also um eine Wendestelle. Der zugehörige Punkt $W_S(2 \mid 0)$ des Graphen von f hat wegen $f'(2) = 0$ eine waagerechte Wendetangente und ist somit ein Sattelpunkt (siehe Schülerbuch auf Seite 245).

4. $f'(x) = 4x^3$ $f''(x) = 12x^2$

Es gilt zwar $f'(0) = 0$, aber nicht $f''(0) \neq 0$. Somit trifft das hinreichende Kriterium nicht zu und es kann auf diesem Wege keine Aussage über die Existenz einer Extremstelle getroffen werden.

Zum Ziel führt hier das VZW-Kriterium: Wegen $f'(-0{,}1) = -0{,}004$ und $f'(0{,}1) = 0{,}004$ findet ein VZW von „−" nach „+" statt und somit ist $(0 \mid 0)$ der Tiefpunkt des Graphen von f.

Außerdem gilt: Ist $f'(x_E) = 0$ und die erste von null verschiedene Ableitung an der Stelle x_E von gerader Ordnung, dann ist x_E lokale Extremstelle.

5. $f'(x) = 5x^4$ $f''(x) = 20x^3$ $f'''(x) = 60x^2$

Es gilt zwar $f''(0) = 0$, aber nicht $f'''(0) \neq 0$. Somit trifft das hinreichende Kriterium nicht zu und es kann auf diesem Wege keine Aussage über die Existenz einer Wendestelle getroffen werden.

Zum Ziel führt hier das VZW-Kriterium: Wegen $f''(-0{,}1) = -0{,}02$ und $f''(0{,}1) = 0{,}02$ findet ein VZW von „−" nach „+" statt und somit ist $(0 \mid 0)$ der Wendepunkt des Graphen von f.

Außerdem gilt: Ist $f''(x_W) = 0$ und die erste von null verschiedene Ableitung an der Stelle x_W von ungerader Ordnung, dann ist x_W Wendestelle.

6. $G'(x) = -x^2 + 4x + 96$ $G''(x) = -2x + 4$

$G'(x_E) = 0$ $\Rightarrow$ $x_{E_1} = -8\,(\notin D_{ök})$

$\Rightarrow$ $x_{E_2} = 12$ $G''(12) = -20\,(<0;\text{ Maximum})$ $G(12) = 664$

Der maximale Gewinn von 664 GE wird beim Verkauf von 12 ME erreicht.

7. a) $D_{ök} = [0; 10]$

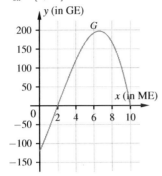

b) $G'(x) = -3x^2 + 12x + 52$ $G''(x) = -6x + 12$

$G'(x_E) = 0 \quad \Rightarrow \quad x_{E_1} = -2{,}62 \ (\notin D_{ök})$

$\qquad\qquad\quad \Rightarrow \quad x_{E_2} = 6{,}62$

$G''(6{,}62) \approx -27{,}6 \ (< 0; \text{ Max.})$

$G(6{,}62) \approx 197{,}07$

Der höchste Gewinn beträgt ca. 197 070 000 € und wird erreicht durch Produktion und Absatz von ca. 6620 Stück.

c) $G''(x) = -6x + 12$ $G'''(x) = -6$

$G''(x_W) = 0 \quad \Rightarrow \quad x_W = 2$

$G'''(2) = -6$ (Maximum des Grenzgewinns)

Der Gewinnanstieg ist bei 2000 Stück am größten.

d) Voraussetzung: produzierte Menge = abgesetzte Menge

Wenn nichts verkauft wird, dann entsteht ein Verlust in Höhe der Fixkosten von 120 Mio. €. Mit zunehmendem Verkauf verringert sich der Verlust, bis bei einem Absatz von 2000 Stück die Gewinnschwelle erreicht wird ($G(x) = 0$). Bei einem Verkauf von 2001 bis 9999 Stück wird ein (positiver) Gewinn erwirtschaftet, die Gewinngrenze liegt bei 10 000 Stück.

In der Gewinnzone wird der maximale Gewinn von ca. 197 Mio. € bei einem Absatz von ca. 6620 Stück erreicht. Die größte Gewinnzunahme wird an der Gewinnschwelle (2000 Stück) erzielt.

3.5.4 Kurvendiskussion ganzrationaler Funktionen

245

1. Die Angabe gerundeter Koordinaten erfolgt auf zwei Dezimalstellen genau. Dadurch ergeben sich gewisse Ungenauigkeiten an den angegebenen Intervallgrenzen.

    a) $H(-1,31 \mid 24,63)$ $T(3,31 \mid -24,63)$ $W(1 \mid 0)$

    f steigt streng monoton im Intervall $]-\infty; -1,31[$, fällt streng monoton im Intervall $]-1,31; 3,31[$ und steigt wieder streng monoton im Intervall $]3,31; \infty[$.

    G_f ist rechtsgekrümmt in $]-\infty; 1[$ bis zum Wendepunkt und dann linksgekrümmt in $]1; \infty[$.

    b) Keine Extrempunkte, Wendepunkt $W(0,5 \mid -17,5)$.

    f fällt streng monoton in $\mathbb{R}$. Der Graph von f ist linksgekrümmt in $]-\infty; 0,5[$ bis zum Wendepunkt und dann rechtsgekrümmt in $]0,5; \infty[$.

    c) Keine Extrempunkte, $W_S(-1 \mid 0)$ ist Sattelpunkt.

    f steigt monoton in $\mathbb{R}$. Der Graph von f ist rechtsgekrümmt in $]-\infty; -1[$ bis zum Wendepunkt und dann linksgekrümmt in $]-1; \infty[$.

    d) $T_1(0 \mid 0)$ $H(3 \mid 20\frac{1}{4})$ $T_2(6 \mid 0)$ $W_1(1,27 \mid 9)$ $W_2(4,73 \mid 9)$

    f fällt monoton in $]-\infty; 0]$, steigt monoton in $[0; 3]$, fällt wieder monoton in $[3; 6]$ und steigt dann wieder monoton in $[6; \infty[$.

    G_f ist linksgekrümmt in $]-\infty; 1,27[$ bis zum 1. Wendepunkt, dann rechtsgekrümmt in $]1,27; 4,73[$ bis zum 2. Wendepunkt und dann wieder linksgekrümmt in $]4,73; \infty[$.

    e) $H_1(-1 \mid 40,5)$ $T(2 \mid 0)$ $H_2(5 \mid 40,5)$ $W_1(0,27 \mid 22,5)$ $W_2(3,73 \mid 22,5)$

    f steigt monoton in $]-\infty; -1]$, fällt monoton in $[-1; 2]$, steigt wieder monoton in $[2; 5]$ und fällt dann wieder monoton in $[5; \infty[$.

    G_f ist rechtsgekrümmt in $]-\infty; 0,27[$ bis zum 1. Wendepunkt, dann linksgekrümmt in $]0,27; 3,73[$ bis zum 2. Wendepunkt und dann wieder rechtsgekrümmt in $]3,73; \infty[$.

    f) $T_1(-0,11 \mid -6,05)$ $H(2,36 \mid 0,17)$ $T_2(3 \mid 0)$ $W_1(0,8 \mid -3,47)$ $W_2(2,7 \mid 0,08)$

    f fällt monoton in $]-\infty; -0,11]$, steigt monoton in $[-0,11; 2,36]$, fällt wieder monoton in $[3,36; 3]$ und steigt dann wieder monoton in $[3; \infty[$.

    G_f ist linksgekrümmt in $]-\infty; 0,8[$ bis zum 1. Wendepunkt, dann rechtsgekrümmt in $]0,8; 2,7[$ bis zum 2. Wendepunkt und dann wieder linksgekrümmt in $]2,7; \infty[$.

2. $f'(x) = 0,5x^3 - 2,25x^2 - 1,5x + 10$ $f''(x) = 1,5x^2 - 4,5x - 1,5$

    $f''(x_P) = 4,5$ $\Rightarrow$ $x_{P_1} = -1$ $f(-1) = -9,875$ $P_1(-1 \mid -9,875)$

    $\Rightarrow$ $x_{P_2} = 4$ $f(4) = 12$ $P_2(4 \mid 12)$

3. Die Aussagen unter b), c), f), h) und j) sind richtig. Die Aussagen unter a), d), e), g) und i) sind falsch.

4. a) Keine Symmetrie;

$\lim\limits_{x \to -\infty} f(x) = -\infty;\quad \lim\limits_{x \to +\infty} f(x) = \infty;$

$x_{N_1} = -1;\ x_{N_2} = 0;\ x_{N_3} = 3;\ S_y(0\,|\,0);$

$H(-0{,}54\,|\,0{,}88);\ T(1{,}87\,|\,-6{,}06);$

$W(0{,}67\,|\,-2{,}59).$

$M_1 = \,]-\infty;\,-0{,}54]:\ f'(-1) = 4$

$\Rightarrow f$ ist in M_1 monoton steigend.

$M_2 = [-0{,}54;\,1{,}87]:\ f'(0) = -3$

$\Rightarrow f$ ist in M_2 monoton fallend.

$M_3 = [1{,}87;\,\infty[:\ f'(2) = 1$

$\Rightarrow f$ ist in M_3 monoton steigend.

$K_1 = \,]-\infty;\,0{,}67[:\ f''(0) = -4$

$\Rightarrow G_f$ ist in K_1 rechtsgekrümmt.

$K_2 = \,]0{,}67;\,\infty[:\ f''(1) = 2$

$\Rightarrow G_f$ ist in K_2 linksgekrümmt.

$f(x) = x^3 - 2x^2 - 3x \quad f''(x) = 6x - 4$

$f'(x) = 3x^2 - 4x - 3 \quad f'''(x) = 6$

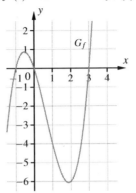

b) Keine Symmetrie;

$\lim\limits_{x \to -\infty} f(x) = -\infty;\quad \lim\limits_{x \to +\infty} f(x) = \infty;$

$x_N = 2$ (dreifach); $S_y(0\,|\,-8);$

keine Extrempunkte;

$W_S(2\,|\,0).$

$M = \,]-\infty;\,\infty[:\ f'(0) = 12$

$\Rightarrow f$ ist in M monoton steigend.

$K_1 = \,]-\infty;\,2[:\ f''(1) = -6$

$\Rightarrow G_f$ ist in K_1 rechtsgekrümmt.

$K_2 = \,]2;\,\infty[:\ f''(3) = 6$

$\Rightarrow G_f$ ist in K_2 linksgekrümmt.

$f(x) = x^3 - 6x^2 + 12x - 8 \quad f''(x) = 6x - 12$

$f'(x) = 3x^2 - 12x + 12 \quad f'''(x) = 6$

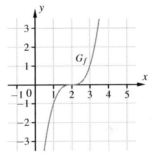

c) Keine Symmetrie;

$\lim\limits_{x \to -\infty} f(x) = \infty;\quad \lim\limits_{x \to +\infty} f(x) = -\infty;$

$x_{N_1} = -3;\ x_{N_2} = -2;\ x_{N_3} = 3;\ S_y(0\,|\,6);$

$T(-2{,}52\,|\,-0{,}46);\ H(1{,}19\,|\,8{,}06);$

$W(-0{,}67\,|\,3{,}8).$

$M_1 = \,]-\infty;\,-2{,}52]:\ f'(-3) = -2$

$\Rightarrow f$ ist in M_1 monoton fallend.

$M_2 = [-2{,}52;\,1{,}19]:\ f'(0) = 3$

$\Rightarrow f$ ist in M_2 monoton steigend.

$M_3 = [1{,}19;\,\infty[:\ f'(3) = -10$

$\Rightarrow f$ ist in M_3 monoton fallend.

$K_1 = \,]-\infty;\,-0{,}67[:\ f''(-1) = 0{,}67$

$\Rightarrow G_f$ ist in K_1 linksgekrümmt.

$K_2 = \,]-0{,}67;\,\infty[:\ f''(0) = -1{,}33$

$\Rightarrow G_f$ ist in K_2 rechtsgekrümmt.

$f(x) = -\tfrac{1}{3}x^3 - \tfrac{2}{3}x^2 + 3x + 6 \quad f''(x) = -2x - \tfrac{4}{3}$

$f'(x) = -x^2 - \tfrac{4}{3}x + 3 \quad f'''(x) = -2$

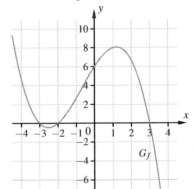

245

d) Keine Symmetrie;

$\lim\limits_{x \to -\infty} f(x) = -\infty; \quad \lim\limits_{x \to +\infty} f(x) = \infty;$

$x_{N_1} = -2; \ x_{N_2} = 4 \text{ (doppelt)}; \ S_y(0 \mid 6);$

$H(0 \mid 6); \ T(4 \mid 0);$

$W(2 \mid 3).$

$M_1 = \,]-\infty; \ 0]: f'(-1) = 2{,}81$

$\Rightarrow f$ ist in M_1 monoton steigend.

$M_2 = [0; \ 4]: f'(1) = -1{,}69$

$\Rightarrow f$ ist in M_2 monoton fallend.

$M_3 = [4; \ \infty[: f'(5) = 2{,}81$

$\Rightarrow f$ ist in M_3 monoton steigend.

$K_1 = \,]-\infty; \ 2[: f''(0) = -2{,}25$

$\Rightarrow G_f$ ist in K_1 rechtsgekrümmt.

$K_2 = \,]2; \ \infty[: f''(4) = 2{,}25$

$\Rightarrow G_f$ ist in K_2 linksgekrümmt.

$f(x) = \frac{3}{16}x^3 - \frac{9}{8}x^2 + 6 \quad f''(x) = \frac{9}{8}x - \frac{9}{4}$

$f'(x) = \frac{9}{16}x^2 - \frac{9}{4}x \qquad f'''(x) = \frac{9}{8}$

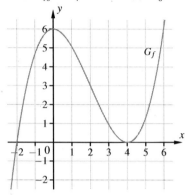

e) Keine Symmetrie;

$\lim\limits_{x \to -\infty} f(x) = -\infty; \quad \lim\limits_{x \to +\infty} f(x) = -\infty;$

$x_{N_1} = 0 \text{ (dreifach)}; \ x_{N_2} = 2; \ S_y(0 \mid 0);$

$H(1{,}5 \mid 1{,}69); \ W_S(0 \mid 0); \ W(1 \mid 1).$

$M_1 = \,]-\infty; \ 1{,}5]: f'(1) = 2$

$\Rightarrow f$ ist in M_1 monoton steigend.

$M_2 = [1{,}5; \ \infty[: f'(2) = -8$

$\Rightarrow f$ ist in M_2 monoton fallend.

$K_1 = \,]-\infty; \ 0[: f''(-1) = -24$

$\Rightarrow G_f$ ist in K_1 rechtsgekrümmt.

$K_2 = \,]0; \ 1[: f''(0{,}5) = 3$

$\Rightarrow G_f$ ist in K_2 linksgekrümmt.

$K_3 = \,]1; \ \infty[: f''(2) = -24$

$\Rightarrow G_f$ ist in K_3 rechtsgekrümmt.

$f(x) = -x^4 + 2x^3 \qquad f''(x) = -12x^2 + 12x$

$f'(x) = -4x^3 + 6x^2 \quad f'''(x) = -24x + 12$

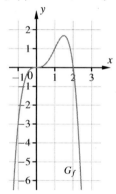

f) Keine Symmetrie;

$\lim\limits_{x \to -\infty} f(x) = -\infty; \quad \lim\limits_{x \to +\infty} f(x) = \infty;$

$x_{N_1} = -1{,}5; \ x_{N_2} = 1; \ x_{N_3} = 2{,}5; \ S_y(0 \mid 3{,}75);$

$H(-0{,}5 \mid 4{,}5); \ T(1{,}83 \mid -1{,}85);$

$W(0{,}67 \mid 1{,}32).$

$M_1 = \,]-\infty; \ -0{,}5]: f'(-1) = 4{,}25$

$\Rightarrow f$ ist in M_1 monoton steigend.

$M_2 = [-0{,}5; \ 1{,}83]: f'(0) = -2{,}75$

$\Rightarrow f$ ist in M_2 monoton fallend.

$M_3 = [1{,}83; \ \infty[: f'(2) = 1{,}25$

$\Rightarrow f$ ist in M_3 monoton steigend.

$K_1 = \,]-\infty; \ 0{,}67[: f''(0) = -4$

$\Rightarrow G_f$ ist in K_1 rechtsgekrümmt.

$K_2 = \,]0{,}67; \ \infty[: f''(1) = 2$

$\Rightarrow G_f$ ist in K_2 linksgekrümmt.

$f(x) = x^3 - 2x^2 - 2{,}75x + 3{,}75 \quad f''(x) = 6x - 4$

$f'(x) = 3x^2 - 4x - 2{,}75 \qquad f'''(x) = 6$

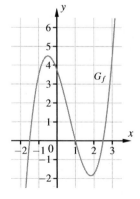

g) Keine Symmetrie;

$\lim\limits_{x\to-\infty} f(x) = \infty$; $\lim\limits_{x\to+\infty} f(x) = -\infty$;

$x_{N_1} = -5$; $x_{N_2} = -1$; $x_{N_3} = 1$; $S_y(0\,|\,1)$;

$T(-3,43\,|\,-3,38)$; $H(0,1\,|\,1,01)$;

$W(-1,67\,|\,-1,19)$.

$M_1 = \,]-\infty;\ -3,43]$: $f'(-4) = -1,4$

$\Rightarrow f$ ist in M_1 monoton fallend.

$M_2 = [-3,43;\ 0,1]$: $f'(0) = 0,2$

$\Rightarrow f$ ist in M_2 monoton steigend.

$M_3 = [0,1;\ \infty[$: $f'(1) = -2,4$

$\Rightarrow f$ ist in M_3 monoton fallend.

$K_1 = \,]-\infty;\ -1,67[$: $f''(-2) = 0,4$

$\Rightarrow G_f$ ist in K_1 linksgekrümmt.

$f(x) = -0,2x^3 - x^2 + 0,2x + 1$ $\quad f''(x) = -1,2x - 2$
$f'(x) = -0,6x^2 - 2x + 0,2$ $\quad f'''(x) = -1,2$

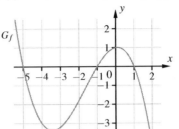

$K_2 = \,]-1,67;\ \infty[$: $f''(0) = -2$

$\Rightarrow G_f$ ist in K_2 rechtsgekrümmt.

h) Achsensymmetrie zur y-Achse;

$\lim\limits_{x\to-\infty} f(x) = \infty$; $\lim\limits_{x\to+\infty} f(x) = \infty$;

$x_{N_1} = -3$; $x_{N_2} = -2$; $x_{N_3} = 2$; $x_{N_4} = 3$;

$S_y(0\,|\,9)$; $T_1(-2,55\,|\,-1,56)$; $H(0\,|\,9)$;

$T_2(2,55\,|\,-1,56)$;

$W_1(-1,47\,|\,3,13)$; $W_2(1,47\,|\,3,13)$.

$M_1 = \,]-\infty;\ -2,55]$: $f'(-3) = -7,5$

$\Rightarrow f$ ist in M_1 monoton fallend.

$M_2 = [-2,55;\ 0]$: $f'(-1) = 5,5$

$\Rightarrow f$ ist in M_2 monoton steigend.

$M_3 = [0;\ 2,55]$: $f'(1) = -5,5$

$\Rightarrow f$ ist in M_3 monoton fallend.

$M_4 = [2,55;\ \infty[$: $f'(3) = 7,5$

$\Rightarrow f$ ist in M_4 monoton steigend.

$K_1 = \,]-\infty;\ -1,47[$: $f''(-2) = 5,5$

$\Rightarrow G_f$ ist in K_1 linksgekrümmt.

$f(x) = 0,25x^4 - 3,25x^2 + 9$ $\quad f''(x) = 3x^2 - 6,5$
$f'(x) = x^3 - 6,5x$ $\quad f'''(x) = 6x$

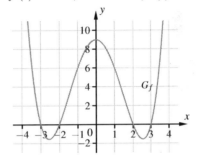

$K_2 = \,]-1,47;\ 1,47[$: $f''(0) = -6,5$

$\Rightarrow G_f$ ist in K_2 rechtsgekrümmt.

$K_3 = \,]1,47;\ \infty[$: $f''(2) = 5,5$

$\Rightarrow G_f$ ist in K_3 linksgekrümmt.

i) Keine Symmetrie;

$\lim\limits_{x\to-\infty} f(x) = \infty$; $\lim\limits_{x\to+\infty} f(x) = -\infty$;

$x_{N_1} = -1$ (doppelt); $x_{N_2} = 5$; $S_y(0\,|\,1)$;

$T(-1\,|\,0)$; $H(3\,|\,6,4)$;

$W(1\,|\,3,2)$.

$M_1 = \,]-\infty;\ -1]$: $f'(-2) = -3$

$\Rightarrow f$ ist in M_1 monoton fallend.

$M_2 = [-1;\ 3]$: $f'(0) = 1,8$

$\Rightarrow f$ ist in M_2 monoton steigend.

$M_3 = [3;\ \infty[$: $f'(4) = -3$

$\Rightarrow f$ ist in M_3 monoton fallend.

$K_1 = \,]-\infty;\ 1[$: $f''(0) = 1,2$

$\Rightarrow G_f$ ist in K_1 linksgekrümmt.

$K_2 = \,]1;\ \infty[$: $f''(2) = -1,2$

$\Rightarrow G_f$ ist in K_2 rechtsgekrümmt.

$f(x) = -0,2x^3 + 0,6x^2 + 1,8x + 1$ $\quad f''(x) = -1,2x + 1,2$
$f'(x) = -0,6x^2 + 1,2x + 1,8$ $\quad f'''(x) = -1,2$

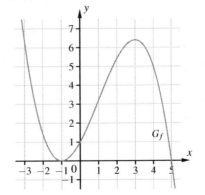

245

Übungen zu 3.5

246

1. **a)** An den Extremstellen von f schneidet der Graph von f' die x-Achse. Da f zunächst streng monoton steigt, muss $G_{f'}$ bis zur 1. Nullstelle oberhalb der x-Achse verlaufen. An der Wendestelle von f hat f' eine Extremstelle und $G_{f''}$ schneidet dort die x-Achse. Da f' zunächst streng monoton fällt, muss $G_{f''}$ bis zu seiner Nullstelle unterhalb der x-Achse verlaufen. Da f'' streng monoton steigt, verläuft $G_{f'''}$ nur oberhalb der x-Achse.

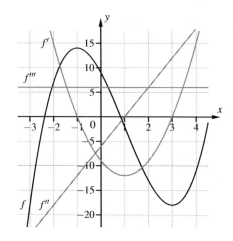

b) An der Sattelpunktstelle berührt $G_{f'}$ die x-Achse von unten, da f an dieser Stelle eine waagerechte Tangente besitzt und ansonsten nur fällt.

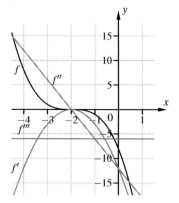

c) Die Überlegungen zu a) gelten auch hier, nur dass f' hier drei Nullstellen an den Extremstellen von f hat. Da f zunächst monoton fällt, verläuft $G_{f'}$ bis zu seiner 1. Nullstelle unterhalb der x-Achse usw.

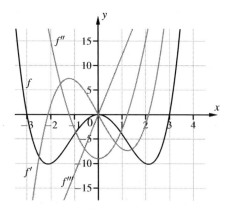

246

2. a) f hat die Nullstellen 0 und 9,5. Die Querschnittslänge des Bergs beträgt somit 9,5 km.

b) $f(x)=-0,004x^3+0,038x^2$ $f'(x)=-0,012x^2+0,076x$ $f''(x)=-0,024x+0,076$ $f'''(x)=-0,024$

$f'(x_E)=0$ $\Rightarrow x_{E_1}=0$ (entfällt)

$\Rightarrow x_{E_2}=6\frac{1}{3}$ $f''(6\frac{1}{3})=-0,076\,(<0;\text{ Maximum})$ $f(6\frac{1}{3})\approx0,508$

Der Berg ist ca. 508 m hoch.

c₁) Der größte Anstieg ist in einem Wendepunkt des Graphen.

$f''(x_W)=0$ $\Rightarrow x_W=3\frac{1}{6}$ $f'''(3\frac{1}{6})=-0,024\,(<0;\text{ L-R-KW})$ $f'(3\frac{1}{6})\approx0,1203\approx12\%$

c₂) Der betragsmäßig größte Anstieg ist am Fuß des Berges. $f'(9,5)=-0,361=-36,1\%$

d) Der größte Anstieg von rechts ist betragsmäßig dreimal so steil wie der größte Anstieg von links.

3. $K'(x)=3,36x^2-33,6x+86$ $K''(x)=6,72x-33,6$ $K'''(x)=6,72$

Der Kostenverlauf ist ertragsgesetzlich; die Kosten steigen zuerst degressiv, bis 5 ME mit Kosten von 200 GE produziert werden (Wendepunkt $W(5\mid200)$). Bis zur Kapazitätsgrenze von 10 ME steigen die Kosten dann progressiv auf eine Höhe von 350 GE.

4. $K'(x)=1,5x^2-8x+12$ $K''(x)=3x-8$ $K'''(x)=3$

$E(x)=(37,5-4x)\cdot x=37,5x-4x^2$ $E'(x)=37,5-8x$ $E''(x)=-8$

$G(x)=-0,5x^3+25,5x-25$ $G'(x)=-1,5x^2+25,5$ $G''(x)=-3x$

Kostensituation: Die Kosten steigen zuerst degressiv, bis sie ca. 38 GE betragen bei einer Produktion von $2\frac{2}{3}$ ME (Wendepunkt $W(2,67\mid38,04)$). Dann steigen die Kosten progressiv an; bis zum rechten Rand des ökonomischen Definitionsbereichs erreichen sie eine Höhe von ca. 198 GE ($K(9,375)\approx198$).

Erlössituation: Die Erlöse steigen von 0 GE auf ein Maximum von 88 GE an, wenn ca. 4,7 ME abgesetzt werden. Dann sinken sie wieder, bis sie bei einem Absatz von 9,375 ME wieder 0 GE betragen.

Gewinnsituation: Der Gewinn steigt von einem Verlust in Höhe der Fixkosten von 25 GE an; beim Verkauf von 1 ME ist die Gewinnschwelle erreicht. Den größten Gewinn von ca. 45,1 GE macht der Monopolist, wenn ca. 4,1 ME produziert und abgesetzt werden. Von dort ab sinkt der Gewinn wieder auf 0 GE an der Gewinngrenze von ca. 6,6 ME. Danach entstehen immer größer werdende Verluste.

Im Gewinnmaximum bietet das Unternehmen seine Güter zum Preis von 21,1 GE pro ME an ($p_N(4,1)=21,1$; **Cournot-Punkt $C(4,1\text{ ME}\mid21,1\text{ GE})$**, siehe Schülerbuch S. 255).

5. a) $f(t)=0,125t^3-3t^2+18t$ $f'(t)=0,375t^2-6t+18$ $f''(t)=0,75t-6$ $f'''(t)=0,75$

$f(t_N)=0$ $\Rightarrow t_{N_1}=\mathbf{0}$

$\Rightarrow t_{N_2}=\mathbf{12}$ $\Rightarrow$ Das Medikament wird 12 Stunden lang im Blut nachgewiesen.

b) $f'(t_E)=0$ $\Rightarrow t_{E_1}=4$ $f''(4)=-3\,(<0;\text{ Maximum})$ $H(\mathbf{4}\mid\mathbf{32})$

$\Rightarrow t_{E_2}=12$ $f''(12)=3\,(>0;\text{ Minimum})$

Die Medikamentenkonzentration im Blut nimmt zu und erreicht nach 4 Stunden den höchsten Wert von 32 mg/ℓ. Danach nimmt die Konzentration innerhalb der nächsten 8 Stunden bis auf den Wert 0 ab.

c) $f''(t_W)=0$ $\Rightarrow t_W=8$ $f'''(8)=0,75\,(>0,\text{ R-L-KW})$

$f(8)=16$ $\Rightarrow W(\mathbf{8}\mid\mathbf{16})$

$f'(8)=-6$ Nach 8 Stunden ist der Zeitpunkt erreicht, zu dem das Medikament mit 6 mg/ℓ pro Stunde am schnellsten abgebaut wird.

d) Tangente: $m_T=-6$ $f(8)=16$ $\Rightarrow$ $y_T=-6t+64$

$y_T=0$ $\Rightarrow$ $t=10\frac{2}{3}$

Statt nach 12 Stunden würde das Medikament nun nach insgesamt 10 Stunden und 40 Minuten vollständig abgebaut.

e) Siehe rechte Zeichnung.

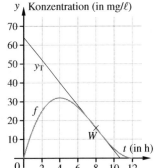

Test zu 3.5

248

1. $f(x) = 0{,}25x^3 - 2x^2 + 4x$ $f'(x) = 0{,}75x^2 - 4x + 4$ $f''(x) = 1{,}5x - 4$ $f'''(x) = 1{,}5$

f steigt monoton im Intervall $]-\infty;\ \frac{4}{3}]$ bis zum Hochpunkt $H\left(\frac{4}{3}\mid\frac{64}{27}\right)$ des Graphen von f, fällt monoton in $\left[\frac{4}{3};\ 4\right]$ bis zum Tiefpunkt $T(4\mid 0)$ des Graphen von f und steigt wieder monoton in $[4;\ \infty[$. G_f ist rechtsgekrümmt in $]-\infty;\ \frac{8}{3}[$ bis zum Wendepunkt $W\left(\frac{8}{3}\mid\frac{32}{27}\right)$ und dann linksgekrümmt in $]\frac{8}{3};\ \infty[$.

2. $G'(x) = -0{,}75x^2 + 15x + 1600$ $G''(x) = -1{,}5x + 15$

Die Gewinnschwelle liegt bei 30 ME, die Gewinngrenze bei 80 ME ($G(x) = 0$). In der Gewinnzone [30; 80] liegt das Gewinnmaximum; es wird erzielt in Höhe von ca. 21 271,6 GE bei einem Verkauf von ca. 57,26 ME ($G'(x) = 0$).

3. a) Aus der Zeichnung lassen sich am Graphen G_f Tiefpunkt $T_1\,(-1{,}25\mid -3{,}2)$, Hochpunkt $H\,(0{,}8\mid 1{,}5)$, Tiefpunkt $T_2\,(2{,}7\mid -0{,}8)$, Wendepunkt $W_1\,(-0{,}5\mid -1)$ und Wendepunkt $W_2\,(0{,}75\mid 0{,}5)$ näherungsweise ablesen.

f fällt streng monoton in $]-\infty;\ -1{,}25[$, steigt dann streng monoton in $]-1{,}25;\ 0{,}8[$, fällt wieder streng monoton in $]0{,}8;\ 2{,}7[$ und steigt danach wieder streng monoton in $]2{,}7;\ \infty[$.

G_f ist linksgekrümmt bis zum vermuteten 1. Wendepunkt W_1, dann rechtsgekrümmt bis zum vermuteten 2. Wendepunkt W_2 und dann wieder linksgekrümmt.

b) *Hinweis:* Fehler im 1. Druck der 1. Auflage: Der Graph von A beginnt erst bei $x = 3$.

Der Absatz beginnt am Anfang des 4. Monats und endet am Ende des 9. Monats. Er steigt an bis zu einer maximalen Menge von knapp über 3500 Stück am Ende des 4. Monats und sinkt dann auf 0 Stück am Ende des 9. Monats. Der stärkste Absatzrückgang findet etwa am Ende des 7. Monats statt.

4. a)

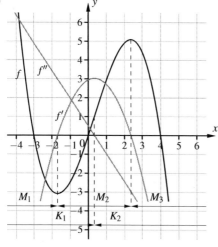

b)

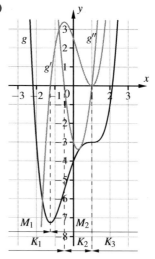

5. $f(x) = x^3 - 1{,}5x^2 - 6x$

$f'(x) = 3x^2 - 3x - 6$

$f''(x) = 6x - 3$

$f'''(x) = 6$

$x \to -\infty \;\Rightarrow\; f(x) \to -\infty$

$x \to +\infty \;\Rightarrow\; f(x) \to +\infty$

Der Graph von f ist weder punktsymmetrisch zum Koordinatenursprung noch achsensymmetrisch zur y-Achse.

$S_y(0\,|\,0)$

$f(x_N) = 0 \;\Rightarrow\; x_{N_1} \approx -\mathbf{1{,}81}$

$\Rightarrow\; x_{N_2} = \mathbf{0}$

$\Rightarrow\; x_{N_3} \approx \mathbf{3{,}31}$

$f'(x_E) = 0$ und $f''(x_E) \neq 0 \Rightarrow x_{E_1} = -1 \Rightarrow$ Hochpunkt $\boldsymbol{H(-1\,|\,3{,}5)}$

$\phantom{f'(x_E) = 0 \text{ und } f''(x_E) \neq 0 \Rightarrow } x_{E_2} = 2 \;\;\Rightarrow$ Tiefpunkt $\boldsymbol{T(2\,|\,-10)}$

f steigt monoton in $]-\infty;\,-1]$, fällt monoton in $[-1;\,2]$ und steigt monoton in $[2;\,\infty[$.

$f''(x_W) = 0$ und $f'''(x_W) \neq 0 \;\Rightarrow\; x_W = 0{,}5$

$\Rightarrow$ Wendepunkt $\boldsymbol{W(0{,}5\,|\,-3{,}25)}$

G_f ist rechtsgekrümmt im Intervall $]-\infty;\,0{,}5[$ und linksgekrümmt im Intervall $]0{,}5;\,\infty[$.

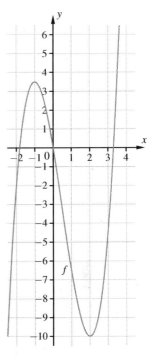

6. a) $G(x_N) = 0 \;\Rightarrow\; x_{GS} = \mathbf{2}\quad x_{GG} = \mathbf{8}$

Die Gewinnzone $[2;\,8]$ liegt unter der Kapazitätsgrenze.

b) $G'(x) = 0{,}75x^2 - 9x + 24$

$G''(x) = 1{,}5x - 9$

$\boldsymbol{G_{max}(4\,|\,8)}$

Der maximale Gewinn von 8 GE wird erreicht bei einer Produktion und einem Absatz von 4 ME.

c) $G'(0) = 24$

Der größte Gewinnzuwachs ist am Anfang, wenn ein Verlust ein Höhe der Fixkosten entsteht; der Zuwachs beträgt 24 GE pro ME.

$G''(x) = 0 \;\Rightarrow\; x_W = \mathbf{6}$

$G'''(6) = 1{,}5\,(> 0,\, \text{R-L-KW})$

$G'(6) = -3$

Der stärkste Gewinnrückgang ist bei einem Absatz von 6 ME; er beträgt 3 GE pro ME.

d) Siehe rechte Zeichnung.

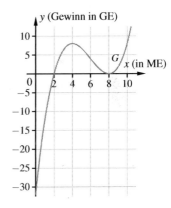

Exkurs: Das Newton'sche Näherungsverfahren

252

1. *Hinweis*: Im 1. Druck der 1. Auflage fehlte jeweils die Angabe des Intervalls, in dem die jeweilige Nullstelle liegt.

   Eine Funktion ungeraden Grades muss mindestens eine Nullstelle besitzen. Keine der angegebenen Funktionen hat Extremstellen in der Nähe der Startwerte.

   a) $f(3) = -9$ $f(4) = 9$ $x_0 = 3,613470268$

   b) $f(3) = -13$ $f(4) = 9$ $x_0 = 3,685779526$

   c) $f(1) = -0,5$ $f(2) = 1$ $x_0 = 1,543689013$

   d) $f(0) = -1$ $f(1) = 0,25$ $x_0 = 0,823907173$

   e) $f(2) = 2$ $f(3) = -7$ $x_0 = 2,35930486$

   f) $f(-2) = -3$ $f(-1) = 7$ $x_0 = -1,924051105$

   g) $f(1) = -2$ $f(2) = 36$ $x_0 = 1,184954067$

   h) $f(0) = -1$ $f(1) = 1,9$ $x_0 = 0,70051963$

2. $A'(t) = \frac{1}{3}t^2 - \frac{14}{3}t + 15$

   Bestimmung der Nullstellen von A mithilfe des Newton-Verfahrens:

   $t_0 = 3$ $t_1 = 3,25$ $t_2 \approx 3,27432712$ $t_3 \approx 3,27455125$ $t_4 \approx 3,27455126$

   $t_0 = 8$ $t_1 = 7,5$ $t_2 \approx 7,6011396$ $t_3 \approx 7,60146554$ $t_4 \approx 7,60146556$

   $t_0 = 11$ $t_1 = 10,36\overline{1}$ $t_2 \approx 10,1492741$ $t_3 \approx 10,1243227$ $t_4 \approx 10,1239832$

   Das Intervall für die **Absatzzone** ist **[327 455; 760 147]** wegen $A(5) \approx 2,56$ und $A(9) = -1$ ($\Rightarrow$ „negativer Absatz" zwischen $t = 7,6$ und $t = 10,1$).

3. $G'(x) = -1,5x^2 + 10x + 0,5$

   Bestimmung der Nullstellen von G mithilfe des Newton-Verfahrens:

   $x_0 = -1$ $x_1 = -0,\overline{90}$ $x_2 \approx -0,90366464$ $x_3 \approx -0,90364545$ $x_4 \approx -0,90364545 \; (\notin D_{\text{ök}})$

   $x_0 = 1$ $x_1 = 0,\overline{8}$ $x_2 \approx 0,883538$ $x_3 \approx 0,883525$ $x_4 \approx 0,883525$

   $x_0 = 10$ $x_1 = 10,\overline{02}$ $x_2 \approx 10,020120$ $x_3 \approx 10,020120$ $x_4 \approx 10,020120$

   Gewinnzone: [0,883525; 10,020120], da $0,90364545 \notin D_{\text{ök}}$.

4. A:

   $k_A(x) = 0,5x^2 - 4,5x + 15 + \frac{5}{x}$ $k_A' = x - 4,5 - \frac{5}{x^2}$ $k_A''(x) = 1 + \frac{10}{x^3}$

   Bestimmung der Nullstellen von k_A' mithilfe des Newton-Verfahrens:

   $x_0 = 5$ $x_1 = 4,7\overline{2}$ $x_2 \approx 4,72408$ $x_3 \approx 4,72408$ $x_4 \approx 4,72408$

   Filiale A produziert am kostengünstigsten bei ca. 4,72408 ME.

   B:

   $k_B(x) = 0,2x^2 - 1,8x + 6 + \frac{18}{x}$ $k_B'(x) = 0,4x - 1,8 - \frac{18}{x^2}$ $k_B''(x) = 0,4 + \frac{36}{x^3}$

   Bestimmung der Nullstellen von k_B' mithilfe des Newton-Verfahrens:

   $x_0 = 6$ $x_1 = 5,823529$ $x_2 \approx 5,825849$ $x_3 \approx 5,825849$ $x_4 \approx 5,825849$

   Filiale B produziert am kostengünstigsten bei ca. 5,825849 ME.

3.6 Anwendungen der Differenzialrechnung

Einstiegsseite

Fragestellung:

253

Um den maximalen Gewinn zu berechnen, muss Frau Lotto die Gewinnfunktion aufstellen. Dazu nutzt sie den Verkaufspreis für das Aufstellen der Erlösfunktion. Die Gewinnfunktion ist die Differenz aus Kosten- und Erlösfunktion.

Lösungsweg:

Zuerst stellt Frau Lotto die Gleichung der Erlösfunktion auf: Mit einem Verkaufspreis von 1260 € pro Rad wird bei einem Absatz von x Fahrrädern ein Erlös von 1260x erzielt: $E(x) = 1260x$

Frau Lotto weiß, dass Gewinn nur dann erwirtschaftet wird, wenn die Erlöse aus dem Verkauf größer sind als die Kosten der Produktion. An den Graphen der Erlös- und der Kostenfunktionen kann sie ablesen, dass etwa zwischen 14 und 55 produzierten und verkauften Rädern Gewinn erzielt wird, weil an diesen Stellen die Schnittpunkte zwischen den Graphen der Erlös- und Kostenfunktionen liegen. Diese Aussage untermauert Frau Lotto, indem sie die Erlöse und die Kosten für 13 und 14 bzw. für 54 und 55 Räder berechnet und in einer Wertetabelle darstellt, in der sie zusätzlich die Höhe des Gewinns einträgt als Differenz zwischen Erlösen und Kosten:

x	13 Räder	14 Räder	54 Räder	55 Räder
E	16 380,00 €	17 460,00 €	68 040,00 €	69 300,00 €
K	16 977,30 €	17 269,60 €	66 517,60 €	70 237,50 €
G	−597,30 €	370,40 €	1 522,40 €	−937,50 €

Der Gewinnbereich beginnt also beim Verkauf von 14 und endet beim Absatz von 54 Rädern.

Der höchste Gewinn liegt zwischen der Gewinnschwelle und der Gewinngrenze. Er wird genau bei der Ausbringungsmenge erreicht, an der die Grenzerlöse gleich den Grenzkosten sind: $E'(x) = K'(x)$

Denn dort, wo die Grenzerlöse größer sind als die Grenzkosten, lässt sich der Gewinn noch steigern, indem mehr produziert bzw. abgesetzt wird. Sind aber die Grenzkosten größer als die Grenzerlöse, dann wird man die Produktion bzw. den Absatz zurückfahren.

Deshalb ermittelt Frau Lotto die Stelle, an der die Grenzkosten genauso hoch sind wie die Grenzerlöse: $E'(x_S) = K'(x_S)$, also $1260 = 2{,}7x^2 - 100x + 1150$. Diese Bedingung wird erfüllt, wenn 38 Räder verkauft werden.

Als Frau Lotto die Höhe des maximalen Gewinns berechnen will und dazu erst einmal die Gewinnfunktion aufstellt, stellt sie fest, dass diese Funktion als Differenz der Erlös- und der Kostenfunktion nicht quadratisch, sondern kubisch ist: $G(x) = E(x) - K(x) = -0{,}9x^3 + 50x^2 + 110x - 8500$

3.6.1   Ökonomische Anwendungen der Kurvendiskussion

264

1. **a)** $E(x) = 5x$

    b) $G(x) = -0,125x^3 + 1,5x^2 - x - 12$

    c) $G(x_N) = 0 \quad \Rightarrow \quad x_{N_1} = -2,32 \notin D_{ök}$
    $\qquad\qquad\qquad \Rightarrow \quad x_{N_2} \approx 4 \qquad\qquad \Rightarrow \quad$ Gewinnschwelle: 4 ME
    $\qquad\qquad\qquad \Rightarrow \quad x_{N_3} \approx \mathbf{10,32} \qquad \Rightarrow \quad$ Gewinngrenze: 10,3 ME

    d) $G'(x) = -0,375x^2 + 3x - 1 \qquad G''(x) = -0,75x + 3$
    $\quad G'(x) = 0 \quad \Rightarrow \quad x_{E_1} \approx 0,35 \qquad G''(x_{E_1}) > 0$
    $\qquad\qquad\qquad \Rightarrow \quad x_{E_2} \approx 7,65 \qquad G''(x_{E_2}) < 0 \quad \Rightarrow \quad G(7,65) \approx 12,17$

    Das Gewinnmaximum wird bei einer Ausbringungsmenge von 7,65 ME erreicht und beträgt ca. 12,17 GE.

2. **a)** $K_v(x) = 0,5x^3 - 3x^2 + 8x \qquad K'(x) = 1,5x^2 - 6x + 8$

x (in ME)	0	1	2	3	4	5	6
$K(x)$ (in GE)	8	13,5	16	18,5	24	35,5	56
$K_v(x)$ (in GE)	0	5,5	8	10,5	16	27,5	48
$K'(x)$ (in GE)	8	3,5	2	3,5	8	15,5	26

    b)

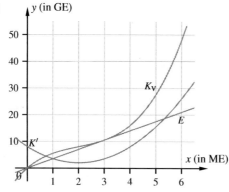

    c) $K''(x_E) = 3x_E - 6 = 0 \quad \Leftrightarrow \quad x_E = 2 \qquad K'''(2) = 3(>0) \qquad K'(2) = 2 \quad \Rightarrow \quad T_{K'}(2|2)$

    d) Die Graphen von K_v und K besitzen an der Stelle 2 einen Wendepunkt mit einem Rechts-Links-Krümmungswechsel.

    e_1) $k_v(x) = 0,5x^2 - 3x + 8 \qquad k_v'(x) = x - 3 \qquad k_v''(x) = 1$
    $\quad k_v'(x_E) = 0 \quad \Leftrightarrow \quad x_E = \mathbf{3} \qquad k_v''(3) = 1 \ (>0; \text{ Minimum}) \qquad k_v(3) = \mathbf{3,5}$
    Betriebsminimum (BM): 3 ME
    Kurzfristige Preisuntergrenze (KPU): 3,5 GE $\quad \Rightarrow \quad E(x) = 3,5x$

    e_2) Siehe b).

    e_3) Die Erlösgerade ist eine Ursprungsgerade mit der Steigung 3,5. Der Graph von K_v hat im Intervall vom Koordinatenursprung bis zum Wendepunkt $(2\,|\,8)$ eine Rechtskrümmung (degressiver Kostenverlauf). Rechts vom Wendepunkt hat der Graph von K_v eine Linkskrümmung (progressiver Kostenverlauf).

264

3. $E(x) = 0 \;\Rightarrow\; D_{\text{ök}} = [0;\, 1000]$

Cournot-Punkt: $G'(x) = 0 \Leftrightarrow E'(x) - K'(x) = 0 \Leftrightarrow E'(x) = K'(x) \Leftrightarrow -x + 500 = 100 \Leftrightarrow x = \mathbf{400}$

$p(x) = -0,5x + 500 \qquad p(400) = 300 \qquad \mathbf{C(400 \mid 300)}$

Der ökonomische Definitionsbereich umfasst die Mengeneinheiten, für die der Erlös nicht negativ ist. Der Cournot-Punkt liegt auf dem Graphen der Preis-Absatz-Funktion an der Stelle $x = 400$, an der der Gewinn maximal ist. Zur Gewinnmaximierung muss der Betrieb 400 ME zu einem Preis von 300 GE pro ME absetzen.

4. a) $A_2(0) = A_1(0) = 150$

$A_2(12) = A_1(12) = 204$

$\Rightarrow \quad \mathbf{A_2(t) = 4,5\,t + 150}$

b) $A_1'(t) = 1,5t^2 - 18t + 40,5$

$A_1'(t_E) = 0 \;\Rightarrow\; t_{E_1} = 3 \quad t_{E_2} = 9$

$A_1'(t) < 0 \;\Rightarrow\; \mathbf{3 < x < 9}$

Von Anfang April bis Ende September würde der Absatz des Herstellers A zurückgehen.

c) $A_1''(t) = 0 \;\Leftrightarrow\; 3t - 18 = 0$

$\Rightarrow \quad \mathbf{t = 6}$

$A_1'(6) = \mathbf{-13,5}$

Der stärkste Absatzrückgang wäre Anfang Juli mit $-13,5$ ME pro Monat. (Die höchste Zunahme des Absatzes ist Anfang Januar mit $A'(0) = A'(12) = 40,5$.).

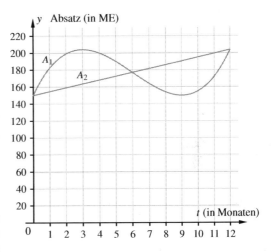

d) $D(t) = A_1(t) - A_2(t) = 0,5t^3 - 9t^2 + 36t \qquad D'(t) = 1,5t^2 - 18t + 36 \qquad D''(t) = 3t - 18$

$D'(t_E) = 0 \;\Rightarrow\; t_{E_1} \approx \mathbf{2,54} \quad D''(2,5) = -10,5\,(<0) \quad D(2,54) \approx \mathbf{41,57}$

$\qquad\qquad\qquad\quad t_{E_2} \approx \mathbf{9,46} \quad D''(9,5) = 10,5\,(>0) \quad D(9,46) \approx \mathbf{-41,57}$

Mitte März und Mitte Oktober sind die größten Unterschiede beim Absatz zu erwarten: Mitte März würde Hersteller A ca. 41,57 ME mehr absetzen als Hersteller B und Mitte Oktober würde Hersteller B ca. 41,57 ME mehr absetzen als Hersteller A.

5. a) $k_v(x) = 1,2x^2 - 10,8x + 36 \qquad k_v'(x) = 2,4x - 10,8 \qquad k_v''(x) = 2,4$

$k_v'(x_E) = 0 \;\Leftrightarrow\; x_E = \mathbf{4,5} \quad k_v''(4,5) = 2,4\,(>0;\ \text{Minimum})$

$k_v(4,5) = 11,7 \;\Rightarrow\; \mathbf{BM(4,5 \mid 11,7)}$

Das Betriebsminimum ist erreicht, wenn 4,5 ME produziert werden. Bei dieser Produktionsmenge sind die durchschnittlichen variablen Kosten (variablen Stückkosten) am geringsten.

Die kurzfristige Preisuntergrenze (KPU) beträgt 11,7 GE pro ME. Preise unterhalb von 11,7 GE pro ME können nie die variablen Stückkosten decken.

b) $k(x) = 1,2x^2 - 10,8x + 36 + \frac{30}{x} \qquad k'(x) = 2,4x - 10,8 - \frac{30}{x^2} \qquad k''(x) = 2,4 + \frac{60}{x^3}$

$k'(x_E) = 0 \;\Leftrightarrow\; x_E = \mathbf{5} \quad k''(5) = 2,88\,(>0;\ \text{Minimum})$

$k(5) = 18 \;\Rightarrow\; \mathbf{BO(5 \mid 18)}$

Das Betriebsoptimum ist erreicht, wenn 5 ME produziert werden. Bei dieser Produktionsmenge sind die durchschnittlichen Kosten (Stückkosten) am geringsten.

Die langfristige Preisuntergrenze (LPU) beträgt 18 GE pro ME. Preise unterhalb von 18 GE/ME können nie die Stückkosten decken.

3.6.2   Extremwertprobleme

270

1. $p(x) = 10 - 0,25x$

    $G(x) = ((10 - 7) - 0,25x) \cdot (10\,000 + 1000x) = -250x^2 + 500x + 30\,000$

    $G'(x) = -500x + 500$

    $G'(x_E) = 0 \quad \Rightarrow \quad x_E = \mathbf{1} \quad \Rightarrow \quad p(1) = \mathbf{9,75}$

    $G(1) = \mathbf{30\,250}$

    Bei einem Preis von $9,75\,€/\mathrm{kg}$ wird mit $30\,250\,€$ der höchste Gewinn erzielt.

2. **a)** Der Graph der linearen Preisabsatzfunktion p verläuft durch die Punkte $(1800\,|\,5)$ und $(2000\,|\,4,5)$.
    Daraus folgt $p(x) = 9,5 - 0,0025x$.

    b) $E(x) = p(x) \cdot x = -0,0025x^2 + 9,5x$

    $E'(x) = -0,005x + 9,5$

    $E'(x_E) = 0 \quad \Rightarrow \quad x_E = \mathbf{1900} \quad \Rightarrow \quad \mathbf{E_{max}\,(1900\,|\,9025)}$

3. n steht für die Anzahl der Stockwerke.

    $K(n) = 1\,600\,000 + 200\,000n + 50\,000 \cdot \sum\limits_{i=1}^{n-1} i$

    $ = 1\,600\,000 + 200\,000n + 50\,000 \cdot \frac{(n-1) \cdot n}{2}$

    $ = 1\,600\,000 + 175\,000n + 25\,000n^2$

    $E(n) = 5000n$

    $\frac{K(n)}{E(n)} = \frac{320}{n} + 35 + 5n$

    $\left(\frac{K(n)}{E(n)} \right)' = -\frac{320}{n^2} + 5 = 0 \Rightarrow \mathbf{n = 8}$

    $\left(\frac{K(n)}{E(n)} \right)'' = \frac{640}{n^3}$

    Das Verhältnis der Baukosten zum Mietertrag ist am günstigsten, wenn 8 Stockwerke gebaut werden.

4. Zur optimalen Bestellmenge - siehe Beispiel 10 auf den Seiten 268/269 im Schülerbuch.

    x steht für die Anzahl der Bestellungen.

    $K(x) = K_B(x) + K_L(x) = 500x + \frac{9000}{2x} \cdot 4 = 500x + \frac{18\,000}{x}$

    $K'(x) = 500 - \frac{18\,000}{x^2} \qquad K''(x) = \frac{36\,000}{x^3}$

    $K'(x_E) = 0 \Rightarrow x_E = 6 \qquad K''(6) = \frac{500}{3} \; (> 0; \text{Minimum})$

    $K(6) = \mathbf{6000}$

    Optimale Bestellmenge: $\frac{9000}{6}$ Stück = **1500 Stück**

    Minimale Kosten: **6000 €**

5. a) Zur optimalen Bestellmenge - siehe Beispiel 10 auf den Seiten 268/269 im Schülerbuch.

x steht für die Anzahl der Bestellungen.

$$K(x) = K_B(x) + K_L(x) = 700x + 0,2 \cdot \frac{7200}{2x} \cdot 35 = 700x + \frac{25\,200}{x}$$

b) und c)

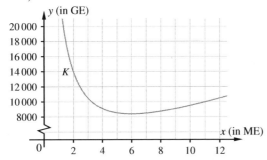

	A	B	C	D	E	F
1	Optimale Bestellmenge					
2						
3	Jahresverbrauch:		7200			
4	Preis pro Stück:		35,00 €			
5	Kosten pro Bestellung:		700,00 €			
6	Lagerkostensatz:		20 %			
7						
8	Anzahl der Bestellungen	Bestellmenge	durchschnitt. Lagerbestand	Lagerkosten	Bestellkosten	Gesamtkosten
9	1	7200	126 000,00 €	25 200,00 €	700,00 €	25 900,00 €
10	2	3600	36 000,00 €	12 600,00 €	1 400,00 €	14 000,00 €
11	3	2400	42 000,00 €	8 400,00 €	2 100,00 €	10 500,00 €
12	4	1800	31 500,00 €	6 300,00 €	2 800,00 €	9 100,00 €
13	5	1440	25 200,00 €	5 040,00 €	3 500,00 €	8 540,00 €
14	6	1200	21 000,00 €	4 200,00 €	4 200,00 €	8 400,00 €
15	7	≈ 1029	18 000,00 €	3 600,00 €	4 900,00 €	8 500,00 €
16	8	900	15 750,00 €	3 150,00 €	5 600,00 €	8 750,00 €
17	9	800	14 000,00 €	2 800,00 €	6 300,00 €	9 100,00 €
18	10	720	12 600,00 €	2 520,00 €	7 000,00 €	9 520,00 €
19	11	≈ 655	11 454,55 €	2 590,91 €	7 700,00 €	9 990,91 €
20	12	600	10 500,00 €	2 100,00 €	8 400,00 €	10 500,00 €

Formeln:

	A	B	C	D	E	F
8	Anzahl der Bestellungen	Bestellmenge	durchschnitt. Lagerbestand	Lagerkosten	Bestellkosten	Gesamtkosten
9	1	=$C$3/A9	=B9/2*$C$4	=C9*$C$6	=$C$5*A9	=D9+E9
10	2	=$C$3/A10	=B10/2*$C$4	=C10*$C$6	=$C$5*A10	=D10+E10

Laut Tabelle ergeben sich die niedrigsten Gesamtkosten bei einer Bestellmenge von 1200 Stück.

d) $K'(x) = 700 - \frac{25\,200}{x^2}$ $\qquad K''(x) = \frac{50\,400}{x^3}$

$K'(x_E) = 0 \Rightarrow x_E = 6 \qquad K''(6) = 1400\,(>0;\ \text{Minimum}) \qquad K(6) = \mathbf{8400} \quad \frac{7200}{6} = 1200$

Bei einer optimalen Bestellmenge von 1 200 Stück werden minimale Kosten von 8400 € erreicht.

270

6. Es wird bei der Lösung davon ausgegangen, dass sich der Zylinder so in der Halbkugel befindet, wie es in der Skizze dargestellt ist.

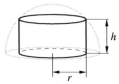

Zielfunktion: $V(h,r) = \pi \cdot r^2 \cdot h$
Nebenbedingung: $r^2 = 20^2 - h^2 \quad \Rightarrow \quad V(h) = \pi(400h - h^3)$
$V'(h) = \pi \cdot (400 - 3h^2) \qquad V''(h) = -6 \cdot \pi \cdot h$
$V'(h_E) = 0 \Rightarrow h_{E_1} \approx -11{,}55 \qquad V''(h_{E_1}) > 0$
$ \Rightarrow h_{E_2} \approx 11{,}55 \qquad V''(h_{E_2}) < 0 \qquad r \approx 16{,}33 \qquad V(11{,}55) \approx 9673{,}6$

Der Zylinder mit einer Höhe von ca. 11,55 cm und einem Grundflächenradius von ca. 16,33 cm hat das maximale Volumen 9673,6 cm³.

7.

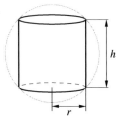

Zielfunktion: $V(h,r) = \pi \cdot r^2 \cdot h$
Nebenbedingung: $r^2 = 18^2 - (0{,}5 \cdot h)^2 \quad \Rightarrow \quad V(h) = \pi(324h - 0{,}25h^3)$
$V'(h) = \pi \cdot (324 - 0{,}75h^2) \qquad V''(h) = -1{,}5 \cdot \pi \cdot h$
$V'(h_E) = 0 \Rightarrow h_{E_1} \approx -20{,}78 \qquad V''(h_{E_1}) > 0$
$ \Rightarrow h_{E_2} \approx 20{,}78 \qquad V''(h_{E_2}) < 0$
$r \approx 14{,}7 \qquad V(20{,}78) \approx 14\,104{,}1$

Der Zylinder mit einer Höhe von ca. 20,78 cm und einem Grundflächenradius von ca. 14,7 cm hat das maximale Volumen 14 104,1 cm³.

8. Es wird bei der Lösung davon ausgegangen, dass die Lage des Dreiecks so ist, wie es in der rechten Skizze dargestellt ist.

$A(x) = \frac{x \cdot f(x)}{2} = -0{,}5x^3 + 2x^2 \qquad A'(x) = -1{,}5x^2 + 4x$
$A'(x_E) = 0 \Rightarrow x_{E_1} = 0$ (nicht sinnvoll)
$ \Rightarrow x_{E_2} = \frac{8}{3} \qquad A''\left(\frac{8}{3}\right) = -4 \,(< 0;\ \text{Maximum})$
Randwerte: $A(0) = A(4) = 0$
$f\left(\frac{8}{3}\right) = \frac{32}{9}$

Der maximale Flächeninhalt beträgt ca. 4,74 FE und wird bei einer Länge der Katheten von $\frac{8}{3}$ LE und $3\frac{5}{9}$ LE erreicht.

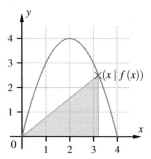

3.6.3   Steckbriefaufgaben

Bei den ersten vier Steckbriefaufgaben gilt:

$f(x) = ax^3 + bx^2 + cx + d$ $\qquad f'(x) = 3ax^2 + 2bx + c$ $\qquad f''(x) = 6ax + 2b$ bzw.

$f(x) = ax^4 + bx^3 + cx^2 + dx + e$ $\quad f'(x) = 4ax^3 + 3bx^2 + 2cx + d$ $\quad f''(x) = 12ax^2 + 6bx + 2c$

1. $f(0) = 0$ $\quad\Leftrightarrow\quad d = 0$
    $f'(0) = 0$ $\quad\Leftrightarrow\quad c = 0$
    $f(-3) = 0$ $\quad\Leftrightarrow\quad -27a + 9b - 3c + d = 0$
    $f'(-3) = 9$ $\quad\Leftrightarrow\quad 27a - 6b + c = 9$
    $\Rightarrow\quad f(x) = x^3 + 3x^2$

2. $f(0) = 0$ $\quad\Leftrightarrow\quad d = 0$
    $f'(2) = 0$ $\quad\Leftrightarrow\quad 12a + 4b + c = 0$
    $f''(4) = 0$ $\quad\Leftrightarrow\quad 24a + 2b = 0$
    $f'(4) = -4$ $\quad\Leftrightarrow\quad 48a + 8b + c = -4$
    $\Rightarrow\quad f(x) = \frac{1}{3}x^3 - 4x^2 + 12x$

3. $f(3) = 2$ $\quad\Leftrightarrow\quad 27a + 9b + 3c + d = 2$
    $f'(3) = 0$ $\quad\Leftrightarrow\quad 27a + 6b + c = 0$
    $f''(2) = 0$ $\quad\Leftrightarrow\quad 12a + 2b = 0$
    $f'(2) = 1{,}5$ $\quad\Leftrightarrow\quad 12a + 4b + c = 1{,}5$
    $\Rightarrow\quad f(x) = -0{,}5x^3 + 3x^2 - 4{,}5x + 2$

4. $f'(0) = 7$ $\quad\Leftrightarrow\quad c = 7$
    $f(1) = 0$ $\quad\Leftrightarrow\quad a + b + 7 + d = 0$
    $f'(1) = 0$ $\quad\Leftrightarrow\quad 3a + 2b + 7 = 0$
    $f''(1) = -4$ $\quad\Leftrightarrow\quad 6a + 2b = -4$
    $\Rightarrow\quad f(x) = x^3 - 5x^2 + 7x - 3$

5. $K(x) = ax^3 + bx^2 + cx + d$ $\qquad k(x) = ax^2 + bx + c + \frac{d}{x}$ $\qquad k_v = ax^2 + bx + c$
    $K(0) = 30000 \Rightarrow d = 30\,000$
    $K(20) = 60000$
    $k(60) = 1200$
    $k_v'(60) = 0$
    $\Rightarrow K(x) = 0{,}5x^3 - 60x^2 + 2500x + 30000$

Übungen zu 3.6

274

1. *Hinweis:* Im 1. Druck der 1. Auflage:

Die Kostenfunktion hat die Gleichung $K(x) = 0{,}5x^3 - 45x^2 + 1450x + 54\,000$.

a) $p(x_N) = 0 \quad \Leftrightarrow \quad x_N = 90 \quad \Rightarrow \quad \mathbf{D_{ök} = [0;\ 90]}$

b) $E(x) = -80{,}625x^2 + 7256{,}25x \qquad G(x) = -0{,}5x^3 - 35{,}625x^2 + 5806{,}25x - 54\,000$

$\quad G'(x) = -1{,}5x^2 - 71{,}25x + 5806{,}25$

$\quad G'(x_E) = 0 \quad \Rightarrow \quad \mathbf{G_{max}(42{,}85\,|\,90\,047{,}03)} \quad \mathbf{C(42{,}85\,|\,3801{,}87)}$

c) $G(x) = 0 \quad \Rightarrow \quad x_{GS} = \mathbf{10} \quad x_{GG} \approx \mathbf{70{,}96}$

d) $k_v(x) = 0{,}5x^2 - 45x + 1450 \qquad k_v{}'(x) = x - 45 \qquad k_v{}''(x) = 1$

$\quad k_v{}'(x_E) = 0 \Rightarrow x_E = \mathbf{45} \quad k_v{}''(45) = 1\,(>0;\ \text{Minimum}) \quad k_v(45) = \mathbf{437{,}5} \Rightarrow \mathbf{BM(45\,|\,437{,}5)}$

e) $k(x) = 0{,}5x^2 - 45x + 1450 + \frac{54\,000}{x} \qquad k'(x) = x - 45 - \frac{54\,000}{x^2} \qquad k''(x) = 1 + \frac{108\,000}{x^3}$

$\quad k'(x_E) = 0 \Rightarrow x_E = \mathbf{60} \quad k''(60) = 1{,}5\,(>0;\ \text{Minimum}) \quad k(60) = \mathbf{1450} \Rightarrow \mathbf{BO(60\,|\,1450)}$

2. a) $p_N(x_N) = 0 \quad x_N = 7 \quad \Rightarrow \quad \mathbf{D_{ök} = [0;\ 7]}$

b) $K'(x) = 3x^2 - 18x + 30 \qquad K''(x) = 6x - 18 \qquad K'''(x) = 6$

$\quad K''(x_E) = 0 \quad \Leftrightarrow \quad x_E = 3$

$\quad K''(3) = 6\,(>0;\ \text{Minimum}) \quad \mathbf{T(3\,|\,3)}$

Mithilfe des **Grenzkostenminimums** berechnet man die Mengeneinheit, bei deren Produktion die geringsten Mehrkosten pro Mengeneinheit (die geringste Kostensteigerung) entstehen. Die y-Koordinate dieses Punkts entspricht diesen Mehrkosten.

$\quad k_v(x) = x^2 - 9x + 30 \qquad k_v{}'(x) = 2x - 9 \qquad k_v{}''(x) = 2$

$\quad k_v{}'(x_E) = 0 \Leftrightarrow x_E = \mathbf{4{,}5} \quad k_v{}''(4{,}5) = 2\,(>0;\ \text{Minimum})$

$\quad k_v(4{,}5) = \mathbf{9{,}75} \quad \Rightarrow \quad \mathbf{BM(4{,}5\,|\,9{,}75)}$

Das **Betriebsminimum** ist die Mengeneinheit, bei der die geringsten variablen Stückkosten entstehen, die zugehörige y-Koordinate beziffert die kurzfristige Preisuntergrenze (KPU).

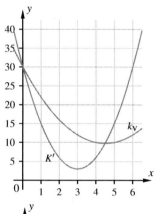

c) $G(x) = -x^3 + 3x^2 + 12x - 10$

$\quad G(x) = 0 \Rightarrow x_{GS} \approx \mathbf{0{,}73} \quad x_{GG} = \mathbf{5}$

$\quad G'(x) = -3x^2 + 6x + 12$

$\quad G'(x_E) = 0 \Rightarrow \mathbf{G_{max}(3{,}24\,|\,26{,}36)}$

$\quad p(3{,}24) = 22{,}56 \Rightarrow \mathbf{C(3{,}24\,|\,22{,}56)}$

An der **Gewinnschwelle** tritt das Unternehmen in die Gewinnzone ein, an der **Gewinngrenze** wird die Gewinnzone wieder verlassen.

Das **Gewinnmaximum** ist der höchste Gewinn, der erwirtschaftet werden kann.

Der **Cournot'sche Punkt** liegt auf dem Graphen der Preis-Absatz-Funktion p_N an der Stelle, an der der Gewinn maximal ist. Die y-Koordinate gibt den Preis an, mit dem dieser Höchstgewinn erzielt wird.

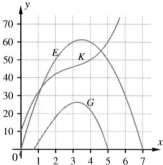

274

3. a) $k_v(x) = x^2 - 10x + 43$ $k_v'(x) = 2x - 10$ $k_v''(x) = 2$

$k_v'(x_E) = 0 \Leftrightarrow x_E = 5$ $k_v''(5) = 2 (> 0; \text{Minimum})$

$k_v(5) = 18$ $\Rightarrow$ **BM (5 | 18)**

Das **Betriebsminimum** ist die Mengeneinheit, bei der die geringsten variablen Stückkosten entstehen. Die zugehörige y-Koordinate beziffert die kurzfristige Preisuntergrenze (KPU), unter die der Verkaufspreis nicht sinken darf, da sonst die variablen Kosten nicht gedeckt werden.

b) $k(x) = x^2 - 10x + 43 + \frac{72}{x}$ $k'(x) = 2x - 10 - \frac{72}{x^2}$ $k''(x) = 2 + \frac{144}{x^3}$

$k'(x_E) = 0 \Leftrightarrow x_E = 6$ $k''(6) = \frac{8}{3} (> 0; \text{Minimum})$ $k(6) = 31$ $\Rightarrow$ **BO (6 | 31)**

Im Betriebsoptimum von 6 ME sind die durchschnittlichen Kosten (Stückkosten) am geringsten. Die langfristige Preisuntergrenze (LPU) beträgt 31 GE pro ME. Preise unterhalb von 31 GE pro ME können nie die Stückkosten decken.

4. a) $p_N(0) = 100$ $\Rightarrow$ Höchstpreis: **100 GE/ME**

$p_N(x) = 0$ $\Rightarrow$ Sättigungsmenge: **100 ME**

b) $E(x) = 0{,}01x^3 - 2x^2 + 100x$ $E'(x) = 0{,}03x^2 - 4x + 100$ **E_{max} (33,33 | 1481,48)**

c) $G(x) = -x^2 + 60x - 300$ $G(x) = 0$ $\Rightarrow$ $x_{GS} \approx 5{,}5$ **Gewinnzone [5,5; 54,5]**

$x_{GG} \approx 54{,}5$

d) $G'(x) = -2x + 60$ $G''(x) = -2$

$G'(x_E) = 0$ $\Rightarrow$ **G_{max} (30 | 600)**

5. Es gilt $K(0) = 1200$ und $K(100) = K(400) = 0$.

a) $K(x) = \frac{3}{100}x^2 + 27x + 1200$

b) $K'(x_E) = 42$ $\Rightarrow$ $x_E = \mathbf{250}$ $\Rightarrow$ $G(250) = E(250) - K(250) = \mathbf{675}$

c) $K(x) = \frac{3}{100}x^2 + 27x + 1500$

c₁) $G(x) = E(x) - K(x) = p \cdot x - (\frac{3}{100}x^2 + 27x + 1500) = \mathbf{1100}$

$E(x) = p \cdot x = \frac{3}{100}x^2 + 27x + 2600 \Rightarrow E'(x) = p = \frac{3}{50}x + 27 \Rightarrow E(x) = p \cdot x = \frac{3}{50}x^2 + 27x$

$\Rightarrow \frac{3}{50}x^2 + 27x = \frac{3}{100}x^2 + 27x + 2600 \Rightarrow x \approx \mathbf{294{,}39}$

c₂) $p(294{,}39) \approx \mathbf{44{,}66}$

c₃) $G = E - K(294{,}39)$

$= \frac{44{,}66}{1{,}02} \cdot 294{,}39 - 12\,048{,}49$

$\approx \mathbf{841{,}17}$

6. Gewinnzone $= [x_{GS}; x_{GG}]:$ $G(x) = 0$ $\Rightarrow$ $E(x) - K(x) = 0$ $\Rightarrow$ $E(x) = K(x) \mid : x$

▶ für $x \neq 0$ $\frac{E(x)}{x} = \frac{K(x)}{x}$ $\Rightarrow$ $p(x) = k(x)$

An den Stellen, an denen $E(x) = K(x)$ gilt, gilt auch $p(x) = k(x)$.

275

7. a) $K(x) = \frac{36}{2}x + \frac{18\,000\,000}{x} = 18x + \frac{18\,000\,000}{x}$ $(x > 0)$

b) und **c)**

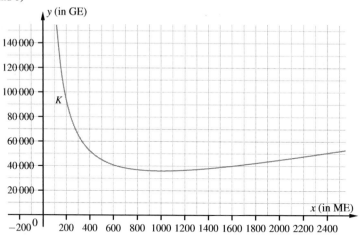

	A	B	C	D	E	F
1	Optimale Losgröße					
2						
3	Jahresbedarf (in Stück):		6000			
4	Rüstkosten (pro Umrüstung):		3000			
5	Lagerkosten (pro Stück):		36			
6						
7	mögliche Losgröße (in Stück)	Anzahl der Loswechsel	Rüstkosten	durchschnitt. Lagerbestand	Lagerkosten	Gesamtkosten des Loses
8	600	10	30 000,00 €	300	10 800,00 €	40 800,00 €
9	750	8	24 000,00 €	375	13 500,00 €	37 500,00 €
10	1000	6	18 000,00 €	500	18 000,00 €	36 000,00 €
11	1500	4	12 000,00 €	750	27 000,00 €	39 000,00 €
12	3000	2	6 000,00 €	1500	54 000,00 €	60 000,00 €

Formeln:

	A	B	C	D	E	F
7	mögliche Losgröße (in Stück)	Anzahl der Loswechsel	Rüstkosten	durchschnitt. Lagerbestand	Lagerkosten	Gesamtkosten des Loses
8	600	=$C$3/A8	=B8*$C$4	=A8/2	=D8*$C$5	=C8+E8
9	750	=$C$3/A9	=B9*$C$4	=A9/2	=D9*$C$5	=C9+E9

Laut Tabelle ergeben sich die niedrigsten Gesamtkosten bei einer Losgröße von 1000 Stück.

d) $K'(x) = 18 - \frac{18\,000\,000}{x^2}$ $K''(x) = \frac{36\,000\,000}{x^3}$

$K'(x_{\mathrm{E}}) = 0$ $\Rightarrow$ $x_{\mathrm{E}_1} = -1000$ $(\notin D_{\text{ök}})$

$\Rightarrow$ $x_{\mathrm{E}_2} = 1000$ $\Rightarrow$ $GK_{\mathrm{Min}}\,(1000\mid 36\,000)$

275

8. $f(x) = ax^4 + bx^2 + c$ ▶ Achsensymmetrie $f'(x) = 4ax^3 + 2bx$ $f''(x) = 12ax^2 + 2b$

  $f(2) = 0 \Leftrightarrow 16a + 4b + c = 0$ $f'(2) = 2 \Leftrightarrow 32a + 4b = 2$ $f''(-1) = 0 \Leftrightarrow 12a + 2b = 0$

  $\Rightarrow$ $f(x) = 0{,}25x^4 - 1{,}5x^2 + 2$

9. $f(-2) = 0 \Leftrightarrow -8a + 4b - 2c + d = 0$ $t(0) = f(0) = 2 \Leftrightarrow d = 2$

  $f''(0) = 0 \Leftrightarrow b = 0$ $f'(0) = \frac{1}{3} \Leftrightarrow c = \frac{1}{3}$

  $\Rightarrow$ $f(x) = \frac{1}{6}x^3 + \frac{1}{3}x + 2$

10. $f(x) = ax^5 + bx^3 + cx$ ▶ Punktsymmetrie $f'(x) = 5ax^4 + 3bx^2 + c$

  $f(-1) = -2 \Leftrightarrow -a - b - c = -2$ $f'(-1) = 0 \Leftrightarrow 5a + 3b + c = 0$

  $f(2) = -13{,}25 \Leftrightarrow 32a + 8b + 2c = -13{,}25$ $\Rightarrow$ $f(x) = -\frac{5}{8}x^5 + \frac{1}{4}x^3 + \frac{19}{8}x$

11. $f(-2) = 0 \Leftrightarrow -8a + 4b - 2c + d = 0$ $f'(-2) = 0 \Leftrightarrow 12a - 4b + c = 0$

  $f''(-2) = -2{,}5 \Leftrightarrow -12a + 2b = -2{,}5$ $f'(3) = 6{,}25 \Leftrightarrow 27a + 6b + c = 6{,}25$

  $\Rightarrow$ $f(x) = 0{,}25x^3 + 0{,}25x^2 - 2x - 3$

12. **a)** $K(x) = ax^2 + bx + c$ $E(x) = dx + e$

  $K(0) = 5400$ $K(20) = 6000$ $K(60) = E(60) = 18\,000$ $E(0) = 0$

  $\Rightarrow K(x) = 4{,}5x^2 - 60x + 5400$ $E(x) = 300x$

  b) $G(x) = -4{,}5x^2 + 360x - 5400$ $G'(x) = -9x + 360$ $\Rightarrow$ $G_{max}(40 \mid 1800)$

13. *Hinweis:* Im 1. Druck der 1. Auflage hätte die Gleichung der Kostenfunktion $K(x) = x^3 - 6x^2 + 15x + 32$ lauten müssen und der letzte Satz von Teilaufgabe b): Vergleichen Sie die beiden Gewinnmaxima.

  a) $G(x) = -x^3 - x^2 + 34x - 32$ $G(x) = 0$ $\Rightarrow x_{GS} = 1$ $x_{GG} \approx 4{,}74$

  $G'(x) = -3x^2 - 2x + 34$ $G'(x_E) = 0$ $\Rightarrow x_{max} \approx 3{,}05$

  $\Rightarrow$ $G^*_{max}(3{,}05 \mid 34{,}02)$ $C(3{,}05 \mid 27{,}65)$

  b) $K^*(x) = 1{,}08 \cdot 0{,}75 \cdot (x^3 - 6x^2 + 15x) + 0{,}25 \cdot (x^3 - 6x^2 + 15x) + 32 = 1{,}06x^3 - 6{,}36x^2 + 15{,}9x + 32$

  $G^*(x) = -1{,}06x^3 - 0{,}64x^2 + 33{,}1x - 32$ $G^{*\prime}(x) = -3{,}18x^2 - 1{,}28x + 33{,}1$

  $\Rightarrow$ $G^*_{max}(3{,}03 \mid 32{,}93)$ $C^*(3{,}03 \mid 27{,}79)$

  Der Gewinn fällt nur etwas niedriger aus, wobei der erzielbare Preis nur unerheblich steigt.

276

14. a) $f(-x) = -0,025(-x)^4 + 0,6(-x)^2 + 1$
  $= -0,025x^4 + 0,6x^2 + 1$
  $= f(x)$
  $\Rightarrow$ Achsensymmetrie zur y-Achse

b) Die Nullstellen entsprechen dem Start- bzw. Zielpunkt.
  $\Rightarrow$ $x_{01} \approx -5{,}06$ und $x_{02} \approx 5{,}06$
  Der Startpunkt liegt im Punkt $(-5{,}06 \mid 0)$ und der Zielpunkt im Punkt $(5{,}06 \mid 0)$.

c) $f'(x) = -0,1x^3 + 1,2x$ $f''(x) = -0,3x^2 + 1,2$
  Die „engsten" Kurven befinden sich in den Extrempunkten $(-3{,}46 \mid 4{,}6), (0 \mid 1)$ und $(3{,}46 \mid 4{,}6)$ der „Ideallinie".

d) Die Kurvenlage wird in den Wendepunkten $(-2 \mid 3)$ und $(2 \mid 3)$ gewechselt.

e) Gleichung der Tangente t an G_f, die der „Rutschbahn" des Radfahrers entspricht:
  $t(x) = f'(-1) \cdot x + (1{,}575 - f'(-1) \cdot (-1)) = -1{,}1x + 0{,}475$
  $t(x) = 0 \Leftrightarrow -1{,}1x + 0{,}475 = 0 \Leftrightarrow x \approx 0{,}43$
  Im Punkt $(0{,}43 \mid 0)$ prallt der Fahrer auf die Strohballen.

f) Rutschstrecke: $\sqrt{1{,}575^2 + (1 + 0{,}43)^2} \approx 2{,}13$

15. $v'(t) = 3t^2 - 18t + 27$ $v''(t) = 6t - 18$ $v'''(t) = 6$
a) $v(2) = 30$

b) $v'(t) = 0 \Leftrightarrow t = 3$ $v''(3) = 0 \Rightarrow$ Keine Aussage über lokale Extrema möglich.
  Wegen $v'(t) = 3(t-3)^2 \geq 0$ ist v monoton steigend.
  Minimale Geschwindigkeit: $v(0) = 4$
  Maximale Geschwindigkeit: $v(5) = 39$

c) $v''(t) = 0 \Leftrightarrow t = 3$ $v'''(3) = 6(>0)$
  $v'(3) = 0$ $v''(3) = 0$ $v(3) = 31 \Rightarrow S(3 \mid 31)$ Sattelpunkt
  Wegen Rechtskrümmung in $[0; 3]$ ist die Beschleunigung zum Zeitpunkt 0 am größten $(v'(0) = 27)$, wegen Linkskrümmung in $[3; 5]$ ist die Beschleunigung zum Zeitpunkt 5 in diesem Intervall am größten $(v'(5) = 12)$, insgesamt also zu Beginn zum Zeitpunkt 0.
  Nach b) ist die minimale Beschleunigung zum Zeitpunkt 3 $(v'(3) = 0)$.

d) $v_1(x) = 7x + 4$

16. a) $p_N(x) = -0,02x + 7,8$

b) $E(x) = -0,02x^2 + 7,8x$
  $E(50) = 340$ $E(100) = 580$
  $E(200) = 760$

c) $K(50) = 205$ $K(100) = 580$
  $K(200) = 5080$

d) $G(x) = -0,001x^3 + 0,008x^2 + 2,8x - 80$
  $x_{GS} = 20$ $x_{GG} = 100$

e) $G_{max} \approx (67{,}2 \mid 165{,}96)$ $P_{max} \approx 6{,}46$

f) Siehe rechte Zeichnung.

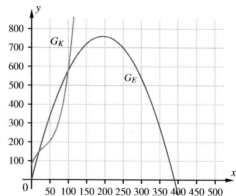

Test zu 3.6

1. a) $E(x) = p \cdot x = 40 \cdot x$

b) Siehe rechte Zeichnung.

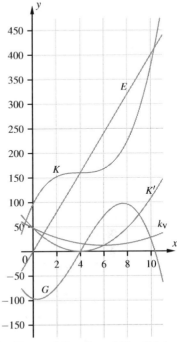

278

c) $K'(x) = 3x^2 - 24x + 48$

$K''(x) = 6x - 24$

$K'(x_E) = 0 \Rightarrow x_E = \mathbf{4}$

$K'''(x_E) = 6\,(> 0;\ \text{Minimum})$

$K(4) = 0$

An der Minimalstelle der Grenzkostenfunktion besitzt die Kostenfunktion ihre Wendestelle. Da an dieser Stelle $(x = 4)$ die Grenzkosten null sind, ist der zugehörige Wendepunkt ein Sattelpunkt.

d) $k_v(x) = x^2 - 12x + 48 \qquad k_v'(x) = 2x - 12$

$k_v''(x) = 2$

$k_v'(x_E) = 0 \Rightarrow x_E = \mathbf{6}$

$k_v''(6) = 2\,(> 0;\ \text{Minimum})$

$k_v(6) = 12 \Rightarrow \mathbf{BM(6\,|\,12)}$

Das **Betriebsminimum** ist die Mengeneinheit, bei der die geringsten variablen Stückkosten entstehen, die zugehörige y-Koordinate beziffert die kurzfristige Preisuntergrenze (KPU), unter die der Verkaufspreis nicht sinken darf, da sonst die variablen Kosten nicht gedeckt werden.

Solange die Grenzkosten geringer sind als die variablen Stückkosten, fallen die variablen Stückkosten. Diese Phase endet, wenn die steigenden Grenzkosten den gleichen Wert erreichen wie die variablen Stückkosten. Die variablen Stückkosten steigen, sobald die Grenzkosten größer sind als diese. Folglich muss dort das Minimum der variablen Stückkosten sein, wo Grenzkosten und variable Stückkosten gleich sind.

e) $G(x) = -x^3 + 12x^2 - 8x - 96$

f) $G(x_N) = 0 \Rightarrow x_{N_1} = -2{,}3\ (\notin D_{\text{ök}}) \qquad x_{N_2} = 4 \qquad x_{N_3} \approx \mathbf{10{,}32}$

$\Rightarrow$ Gewinnschwelle: 4 ME   Gewinngrenze: 10,32 ME

$G'(x) = -3x^2 + 24x - 8 \qquad G''(x) = -6x + 24$

$G'(x_E) = 0 \Rightarrow x_{E_1} \approx \mathbf{0{,}35} \quad x_{E_2} \approx \mathbf{7{,}65} \qquad G''(7{,}65) = -21{,}9\,(< 0;\ \text{Maximum})$

$G(7{,}65) \approx 97{,}37 \Rightarrow \mathbf{G_{max}(7{,}65\,|\,97{,}37)}$

g) K hat eine Wendestelle dort, wo K' eine Minimalstelle besitzt $(x = 4)$. Der Wendepunkt von G_K ist ein Sattelpunkt, weil dort die Grenzkosten null sind. Links vom Sattelpunkt, also in $[0;\,4]$ verlaufen die Kosten degressiv (Rechtskrümmung) und rechts vom Sattelpunkt, also in $[4;\,\infty[$ progressiv (Linkskrümmung).

Die durchschnittlichen variablen Kosten (die variablen Stückkosten) haben bei 6 ME mit 12 GE ihr Minimum. In diesem Punkt schneiden die Graphen von k_v und K' einander.

Die Erlösfunktion ist eine Gerade, die im Intervall $[4;\,10{,}32]$ oberhalb des Graphen von K verläuft. Dieses Intervall ist die Gewinnzone. In ihr sind die Funktionswerte der Gewinnfunktion G positiv.

Die Schnittstellen der Graphen von E und K sind die Gewinnschwelle und die Gewinngrenze. Diese Stellen sind auch die Nullstellen von G.

Das Maximum von G liegt an der Stelle, an der der Abstand zwischen E und K am größten ist bzw. Grenzerlös und Grenzkosten übereinstimmen.

278

2. x: Anzahl der Bestellungen. Durchschnittlicher Lagerbestand: $\text{DLB}(x) = \frac{120\,000}{2x} = \frac{60\,000}{x}$

Lagerkosten: $\text{LK}(x) = 0{,}1 \cdot \text{DLB}(x) \cdot 3 = 0{,}1 \cdot \frac{60\,000}{x} \cdot 3 = \frac{18\,000}{x}$

Bestellkosten: $\text{BK}(x) = 180x$

$\Rightarrow$ Gesamtkosten: $K(x) = 180x + \frac{18\,000}{x}$ $K'(x) = 180 - \frac{18\,000}{x^2}$ $K''(x) = \frac{36\,000}{x^3}$

$K'(x_E) = 0 \Rightarrow x_{E_1} = -10\,(\notin D_{\text{ök}})$ $x_{E_2} = \mathbf{10}$ $K''(10) = 36\,(> 0;\ \text{Minimum})$ $\Rightarrow$ $K_{\text{Min}}\,(\mathbf{10\mid 3600})$

Bei 10 Bestellungen werden jeweils 12 000 Stück bestellt und minimale Gesamtkosten von 3600 € verursacht.

3. *Hinweis:* Im 1. Druck der 1. Auflage fehlt die Angabe: Die Fixkosten betragen 25 GE.

$K(x) = ax^3 + bx^2 + cx + 25$ $K'(x) = 3ax^2 + 2bx + c$ $K''(x) = 6ax + 2b$

$k_v(x) = ax^2 + bx + c$ $k_v'(x) = 2ax + b$

$K(8) = 177$ $K'(3) = 0$ $K''(3) = 0$ $k_v'(4{,}5) = 0$ $\Rightarrow$ $K(x) = x^3 - 9x^2 + 27x + 25$

4. Für den Radius r, die Höhe h und die Seitenkantenlänge s (in cm) sowie das Volumen V (in cm³) des geraden Kreiskegels gilt:

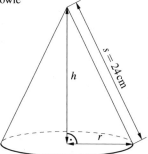

$V(r,h) = \frac{1}{3}\pi r^2 h$

Nebenbedingung: $h^2 + r^2 = s^2$ $\Rightarrow$ $r^2 = 576 - h^2$

$\Rightarrow$ $V(h) = \frac{1}{3}\pi(576 - h^2)h = \pi(192h - \frac{1}{3}h^3)$

$D_V = [0;\ 24]$ Randwerte: $V(0) = V(24) = 0$

$V'(h) = \pi(192 - h^2)$ $V''(h) = -2\pi h$

$V'(h) = 0 \Leftrightarrow h = \sqrt{192} \approx \mathbf{13{,}9}$

$V''(\sqrt{192}) = -2\pi\sqrt{192}\,(< 0;\ \text{Maximum})$

$r \approx \mathbf{19{,}6}$

$V(\sqrt{192}) \approx \mathbf{5572}$

Die gelieferten Tüten haben ein Volumen von 92 % des geforderten Maximalvolumens.

Exkurs: Von Flächeninhalten zu Konsumenten- und Produzentenrente

288

1. a) $A_f(x) = -4x$ **c)** $A_f(x) = \frac{1}{3}x^3$ **e)** $A_f(x) = \frac{1}{5}x^5$ **g)** $A_f(x) = -\frac{1}{6}x^3 + 5x$

     b) $A_f(x) = \frac{1}{2}x^2$ **d)** $A_f(x) = \frac{1}{4}x^4$ **f)** $A_f(x) = x^3 + x^2 - x$ **h)** $A_f(x) = 0{,}5x^4 - 2x^3 + 2x^2 - 2x$

2. a) $f(x_N) = 0 \Leftrightarrow x_{N_1} = 1$ $x_{N_2} = 4$

     $A_f(x) = -\frac{1}{3}x^3 + \frac{5}{2}x^2 - 4x$

     $A_f(4) - A_f(1) = \frac{8}{3} - (-\frac{11}{6}) = \mathbf{4{,}5}$

   b) $f(x_N) = 0 \Leftrightarrow x_{N_1} = -2$ $x_{N_2} = 8$

     $A_f(x) = -x^3 + 9x^2 + 48x$

     $A_f(8) - A_f(-2) = 448 - (-52) = \mathbf{500}$

   c) $f(x_N) = 0 \Leftrightarrow x_{N_1} = -8$ $x_{N_2} = 0$

     $A_f(x) = -\frac{1}{4}x^3 - 3x^2$

     $A_f(0) - A_f(-8) = 0 - (-64) = \mathbf{64}$

   d) $f(x_N) = 0 \Leftrightarrow x_{N_1} = -2$ $x_{N_2} = 2$ $x_{N_3} = 6$

     $A_f(x) = \frac{1}{4}x^4 - 2x^3 - 2x^2 + 24x$

     $|A_f(2) - A_f(-2)| + |A_f(6) - A_f(2)| = |28 - (-36)| + |-36 - 28| = \mathbf{128}$

e) $f(x_N) = 0$ $\Leftrightarrow$ $x_{N_1} = -3$ $x_{N_2} = 0$ $x_{N_3} = 4$

$A_f(x) = -\frac{1}{4}x^4 + \frac{1}{3}x^3 + 6x^2$

$|A_f(0) - A_f(-3)| + |A_f(4) - A_f(0)| = |0 - \frac{99}{4}| + |\frac{160}{3} - 0| = 78\frac{1}{12} \approx \mathbf{78,08}$

f) $f(x_N) = 0$ $\Leftrightarrow$ $x_{N_1} = -4$ $x_{N_2} = -1$ $x_{N_3} = 3$

$A_f(x) = 0{,}75x^4 + 2x^3 - 16{,}5x^2 - 36x$

$|A_f(-1) - A_f(-4)| + |A_f(3) - A_f(-1)| = |18{,}25 - (-56)| + |-141{,}75 - 18{,}25| = \mathbf{234{,}25}$

g) $f(x_N) = 0$ $\Leftrightarrow$ $x_{N_1} = -3$ $x_{N_2} = 0$ $x_{N_3} = 3$

$A_f(x) = 0{,}25x^4 - 4{,}5x^2$

Der Graph von f ist punktsymmetrisch zum Koordinatenursprung.

$\Rightarrow 2 \cdot |A_f(0) - A_f(-3)| = 2 \cdot |0 - (-20{,}25)| = \mathbf{40{,}5}$

h) *Hinweis*: Fehler im 1. Druck der 1. Auflage: Anstatt $2x^4$ muss es im 1. Summanden x^4 heißen.

$f(x_N) = 0$ $\Leftrightarrow$ $x_{N_1} = -4$ $x_{N_2} = -1$ $x_{N_3} = 1$ $x_{N_4} = 4$

$A_f(x) = \frac{1}{5}x^5 - \frac{17}{3}x^3 + 16x$

Der Graph von f ist achsensymmetrisch zur y-Achse.

$\Rightarrow 2|A_f(-1) - A_f(-4)| + 2|A_f(0) - A_f(-1)| = 2(|-\frac{158}{15} - \frac{1408}{15}| + |0 - (-\frac{158}{15)}|) = 229\frac{13}{15} \approx \mathbf{229{,}87}$

3. a) $f(x_N) = 0$ $\Leftrightarrow$ $x_{N_1} = -6$ $x_{N_2} = 2$

$A_f(x) = -\frac{2}{3}x^3 - 4x^2 + 24x$

$A_f(1) - A_f(-5) = \frac{58}{3} - (-\frac{410}{3}) = \mathbf{156}$

b) $f(x_N) = 0$ $\Leftrightarrow$ $x_{N_1} = -8$ $x_{N_2} = 2$

$A_f(x) = -\frac{1}{12}x^3 - \frac{3}{4}x^2 + 4x$

$A_f(1) - A_f(-6) = \frac{19}{6} - (-33) = \mathbf{36\frac{1}{6}}$

c) $f(x_N) = 0$ $\Leftrightarrow$ $x_{N_1} = -1$ $x_{N_2} = 5$

$A_f(x) = -2x^3 + 12x^2 + 30x$

$A_f(5) - A_f(-1) = 200 - 40 = \mathbf{160}$

d) $f(x_N) = 0$ $\Leftrightarrow$ $x_{N_1} = -2$ $x_{N_2} = 2$ $x_{N_3} = 6$

$A_f(x) = 0{,}25x^4 - 2x^3 - 2x^2 + 24x$

$|A_f(2) - A_f(-2)| + |A_f(4) - A_f(2)| = |28 - (-36)| + |0 - 28| = \mathbf{92}$

e) $f(x_N) = 0$ $\Leftrightarrow$ $x_{N_1} = -3$ $x_{N_2} = 0$ $x_{N_3} = 4$

$A_f(x) = -\frac{1}{4}x^4 + \frac{1}{3}x^3 + 6x^2$

$|A_f(0) - A_f(-2)| + |A_f(3) - A_f(0)| = |0 - \frac{52}{3}| + |\frac{171}{4} - 0| = 60\frac{1}{12} \approx \mathbf{60{,}08}$

f) $f(x_N) = 0$ $\Leftrightarrow$ $x_{N_1} = -4$ $x_{N_2} = -1$ $x_{N_3} = 3$

$A_f(x) = 0{,}75x^4 + 2x^3 - 16{,}5x^2 - 36x$

$|A_f(-1) - A_f(-2)| + |A_f(2) - A_f(-1)| = |18{,}25 - 2| + |-110 - 18{,}25| = \mathbf{144{,}5}$

g) $f(x_N) = 0$ $\Leftrightarrow$ $x_{N_1} = -3$ $x_{N_2} = 0$ $x_{N_3} = 3$

$A_f(x) = 0{,}25x^4 - 4{,}5x^2$

Der Graph von f ist punktsymmetrisch zum Koordinatenursprung.

$\Rightarrow 2 \cdot |A_f(0) - A_f(-2)| = 2 \cdot |0 - (-14)| = \mathbf{28}$

h) $f(x_N) = 0$ $\Leftrightarrow$ $x_{N_1} \approx -3{,}63$ $x_{N_2} \approx -2{,}36$ $x_{N_3} \approx 1{,}80$ $x_{N_4} \approx 5{,}20$

$A_f(x) = 0{,}05x^5 - 0{,}0625x^4 - 2x^3 - 0{,}5x^2 + 20x$

$A_f(1) - A_f(-1) = 17{,}4875 - (-18{,}6125) = \mathbf{36{,}1}$

288

4. $G(t_N) = 0 \Leftrightarrow t_{N_1} = -14 \ (\notin D_{ök})$

$\qquad\qquad t_{GS} = 2$

$\qquad\qquad t_{GG} = 11$

$G'(t) = -3t^2 - 2t + 160 \Rightarrow G'(0) = 160$

$G'(t_E) = 0 \Leftrightarrow t_{E_1} = -7,64 \ (\notin D_{ök})$

$\qquad\qquad t_{E_2} \approx 6,98 \approx 7$

$G''(t) = -6t - 2$

$G''(7) = -44$ (lokales Maximum)

$G(7) \approx 420$

$A_G(t) = -0,25t^4 - \frac{1}{3}t^3 + 80t^2 - 308t$

$A_G(2) - A_G(0) = -302\frac{2}{3}$

$A_G(11) - A_G(2) = 2188\frac{5}{60} - (-302\frac{2}{3}) = 2490,75$

$A_G(11) - A_G(2) = 2188\frac{1}{12}$

Das neue Produkt erwirtschaftet bis zum Ende des 2. Jahres einen Verlust von insgesamt 302,67 GE.
Am Anfang des 3. Jahres ist der Break-even-Punkt erreicht.
Am Ende des 7. Jahres liegt das Gewinnmaximum bei etwa 420 GE/Jahr. Danach fällt der jährliche Gewinn auf 0 am Ende des 11. Jahres.
Der Gewinn in der Gewinnzone beträgt 2490,75 GE. Der Gesamtgewinn unter Berücksichtigung des Anfangsverlustes beträgt über alle 11 Jahre ca. 2188,08 GE.

5. $w(t) = 1,2t^2 - 24t + 120 \Rightarrow 1,2(t-10)^2$

$A_w(t) = 0,4t^3 - 12t^2 + 120t$

$A_w(10) - A_w(0) = 400$

Der Teich fasst 400 m^3 Wasser.

6. a) $p_N(x_G) = p_A(x_G) \Leftrightarrow x_G = 10 \Rightarrow p_G = 12$

$\quad A_{p_N}(x) = -0,3x^2 + 18x \qquad\qquad A_{p_A}(x) = 0,5x^2 + 2x \qquad\qquad A_{p_G}(x) = 12x$

$\quad KR = A_{p_N}(10) - A_{p_G}(10) = 150 - 120 = \mathbf{30} \quad PR = A_{p_G}(10) - A_{p_A}(10) = 120 - 70 = \mathbf{50}$

b) $p_N(x_G) = p_A(x_G) \Leftrightarrow x_G = 3 \Rightarrow p_G = 8,5$

$\quad A_{p_N}(x) = -\frac{1}{6}x^3 - x^2 + 19x \qquad\qquad A_{p_A}(x) = \frac{1}{6}x^3 + \frac{1}{2}x^2 + x \qquad\qquad A_{p_G}(x) = 8,5x$

$\quad KR = A_{p_N}(3) - A_{p_G}(3) = 43,5 - 25,5 = \mathbf{18} \quad PR = A_{p_G}(3) - A_{p_A}(3) = 25,5 - 12 = \mathbf{13,5}$

c) $p_N(x_G) = p_A(x_G) \Leftrightarrow x_G = 4 \Rightarrow p_G = 20$

$\quad A_{p_N}(x) = -0,25x^3 - 0,5x^2 + 36x \qquad\qquad A_{p_A}(x) = \frac{1}{12}x^3 + 1,5x^2 + 4x \qquad\qquad A_{p_G}(x) = 20x$

$\quad KR = A_{p_N}(4) - A_{p_G}(4) = 120 - 80 = \mathbf{40} \quad PR = A_{p_G}(4) - A_{p_A}(4) = 80 - 45\frac{1}{3} = \mathbf{34\frac{2}{3}}$

4   Matrizenrechnung

4.1   Darstellung und Arten von Matrizen

Einstiegsseite

Fragestellung:

Für eine übersichtliche Darstellung der Arbeitsstunden dient eine Tabelle, die den Mitarbeitern die Arbeitsstunden am jeweiligen Modell zuordnet. Dabei müssen die Mitarbeiter in sinnvolle Gruppen unterteilt werden.

Lösungsweg:

Herr Steffens ordnet zunächst die Arbeitsstunden der Mitarbeiter den drei Fahrradmodellen zu und überträgt dann die Zeiten in die Tabelle.

Arbeitsstunden pro Tag	Modell *Trekking Light*	Modell *Trekking Free*	Modell *Trekking Nature*
Zweiradmechaniker-Meister	4	4	8
Zweiradmechaniker	16	8	8
Fahrradmonteur	0	8	16
Auszubildender	0	0	8

In der Hoffnung, für spätere Berechnungen ein mathematisches Objekt zu haben, löst Herr Steffens die Bezeichnungen aus dieser Tabelle, setzt den Zahlenblock in runde Klammern und gibt ihm die Bezeichnung A.

$$A = \begin{pmatrix} 4 & 4 & 8 \\ 16 & 8 & 8 \\ 0 & 8 & 16 \\ 0 & 0 & 16 \end{pmatrix}$$

Mit diesem mathematischen Objekt kann man reale Probleme erfassen und lösen, wenn spezielle Rechenregeln beachtet werden.

Übungen zu 4.1

294

1. **a)** 3×4

    b) $a_{12} = 7$ $a_{34} = -0,3$ $a_{24} = \sqrt{2}$ $a_{32} = 0,5$ $a_{21} = 0$ $a_{33} = 0$

2. **a)** 4×4

    b) $a_{11} = 6$ $a_{22} = -7$ $a_{33} = 6$ $a_{44} = -0,5$

3. **a)** $\begin{pmatrix} 1 & 1 & 1 & 1 \\ 0 & 1 & 1 & 1 \\ 0 & 0 & 1 & 1 \\ 0 & 0 & 0 & 1 \end{pmatrix}$ **c)** $\begin{pmatrix} 1 & 2 & 3 & 4 \\ 2 & 4 & 6 & 8 \\ 3 & 6 & 9 & 12 \\ 4 & 8 & 12 & 16 \end{pmatrix}$

    b) $\begin{pmatrix} 0 & 1 & 1 & 1 \\ 1 & 0 & 2 & 2 \\ 1 & 2 & 0 & 3 \\ 1 & 2 & 3 & 0 \end{pmatrix}$ **d)** $\begin{pmatrix} -2 & -3 & -4 & -5 \\ 3 & 4 & 5 & 6 \\ -4 & -5 & -6 & -7 \\ 5 & 6 & 7 & 8 \end{pmatrix}$

4. **a)**

	Berlin	Rom	Madrid	Warschau	Ankara
Berlin	0	1190	1800	520	2040
Rom	1190	0	1250	1320	1720
Madrid	1800	1250	0	2210	2970
Warschau	520	1320	2210	0	1640
Ankara	2040	1720	2970	1640	0

    b) 5×5

    c) $a_{11} = a_{22} = a_{33} = a_{44} = a_{55} = 0$
    In der Hauptdiagonalen stehen die Entfernungen der Städte zu sich selbst.

5. $\begin{pmatrix} 3 & 2 & 4 \\ 2 & 0 & 7 \\ 1 & 3 & 8 \\ 4 & 0 & 9 \end{pmatrix}$

    Spaltenweise können die benötigten Rohstoffmengen für ein Zwischenprodukt abgelesen werden.
    Zeilenweise kann die Aufteilung eines Rohstoffs auf je eine ME der Zwischenprodukte abgelesen werden.

6. **a)** $\begin{pmatrix} 2 & 8 \\ 4 & 4 \\ 0 & 2 \end{pmatrix}$ **b)** $\begin{pmatrix} 2 & 3 \\ 1 & 2 \end{pmatrix}$

Test zu 4.1

296

1. 4×3 $a_{12} = 4$ $a_{21} = 8$ $a_{43} = 10$

2.
$$\begin{pmatrix} 1 & 0 & 0 & 0 \\ 0 & 1 & 0 & 0 \\ 0 & 0 & 1 & 0 \\ 0 & 0 & 0 & 1 \end{pmatrix}$$

3.

	Allianz	BASF	M. Rück	Siemens
MO	87,27	52,44	118,25	75,77
DI	88,10	61,51	117,85	74,71
MI	88,79	61,43	118,15	74,90
DO	91,15	63,77	119,90	76,53
FR	92,34	64,20	120,30	77,38

4. 5 Zeilenvektoren, 4 Spaltenvektoren.

2. Zeile: Kurse der 4 verschiedenen Aktien am Dienstag

4. Spalte: Kurse der Siemens-Aktie an den fünf Wochentagen

5.

	G_1	G_2	G_3
K_1	3	3	3
K_2	0	3	2
K_3	2	1	3
K_4	5	3	2

$$KG = \begin{pmatrix} 3 & 3 & 3 \\ 0 & 3 & 2 \\ 2 & 1 & 3 \\ 5 & 3 & 2 \end{pmatrix}$$

6. a) $RZ = \begin{pmatrix} 1 & 2 & 3 \\ 2 & 2 & 2 \\ 4 & 3 & 2 \end{pmatrix}$

b) $ZE = \begin{pmatrix} 5 & 4 \\ 1 & 2 \\ 1 & 1 \end{pmatrix}$

4.2 Matrizenverknüpfungen

Einstiegsseite

297

Fragestellung:

Es soll eine geeignete Rechenmethode gefunden werden, mit der Herr Schumacher effektiv für beliebige Fahrradmengen die Menge der Einzelteile berechnen kann. Dafür benötigt er einen Überblick über die Einzelteile für je ein Fahrrad der beiden Modelle. Herr Schumacher berechnet dann die Menge der Einzelteile, die für 15 Räder des Modells *Unlimited* und 25 Räder des Modells *Constitution* benötigt werden. Daraus lässt sich eine allgemeine Rechenmethode ableiten.

Lösungsweg:

Herr Schumacher verschafft sich erst einmal einen Überblick über die benötigten Einzelteile, indem er eine Stückliste aufstellt, in der die Anzahl der Einzelteile für je ein Fahrrad der beiden Modelle aufgelistet werden.

	Mountain Constitution	Mountain Unlimited
Inbussschrauben	6	8
Sattel Modell 2	1	0
Sattel Modell 1	0	1
Felge	2	2
Speiche	64	72

Dann berechnet er die benötigten Mengen an Einzelteilen, wenn 25 Räder des Modells *Mountain Constitution* und 15 Räder des Modells *Mountain Unlimited* hergestellt werden sollen:

Inbussschrauben: $6 \cdot 25 + 8 \cdot 15 = 270$
Sattel Modell 2: $1 \cdot 25 + 0 \cdot 15 = 25$
Sattel Modell 1: $0 \cdot 25 + 1 \cdot 15 = 15$
Felgen: $2 \cdot 25 + 2 \cdot 15 = 80$
Speichen: $64 \cdot 25 + 72 \cdot 15 = 2680$

Als sich Herr Schumacher seine Berechnung noch einmal ansieht, kommt er auf die Idee, dass man die Einzelteilmengen auch über eine Verknüpfung von Matrizen berechnen kann, wenn man die Stückliste als Matrix vom Format 5×2 und die Produktionsmengen der beiden Fahrradmodelle als Matrix vom Format 2×1 darstellt:

$$\begin{pmatrix} 6 & 8 \\ 1 & 0 \\ 0 & 1 \\ 2 & 2 \\ 64 & 72 \end{pmatrix} \cdot \begin{pmatrix} 25 \\ 15 \end{pmatrix} = \begin{pmatrix} 270 \\ 25 \\ 15 \\ 80 \\ 1680 \end{pmatrix}$$

Multipliziert man nämlich „die erste (zweite, dritte, vierte, fünfte)) Zeile mit der Spalte", in der die Anzahlen der produzierten Räder stehen, in der oben ausgeführten Art, dann erhält man die gesamten benötigten Einzelteile.

Sollen vom Modell *Mountain Constitution* x Stück und vom Modell Mountain Unlimited y Stück hergestellt werden, dann lassen sich die benötigten Einzelteile jetzt ganz einfach berechnen:

$$\begin{pmatrix} 6 & 8 \\ 1 & 0 \\ 0 & 1 \\ 2 & 2 \\ 64 & 72 \end{pmatrix} \cdot \begin{pmatrix} x \\ y \end{pmatrix} = \begin{pmatrix} 6x + 8y \\ 1x + 0y \\ 0x + 1y \\ 2x + 2y \\ 64x + 72y \end{pmatrix}$$

4.2.1 Addition, Subtraktion und Skalarmultiplikation

1. a) $\begin{pmatrix} -1 & 1 & 4 & 4{,}1 \\ 4{,}5 & 7 & 0 & 5{,}5 \\ 7 & 3 & 6 & 2 \end{pmatrix}$ **b)** $\begin{pmatrix} a_{11}+b_{11} & a_{12}+b_{12} \\ a_{21}+b_{21} & a_{22}+b_{22} \\ a_{31}+b_{31} & a_{32}+b_{32} \end{pmatrix}$

300

2. $(A+B)+D = \begin{pmatrix} 15 & 27 & 20 & 1 \\ 7 & 2 & 1 & 1 \\ -8 & 0 & 0 & 5 \end{pmatrix}$

3. a) $A+B = \begin{pmatrix} 2 & -3 & 0 \\ 8 & 2 & 0 \\ -5 & 8 & 3 \\ -5 & 5 & -1 \end{pmatrix}$ $\qquad B+A = \begin{pmatrix} 2 & -3 & 0 \\ 8 & 2 & 0 \\ -5 & 8 & 3 \\ -5 & 5 & -1 \end{pmatrix}$ $\quad \Rightarrow \quad A+B = B+A$

b) $A = \begin{pmatrix} a_{11} & a_{12} & a_{13} \\ a_{21} & a_{22} & a_{23} \end{pmatrix}$ $\qquad B = \begin{pmatrix} b_{11} & b_{12} & b_{13} \\ b_{21} & b_{22} & b_{23} \end{pmatrix}$

$A+B = \begin{pmatrix} a_{11}+b_{11} & a_{12}+b_{12} & a_{13}+b_{13} \\ a_{21}+b_{21} & a_{22}+b_{22} & a_{23}+b_{23} \end{pmatrix} = \begin{pmatrix} b_{11}+a_{11} & b_{12}+a_{12} & b_{13}+a_{13} \\ b_{21}+a_{21} & b_{22}+a_{22} & b_{23}+a_{23} \end{pmatrix} = B+A$

4. $\begin{pmatrix} 55 & 36 & 12 & 23 \\ 32 & 18 & 8 & 12 \\ 103 & 42 & 27 & 35 \end{pmatrix} + \begin{pmatrix} 65 & 26 & 11 & 20 \\ 32 & 22 & 10 & 9 \\ 82 & 38 & 21 & 28 \end{pmatrix} = \begin{pmatrix} 120 & 62 & 23 & 43 \\ 64 & 40 & 18 & 21 \\ 185 & 80 & 48 & 63 \end{pmatrix}$

5. $\begin{pmatrix} 61\,180 & 45\,260 & 12\,650 & 22\,790 \\ 33\,020 & 30\,020 & 10\,100 & 12\,310 \\ 94\,480 & 58\,410 & 26\,430 & 33\,520 \end{pmatrix} - \begin{pmatrix} 26\,520 & 25\,920 & 6\,240 & 12\,650 \\ 15\,380 & 13\,030 & 4\,160 & 6\,620 \\ 50\,010 & 30\,240 & 14\,080 & 19\,250 \end{pmatrix} = \begin{pmatrix} 34\,660 & 19\,340 & 6\,410 & 10\,140 \\ 17\,640 & 16\,990 & 5\,940 & 5\,690 \\ 44\,470 & 28\,170 & 12\,350 & 14\,270 \end{pmatrix}$

6. a) $4 \cdot A = \begin{pmatrix} -24 & 0 & 12 & 24 \\ 16 & 0 & 0 & 24 \\ 28 & -8 & -32 & 4 \end{pmatrix}$ **b)** $-0{,}5 \cdot A = \begin{pmatrix} 3 & 0 & -1{,}5 & -3 \\ -2 & 0 & 0 & -3 \\ -3{,}5 & 1 & 4 & -0{,}5 \end{pmatrix}$

c) $s \cdot A = \begin{pmatrix} -6s & 0 & 3s & 6s \\ 4s & 0 & 0 & 6s \\ 7s & -2s & -8s & s \end{pmatrix}$

7. $1{,}1 \cdot \begin{pmatrix} 4120 & 4275 & 4215 & 3250 & 4290 & 2370 \\ 6620 & 6460 & 5835 & 6030 & 4995 & 4780 \\ 5260 & 5425 & 5035 & 4960 & 5895 & 5210 \end{pmatrix} = \begin{pmatrix} 4532 & 4702{,}50 & 4636{,}50 & 3575 & 4719 & 2607 \\ 7282 & 7106 & 6418{,}50 & 6633 & 5494{,}50 & 5258 \\ 5786 & 5967{,}50 & 5538{,}50 & 5456 & 6484{,}50 & 5731 \end{pmatrix}$

8. $4 \cdot (A+B) = 4 \cdot A + 4 \cdot B = \begin{pmatrix} 24 & 40 & 8 \\ 28 & 0 & 8 \end{pmatrix}$

4.2.2   Multiplikation von Matrizen

307

1. a) $A \cdot B = \begin{pmatrix} 24 & -18 & 6 \\ -8 & 6 & -2 \\ 0 & 0 & 0 \end{pmatrix}$ $B \cdot A = 30$

b) $A \cdot B$ nicht definiert. $B \cdot A = \begin{pmatrix} -6 & 35 \\ 17 & 17 \\ 42 & 5 \\ -18 & 12 \end{pmatrix}$

c) $A \cdot B = \begin{pmatrix} 25 & 10{,}5 & 8 \\ -2{,}5 & 2{,}25 & 16 \\ 76 & -3 & -40 \end{pmatrix}$ $B \cdot A = \begin{pmatrix} 6{,}75 & 8{,}25 & 40{,}75 \\ 13{,}5 & -7{,}5 & 13{,}5 \\ 42 & -22 & -12 \end{pmatrix}$

d) $A \cdot B = \begin{pmatrix} 10 & -10 \\ 5 & -5 \end{pmatrix}$ $B \cdot A = \begin{pmatrix} 0 & 0 & 0 \\ 6 & 4 & 2 \\ 3 & 2 & 1 \end{pmatrix}$

e) $A \cdot B = \begin{pmatrix} 4 & -2 & 8 \\ 0 & 0 & 0 \\ 0 & 0 & 0 \end{pmatrix}$ $B \cdot A = \begin{pmatrix} 3{,}5 & 2 & 3{,}2 \\ -2{,}625 & -1{,}5 & -2{,}4 \\ 2{,}1875 & 1{,}25 & 2 \end{pmatrix}$

f) $A \cdot B = \begin{pmatrix} 1 & 0 & 0 \\ 0 & 1 & 0 \\ 0 & 0 & 1 \end{pmatrix}$ $B \cdot A = \begin{pmatrix} 1 & 0 & 0 \\ 0 & 1 & 0 \\ 0 & 0 & 1 \end{pmatrix}$

2. $A \cdot B + C = \begin{pmatrix} 24 & 13 & 45 & 23 \\ 37 & 27 & 42 & 3 \end{pmatrix}$

3. $A \cdot B = \begin{pmatrix} 8 & 11 & 10 \\ 1 & 0 & -5 \\ -9 & 27 & -1 \end{pmatrix}$ $B \cdot A = \begin{pmatrix} 9 & 18 & 7 \\ 3 & 2 & 9 \\ -1 & -31 & -4 \end{pmatrix}$ $\boldsymbol{A \cdot B \neq B \cdot A}$

4. a) $\begin{pmatrix} 6 & 1 & 2 \\ 4 & -3 & 0 \end{pmatrix} \cdot \begin{pmatrix} 1 & 0 & 0 \\ 0 & 1 & 0 \\ 0 & 0 & 1 \end{pmatrix} = \begin{pmatrix} 6 & 1 & 2 \\ 4 & -3 & 0 \end{pmatrix}$ $\begin{pmatrix} 1 & 0 \\ 0 & 1 \end{pmatrix} \cdot \begin{pmatrix} 6 & 1 & 2 \\ 4 & -3 & 0 \end{pmatrix} = \begin{pmatrix} 6 & 1 & 2 \\ 4 & -3 & 0 \end{pmatrix}$

b) $\begin{pmatrix} 6 \\ -4 \\ 3 \end{pmatrix} \cdot \begin{pmatrix} 1 \end{pmatrix} = \begin{pmatrix} 6 \\ -4 \\ 3 \end{pmatrix}$ $\begin{pmatrix} 1 & 0 & 0 \\ 0 & 1 & 0 \\ 0 & 0 & 1 \end{pmatrix} \cdot \begin{pmatrix} 6 \\ -4 \\ 3 \end{pmatrix} = \begin{pmatrix} 6 \\ -4 \\ 3 \end{pmatrix}$

c) $\begin{pmatrix} 3 & 0 & 5 \\ -2 & 1 & 7 \\ 6 & 0 & -8 \end{pmatrix} \cdot \begin{pmatrix} 1 & 0 & 0 \\ 0 & 1 & 0 \\ 0 & 0 & 1 \end{pmatrix} = \begin{pmatrix} 3 & 0 & 5 \\ -2 & 1 & 7 \\ 6 & 0 & -8 \end{pmatrix}$ $\begin{pmatrix} 1 & 0 & 0 \\ 0 & 1 & 0 \\ 0 & 0 & 1 \end{pmatrix} \cdot \begin{pmatrix} 3 & 0 & 5 \\ -2 & 1 & 7 \\ 6 & 0 & -8 \end{pmatrix} = \begin{pmatrix} 3 & 0 & 5 \\ -2 & 1 & 7 \\ 6 & 0 & -8 \end{pmatrix}$

d) $\begin{pmatrix} 3 & 1 \\ -2 & 8 \end{pmatrix} \cdot \begin{pmatrix} 1 & 0 \\ 0 & 1 \end{pmatrix} = \begin{pmatrix} 3 & 1 \\ -2 & 8 \end{pmatrix}$ $\begin{pmatrix} 1 & 0 \\ 0 & 1 \end{pmatrix} \cdot \begin{pmatrix} 3 & 1 \\ -2 & 8 \end{pmatrix} = \begin{pmatrix} 3 & 1 \\ -2 & 8 \end{pmatrix}$

Übungen zu 4.2

1. a) $A+B = \begin{pmatrix} -5 & 12 \\ 12 & 4 \\ 6 & -4 \end{pmatrix}$ **b)** $A+B = \begin{pmatrix} -2 & 3 & 10 & 7 \\ 4 & 4 & 2 & 11 \\ 7 & 1 & -2 & 0 \end{pmatrix}$ **c)** $A+B = \begin{pmatrix} a_{11}+b_{11} & a_{12}+b_{12} \\ a_{21}+b_{21} & a_{22}+b_{22} \end{pmatrix}$

2. a) $2 \cdot A = \begin{pmatrix} -10 & -4 & 0 & 6{,}2 \\ 9 & 6 & -4 & 1 \\ 14 & 0 & 0 & 6 \end{pmatrix}$ **b)** $-2 \cdot A = \begin{pmatrix} 10 & 4 & 0 & -6{,}2 \\ -9 & -6 & 4 & -1 \\ -14 & 0 & 0 & -6 \end{pmatrix}$ **c)** $s \cdot A = \begin{pmatrix} -5s & -2s & 0 & 3{,}1s \\ 4{,}5s & 3s & -2s & 0{,}5s \\ 7s & 0 & 0 & 3s \end{pmatrix}$

3. $4 \cdot (A+B) = 4 \cdot \begin{pmatrix} 7 & 13 & 6 \\ 4 & 0 & -1 \\ 10 & 4 & 3 \end{pmatrix} = \begin{pmatrix} 28 & 52 & 24 \\ 16 & 0 & -4 \\ 40 & 16 & 12 \end{pmatrix}$

$4 \cdot A + 4 \cdot B = \begin{pmatrix} 24 & 32 & 12 \\ 16 & -8 & 0 \\ 28 & 8 & 4 \end{pmatrix} + \begin{pmatrix} 4 & 20 & 12 \\ 0 & 8 & -4 \\ 12 & 8 & 8 \end{pmatrix} = \begin{pmatrix} 28 & 52 & 24 \\ 16 & 0 & -4 \\ 40 & 16 & 12 \end{pmatrix}$

4. a) $A \cdot E = (8;\,2) \cdot \begin{pmatrix} 1 & 0 \\ 0 & 1 \end{pmatrix} = (8;\,2)$ $\qquad\qquad$ $E \cdot A = (1) \cdot (8;\,2) = (8;\,2)$

b) $A \cdot E = \begin{pmatrix} 4 & 1 \\ 0 & -3 \\ -4 & 6 \end{pmatrix} \cdot \begin{pmatrix} 1 & 0 \\ 0 & 1 \end{pmatrix} = \begin{pmatrix} 4 & 1 \\ 0 & -3 \\ -4 & 6 \end{pmatrix}$ $E \cdot A = \begin{pmatrix} 1 & 0 & 0 \\ 0 & 1 & 0 \\ 0 & 0 & 1 \end{pmatrix} \cdot \begin{pmatrix} 4 & 1 \\ 0 & -3 \\ -4 & 6 \end{pmatrix} = \begin{pmatrix} 4 & 1 \\ 0 & -3 \\ -4 & 6 \end{pmatrix}$

c) $A \cdot E = \begin{pmatrix} 0 & 1 \\ 1 & 0 \end{pmatrix} \cdot \begin{pmatrix} 1 & 0 \\ 0 & 1 \end{pmatrix} = \begin{pmatrix} 0 & 1 \\ 1 & 0 \end{pmatrix}$ $\qquad$ $E \cdot A = \begin{pmatrix} 1 & 0 \\ 0 & 1 \end{pmatrix} \cdot \begin{pmatrix} 0 & 1 \\ 1 & 0 \end{pmatrix} = \begin{pmatrix} 0 & 1 \\ 1 & 0 \end{pmatrix}$

5. $\begin{pmatrix} 2 & 4 & 7 \\ 0 & 1 & -1 \\ 3 & -4 & 0 \end{pmatrix} \cdot \begin{pmatrix} 1 & 0 & 0 \\ 0 & 1 & 0 \\ 0 & 0 & 1 \end{pmatrix} = \begin{pmatrix} 2 & 4 & 7 \\ 0 & 1 & -1 \\ 3 & -4 & 0 \end{pmatrix}$ $\begin{pmatrix} 1 & 0 & 0 \\ 0 & 1 & 0 \\ 0 & 0 & 1 \end{pmatrix} \cdot \begin{pmatrix} 2 & 4 & 7 \\ 0 & 1 & -1 \\ 3 & -4 & 0 \end{pmatrix} = \begin{pmatrix} 2 & 4 & 7 \\ 0 & 1 & -1 \\ 3 & -4 & 0 \end{pmatrix}$

6. $(A \cdot B) \cdot C = \begin{pmatrix} 20 & 34 & 31 & -20 \\ 33 & 48 & 45 & -30 \end{pmatrix} \cdot \begin{pmatrix} 6 \\ -4 \\ 3 \\ 1 \end{pmatrix} = \begin{pmatrix} 57 \\ 111 \end{pmatrix}$

$A \cdot (B \cdot C) = \begin{pmatrix} 4 & 2 & 1 \\ 6 & 3 & 0 \end{pmatrix} \cdot \begin{pmatrix} 11 \\ 15 \\ -17 \end{pmatrix} = \begin{pmatrix} 57 \\ 111 \end{pmatrix}$ $\quad \Rightarrow \quad$ $A \cdot (B \cdot C) = (A \cdot B) \cdot C$

7. $A \cdot (B+C) = \begin{pmatrix} 6 & 0 & 4 \\ 2 & 3 & 1 \\ -2 & -1 & 1 \end{pmatrix} \cdot \begin{pmatrix} 2 & 7 \\ 4 & 11 \\ -1 & 1 \end{pmatrix} = \begin{pmatrix} 8 & 46 \\ 15 & 48 \\ -9 & -24 \end{pmatrix}$

$A \cdot B + A \cdot C = \begin{pmatrix} 4 & 24 \\ 17 & 26 \\ -11 & -14 \end{pmatrix} + \begin{pmatrix} 4 & 22 \\ -2 & 22 \\ 2 & -10 \end{pmatrix} = \begin{pmatrix} 8 & 46 \\ 15 & 48 \\ -9 & -24 \end{pmatrix}$ $\Rightarrow A \cdot (B+C) = A \cdot B + A \cdot C$

308

8. $(A+B)\cdot C = \begin{pmatrix} 5 & 7 & 6 \\ -2 & 11 & 0 \end{pmatrix} \cdot \begin{pmatrix} -5 & 1 & 2 & 4 \\ 3 & -2 & 0 & 1 \\ 4 & 0 & 0 & 1 \end{pmatrix} = \begin{pmatrix} 20 & -9 & 10 & 33 \\ 43 & -24 & -4 & 3 \end{pmatrix}$

$A\cdot C + B\cdot C = \begin{pmatrix} 23 & -6 & 8 & 28 \\ 34 & -18 & -4 & 0 \end{pmatrix} + \begin{pmatrix} -3 & -3 & 2 & 5 \\ 9 & -6 & 0 & 3 \end{pmatrix} = \begin{pmatrix} 20 & -9 & 10 & 33 \\ 43 & -24 & -4 & 3 \end{pmatrix}$

$\Rightarrow (A+B)\cdot C = A\cdot C + B\cdot C$

9. a)
$\begin{array}{c} \\ B \\ R \\ F \end{array} \begin{array}{ccc} B & R & F \\ \end{array}$
$\begin{pmatrix} 0{,}7 & 0{,}3 & 0{,}1 \\ 0{,}05 & 0{,}5 & 0{,}1 \\ 0{,}25 & 0{,}2 & 0{,}8 \end{pmatrix}$

b) $\begin{pmatrix} 0{,}7 & 0{,}3 & 0{,}1 \\ 0{,}05 & 0{,}5 & 0{,}1 \\ 0{,}25 & 0{,}2 & 0{,}8 \end{pmatrix} \cdot \begin{pmatrix} 180 \\ 120 \\ 200 \end{pmatrix} = \begin{pmatrix} 182 \\ 89 \\ 229 \end{pmatrix}$

309

10. a) und b) $(2{,}1; 0{,}35; 0{,}9; 0{,}2; 0{,}75) \cdot \begin{pmatrix} 3 \\ 3 \\ 100 \\ 100 \\ 30 \end{pmatrix} = \textbf{139,85}$ Die Verpflegung für die Klassenfahrt kostet insgesamt 139,85 €.

11. $\begin{pmatrix} 492 & 984 & 324 \\ 756 & 300 & 456 \\ 624 & 732 & 36 \end{pmatrix} \cdot \begin{pmatrix} 0{,}1 & 0{,}08 \\ 0{,}3 & 0{,}35 \\ 0{,}35 & 0{,}3 \end{pmatrix} = \begin{pmatrix} 457{,}8 & 480{,}96 \\ 352{,}2 & 302{,}28 \\ 294{,}6 & 316{,}92 \end{pmatrix}$

Esra würde bei einem Vertragswechsel 22,92 € sparen. Sarah und Jan sollten den alten Vertrag beibehalten.

12. a) $K = k\cdot M = (780{,}00; 636{,}25; 639{,}30; 626{,}50; 992{,}00)$

    b) $E = e\cdot 0{,}95\cdot M = (1366{,}10; 1125{,}75; 1137{,}91; 1111{,}03; 1733{,}75)$

13. $CGM\cdot MFA = \begin{pmatrix} 28\,550 & 7100 & 17\,140 & 14\,320 \\ 28\,175 & 6975 & 16\,655 & \underline{13\,350} \\ 28\,650 & 7100 & 17\,015 & 13\,805 \\ 27\,750 & 6850 & 16\,570 & 13\,500 \\ \underline{26\,750} & \underline{6650} & \underline{16\,150} & 13\,640 \end{pmatrix}$

310

14. a) $A_{0{,}9} = 0{,}9\cdot A = \begin{pmatrix} 9{,}27 & 370{,}89 & 99{,}72 \\ 10{,}89 & 360{,}18 & 94{,}77 \\ 9{,}72 & 358{,}56 & 97{,}29 \\ 10{,}08 & 365{,}04 & 104{,}13 \end{pmatrix}$

    b) $A_{0{,}9}\cdot \begin{pmatrix} 2400 \\ 560 \\ 1250 \end{pmatrix} = \begin{pmatrix} 354\,596{,}40 \\ 346\,299{,}30 \\ 345\,734{,}10 \\ 358\,776{,}90 \end{pmatrix}$

15. a) $RF = RG\cdot GF = \begin{pmatrix} 1007 & 731 & 1530 & 2007 & 2136 \\ 4401 & 5499 & 5700 & 3279 & 3183 \\ 5724 & 7470 & 9840 & 7258 & 14\,532 \\ 2550 & 3315 & 4800 & 2925 & 4650 \\ 1099 & 1105 & 924 & 1095 & 903 \\ 2289 & 2175 & 2158 & 2495 & 1644 \end{pmatrix}$

    b) $RF\cdot \begin{pmatrix} 2000 \\ 3200 \\ 3000 \\ 7800 \\ 11\,500 \end{pmatrix} = \begin{pmatrix} 49\,161\,800 \\ 105\,679\,500 \\ 288\,602\,400 \\ 106\,398\,000 \\ 27\,431\,500 \\ 56\,379\,000 \end{pmatrix}$

16. $b = f \cdot P = (4;\ 4;\ 3;\ 5;\ 1;\ 5;\ 2) \cdot \begin{pmatrix} 4 & 6 & 2 & 5 & 6 \\ 6 & 5 & 10 & 7 & 6 \\ 5 & 6 & 5 & 6 & 6 \\ 6 & 6 & 10 & 7 & 8 \\ 8 & 8 & 6 & 4 & 2 \\ 7 & 5 & 5 & 7 & 10 \\ 7 & 5 & 2 & 1 & 3 \end{pmatrix} = (142;\ 135;\ 148;\ 142;\ 164)$

310

Prima ist der beste Lieferant mit 164 Punkten.

Test zu 4.2

1. a) $(8;\ 14;\ 11;\ 11) + (10;\ 18;\ 13;\ 14) = \mathbf{(18;\ 32;\ 24;\ 25)}$

312

    b) $1,1 \cdot (8;\ 14;\ 11;\ 11) = \mathbf{(8,8;\ 15,4;\ 12,1;\ 12,1)}$

2. a) $\begin{pmatrix} 1 & 2 & 8 \\ 2 & 0 & 0 \\ 3 & 2 & 0 \\ 0 & 7 & 0 \\ 0 & 2 & 4 \\ 4 & 2 & 1 \end{pmatrix} \cdot \begin{pmatrix} 80 \\ 70 \\ 130 \end{pmatrix} = \begin{pmatrix} 1260 \\ 160 \\ 380 \\ 490 \\ 660 \\ 590 \end{pmatrix}$

    b) $(15;\ 22,5;\ 17,2;\ 12,3;\ 24,3;\ 52,8) \cdot \begin{pmatrix} 1 & 2 & 8 \\ 2 & 0 & 0 \\ 3 & 2 & 0 \\ 0 & 7 & 0 \\ 0 & 2 & 4 \\ 4 & 2 & 1 \end{pmatrix} = \mathbf{(322,8;\ 304,7;\ 270)}$

    c) $(15;\ 22,5;\ 17,2;\ 12,3;\ 24,3;\ 52,8) \cdot \begin{pmatrix} 1260 \\ 160 \\ 380 \\ 490 \\ 660 \\ 590 \end{pmatrix} = \mathbf{82\,253}$ $(322,8;\ 304,7;\ 270) \cdot \begin{pmatrix} 80 \\ 70 \\ 130 \end{pmatrix} = \mathbf{82\,253}$

3. a) $RZ = \begin{pmatrix} 1 & 1 & 1 \\ 1 & 2 & 4 \end{pmatrix}$ $ZE = \begin{pmatrix} 2 & 0 \\ 2 & 4 \\ 0 & 2 \end{pmatrix}$ **b)** $RZ \cdot ZE = RE = \begin{pmatrix} 4 & 6 \\ 6 & 16 \end{pmatrix}$ **c)** $RE \cdot \begin{pmatrix} 300 \\ 500 \end{pmatrix} = \begin{pmatrix} 4200 \\ 9800 \end{pmatrix}$

4. $A \cdot B = \begin{pmatrix} 3 & -7 & 12 \\ 16 & 16 & 34 \\ -9 & -1 & -30 \end{pmatrix}$ $B \cdot A = \begin{pmatrix} 10 & 26 & 2 \\ 5 & -33 & 26 \\ 0 & -18 & 12 \end{pmatrix}$ $\Rightarrow$ $\boldsymbol{AB \neq BA}$

4.3   Anwendungen aus der Wirtschaft

Einstiegsseite

313

Fragestellung:

Alle Mengen- und Kostenangaben können in Form von Matrizen dargestellt werden, mit denen dann nach den Regeln für die Verknüpfung von Matrizen gerechnet werden kann.

Lösungsweg:

Kosten der Stahlrohre: $k_S = (3{,}50;\ 4;\ 4{,}30;\ 4{,}50)$

Fertigungskosten der Roh-Rahmen: $k_F = (30;\ 35)$

Kosten für Lackierung der Rahmen: $k_L = (18;\ 12)$

1. Stückliste:
$$RZ = \begin{pmatrix} 2 & 2 \\ 3 & 2 \\ 4 & 4 \\ 0 & 2 \end{pmatrix}$$

2. Stückliste:
$$ZE = \begin{pmatrix} 1 & 0 \\ 0 & 1 \end{pmatrix}$$

Gesamtproduktion: $m_e = e = \begin{pmatrix} 50 \\ 30 \end{pmatrix}$

Kostenaufstellung für jeweils ein Fahrrad:

Kosten der Stahlrohre:
$$(3{,}50;\ 4;\ 4{,}30;\ 4{,}50) \cdot \begin{pmatrix} 2 & 2 \\ 3 & 2 \\ 4 & 4 \\ 0 & 2 \end{pmatrix} \cdot \begin{pmatrix} 1 & 0 \\ 0 & 1 \end{pmatrix} = (36{,}20;\ 41{,}20)$$

Fertigungskosten der Roh-Rahmen:
$$(30;\ 35) \cdot \begin{pmatrix} 1 & 0 \\ 0 & 1 \end{pmatrix} = (30{,}00;\ 35{,}00)$$

Kosten für die Lackierung der Rahmen: $(18{,}00;\ 12{,}00)$

Kosten für die Rahmenherstellung der beiden Räder pro Rad: $(84{,}20;\ 88{,}20)$

Gesamtkosten für 50 bzw. 30 Räder: $(84{,}20;\ 88{,}20) \cdot \begin{pmatrix} 50 \\ 30 \end{pmatrix} = 6856$

Die Kosten für die Rahmen aller Räder betragen 6856 €.

Alle Mengen- und Kostenangaben können in Form von Matrizen dargestellt werden, mit denen man dann rechnen kann. Mithilfe der Matrizenmultiplikation und der Matrizenaddition können die Kosten für die Rahmen aller Räder ermittelt werden.

$$K_v = \left[(3{,}50;\ 4;\ 4{,}30;\ 4{,}50) \cdot \begin{pmatrix} 2 & 2 \\ 3 & 2 \\ 4 & 4 \\ 0 & 2 \end{pmatrix} \cdot \begin{pmatrix} 1 & 0 \\ 0 & 1 \end{pmatrix} + (30;\ 35) \cdot \begin{pmatrix} 1 & 0 \\ 0 & 1 \end{pmatrix} + (18;\ 12) \right] \cdot \begin{pmatrix} 50 \\ 30 \end{pmatrix} = 6856$$

Die variablen Kosten für die Rahmen von 50 Rädern des Modells *Renn Fast* und von 30 Rädern des Modells *City Surf* betragen 6856 €.

4.3.1   Zweistufiger Produktionsprozess

1.   Stücklisten: $RZ = \begin{pmatrix} 15 & 18 & 12 \\ 10 & 5 & 1 \\ 4 & 1 & 1 \\ 2 & 1 & 4 \end{pmatrix}$ $ZE = \begin{pmatrix} 8 & 2 \\ 3 & 1 \\ 0 & 5 \end{pmatrix}$ $RE = RZ \cdot ZE = \begin{pmatrix} 174 & 108 \\ 95 & 30 \\ 35 & 14 \\ 19 & 25 \end{pmatrix}$

$p_R = (3;\ 6;\ 7;\ 4)$ $m_E = \begin{pmatrix} 30 \\ 50 \end{pmatrix}$ Rohstoffbedarf: $m_R = RE \cdot m_E = \begin{pmatrix} 10620 \\ 4350 \\ 1750 \\ 1820 \end{pmatrix}$

Rohstoffkosten: $p_R \cdot m_R = \mathbf{77490}$

2. a) $p_R \cdot RE = (3320;\ 3965;\ 3865;\ 5521;\ 3297;\ 3690;\ 3111;\ 4002)$

b) $(p_R \cdot RE) \cdot m_E == (3320;\ 3965;\ 3865;\ 5521;\ 3297;\ 3690;\ 3111;\ 4002) \cdot \begin{pmatrix} 1000 \\ 1000 \\ 1000 \\ 1000 \\ 1000 \\ 1000 \\ 1000 \\ 1000 \\ 1000 \end{pmatrix} = \mathbf{30\,771\,000}$

3. a)

	Z_1	Z_2	Z_3
R_1	1	2	3
R_2	3	0	2
R_3	2	0	4
R_4	2	4	1

	E_1	E_2	E_3
Z_1	1	2	0
Z_2	3	2	3
Z_3	4	2	6

	R_1	R_2	R_3	R_4
Preis	8	6	14	9

	Bestellungen
E_1	48
E_2	60
E_3	115

$RZ = \begin{pmatrix} 1 & 2 & 3 \\ 3 & 0 & 2 \\ 2 & 0 & 4 \\ 2 & 4 & 1 \end{pmatrix}$ $ZE = \begin{pmatrix} 1 & 2 & 0 \\ 3 & 2 & 3 \\ 4 & 2 & 6 \end{pmatrix}$ $p_R = (8;\ 6;\ 14;\ 9)$ $m_E = \begin{pmatrix} 48 \\ 60 \\ 115 \end{pmatrix}$

b) $RE = RZ \cdot ZE = \begin{pmatrix} 19 & 12 & 24 \\ 11 & 10 & 12 \\ 18 & 12 & 24 \\ 18 & 14 & 18 \end{pmatrix}$

c) $K_R = p_R \cdot RE = \mathbf{(632;\ 450;\ 762)}$

d) $m_R = RE \cdot m_E = \begin{pmatrix} 4392 \\ 2508 \\ 4344 \\ 3774 \end{pmatrix}$

e) $K_R = (632;\ 450;\ 762) \cdot \begin{pmatrix} 48 \\ 60 \\ 115 \end{pmatrix} = \mathbf{144\,966}$

4.3.2   Gewinnermittlung

321

1. a)

	H_1	H_2	H_3
R_1	25	30	19
R_2	18	12	13
R_3	27	14	12

b)

	P_1	P_2
E_1	31	48
E_2	43	64
E_3	28	19
E_4	45	50

c)

	P_1	P_2
R_1	518	584
R_2	266	343
R_3	280	345

d) $r = RP \cdot \begin{pmatrix} 500 \\ 500 \end{pmatrix} = \begin{pmatrix} 551\,000 \\ 304\,500 \\ 312\,500 \end{pmatrix}$

e) $K = k_R^T \cdot r = \mathbf{4\,371\,500\,€}$

2. a) $TL = TG \cdot GL = \begin{pmatrix} 5 & 7 & 10 & 10 & 8 \\ 5 & 6 & 10 & 12 & 12 \\ 3 & 4 & 6 & 6 & 6 \\ 3 & 4 & 6 & 6 & 6 \\ 20 & 26 & 40 & 44 & 40 \\ 24 & 28 & 48 & 64 & 56 \\ 10 & 14 & 20 & 20 & 16 \\ 108 & 148 & 216 & 232 & 176 \\ 108 & 148 & 216 & 232 & 176 \\ 68 & 80 & 136 & 144 & 192 \end{pmatrix}$

b) $k \cdot TL = (251{,}10;\ 325{,}20;\ 502{,}20;\ 571{,}20;\ 490{,}80)$

3. a) $e = EB \cdot \begin{pmatrix} 80 \\ 130 \end{pmatrix} = \begin{pmatrix} 340 \\ 160 \\ 500 \\ 910 \end{pmatrix}$

b) $K_E = k_E \cdot EB = (15;\ 22{,}5;\ 17{,}2;\ 12{,}3) \cdot EB = \mathbf{(111{,}6;\ 150{,}5)}$

$K = k_E \cdot EB \cdot b = (15;\ 22{,}5;\ 17{,}2;\ 12{,}3) \cdot \begin{pmatrix} 340 \\ 160 \\ 500 \\ 910 \end{pmatrix} = (111{,}6;\ 150{,}5) \cdot \begin{pmatrix} 80 \\ 130 \end{pmatrix} = \mathbf{28\,493}$

Übungen zu 4.3

1. a) $E = (186;\ 254;\ 683;\ 227;\ 439) \cdot \begin{pmatrix} 53 \\ 49 \\ 212 \\ 120 \\ 28 \end{pmatrix} = \mathbf{206\,632}$

322

b) $G = E - K = 206\,632 - (143\,544 + 16\,093) = \mathbf{46\,995}$

2. $k_v = (135;\ 164;\ 109;\ 183) + (44;\ 43;\ 65;\ 98) + (24;\ 17;\ 23;\ 31) = \mathbf{(203;\ 224;\ 197;\ 312)}$

$K_v = (203;\ 224;\ 197;\ 312) \cdot \begin{pmatrix} 140 \\ 215 \\ 174 \\ 88 \end{pmatrix} = \mathbf{138\,314}$

3. a) $db = (1875;\ 1725;\ 2483) - (1569;\ 1297;\ 2003) = \mathbf{(306;\ 428;\ 480)}$

$DB = db \cdot b = (306;\ 428;\ 480) \cdot \begin{pmatrix} 200 \\ 350 \\ 400 \end{pmatrix} = \mathbf{403\,000}$

b) $G = DB - K_{\text{fix}} = 403\,000 - 153\,000 = \mathbf{250\,000}$

4. a)

	B_1	B_2	B_3
T_1	1	2	4
T_2	3	0	4
T_3	0	2	2
T_4	0	3	1

	E_1	E_2	E_3
B_1	3	2	0
B_2	1	2	5
B_3	0	3	2

	E_1	E_2	E_3
T_1	5	18	18
T_2	9	18	8
T_3	2	10	14
T_4	3	9	17

b) $k_r^T = (40;\ 45;\ 50;\ 30) \cdot TE = (795;\ 2300;\ 2290)$ Kosten für Einzelteile

$k_B^T = (12;\ 16;\ 15) \cdot BE = (52;\ 101;\ 110)$ Kosten für Herstellung Bauteile

c) $db = e - k_T^T - k_B^T - k_E^T = (225;\ 359;\ 368)$ Deckungsbeiträge je Endprodukte

5. a) $RE = RZ \cdot ZE = \begin{pmatrix} 42 & 76 \\ 35 & 54 \\ 41 & 35 \end{pmatrix}$

b) $r = RE \cdot \begin{pmatrix} 420 \\ 750 \end{pmatrix} = \begin{pmatrix} 74\,640 \\ 55\,200 \\ 43\,470 \end{pmatrix}$

c) $k_R^T \cdot r = \mathbf{6\,311\,325 \, €}$

323

6. a) $k \cdot EM \cdot MG = (151;\ 187;\ 283,30)$

b) $(151;\ 187;\ 283,30) \cdot g = \mathbf{127\,860 \, €}$

323

7. a) $RK = RZ \cdot ZK = \begin{pmatrix} 4 & 4 & 4 & 4 \\ 2 & 2 & 2 & 2 \\ 7 & 6 & 4{,}5 & 6{,}5 \\ 3 & 4 & 2{,}5 & 2 \\ 1 & 0 & 0{,}5 & 1{,}5 \\ 8 & 12 & 4 & 3 \end{pmatrix}$

b) $r = RK \cdot \begin{pmatrix} 10 \\ 10 \\ 20 \\ 5 \end{pmatrix} = \begin{pmatrix} 180 \\ 90 \\ 252{,}5 \\ 130 \\ 27{,}5 \\ 295 \end{pmatrix}$

c) $K = ((0{,}5;\ 0{,}1;\ 0{,}1) \cdot ZK + (1;\ 1;\ 0{,}75;\ 0{,}6)) \cdot \begin{pmatrix} 10 \\ 10 \\ 20 \\ 5 \end{pmatrix} = (2{,}4;\ 2{,}4;\ 1{,}95;\ 1{,}9) \cdot \begin{pmatrix} 10 \\ 10 \\ 20 \\ 5 \end{pmatrix} = \mathbf{96{,}5}$

d) $K_v = 96{,}5 + (2;\ 6;\ 2;\ 3;\ 1;\ 4) \cdot r = 95{,}5 + 3002{,}5 = \mathbf{3099}$

e) $E = (100;\ 100;\ 100;\ 100) \cdot \begin{pmatrix} 10 \\ 10 \\ 20 \\ 5 \end{pmatrix} = \mathbf{4500}$

f) $G = E - K_v = 4500 - 3099 = \mathbf{1401}$

8. $k_v = (2;\ 6;\ 2;\ 3;\ 1;\ 4) \cdot RK + (2{,}4;\ 2{,}4;\ 1{,}95;\ 1{,}9) = \mathbf{(78{,}4;\ 94{,}4;\ 54{,}95;\ 54{,}4)}$

$db = p - k_v = (100;\ 100;\ 100;\ 100) - (78{,}4;\ 94{,}4;\ 54{,}95;\ 54{,}4) = \mathbf{(21{,}6;\ 5{,}6;\ 45{,}05;\ 45{,}6)}$

$DB = db \cdot \begin{pmatrix} 10 \\ 10 \\ 20 \\ 5 \end{pmatrix} = \mathbf{1401} = G$ (wegen fehlender Fixkosten K_{fix})

324

9. a) $k_G = (2;\ 0{,}5;\ 1;\ 1{,}5) \cdot GS \cdot ST = \mathbf{(50;\ 44;\ 56;\ 30)}$

$k_{St} = (5;\ 6;\ 4) \cdot ST = \mathbf{(25;\ 23;\ 27;\ 15)}$

b) $k_{vT} = (50;\ 44;\ 56;\ 30) + (25;\ 23;\ 27;\ 15) + (22;\ 18;\ 26;\ 20) = \mathbf{(97;\ 85;\ 109;\ 65)}$

$k_{vS} = (2;\ 0{,}5;\ 1;\ 1{,}5) \cdot GS + (5;\ 6;\ 4) = (10;\ 13;\ 7) + (5;\ 6;\ 4) = \mathbf{(15;\ 19;\ 11)}$

$K = k_{vT} \cdot \begin{pmatrix} 500 \\ 200 \\ 400 \\ 100 \end{pmatrix} + k_{vS} \cdot \begin{pmatrix} 100 \\ 50 \\ 10 \end{pmatrix} + 45\,000 = 115\,600 + 2560 + 45\,000 = \mathbf{163\,160}$

$G = (150;\ 130;\ 145;\ 90) \cdot \begin{pmatrix} 500 \\ 200 \\ 400 \\ 100 \end{pmatrix} + (50;\ 60;\ 50) \cdot \begin{pmatrix} 100 \\ 50 \\ 10 \end{pmatrix} - 163\,160 = 168\,000 + 8500 - 163\,160$

$= \mathbf{13\,340}$

10. a) und **b)** Berechnung der variablen Kosten je Endprodukt: $k_v = p_R \cdot RZ \cdot ZE + k_{HZ} \cdot ZE + k_{HE}$

               Berechnung der Stückdeckungsbeiträge: $db = p_E - k_v$

               Berechnung des Gesamtdeckungsbeitrags: $DB = db \cdot e$

               Berechnung des Gewinns: $G = DB - K_{fix}$

324

11. a) $FT = \begin{pmatrix} 4 & 8 & 0 \\ 5 & 7 & 0 \\ 2 & 1 & 5 \\ 4 & 5 & 6 \end{pmatrix}$

$TB = \begin{pmatrix} 50 & 20 & 0 & 30 \\ 50 & 50 & 30 & 35 \\ 0 & 30 & 70 & 35 \end{pmatrix}$

b) $FB = FT \cdot TB = \begin{pmatrix} 600 & 480 & 240 & 400 \\ 600 & 450 & 210 & 395 \\ 150 & 240 & 380 & 270 \\ 450 & 510 & 570 & 505 \end{pmatrix}$

c) $K_F = k_F \cdot FB$

    $= (0{,}03;\ 0{,}02;\ 0{,}035;\ 0{,}01) \cdot FB$

    $= \mathbf{(39{,}75;\ 36{,}9;\ 30{,}4;\ 34{,}4)}$

d) $K_T = k_T \cdot TB$

    $= (0{,}21;\ 0{,}25;\ 0{,}22) \cdot TB$

    $= \mathbf{(23;\ 23{,}3;\ 22{,}9;\ 22{,}75)}$

e) $k_v = (39{,}75;\ 36{,}9;\ 30{,}4;\ 34{,}4) + (23;\ 23{,}3;\ 22{,}9;\ 22{,}75) + (5;\ 5;\ 5;\ 5) = \mathbf{(67{,}75;\ 65{,}2;\ 58{,}3;\ 62{,}15)}$

$db = p - k_v = (140;\ 150;\ 180;\ 160) - (67{,}75;\ 65{,}2;\ 58{,}3;\ 62{,}15) = \mathbf{(72{,}25;\ 84{,}4;\ 121{,}7;\ 97{,}85)}$

f) $DB = db \cdot e = db \cdot \begin{pmatrix} 200 \\ 200 \\ 200 \\ 200 \end{pmatrix} = \mathbf{75\,320}$

    $G = DB - K_{fix} = 75\,320 - 13\,000 = \mathbf{62\,320}$

Test zu 4.3

326

1. a) $RZ = \begin{pmatrix} 3 & 2 & 0 \\ 4 & 2 & 3 \\ 0 & 2 & 3 \\ 1 & 3 & 2 \end{pmatrix}$ $\qquad ZF = \begin{pmatrix} 2 & 3 & 0 \\ 3 & 1 & 2 \\ 0 & 3 & 4 \end{pmatrix}$ $\qquad RF = RZ \cdot ZF = \begin{pmatrix} 12 & 11 & 4 \\ 14 & 23 & 16 \\ 6 & 11 & 16 \\ 11 & 12 & 14 \end{pmatrix}$

b) $K_Z = k_R \cdot RZ = (3;\, 2;\, 4;\, 2,5) \cdot RZ = \textbf{(19,50; 25,50; 23)}$
$\quad\; K_F = k_R \cdot RF = (3;\, 2;\, 4;\, 2,5) \cdot RF = \textbf{(115,50; 153; 143)}$

c) $f = RF \cdot e = RF \cdot \begin{pmatrix} 800 \\ 750 \\ 900 \end{pmatrix} = \begin{pmatrix} 21\,450 \\ 42\,850 \\ 27\,450 \\ 30\,400 \end{pmatrix}$

d) $K = 120\,000 + ((115,50;\, 153;\, 143) + (6;\, 7,5;\, 5) \cdot ZF + (25;\, 30;\, 24)) \cdot \begin{pmatrix} 800 \\ 750 \\ 900 \end{pmatrix}$

$= 120\,000 + ((115,50;\, 153;\, 143) + (34,50;\, 40,50;\, 35) + (25;\, 30;\, 24)) \cdot \begin{pmatrix} 800 \\ 750 \\ 900 \end{pmatrix}$

$= 120\,000 + (175;\, 223,50;\, 202) \cdot \begin{pmatrix} 800 \\ 750 \\ 900 \end{pmatrix} = 120\,000 + 489\,425 = \textbf{609\,425}$

e) $G = E - K = (300;\, 240;\, 320) \cdot \begin{pmatrix} 800 \\ 750 \\ 900 \end{pmatrix} - 609\,425 = 708\,000 - 609\,425 = \textbf{98\,575}$

2. a) $RG = RZ \cdot ZG = \begin{pmatrix} 12 & 10 & 22 \\ 30 & 20 & 26 \\ 34 & 28 & 42 \end{pmatrix}$

b) $db = p - k_v = (200;\, 200;\, 260) - ((2;\, 1;\, 3) \cdot RG + (1;\, 2;\, 3;\, 4) \cdot ZG + (10;\, 11;\, 14))$
$\qquad = (200;\, 200;\, 260) - ((156;\, 124;\, 196) + (18;\, 13;\, 23) + (10;\, 11;\, 14))$
$\qquad = (200;\, 200;\, 260) - (184;\, 148;\, 233) = \textbf{(16; 52; 27)}$

c) $DB = db \cdot g = (16;\, 52;\, 27) \cdot \begin{pmatrix} 75 \\ 70 \\ 60 \end{pmatrix} = \textbf{6460} \qquad G = DB - K_{fix} = 6460 - 4372 = \textbf{2088}$

4.4   Lineare Gleichungssysteme

Einstiegsseite

Fragestellung:

327

Um den Umsatz berechnen zu können, muss Herr Steffens zunächst die Anzahl der Räder bestimmen, die unter den neuen Bedingungen produziert werden können. Die Anzahl der Räder, die produziert werden könnten, werden durch die zur Verfügung stehenden Arbeitsstunden bestimmt. Herr Steffens muss also zuerst darüber nachdenken, wie viele Stunden jeweils für die Montage und die Lackierung der Modelle benötigt würden. Es muss ein lineares Gleichungssystem aufgestellt werden. Die Lösung des Systems gibt dann die Produktionsmenge der Fahrradmodelle unter den neuen Bedingungen an.

Lösungsweg:

Wenn vom Modell *Renn Fast* a Stück und vom Modell *Renn Superfast* b Stück produziert würden, ergeben sich folgende Formeln für die Arbeitsstunden:

Montage $2,5 \cdot a + 3,5 \cdot b$
Lackierung $0,7 \cdot a + 0,9 \cdot b$

Da für die Montage 500 Arbeitsstunden und für die Lackierung 134 Arbeitsstunden zur Verfügung stehen, muss $2,5 \cdot a + 3,5 \cdot b = 500$ gelten und

$0,7 \cdot a + 0,9 \cdot b = 134$, wenn die Kapazitäten der Montage und der Lackiererei ausgeschöpft werden.

Herr Steffens hat damit ein lineares Gleichungssystem erhalten, das er sofort in Matrizenschreibweise umschreiben kann:

$$\begin{pmatrix} 2,5 & 3,5 \\ 0,7 & 0,9 \end{pmatrix} \cdot \begin{pmatrix} a \\ b \end{pmatrix} = \begin{pmatrix} 500 \\ 134 \end{pmatrix}$$

Dieses Gleichungssystem bzw. diese Matrizengleichung wird erfüllt mit $a = 95$ und $b = 75$ bzw. durch

$$\begin{pmatrix} a \\ b \end{pmatrix} = \begin{pmatrix} 95 \\ 75 \end{pmatrix}.$$

Unter den gegebenen Bedingungen könnten also 95 Räder des Modells *Renn Fast* und 75 Räder des Modells *Renn Superfast* produziert werden.

Den Umsatz erhält man durch die Multiplikation mit den jeweiligen Fahrradpreisen:

$1260 \, € \cdot 95 + 2205 \, € \cdot 75 = 285\,075 \, €$

Übungen zu 4.4

332

1. a) $\begin{pmatrix} 5 & 2 & 1 \\ -3 & 1 & -4 \\ 8 & -3 & 10 \end{pmatrix} \cdot \begin{pmatrix} x_1 \\ x_2 \\ x_3 \end{pmatrix} = \begin{pmatrix} 5 \\ -3 \\ 8 \end{pmatrix}$

$\begin{pmatrix} x_1 \\ x_2 \\ x_3 \end{pmatrix} = \begin{pmatrix} 1 \\ 0 \\ 0 \end{pmatrix}$

b) $\begin{pmatrix} 4 & 3 & -2 & -1 \\ -3 & 4 & -8 & 0 \\ 0 & 9 & 0 & 8 \\ 5 & 0 & 3 & -8 \end{pmatrix} \cdot \begin{pmatrix} x_1 \\ x_2 \\ x_3 \\ x_4 \end{pmatrix} = \begin{pmatrix} 4 \\ -7 \\ 17 \\ 0 \end{pmatrix}$

$\begin{pmatrix} x_1 \\ x_2 \\ x_3 \\ x_4 \end{pmatrix} = \begin{pmatrix} 1 \\ 1 \\ 1 \\ 1 \end{pmatrix}$

2. a) $\begin{pmatrix} -1 \\ 5 \end{pmatrix}$ **b)** $\begin{pmatrix} 4 \\ -3 \\ 1 \end{pmatrix}$ **c)** $\begin{pmatrix} 1 \\ 10 \end{pmatrix}$ **d)** $\begin{pmatrix} 2 \\ 2 \\ -4 \end{pmatrix}$

3. $CP \cdot p = c \;\;\Rightarrow\;\; \begin{pmatrix} 2 & 4 & 6 \\ 2 & 5 & 7 \\ 0 & 5 & 3 \end{pmatrix} \cdot p = \begin{pmatrix} 20 \\ 23 \\ 11 \end{pmatrix} \;\;\Rightarrow\;\; p = \begin{pmatrix} 2 \\ 1 \\ 2 \end{pmatrix}$

4. $EB \cdot x = \begin{pmatrix} 1627 \\ 1018 \\ 508 \end{pmatrix} \;\;\Rightarrow\;\; \begin{pmatrix} 2 & 3 & 4 \\ 4 & 2 & 1 \\ 2 & 0 & 1 \end{pmatrix} \cdot x = \begin{pmatrix} 1627 \\ 1018 \\ 508 \end{pmatrix} \;\;\Rightarrow\;\; x = \begin{pmatrix} 130 \\ 125 \\ 248 \end{pmatrix}$

5. $MP \cdot p = \begin{pmatrix} 60 \\ 60 \\ 60 \\ 60 \end{pmatrix} \;\;\Rightarrow\;\; \begin{pmatrix} 1,5 & 0,75 & 4,5 & 0 \\ 0 & 1,5 & 4,5 & 1,5 \\ 0 & 3 & 6 & 0 \\ 1,5 & 0 & 1,5 & 1,5 \end{pmatrix} \cdot p = \begin{pmatrix} 60 \\ 60 \\ 60 \\ 60 \end{pmatrix} \;\;\Rightarrow\;\; p = \begin{pmatrix} 20 \\ 10 \\ 5 \\ 15 \end{pmatrix}$

6. $(RZ \cdot ZE) \cdot x = \begin{pmatrix} 5560 \\ 2555 \\ 2025 \end{pmatrix} \;\;\Rightarrow\;\; \begin{pmatrix} 60 & 40 & 26 \\ 25 & 18 & 20 \\ 35 & 34 & 76 \end{pmatrix} \cdot x = \begin{pmatrix} 5560 \\ 2555 \\ 2025 \end{pmatrix} \;\;\Rightarrow\;\; x = \begin{pmatrix} 15 \\ 110 \\ 10 \end{pmatrix}$

Test zu 4.4

334

1. a) $\begin{pmatrix} 5 & -10 \\ 8 & 4 \end{pmatrix} \cdot \begin{pmatrix} x_1 \\ x_2 \end{pmatrix} = \begin{pmatrix} -5 \\ 32 \end{pmatrix} \Rightarrow \left. \begin{matrix} 5 & -10 \\ 8 & 4 \end{matrix} \right| \begin{matrix} -5 \\ 32 \end{matrix} \Rightarrow \left. \begin{matrix} 1 & 0 \\ 0 & 1 \end{matrix} \right| \begin{matrix} 3 \\ 2 \end{matrix} \Rightarrow \begin{pmatrix} x_1 \\ x_2 \end{pmatrix} = \begin{pmatrix} 3 \\ 2 \end{pmatrix}$

b) $\begin{pmatrix} 3 & 5 & 1 \\ 2 & 4 & 5 \\ 1 & 2 & 2 \end{pmatrix} \cdot \begin{pmatrix} x_1 \\ x_2 \\ x_3 \end{pmatrix} = \begin{pmatrix} 0 \\ 8 \\ 3 \end{pmatrix} \Rightarrow \left. \begin{matrix} 3 & 5 & 1 \\ 2 & 4 & 5 \\ 1 & 2 & 2 \end{matrix} \right| \begin{matrix} 0 \\ 8 \\ 3 \end{matrix} \Rightarrow \left. \begin{matrix} 1 & 0 & 0 \\ 0 & 1 & 0 \\ 0 & 0 & 1 \end{matrix} \right| \begin{matrix} 1 \\ -1 \\ 2 \end{matrix} \Rightarrow \begin{pmatrix} x_1 \\ x_2 \\ x_3 \end{pmatrix} = \begin{pmatrix} 1 \\ -1 \\ 2 \end{pmatrix}$

c) $\begin{pmatrix} 1 & 2 & 4 \\ 1 & 4 & -3 \\ 2 & -8 & 3 \end{pmatrix} \cdot \begin{pmatrix} x_1 \\ x_2 \\ x_3 \end{pmatrix} = \begin{pmatrix} -7 \\ 18 \\ -23 \end{pmatrix} \Rightarrow \left. \begin{matrix} 1 & 2 & 4 \\ 1 & 4 & -3 \\ 2 & -8 & 3 \end{matrix} \right| \begin{matrix} -7 \\ 18 \\ -23 \end{matrix} \Rightarrow \left. \begin{matrix} 1 & 0 & 0 \\ 0 & 1 & 0 \\ 0 & 0 & 1 \end{matrix} \right| \begin{matrix} 1 \\ 2 \\ -3 \end{matrix} \Rightarrow \begin{pmatrix} x_1 \\ x_2 \\ x_3 \end{pmatrix} = \begin{pmatrix} 1 \\ 2 \\ -3 \end{pmatrix}$

2. $\left. \begin{matrix} 1 & 3 & 2 \\ 2 & 2 & 3 \\ 4 & 3 & 1 \end{matrix} \right| \begin{matrix} 560 \\ 590 \\ 810 \end{matrix} \Rightarrow \left. \begin{matrix} 1 & 0 & 0 \\ 0 & 1 & 0 \\ 0 & 0 & 1 \end{matrix} \right| \begin{matrix} 100 \\ 120 \\ 50 \end{matrix} \Rightarrow \begin{pmatrix} x_1 \\ x_2 \\ x_3 \end{pmatrix} = \begin{pmatrix} 100 \\ 120 \\ 50 \end{pmatrix}$

3. $\left. \begin{matrix} 3 & 1 & 3 & 1 \\ 3 & 1 & 2 & 1 \\ 2 & 1 & 2 & 2 \\ 5 & 1 & 1 & 1 \end{matrix} \right| \begin{matrix} 52{,}5 \\ 47{,}5 \\ 44 \\ 61{,}5 \end{matrix} \Rightarrow \left. \begin{matrix} 1 & 0 & 0 & 0 \\ 0 & 1 & 0 & 0 \\ 0 & 0 & 1 & 0 \\ 0 & 0 & 0 & 1 \end{matrix} \right| \begin{matrix} 9{,}5 \\ 3 \\ 5 \\ 6 \end{matrix} \Rightarrow \begin{pmatrix} x_1 \\ x_2 \\ x_3 \\ x_4 \end{pmatrix} = \begin{pmatrix} 9{,}5 \\ 3 \\ 5 \\ 6 \end{pmatrix}$

4. $RS = RM \cdot MR = \begin{pmatrix} 8 & 14 & 17 \\ 10 & 10 & 16 \\ 3 & 4 & 6 \end{pmatrix} \Rightarrow \left. \begin{matrix} 8 & 14 & 17 \\ 10 & 10 & 16 \\ 3 & 4 & 6 \end{matrix} \right| \begin{matrix} 11050 \\ 9500 \\ 3550 \end{matrix} \Rightarrow \left. \begin{matrix} 1 & 0 & 0 \\ 0 & 1 & 0 \\ 0 & 0 & 1 \end{matrix} \right| \begin{matrix} 150 \\ 400 \\ 250 \end{matrix} \Rightarrow \begin{pmatrix} x_1 \\ x_2 \\ x_3 \end{pmatrix} = \begin{pmatrix} 150 \\ 400 \\ 250 \end{pmatrix}$

5. $\left. \begin{matrix} 1 & 2 & 0{,}5 & 0 \\ 0{,}5 & 0 & 2{,}5 & 0{,}5 \\ 0 & 0{,}5 & 2 & 1 \\ 0{,}5 & 0{,}5 & 0 & 0{,}5 \end{matrix} \right| \begin{matrix} 80 \\ 120 \\ 120 \\ 60 \end{matrix} \Rightarrow \left. \begin{matrix} 1 & 0 & 0 & 0 \\ 0 & 1 & 0 & 0 \\ 0 & 0 & 1 & 0 \\ 0 & 0 & 0 & 1 \end{matrix} \right| \begin{matrix} 47 \\ 10 \\ 26 \\ 63 \end{matrix} \Rightarrow \begin{pmatrix} x_1 \\ x_2 \\ x_3 \\ x_4 \end{pmatrix} = \begin{pmatrix} 47 \\ 10 \\ 26 \\ 63 \end{pmatrix}$

5   Finanzmathematik

5.1   Zinseszinsrechnung

Einstiegsseite

335

Fragestellung:

Es sollte das Kreditinstitut mit dem besten Angebot ausgewählt werden. Dazu ist der Betrag zu berechnen, der jeweils nach drei Jahren ausgezahlt wird (unter Berücksichtigung der Zinseszinsen). Darüber hinaus ist die Aussage der Sekretärin Frau Fee zu prüfen.

Lösungsweg:

Das Kapital von 10 000 € sollte bei dem Kreditinstitut angelegt werden, bei dem unter Einrechnung der Zinseszinsen nach 3 Jahren der höchste Betrag erzielt wird.

Landessparkasse Oldenburg: $10\,000\,€ \cdot 1{,}01 \cdot 1{,}015 \cdot 1{,}02 = 10\,456{,}53\,€$

Deutsche Bank AG Oldenburg: $10\,000\,€ \cdot 1{,}015^3 \qquad \approx 10\,456{,}78\,€$

Volksbank Oldenburg: $10\,000\,€ \cdot 1{,}01 \cdot 1{,}02 \cdot 1{,}015 = 10\,456{,}53\,€$

Die Angebote der Landessparkasse und der Volksbank sind gleichwertig, das Angebot der Deutsche Bank AG liegt mit 25 Cent nur geringfügig über diesen beiden Angeboten.

Frau Fee hat also mit ihrer Aussage näherungsweise Recht, was die Höhe des Betrages nach 3 Jahren betrifft. Für welches Kreditinstitut man sich letztlich entscheidet, hängt deshalb von anderen Kriterien ab, wie z. B. davon, welches der drei Kreditinstitute die Hausbank der Fly Bike Werke ist.

Übungen zu 5.1

342

1. $K_n = K_0 \cdot q^n$

    a) $K_{10} = 1800\,€ \cdot 1{,}05^{10} \approx \mathbf{2932{,}01\,€}$

    b) $K_{15} = 6000\,€ \cdot 1{,}065^{15} \approx \mathbf{15\,431{,}05\,€}$

    c) $K_6 = 25\,000\,€ \cdot 1{,}04^6 \approx \mathbf{31\,632{,}98\ €}$

    d) $K_{12} = 4567{,}50\,€ \cdot 1{,}0525^{12} \approx \mathbf{8440{,}03\ €}$

2. $K_0 = \dfrac{K_0}{q^n}$

    a) $K_0 = 8081{,}35\,€ : 1{,}05^{12} \approx \mathbf{4500\ €}$

    b) $K_0 = 7634{,}81\,€ : 1{,}0375^{14} \approx \mathbf{4560\ €}$

    c) $K_0 = 10\,196{,}03\,€ : 1{,}045^4 \approx \mathbf{8550\ €}$

    d) $K_0 = 361\,118{,}59\,€ : 1{,}0525^8 \approx \mathbf{239\,813{,}16\ €}$

3. $p\,\% = \left(\dfrac{K_n}{K_0}\right)^{\frac{1}{n}} - 1$

    a) $p\,\% = (7049{,}94\,€ : 5800\,€)^{\frac{1}{4}} - 1 \approx 0{,}05 = \mathbf{5\,\%}$

    b) $p\,\% = (9299{,}68\,€ : 6500\,€)^{\frac{1}{7}} - 1 \approx 0{,}0525 = \mathbf{5{,}25\,\%}$

    c) $p\,\% = (1388{,}96\,€ : 750\,€)^{\frac{1}{14}} - 1 \approx 0{,}045 = \mathbf{4{,}5\,\%}$

    d) $p\,\% = (24\,362{,}96\,€ : 15\,000\,€)^{\frac{1}{8}} - 1 \approx 0{,}0625 = \mathbf{6{,}25\,\%}$

    e) $p\,\% = (1495{,}05\,€ : 1234\,€)^{\frac{1}{6}} - 1 \approx 0{,}0325 = \mathbf{3{,}25\,\%}$

342

4. $n = \frac{\lg(K_n : K_0)}{\lg q}$

   a) $n = \lg(3036,77\,€ : 2400\,€) : \lg 1,04 \approx$ **6 Jahre**

   b) $n = \lg(27\,384,13\,€ : 17\,500\,€) : \lg 1,0325 \approx$ **14 Jahre**

   c) $n = \lg(2768,16\,€ : 1456\,€) : \lg 1,055 \approx$ **12 Jahre**

   d) $n = \lg(23\,988,40\,€ : 9550\,€) : \lg 1,0525 \approx$ **18 Jahre**

   e) $n = \lg(7132,29\,€ : 6250\,€) : \lg 1,045 \approx$ **3 Jahre**

5. $K_n = K_0 \cdot q^n$ $K_{11} = 15\,000\,€ \cdot 1,06^3 \cdot 1,05^3 \cdot 1,04^5 \approx$ **25 161,90 €**

6. $K_n = K_0 \cdot q^n$ $K_6 = 4000\,€ \cdot 1,05^6 \approx 5360,38\,€$ $\Rightarrow Z = 5360,38\,€ - 4000\,€ =$ **1360,38 €**

7. $p\,\% = \left(\frac{K_n}{K_0}\right)^{\frac{1}{n}} - 1$ $p\,\% = (8000\,€ : 4000\,€)^{\frac{1}{12}} - 1 = 2^{\frac{1}{12}} - 1 \approx 0,0595 =$ **5,95 %**

8. $K_0 = \frac{K_n}{q^n}$ $K_0 = 30\,000\,€ : 1,055^{15} \approx$ **13 437,99 €**

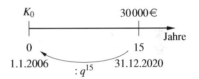

9.

	A	B	C	D
1		**Zinseszinsrechnung**		
2				
3		Anfangskapital:		500,00 €
4		Zinssatz:		4,50 %
5				
6	Jahre	Kapital zu Beginn d. J.	Aufzinsungsfaktoren (q^n)	Kapital am Ende d. J.
7	1	500,00 €	1,04500000000	522,50 €
8	2	500,00 €	1,09202500000	546,01 €
9	3	500,00 €	1,14116612500	570,58 €
10	4	500,00 €	1,19251860063	596,26 €
11	5	500,00 €	1,24618193765	623,09 €
12	6	500,00 €	1,30226012485	651,13 €
13	7	500,00 €	1,36086183047	680,43 €
14	8	500,00 €	1,42210061284	711,05 €
15	9	500,00 €	1,48609514041	743,05 €
16	10	500,00 €	1,55296942173	**776,48 €**

	A	B	C	D
7	1	=$D$3	=(1+$D$4)^A7	=B7*C7
8	2	=$D$3	=(1+$D$4)^A8	=B8*C8
9	3	=$D$3	=(1+$D$4)^A9	=B9*C9
10	4	=$D$3	=(1+$D$4)^A10	=B10*C10
11	5	=$D$3	=(1+$D$4)^A11	=B11*C11
12	6	=$D$3	=(1+$D$4)^A12	=B12*C12
13	7	=$D$3	=(1+$D$4)^A13	=B13*C13
14	8	=$D$3	=(1+$D$4)^A14	=B14*C14
15	9	=$D$3	=(1+$D$4)^A15	=B15*C15
16	10	=$D$3	=(1+$D$4)^A16	**=B16*C16**

10. $K_0 \cdot 1,05^4 \cdot 1,04^6 = 9876\,€$ $\Rightarrow K_0 \approx$ **6115,54 €**

11. $K_0 \cdot 1,035^8 + 4000\,€ \cdot 1,05^8 + 4000\,€ \cdot 1,05^{8-4} + 4000\,€ \cdot 1,05^{8-5}$
    $= K_0 \cdot 1,035^8 + 4000\,€ \cdot (1,05^8 + 1,05^4 + 1,05^3) = 17\,584,22\,€$ $\Rightarrow K_0 \approx$ **2500 €**

12. $K_0 = \underline{400\,000\,€}$

   $K_0 = \frac{K_n}{q^n}$ $K_0 = 100\,000\,€ + 400\,000\,€ : 1,06^5 \approx \underline{398\,903,27\,€}$

   $K_0 = \frac{K_n}{q^n}$ $K_0 = 158\,000\,€ + 158\,000\,€ : 1,06^3 + 158\,000\,€ : 1,06^6 \approx$ **402 043,61 €**

Das dritte Angebot hat den höchsten Barwert und ist somit am günstigsten.

Test zu 5.1

344

1. **a)** $K_9 = 3450\,€ \cdot 1{,}049^9 \approx \mathbf{5127{,}03\ €}$

    b) $K_0 = 11\,534{,}14\,€ : 1{,}04^7 \approx \mathbf{8765\ €}$

    c) $p\,\% = (187\,772{,}76\,€ : 98\,765\,€)^{\frac{1}{12}} - 1 \approx 0{,}055 = \mathbf{5{,}5\ \%}$

    d) $n = \lg(31\,925{,}09\,€ : 18\,500\,€) : \lg 1{,}0625 \approx \mathbf{9\ Jahre}$

    e) $K_{20} = 2345\,€ \cdot 1{,}0575^{20} \approx \mathbf{7173{,}82\ €}$

    f) $K_0 = 462{,}68\,€ : 1{,}065^5 \approx \mathbf{337{,}70\ €}$

2. Sorglos-Bank: $2500\,€ \cdot 1{,}03^3 \cdot 1{,}035^2 \approx \mathbf{2926{,}39\ €}$

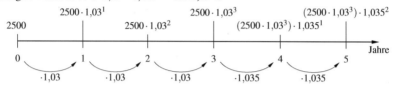

    Alternativ-Bank: $2500\,€ \cdot 1{,}032^5 \approx \mathbf{2926{,}43\ €}$

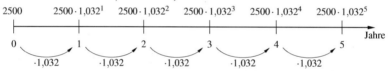

    Die Angebote unterscheiden sich kaum; bei der Alternativ-Bank erhielte sie 4 Cent mehr.

3. $K_0 \cdot 1{,}06^6 \cdot 1{,}055^8 \cdot 1{,}0375^4 = 6167{,}78\,€ \quad \Rightarrow \quad K_0 \approx \mathbf{2445{,}24\ €}$

4. $3500\,€ \cdot q^2 = 4000\,€ \quad \Rightarrow \quad p \approx \mathbf{6{,}9\ \%} \qquad 3500\,€ \cdot (1 + \tfrac{i}{12})^{24} = 4000\,€ \quad \Rightarrow \quad i \approx \mathbf{6{,}7\ \%}$
    Der Zinssatz müsste bei einem jährlichen Zinszuschlag 6,9 % und bei einem monatlichen Zinszuschlag 6,7 % betragen.
    $3500\,€ \cdot 1{,}0456^n = 4000\,€ \quad \Rightarrow \quad n = \dfrac{\lg \frac{4000}{3500}}{\lg 1{,}0456} \approx \mathbf{3}\ \text{(Jahre)}$
    Bei einem Zinssatz von 4,56 % müsste er 3 Jahre lang sparen.

5. Monatlicher Zinszuschlag: $1200\,€ \cdot 1{,}008^{24} \approx \mathbf{1452{,}89\ €}$
    Jährlicher Zinszuschlag: $1200\,€ \cdot 1{,}1^2 = \mathbf{1452\ €}$
    Sie sollte den monatlichen Zinszuschlag akzeptieren, weil er für sie um 89 Cent günstiger ist als der jährliche Zinszuschlag.

6.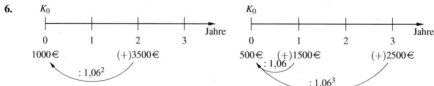

    Barwert des 1. Vorschlags: $1000\,€ + \dfrac{3500\,€}{1{,}06^2} \approx \mathbf{4114{,}99\ €}$

    Barwert des 2. Vorschlags: $500\,€ + \dfrac{1500\,€}{1{,}06} + \dfrac{2500\,€}{1{,}06^3} \approx \mathbf{4014{,}14\ €}$

    Unter kaufmännischen Gesichtspunkten wäre die Barzahlung am günstigsten, ansonsten sollte Yannick den 2. Vorschlag akzeptieren, wenn er seine 4000 € nicht investieren will, weil er z. B. über sein Barvermögen vielleicht noch anders verfügen will.

5.2   Rentenrechnung

Einstiegsseite

Fragestellung:

Die Einzahlungen sowie ihre jährliche Verzinsung, sollen graphisch veranschaulicht werden. Darüber hinaus soll mithilfe der Zinseszinsrechnung der Betrag berechnet werden, der Herrn Peters nach sechs Jahren zum Autokauf zur Verfügung steht.

Lösungsweg:

Auf Bitten von Herrn Peters ergänzt der Bankberater Herr Kaiser seine Skizze um Pfeile, die den Zeitraum der Verzinsung veranschaulichen:

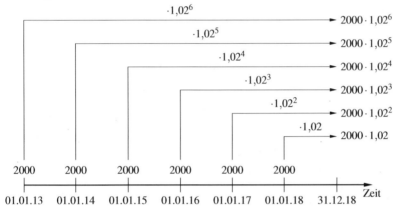

Dann fertigt er anhand der Skizze eine Tabelle an, aus der hervorgeht, auf welchen Betrag die einzelnen Einzahlungen à 2000 € bis zum 31.12.2018 anwachsen:

Anlagebetrag in €	Datum der Anlage	Anzahl n der Zinsjahre	Betrag nach n Jahren am 31.12.2018 in €
2000	01.01.2013	6	$2000 \cdot 1{,}02^6 \approx 2252{,}32$
2000	01.01.2014	5	$2000 \cdot 1{,}02^5 \approx 2208{,}16$
2000	01.01.2015	4	$2000 \cdot 1{,}02^4 \approx 2164{,}86$
2000	01.01.2016	3	$2000 \cdot 1{,}02^3 \approx 2144{,}42$
2000	01.01.2017	2	$2000 \cdot 1{,}02^2 = 2080{,}80$
2000	01.01.2018	1	$2000 \cdot 1{,}02^1 = 2040{,}00$
		Summe	**12 868,56**

Am 31.12.2018 stünden also 12 868,56 € für den Kauf des Autos zur Verfügung.

Übungen zu 5.2

350

1. $R_n = r \cdot \frac{q^n - 1}{q - 1}$ $R_{vn} = r \cdot \frac{q^n - 1}{q - 1} \cdot q$ $K_0 = \frac{R_n}{q^n}$ $K_{v0} = \frac{R_{vn}}{q^n}$

a) $R_{10} = 1800\text{€} \cdot (1{,}05^{10} - 1) : 0{,}05 \approx \mathbf{22\,640{,}21\ €}$

$R_{v10} = 1800\text{€} \cdot (1{,}05^{10} - 1) \cdot 1{,}05 : 0{,}05 \approx \mathbf{23\,772{,}22\ €}$

$K_0 = R_{10} : q^{10} \approx \mathbf{13\,899{,}12\ €}$ $K_{v0} = R_{v10} : q^{10} \approx \mathbf{14\,594{,}08\ €}$

b) $R_{15} = 6000\text{€} \cdot (1{,}065^{15} - 1) : 0{,}065 \approx \mathbf{145\,093{,}02\ €}$

$R_{v15} = 6000\text{€} \cdot (1{,}065^{15} - 1) \cdot 1{,}065 : 0{,}065 \approx \mathbf{154\,524{,}06\ €}$

$K_0 = R_{15} : q^{15} \approx \mathbf{56\,416{,}01\ €}$ $K_{v0} = R_{v15} : q^{15} \approx \mathbf{60\,083{,}05\ €}$

c) $R_6 = 25\,000\text{€} \cdot (1{,}04^6 - 1) : 0{,}04 \approx \mathbf{165\,824{,}39\ €}$

$R_{v6} = 25\,000\text{€} \cdot (1{,}04^6 - 1) \cdot 1{,}04 : 0{,}04 \approx \mathbf{172\,457{,}36\ €}$

$K_0 = R_6 : q^6 \approx \mathbf{131\,053{,}42\ €}$ $K_{v0} = R_{v6} : q^6 \approx \mathbf{136\,295{,}56\ €}$

d) $R_{12} = 4567{,}50\text{€} \cdot (1{,}0525^{12} - 1) : 0{,}0525 \approx \mathbf{73\,762{,}41\ €}$

$R_{v12} = 4567{,}50\text{€} \cdot (1{,}0525^{12} - 1) \cdot 1{,}0525 : 0{,}0525 \approx \mathbf{77\,634{,}94\ €}$

$K_0 = R_{12} : q^{12} \approx \mathbf{39\,918{,}10\ €}$ $K_{v0} = R_{v12} : q^{12} \approx \mathbf{42\,013{,}80\ €}$

e) $R_9 = 3450\text{€} \cdot (1{,}045^9 - 1) : 0{,}045 \approx \mathbf{37\,267{,}29\ €}$

$R_{v9} = 3450\text{€} \cdot (1{,}045^9 - 1) \cdot 1{,}045 : 0{,}045 \approx \mathbf{38\,944{,}32\ €}$

$K_0 = R_9 : q^9 \approx \mathbf{25\,077{,}33\ €}$ $K_{v0} = R_{v9} : q^9 \approx \mathbf{26\,205{,}81\ €}$

f) $R_8 = 250\text{€} \cdot (1{,}0375^8 - 1) : 0{,}0375 \approx \mathbf{2283{,}14\ €}$

$R_{v8} = 250\text{€} \cdot (1{,}0375^8 - 1) \cdot 1{,}0375 : 0{,}0375 \approx \mathbf{2368{,}76\ €}$

$K_0 = R_8 : q^8 \approx \mathbf{1700{,}70\ €}$ $K_{v0} = R_{v8} : q^8 \approx \mathbf{1764{,}48\ €}$

2. $r = R_n \cdot \frac{q - 1}{q^n - 1}$ $r = R_{vn} \cdot \frac{q - 1}{(q^n - 1) \cdot q}$

a) $r = 12\,289{,}19\text{€} \cdot 0{,}055 : (1{,}055^{12} - 1) \approx \mathbf{750\ €}$ (nachschüssig)

$r = 12\,289{,}19\text{€} \cdot 0{,}055 : (1{,}055^{12} - 1) : 1{,}055 \approx \mathbf{710{,}90\ €}$ (vorschüssig)

b) $r = 10\,420{,}11\text{€} \cdot 0{,}0275 : (1{,}0275^4 - 1) \approx \mathbf{2500\ €}$ (nachschüssig)

$r = 10\,420{,}11\text{€} \cdot 0{,}0275 : (1{,}0275^4 - 1) : 1{,}0275 \approx \mathbf{2433{,}09\ €}$ (vorschüssig)

c) $r = 12\,836{,}02\text{€} \cdot 0{,}035 : (1{,}035^7 - 1) \approx \mathbf{1650\ €}$ (nachschüssig)

$r = 12\,836{,}02\text{€} \cdot 0{,}035 : (1{,}035^7 - 1) : 1{,}035 \approx \mathbf{1594{,}20\ €}$ (vorschüssig)

$r = \frac{K_0 \cdot (q - 1) \cdot q^n}{q^n - 1}$ $r = \frac{K_0 \cdot (q - 1) \cdot q^n}{(q^n - 1) \cdot q}$

d) $r = 71\,922{,}76\text{€} \cdot 0{,}07 \cdot 1{,}07^{20} : (1{,}07^{20} - 1) \approx \mathbf{6789\ €}$ (nachschüssig)

$r = 71\,922{,}76\text{€} \cdot 0{,}07 \cdot 1{,}07^{20} : (1{,}07^{20} - 1) : 1{,}07 \approx \mathbf{6344{,}86\ €}$ (vorschüssig)

e) $r = 12\,361{,}84\text{€} \cdot 0{,}045 \cdot 1{,}045^{10} : (1{,}045^{10} - 1) \approx \mathbf{1562{,}27\ €}$ (nachschüssig)

$r = 12\,361{,}84\text{€} \cdot 0{,}045 \cdot 1{,}045^{10} : (1{,}045^{10} - 1) : 1{,}045 \approx \mathbf{1495\ €}$ (vorschüssig)

f) $r = 5379{,}70\text{€} \cdot 0{,}0475 \cdot 1{,}0475^5 : (1{,}0475^5 - 1) \approx \mathbf{1234\ €}$ (nachschüssig)

$r = 5379{,}70\text{€} \cdot 0{,}0475 \cdot 1{,}0475^5 : (1{,}0475^5 - 1) : 1{,}0455 \approx \mathbf{1178{,}04\ €}$ (vorschüssig)

350

3. $n = \dfrac{\lg\left[\frac{R_n\cdot(q-1)}{r}-1\right]}{\lg q}$ (nachschüssig) $n = \dfrac{\lg\left[\frac{R_n\cdot(q-1)}{r\cdot q}-1\right]}{\lg q}$ (vorschüssig)

a) $n = \lg(25\,304,91\,€\cdot 0,06 : 1500\,€ + 1) : \lg 1,06 \approx$ **12 Jahre** (nachschüssig)
$n = \lg(25\,304,91\,€\cdot 0,06 : 1500\,€ : 1,06 + 1) : \lg 1,06 \approx$ **11,50 Jahre** (vorschüssig)

b) $n = \lg(228\,565,12\,€\cdot 0,0525 : 9876\,€ + 1) : \lg 1,0525 \approx$ **15,54 Jahre** (nachschüssig)
$n = \lg(228\,565,12\,€\cdot 0,0525 : 9876\,€ : 1,0525 + 1) : \lg 1,0525 \approx$ **15 Jahre** (vorschüssig)

c) $n = \lg(15\,784,70\,€\cdot 0,045 : 2350\,€ + 1) : \lg 1,045 \approx$ **6 Jahre** (nachschüssig)
$n = \lg(15\,784,70\,€\cdot 0,045 : 2350\,€ : 1,045 + 1) : \lg 1,045 \approx$ **5,77 Jahre** (vorschüssig)

$n = \dfrac{\lg\left[\frac{r}{r-K_0\cdot(q-1)}\right]}{\lg q}$ (nachschüssig) $n = \dfrac{\lg\left[\frac{r\cdot q}{r\cdot q-K_0\cdot(q-1)}\right]}{\lg q}$ (vorschüssig)

d) $n = \lg[950\,€ : (950\,€ - 3947,90\,€\cdot 0,065] : \lg 1,065 \approx$ **5 Jahre** (nachschüssig)
$n = \lg[950\,€\cdot 1,065 : (950\,€\cdot 1,065 - 3947,90\,€\cdot 0,065] : \lg 1,065 \approx$ **4,65 Jahre** (vorschüssig)

e) $n = \lg[2500\,€ : (2500\,€ - 15\,605,34\,€\cdot 0,04] : \lg 1,04 \approx$ **7,32 Jahre** (nachschüssig)
$n = \lg[2500\,€\cdot 1,04 : (2500\,€\cdot 1,04 - 15\,605,34\,€\cdot 0,04] : \lg 1,04 \approx$ **7 Jahre** (vorschüssig)

f) $n = \lg[5500\,€ : (5500\,€ - 38\,629,70\,€\cdot 0,07] : \lg 1,07 \approx$ **10 Jahre** (nachschüssig)
$n = \lg[5500\,€\cdot 1,07 : (5500\,€\cdot 1,07 - 38\,629,70\,€\cdot 0,07] : \lg 1,07 \approx$ **9,09 Jahre** (vorschüssig)

4. Mithilfe von Excel:
=ZINS(Jahre; -Rente; ; Endwert; 0)   ▶ Endwert gegeben [Aufgaben a), c), e)]; 0 steht für nachschüssig.
=ZINS(Jahre; -Rente; Barwert; ; 0)   ▶ Barwert gegeben [Aufgaben b), d), f)]; 0 steht für nachschüssig.
=ZINS(Jahre; -Rente; ; Endwert; 1)   ▶ Endwert gegeben [Aufgaben a), c), e)]; 1 steht für vorschüssig.
=ZINS(Jahre; -Rente; Barwert; ; 1)   ▶ Barwert gegeben [Aufgaben b), d), f)]; 1 steht für vorschüssig.
▶ Alle Einzahlungen sind mit einem Minuszeichen in der Formel versehen.

a) =ZINS(6; -661,58; ; 4500; 0)   ▶ Ergebnis (nachschüssig): $p\,\% \approx$ **5 %** (vgl. unten)
=ZINS(6; -661,58; ; 4500; 1)   ▶ Ergebnis (vorschüssig): $p\,\% \approx$ **3,60 %** (vgl. unten)

	A	B	C	D	E	F	G	H	I	J
1	Berechnung von Rentenendwert und -barwert, Rente, Zinssatz, Jahren									
2										
3	Eingabebereich									
4	Rentenendwert		Rente		Zinssatz		Jahre		Rentenbarwert	
5	nachschüssig	vorschüssig	nachschüssig	vorschüssig	nachschüssig	vorschüssig	nachschüssig	vorschüssig	nachschüssig	vorschüssig
6	4500 €	4500 €	661,580 €	661,58 €			6	6		
7										
8	Rechenbereich									
9	Formeln zur Berechnung von:									
10	Rentenendwert		Rente		Zinssatz		Jahre		Rentenbarwert	
11	nachschüssig	vorschüssig	nachschüssig	vorschüssig	nachschüssig	vorschüssig	nachschüssig	vorschüssig	nachschüssig	vorschüssig
12					5,00 %	3,60 %				

350

b) =ZINS(7; -3750; 22483,24; ; 0)   ▶ Ergebnis (nachschüssig): $p\,\% \approx$ **4,03 %** (vgl. unten)
   =ZINS(7; -3750; 22483,24; ; 1)   ▶ Ergebnis (vorschüssig): $p\,\% \approx$ **5,50 %** (vgl. unten)

	A	B	C	D	E	F	G	H	I	J
1			Berechnung von Rentenendwert und -barwert, Rente, Zinssatz, Jahren							
2										
3	Eingabebereich									
4	Rentenendwert		Rente		Zinssatz		Jahre		Rentenbarwert	
5	nachschüssig	vorschüssig	nachschüssig	vorschüssig	nachschüssig	vorschüssig	nachschüssig	vorschüssig	nachschüssig	vorschüssig
6			3750,50€	3750,50€			7	7	22483,24€	22483,24€
7										
8	Rechenbereich									
9	Formeln zur Berechnung von:									
10	Rentenendwert		Rente		Zinssatz		Jahre		Rentenbarwert	
11	nachschüssig	vorschüssig	nachschüssig	vorschüssig	nachschüssig	vorschüssig	nachschüssig	vorschüssig	nachschüssig	vorschüssig
12					4,03 %	5,50 %				

c) =ZINS(15; -13000; ; 257000; 0)   ▶ Ergebnis (nachschüssig): $p\,\% \approx$ **4,74 %**
   =ZINS(15; -13000; ; 257000; 1)   ▶ Ergebnis (vorschüssig): $p\,\% \approx$ **4,19 %**

d) =ZINS(15; -12500; 145000; ; 0)   ▶ Ergebnis (nachschüssig): $p\,\% \approx$ **3,40 %**
   =ZINS(15; -12500; 145000; ; 1)   ▶ Ergebnis (vorschüssig): $p\,\% \approx$ **3,95 %**

5. $R_n = r \cdot \dfrac{q^n - 1}{q - 1}$
$R_{15} = 5000\,€ \cdot (1,04^6 - 1) : 0,04 \cdot 1,04^9 + 8000\,€ \cdot (1,05^5 - 1) : 0,04 \cdot 1,04^4 \approx \mathbf{97\,894,61\ €}$
$K_0 = R_{15} : q^{15} = 97\,894,61\,€ : 1,04^{15} \approx \mathbf{54\,357,40\ €}$

6. $R_n = r \cdot \dfrac{q^n - 1}{q - 1}$ $\Rightarrow$ $R_{10} = 2500\,€ \cdot (1,06^{10} - 1) : 0,06 \approx \mathbf{32\,951,99\ €}$
$K_{01} = \dfrac{32\,951,99\,€}{1,06^{10}} \approx \mathbf{18\,400,22\ €}$

$R_{10} = 2500\,€ \cdot (1,06^5 - 1) : 0,06 \cdot 1,06^5 + 2500\,€ \cdot (1,06^3 - 1) : 0,06 \approx \mathbf{26\,818,25\ €}$
$K_{02} = \dfrac{26\,818,25\,€}{1,06^{10}} \approx \mathbf{14\,975,17\ €}$

7. $K_0 \cdot 1,04^{15} \cdot 1,04^{10} = 8000\,€ \cdot \dfrac{1,04^{10} - 1}{0,04}$ $\Rightarrow$ $K_0 \approx \mathbf{36\,029,54\ €}$

8. $250\,000\,€ \cdot 1,0425^n = 18\,000\,€ \cdot \dfrac{1,0425^n - 1}{0,0425} \cdot 1,0425$ $\Rightarrow$ $n \approx \mathbf{20}$

9. $K_{v0} = r \cdot \dfrac{q^n - 1}{(q - 1) \cdot q^n} \cdot q$ $\Rightarrow$ $K_{v0} = 5000\,€ \cdot (1,05^{10} - 1) : 0,05 : 1,05^9 \approx \mathbf{40\,539,11\ €}$
$K_{v0} = 5000\,€ \cdot (1,05^5 - 1) : 0,05 \cdot 1,05^4 \approx \mathbf{22\,729,75\ €}$

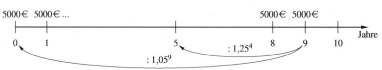

10. $2500\,€ \cdot \dfrac{1,05^{15} - 1}{0,05} = r \cdot \dfrac{1,05^{10} - 1}{0,05} \cdot 1,05^6$ $\Rightarrow$ $r \approx \mathbf{3200,51\ €}$

Test zu 5.2

1. $K_0 = r \cdot \dfrac{q^n - 1}{(q-1)\cdot q^n}$ $\Rightarrow$ $r = 32\,443{,}58 \text{€} : (1{,}04^{10} - 1) \cdot 0{,}04 \cdot 1{,}04^{10} \approx \mathbf{4000\ €}$

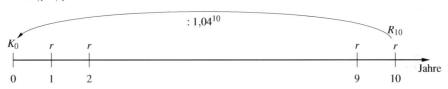

2. $n = \dfrac{\lg\frac{r}{r - K_0 \cdot (q-1)}}{\lg q}$ (nachschüssig)

$120\,000\,\text{€} \cdot 1{,}04^n = 7358\,\text{€} \cdot (1{,}04^n - 1) : 0{,}04$ $\Rightarrow$ $n \approx \mathbf{26{,}94}$ (27 Jahre)

3. $R_n = r \cdot (q^n - 1) : (q - 1)$

$R_{15} = 2000\,\text{€} \cdot (1{,}06^6 - 1) : 0{,}06 \cdot 1{,}06^9 + 2000\,\text{€} \cdot (1{,}06^6 - 1) : 0{,}06 \approx \mathbf{37\,519{,}94\ €}$

4. a) $3000\,\text{€} \cdot \dfrac{1{,}05^{12} - 1}{0{,}05} \cdot 1{,}05^{10} = r \cdot \dfrac{1{,}05^{10} - 1}{0{,}05}$ $\Rightarrow$ $r \approx \mathbf{6184{,}02\ €}$

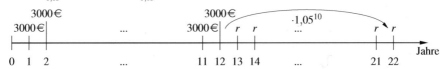

b) $3000\,\text{€} \cdot \dfrac{1{,}05^{12} - 1}{0{,}05} \cdot 1{,}05^{13} = r \cdot \dfrac{1{,}05^{10} - 1}{0{,}05}$ $\Rightarrow$ $r \approx \mathbf{7158{,}78\ €}$

5. a) $K_0 \cdot 1{,}055^{15} = 3200\,\text{€} \cdot \dfrac{1{,}055^{15} - 1}{0{,}055} \cdot 1{,}055$ $\Rightarrow$ $K_0 \approx \mathbf{33\,886{,}87\ €}$

$33\,886{,}87\,\text{€} \cdot 1{,}055^{15} \cdot 1{,}055^3 = r \cdot \dfrac{1{,}055^{15} - 1}{0{,}055} \cdot 1{,}055$ $\Rightarrow$ $r \approx \mathbf{3757{,}57\ €}$

b) $33\,886{,}87\,\text{€} \cdot 1{,}055^{12} = r \cdot \dfrac{1{,}055^{12} - 1}{0{,}055} \cdot 1{,}055$ $\Rightarrow$ $r \approx \mathbf{3726{,}89\ €}$

6. $n = \lg[r \cdot q : (r \cdot q - K_0 \cdot (q-1))] : \lg q$ (vorschüssig)

$100\,000\,\text{€} \cdot 1{,}045^n = 10\,000\,\text{€} \cdot \dfrac{1{,}045^n - 1}{0{,}045} \cdot 1{,}045$ $\Rightarrow$ $n \approx \mathbf{12{,}80}$ (13 Jahre)

Der Gewinner muss die Jahreszahlung 13 Jahre erhalten, damit die beiden Auszahlungsalternativen gleichwertig sind.

7. $2000 \cdot \dfrac{1{,}05^{15} - 1}{0{,}05} \cdot 1{,}05 = r \cdot \dfrac{1{,}05^{10} - 1}{0{,}05} \cdot 1{,}05^5$ $\Rightarrow$ $r \approx \mathbf{2822{,}85\ €}$

Die 10-jährige Rente müsste über einen jährlichen Betrag von 2822,85 € laufen.

5.3   Annuitätentilgung

Einstiegsseite

353

Fragestellung:
Die Excel-Tabelle zeigt den Verlauf der Restschuld bis zu 5 Jahren. Die Excel-Tabelle soll mithilfe der Zinses-zinsformel bis zum 8. Jahr vervollständigt werden. Dabei ist zu beachten, dass sich die Restschuld am Ende des Jahres aus der Differenz aus verzinster Restschuld am Anfang des Jahres und der jährlichen Rate, die gezahlt wird, ergibt. Um die gesamte Tilgungsdauer zu berechnen, muss die Tabelle so weit fortgesetzt werden, bis die Restschuld am Ende des Jahres null ist.

Lösungsweg:
Frau Lotto führt die Tabelle bis zum Ende des 8. Jahres fort und darüber hinaus bis zur Rückzahlung des Kredits.

	A	B	C	D	E	F
1				Kreditsumme:		40 000,00€
2				Zinssatz:		6,00%
3				Tilgungsdauer (Jahre):		6,00%
4				Annuität:		5000,00€
6	Jahre	Restschuld zu Beginn d. J.	Zinsen	Tilgung	Annuität	Restschuld am Ende d. J.
7	1	40 000,00€	2.400,00€	2600,00€	5000,00€	37 400,00€
8	2	37 400,00€	2.244,00€	2756,00€	5000,00€	34 644,00€
9	3	34 644,00€	2.078,64€	2921,36€	5000,00€	31 722,64€
10	4	31 722,64€	1.903,36€	3096,64€	5000,00€	28 626,00€
11	5	28 626,00€	1.717,56€	3282,44€	5000,00€	25 343,56€
12	6	25 343,56€	1.520,61€	3479,39€	5000,00€	21 864,17€
13	7	21 864,17€	1.311,85€	3688,15€	5000,00€	18 176,02€
14	8	18 176,02€	1.090,56€	3909,44€	5000,00€	14 266,58€
15	9	14 266,58€	856,00€	4144,00€	5000,00€	10 122,58€
16	10	10 122,58€	607,35€	4392,65€	5000,00€	5 729,93€
17	11	5 729,93€	343,80€	4656,20€	5000,00€	1 073,73€
18	12	1 073,73€	64,42€	1073,73€	1138,15€	0,00€
19		Summe Zinsen:	16 138,15€			

Die Formeln geben einen Überblick über die Berechnungen. Zu beachten ist, dass die Restannuität im letzten Jahr geringer ausfällt:

	A	B	C	D	E	F
7	1	=F1	=B7*$F$2	=$F$4-C7	5000	=B7-D7
8	2	=F7	=B8*$F$2	=$F$4-C8	5000	=F7-D8
9	3	=F8	=B9*$F$2	=$F$4-C9	5000	=F8-D9
17	11	=F16	=B17*$F$2	=$F$4-C17	5000	=F16-D17
18	12	=F17	=B18*$F$2	=B18	=C18+D18	=F17-D18

Am Ende des 8. Jahres beträgt die Restschuld noch 14 266,58€.
Liefen der Kredit und die Rückzahlung mit unveränderten Konditionen weiter, dann betrügen am Ende des 17. Jahres die letzte Tilgung noch 1073,73€ und die Zinsen 64,42€ und damit die letzte Zahlung 1138,15€.

Übungen zu 5.3

1. $A = \frac{K_0 \cdot q^n \cdot (q-1)}{q^n - 1}$

357

   a) $A = 180\,000 \,€ \cdot 1,05^{10} \cdot 0,05 : (1,05^{10} - 1) \approx \mathbf{23\,310,82 \,€}$

   b) $A = 600\,000 \,€ \cdot 1,065^{15} \cdot 0,065 : (1,065^{15} - 1) \approx \mathbf{63\,811,67 \,€}$

   c) $A = 25\,000 \,€ \cdot 1,04^{6} \cdot 0,04 : (1,04^{6} - 1) \approx \mathbf{4769,05 \,€}$

   d) $A = 456\,750 \,€ \cdot 1,0525^{12} \cdot 0,0525 : (1,0525^{12} - 1) \approx \mathbf{52\,262,15 \,€}$

   e) $A = 34\,500 \,€ \cdot 1,045^{9} \cdot 0,045 : (1,045^{9} - 1) \approx \mathbf{4746,32 \,€}$

   f) $A = 1\,234\,500 \,€ \cdot 1,0425^{20} \cdot 0,0425 : (1,0425^{20} - 1) \approx \mathbf{92\,858,89 \,€}$

2. $K_0 = \frac{A \cdot (q^n - 1)}{q^n \cdot (q-1)}$

   a) $K_0 = 1800 \,€ \cdot (1,05^{10} - 1) : 1,05^{10} : 0,05 \approx \mathbf{13\,899,12 \,€}$

   b) $K_0 = 12\,000 \,€ \cdot (1,0425^{20} - 1) : 1,0425^{20} : 0,0425 \approx \mathbf{159\,532,39 \,€}$

   c) $K_0 = 25\,000 \,€ \cdot (1,04^{6} - 1) : 1,04^{6} : 0,04 \approx \mathbf{131\,053,42 \,€}$

   d) $K_0 = 4567,50 \,€ \cdot (1,0525^{12} - 1) : 1,0525^{12} : 0,0525 \approx \mathbf{39\,918,10 \,€}$

   e) $K_0 = 2400 \,€ \cdot (1,045^{9} - 1) : 1,045^{9} : 0,045 \approx \mathbf{17\,445,10 \,€}$

   f) $K_0 = 6000 \,€ \cdot (1,065^{15} - 1) : 1,065^{15} : 0,065 \approx \mathbf{56\,416,01 \,€}$

3. $n = \frac{\lg\left[\frac{A}{A - K_0 \cdot (q-1)}\right]}{\lg q}$

   a) $n = \lg[1000 \,€ : (1000 \,€ - 5242,89 \,€ \cdot 0,04)] : \lg 1,04 \approx \mathbf{6\ Jahre}$

   b) $n = \lg[24\,785,89 \,€ : (24\,785,89 \,€ - 300\,000 \,€ \cdot 0,0725)] : \lg 1,0725 \approx \mathbf{30\ Jahre}$

   c) $n = \lg[750 \,€ : (750 \,€ - 3116,76 \,€ \cdot 0,065)] : \lg 1,065 \approx \mathbf{5\ Jahre}$

   d) $n = \lg[4083,77 \,€ : (4083,77 \,€ - 15\,000 \,€ \cdot 0,035)] : \lg 1,035 \approx \mathbf{4\ Jahre}$

   e) $n = \lg[2500 \,€ : (2500 \,€ - 22\,473,89 \,€ \cdot 0,0475)] : \lg 1,0475 \approx \mathbf{12\ Jahre}$

   f) $n = \lg[1055,77 \,€ : (1055,77 \,€ - 6000 \,€ \cdot 0,055)] : \lg 1,055 \approx \mathbf{7\ Jahre}$

4. Mithilfe von Excel:

=ZINS(Jahre; −Annuität; Kapital; ; 0)

▶ 0 steht für nachschüssig.

▶ Alle Einzahlungen sind mit einem Minuszeichen in der Formel versehen.

   a) =ZINS(30; −20146,60; 250000; ; 0)

   ▶ Ergebnis: $p\,\% \approx \mathbf{7\ \%}$ (vgl. rechts)

	A	B	C	D
1	**Berechnung von Annuität, Kapital, Zinssatz, Jahren**			
2				
3	Eingabebereich			
4	**Annuität**	**Zinssatz**	**Jahre**	**Kapital**
5	20146,60 €		30	250 000,00 €
6				
7	Rechenbereich			
8	Formel zur Berechnung von:			
9	**Annuität**	**Zinssatz**	**Jahre**	**Kapital**
10		7,00 %		

   b) =ZINS(5; -3000; 13000; ; 0)   ▶ Ergebnis: $p\,\% \approx \mathbf{4,97\ \%}$

   c) =ZINS(8; -850; 5000; ; 0)   ▶ Ergebnis: $p\,\% \approx \mathbf{7,39\ \%}$

   d) =ZINS(3; -210; 600; ; 0)   ▶ Ergebnis: $p\,\% \approx \mathbf{2,48\ \%}$

   e) =ZINS(7; -2500; 14500; ; 0)   ▶ Ergebnis: $p\,\% \approx \mathbf{4,94\ \%}$

   f) =ZINS(25; -12350; 100000; ; 0)   ▶ Ergebnis: $p\,\% \approx \mathbf{11,55\ \%}$

357   5. a)

	Kreditsumme:	400 000 €
	Zinssatz:	6,50 %
	Tilgungsdauer (Jahre):	10
	Annuität:	55 641,88 €

Jahre	Restschuld zu Beginn d. J.	Zinsen	Tilgung	Restschuld am Ende d. J.
1	400 000,00 €	26 000,00 €	29 641,88 €	370 358,12 €
2	370 358,12 €	24 073,28 €	31 568,60 €	338 789,53 €
3	338 789,53 €	22 021,32 €	33 620,56 €	305 168,97 €
4	305 168,97 €	19 835,98 €	35 805,89 €	269 363,08 €
5	269 363,08 €	17 508,60 €	38 133,28 €	231 229,80 €
6	231 299,80 €	15 029,94 €	40 611,94 €	190 617,86 €
7	190 617,86 €	12 390,16 €	43 251,72 €	147 366,15 €
8	147 366,15 €	9 578,80 €	46 063,08 €	101 303,07 €
9	101 303,07 €	6 584,70 €	49 057,18 €	52 245,89 €
10	52 245,89 €	3 395,98 €	52 245,89 €	0,00 €
	Summierte Zinsen:	156 418,76 €		

b)

357

Kreditsumme:	50 000 €
Zinssatz:	6,70 %
Tilgungsdauer (Jahre):	15
Annuität:	5403,36 €

Jahre	Restschuld zu Beginn d. J.	Zinsen	Tilgung	Restschuld am Ende d. J.
1	50 000,00 €	3375,00 €	2028,36 €	47 971,64 €
2	47 971,64 €	3238,09 €	2165,28 €	45 806,36 €
3	45 806,36 €	3091,93 €	2311,44 €	43 494,92 €
4	43 494,92 €	2935,91 €	2467,46 €	41 027,46 €
5	41 027,46 €	2769,35 €	2634,01 €	38 393,45 €
6	38 393,45 €	2591,56 €	2811,81 €	35 581,65 €
7	35 581,65 €	2401,76 €	3001,60 €	32 580,04 €
8	32 580,04 €	2199,15 €	3204,21 €	29 375,83 €
9	29 375,83 €	1982,87 €	3420,50 €	25 955,33 €
10	25 955,33 €	1751,99 €	3651,38 €	22 303,96 €
11	22 303,96 €	1505,52 €	3897,85 €	18 406,11 €
12	18 406,11 €	1242,41 €	4160,95 €	14 245,16 €
13	14 245,16 €	961,55 €	4441,82 €	9803,34 €
14	9803,34 €	661,73 €	4741,64 €	5061,70 €
15	5061,70 €	341,66 €	5061,70 €	0,00 €
	Summierte Zinsen:	31 050,47 €		

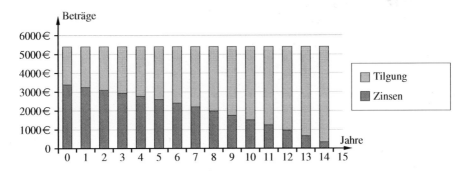

357

c)

Kreditsumme:	8000€
Zinssatz:	7,50 %
Tilgungsdauer (Jahre):	4
Annuität:	2388,54€

Jahre	Restschuld zu Beginn d. J.	Zinsen	Tilgung	Restschuld am Ende d. J.
1	8000,00€	600,00€	1788,54€	6211,46€
2	6211,46€	465,86€	1922,68€	4288,78€
3	4288,78€	321,66€	2066,88€	2221,90€
4	2221,90€	166,64€	2221,90€	0,00€

Summierte Zinsen: 1554,16€

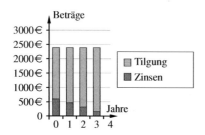

d)

Kreditsumme:	9500€
Zinssatz:	7,25 %
Tilgungsdauer (Jahre):	6
Annuität:	2008,47€

Jahre	Restschuld zu Beginn d. J.	Zinsen	Tilgung	Restschuld am Ende d. J.
1	9500,00€	688,75€	1319,72€	8180,28€
2	8180,28€	593,07€	1415,40€	6764,88€
3	6764,88€	490,45€	1518,01€	5246,87€
4	5246,87€	380,40€	1628,07€	3618,80€
5	3618,80€	262,36€	1746,10€	1872,70€
6	1872,70€	135,77€	1872,70€	0,00€

Summierte Zinsen: 2550,81€

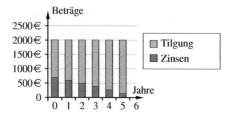

e)

357

Kreditsumme:	250 000 €
Zinssatz:	8,00 %
Tilgungsdauer (Jahre):	20
Annuität:	25 463,05 €

Jahre	Restschuld zu Beginn d. J.	Zinsen	Tilgung	Restschuld am Ende d. J.
1	250 000,00 €	20 000,00 €	5 463,05 €	244 536,95 €
2	244 536,95 €	19 562,96 €	5 900,10 €	238 636,85 €
3	238 636,85 €	19 090,95 €	6 372,10 €	232 264,75 €
4	232 264,75 €	18 581,18 €	6 881,87 €	225 382,87 €
5	225 382,87 €	18 030,63 €	7 432,42 €	217 950,45 €
6	217 950,45 €	17 436,04 €	8 027,02 €	209 923,44 €
7	209 923,44 €	16 793,87 €	8 669,18 €	201 254,26 €
8	201 254,26 €	16 100,34 €	9 362,71 €	191 891,55 €
9	191 891,55 €	15 351,32 €	10 111,73 €	181 779,82 €
10	181 779,82 €	14 542,39 €	10 920,67 €	170 859,15 €
11	170 859,15 €	13 668,73 €	11 794,32 €	159 064,83 €
12	159 064,83 €	12 725,19 €	12 737,87 €	146 326,97 €
13	146 326,97 €	11 706,16 €	13 756,89 €	132 570,07 €
14	132 570,07 €	10 605,61 €	14 857,45 €	117 712,63 €
15	117 712,63 €	9 417,01 €	16 046,04 €	101 666,58 €
16	101 666,58 €	8 133,33 €	17 329,73 €	84 336,86 €
17	84 336,86 €	6 746,95 €	18 716,10 €	65 620,76 €
18	65 620,76 €	5 249,66 €	20 213,39 €	45 407,36 €
19	45 407,36 €	3 632,59 €	21 830,46 €	23 576,90 €
20	23 576,90 €	1 886,15 €	23 576,90 €	0,00 €

Summierte Zinsen: 259 261,04 €

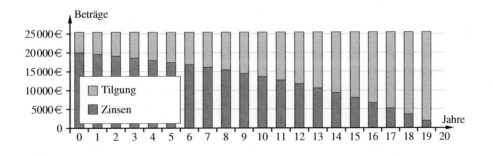

357   f)

Kreditsumme:	2 000 000 €
Zinssatz:	9,25 %
Tilgungsdauer (Jahre):	30
Annuität:	199 002,83 €

Jahre	Restschuld zu Beginn d. J.	Zinsen	Tilgung	Restschuld am Ende d. J.
1	2 000 000,00 €	185 000,00 €	14 002,83 €	1 985 997,17 €
2	1 985 997,17 €	183 704,74 €	15 298,09 €	1 970 699,07 €
3	1 970 699,07 €	182 289,66 €	16 713,17 €	1 953 985,91 €
4	1 953 985,91 €	180 743,70 €	18 259,14 €	1 935 726,77 €
5	1 935 726,77 €	179 054,73 €	19 948,11 €	1 915 778,66 €
6	1 915 778,66 €	177 209,53 €	21 793,31 €	1 893 985,36 €
7	1 893 985,36 €	175 193,65 €	23 809,19 €	1 870 176,17 €
8	1 870 176,17 €	172 991,30 €	26 011,54 €	1 844 164,63 €
9	1 844 164,63 €	170 585,23 €	28 417,60 €	1 815 747,03 €
10	1 815 747,03 €	167 956,60 €	31 046,23 €	1 784 700,80 €
11	1 784 700,80 €	165 084,82 €	33 918,01 €	1 750 782,79 €
12	1 750 782,79 €	161 947,41 €	37 055,42 €	1 713 727,37 €
13	1 713 727,37 €	158 519,78 €	40 483,04 €	1 673 244,31 €
14	1 673 244,31 €	154 775,10 €	44 227,73 €	1 629 016,58 €
15	1 629 016,58 €	150 684,03 €	48 318,80 €	1 580 697,78 €
16	1 580 697,78 €	146 214,54 €	52 788,29 €	1 527 909,49 €
17	1 527 909,49 €	141 331,63 €	57 671,20 €	1 470 238,29 €
18	1 470 238,29 €	135 997,04 €	63 005,79 €	1 407 232,50 €
19	1 407 232,50 €	130 169,01 €	68 833,83 €	1 338 398,67 €
20	1 338 398,67 €	123 801,88 €	75 200,95 €	1 263 197,72 €
21	1 263 197,72 €	116 845,79 €	82 157,04 €	1 181 040,68 €
22	1 181 040,68 €	109 246,26 €	89 756,57 €	1 091 284,11 €
23	1 091 284,11 €	100 943,78 €	98 059,05 €	993 225,05 €
24	993 225,05 €	91 873,32 €	107 129,51 €	886 095,54 €
25	886 095,54 €	81 963,84 €	117 038,99 €	769 056,54 €
26	769 056,54 €	71 137,73 €	127 865,10 €	641 191,44 €
27	641 191,44 €	59 310,21 €	139 692,62 €	501 498,82 €
28	501 498,82 €	46 388,64 €	152 614,19 €	348 884,63 €
29	348 884,63 €	32 271,83 €	166 731,00 €	182 153,62 €
30	182 153,62 €	16 849,21 €	182 153,62 €	0,00 €
	Summierte Zinsen:	3 970 084,97 €		

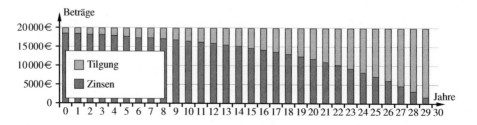

357

6. $A = \frac{K_0 \cdot q^n \cdot (q-1)}{q^n - 1} = 500\,000\,€ \cdot 1{,}06^7 \cdot 0.06 : (1{,}06^7 - 1) = \mathbf{89\,567{,}51\ €}$

Kreditsumme:	500 000,00 €
Zinssatz:	6,00 %
Tilgungsdauer (Jahre):	7
Annuität:	89 567,51 €

Jahre	Restschuld zu Beginn d. J.	Zinsen	Tilgung	Restschuld am Ende d. J.
1	500 000,00 €	30 000,00 €	59 567,51 €	440 432,49 €
2	440 432,49 €	26 425,95 €	63 141,56 €	377 290,93 €
3	377 290,00 €	22 637,80 €	66 930,05 €	310 360,88 €

7.

Kreditsumme:	200 000,00 €
Zinssatz:	6,00 %
Annuität:	14 000,00 €

Jahre	Restschuld zu Beginn d. J.	Zinsen	Tilgung	Restschuld am Ende d. J.
1	200 000,00 €	12 000,00 €	2000,00 €	198 000,00 €
2	198 000,00 €	11 880,00 €	2120,00 €	195 880,00 €
3	195 880,00 €	11 752,80 €	2247,20 €	193 632,80 €
4	193 632,80 €	11 617,97 €	2382,03 €	191 250,77 €
5	191 250,77 €	11 475,05 €	2524,95 €	188 725,81 €
6	188 725,81 €	11 323,55 €	2676,45 €	186 049,36 €
7	186 049,36 €	11 162,96 €	2837,04 €	183 212,32 €
8	183 212,32 €	10 992,74 €	3007,26 €	180 205,06 €

Restschuld nach n Jahren $= K_0 \cdot q^n - A \cdot \frac{q^n - 1}{q - 1}$

Restschuld nach 16 Jahren $= 200\,000\,€ \cdot 1{,}06^{16} - 14\,000\,€ \cdot (1{,}06^{16} - 1) : 0.06 \approx \mathbf{148\,654{,}94\ €}$

Restschuld nach 32 Jahren $= 200\,000\,€ \cdot 1{,}06^{32} - 14\,000\,€ \cdot (1{,}06^{32} - 1) : 0.06 \approx \mathbf{18\,220{,}44\ €}$

8. $A = \frac{K_0 \cdot q^n \cdot (q-1)}{q^n - 1} = 350\,000\,€ \cdot 1{,}05^{10} \cdot 0{,}05 : (1{,}05^{10} - 1) = \mathbf{45\,326{,}60\ €}$

1. Tilgungsrate $A -$ 1. Zinsrate $= A - K \cdot p\,\% = 45\,326{,}60\,€ - 350\,000\,€ \cdot 5\,\% = \mathbf{27\,826{,}60\ €}$

9. $A = \frac{K_0 \cdot q^n \cdot (q-1)}{q^n - 1} = 150\,000\,€ \cdot 1{,}06^{12} \cdot 0{,}06 : (1{,}06^{12} - 1) \approx \mathbf{17\,891{,}55\ €}$

Restschuld nach n Jahren $= K_0 \cdot q^n - A \cdot \frac{q^n - 1}{q - 1}$

Restschuld nach 8 Jahren $= 150\,000\,€ \cdot 1{,}06^8 - 17\,891{,}55\,€ \cdot (1{,}06^8 - 1) : 0{,}06 \approx \mathbf{61\,996{,}17\ €}$

10. $A = \frac{K_0 \cdot q^n \cdot (q-1)}{q^n - 1} = 200\,000\,€ \cdot 1{,}05^{15} \cdot 0{,}05 : (1{,}05^{15} - 1) \approx \mathbf{19\,268{,}46\ €}$

Restschuld nach n Jahren $= K_0 \cdot q^n - A \cdot \frac{q^n - 1}{q - 1}$

Restschuld nach 8 Jahren $= 100\,000\,€ \cdot 1{,}05^8 - 19\,268{,}46\,€ \cdot (1{,}05^8 - 1) : 0{,}05 \approx \underline{111\,494{,}47\ €}$

$A = 111\,494{,}47\,€ \cdot 1{,}085^7 \cdot 0{,}085 : (1{,}085^7 - 1) \approx \mathbf{21\,782{,}59\ €}$

357

11.

Laufzeit	$K_0 = \frac{A \cdot (q^n - 1)}{q^n \cdot (q-1)}$
20 Jahre	$K_0 = 14\,400\,€ \cdot (1{,}075^{20} - 1) : 1{,}075^{20} : 0{,}075 \approx \mathbf{146\,800{,}68\,€}$
25 Jahre	$K_0 = 14\,400\,€ \cdot (1{,}075^{25} - 1) : 1{,}075^{25} : 0{,}075 \approx \mathbf{160\,516{,}02\,€}$
30 Jahre	$K_0 = 14\,400\,€ \cdot (1{,}075^{30} - 1) : 1{,}075^{30} : 0{,}075 \approx \mathbf{170\,069{,}56\,€}$

358

12. **a)** **Tilgungsplan:**

Kaufpreis: Kredit: Annuität:

$26\,000\,€$ $26\,000\,€ \cdot 0{,}9 = \mathbf{23\,400\,€}$ $A = 26\,000\,€ \cdot 0{,}19 = \mathbf{4940\,€}$

Jahre	Restschuld zu Beginn d. J.	Zinsen	Annuität	Restschuld am Ende d. J.
1	23 400,00 €	421,20 €	4518,80 €	18 881,20 €
2	18 881,20 €	339,86 €	4600,14 €	14 281,06 €
3	14 281,06 €	257,06 €	4682,94 €	9598,12 €
4	9598,12 €	172,77 €	4767,23 €	4830,89 €
5	4830,89 €	86,96 €	4830,89 €	0,00 €

Die Annuität des letzten Jahres beträgt dann 4917,85 €.

b) Angesparter Betrag:

$K = 10\,000\,€ \cdot \frac{1{,}04^4 - 1}{0{,}04} \cdot 1{,}038^6 + 10\,000\,€ \cdot 1{,}038^7 + 10\,000\,€ \cdot \frac{1{,}038^3 - 1}{0{,}038} \approx \mathbf{97\,251{,}94\,€}$

Fehlbetrag: $140\,000\,€ - 97\,251{,}94\,€ = \mathbf{42\,748{,}06\,€}$

c) $97\,251{,}94\,€ \cdot 1{,}038^4 + r \cdot \frac{1{,}038^4 - 1}{0{,}038} = 190\,000\,€ \quad \Rightarrow \quad r \approx \mathbf{18\,210{,}84\,€}$

13.

Kreditsumme:	300 000,00 €
Zinssatz:	7,45 %
Tilgungsdauer:	10 Jahre
Jährliche Tilgungsrate	30 000,00 €

358

Jahre	Restschuld zu Beginn d. J.	Zinsen	Jahresbelastung	Restschuld am Ende d. J.
1	300 000,00 €	22 350,00 €	52 350,00 €	270 000,00 €
2	270 000,00 €	20 115,00 €	50 115,00 €	240 000,00 €
3	240 000,00 €	17 880,00 €	47 880,00 €	210 000,00 €
4	210 000,00 €	15 645,00 €	45 645,00 €	180 000,00 €
5	180 000,00 €	13 410,00 €	43 410,00 €	150 000,00 €
6	150 000,00 €	11 175,00 €	41 175,00 €	120 000,00 €
7	120 000,00 €	8 940,00 €	38 940,00 €	90 000,00 €
8	90 000,00 €	6 705,00 €	36 705,00 €	60 000,00 €
9	60 000,00 €	4 470,00 €	34 470,00 €	30 000,00 €
10	30 000,00 €	2 235,00 €	32 235,00 €	0,00 €

Summe Zinsen: 122 925,00 €

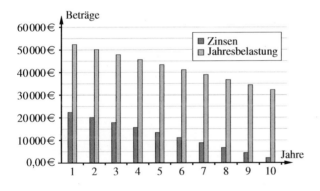

358

14.

Jahre	Restschuld zu Beginn d. J.	Zinsen	Jahresbelastung	Restschuld am Ende d. J.
1	27 000,00 €	2362,50 €	5362,50 €	24 000,00 €
2	24 000,00 €	2100,00 €	5100,00 €	21 000,00 €
3	21 000,00 €	1837,50 €	4837,50 €	18 000,00 €
4	18 000,00 €	1575,00 €	7575,00 €	12 000,00 €
5	12 000,00 €	1050,00 €	7050,00 €	6000,00 €
6	6000,00 €	525,00 €	6525,00 €	0,00 €
	Summe Zinsen:	9450,00 €		

15. Tilgungsdauer: $n = \dfrac{\lg\left[\frac{A}{A - K_0 \cdot (q-1)}\right]}{\lg q} = \lg(15\,000 : (15\,000 - 180\,000 \cdot 0{,}045)) : \lg 1{,}045 \approx 18$

Jahre	Restschuld zu Beginn d. J.	Zinsen	Tilgung	Restschuld am Ende d. J.
1	180 000,00 €	8100,00 €	6900,00 €	173 100,00 €
2	173 100,00 €	7789,50 €	7210,50 €	165 889,50 €
3	165 889,50 €	7465,03 €	7534,97 €	158 354,53 €
4	158 354,53 €	7125,95 €	7874,05 €	150 480,48 €
5	150 480,48 €	6771,62 €	8228,38 €	142 252,10 €
	Summe Zinsen:	37 252,10 €		

16. a) $A = (0{,}06 + 0{,}01) \cdot 240\,000\,€ = \mathbf{16\,800\,€}$

Restschuld nach 12 Jahren:

$240\,000\,€ \cdot 1{,}06^{12} - 16\,800\,€ \cdot \dfrac{1{,}06^{12} - 1}{0{,}06} \approx \mathbf{199\,512{,}14\,€}$

b) Neue Annuität:

$A^* = 0{,}075 \cdot 199\,512{,}14\,€ \approx \mathbf{14\,963{,}41\,€}$

$199\,512{,}14\,€ \cdot 1{,}045^n = 14\,963{,}41\,€ \cdot \dfrac{1{,}045^n - 1}{0{,}045} \quad \Rightarrow \quad n \approx \mathbf{20{,}8}$

Die Tilgung dauert (im Anschluss an die 12 Jahre) 21 weitere Jahre.

Test zu 5.3

1.

360

Kreditsumme:			195 000,00 €
Zinssatz:			9,50 %
Tilgungsdauer (Jahre):			10
Annuität:			31 056,90 €

Jahre	Restschuld zu Beginn d. J.	Zinsen	Tilgung	Restschuld am Ende d. J.
1	195 000,00 €	18 525,00 €	12 531,90 €	182 468,10 €
2	182 468,10 €	17 334,47 €	13 722,43 €	168 745,67 €
3	168 745,67 €	16 030,84 €	15 026,06 €	153 719,61 €
4	153 719,61 €	14 603,36 €	16 453,54 €	137 266,07 €
5	137 266,07 €	13 040,28 €	18 016,62 €	119 249,45 €
6	119 249,45 €	11 238,70 €	19 728,20 €	99 521,25 €
7	99 521,25 €	9 454,52 €	21 602,38 €	77 918,87 €
8	77 918,87 €	7 402,29 €	23 654,61 €	54 264,26 €
9	54 264,26 €	5 155,10 €	25 901,79 €	28 362,47 €
10	28 362,47 €	2 694,43 €	28 362,47 €	0,00 €

Summe Zinsen: 115 569,00 €

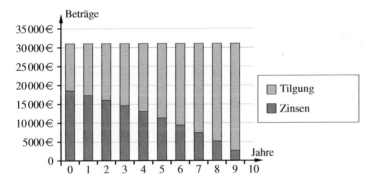

360

2. $A = \frac{K_0 \cdot q^n \cdot (q-1)}{q^n - 1} = 100\,000\,€ \cdot 1{,}08^{10} \cdot 0{,}08 : (1{,}08^{10} - 1) \approx \mathbf{14\,902{,}95\,€}$

1. Tilgungsrate $= A - 1$. Zinsrate $= A - K \cdot p\,\% = 14\,902{,}95\,€ - 100\,000\,€ \cdot 8\,\% \approx \mathbf{6902{,}95\,€}$

Kreditsumme:	100 000,00 €
Zinssatz:	8,00 %
Tilgungsdauer (Jahre):	10
Annuität:	14 902,95 €

Jahre	Restschuld zu Beginn d. J.	Zinsen	Tilgung	Restschuld am Ende d. J.
1	100 000,00 €	8000,00 €	6902,95 €	93 097,05 €
2	93 097,05 €	7447,76 €	7455,18 €	85 641,87 €
3	85 641,87 €	6851,35 €	8051,60 €	77 590,27 €

3. $A = \frac{K_0 \cdot q^n \cdot (q-1)}{q^n - 1} = 250\,000\,€ \cdot 1{,}055^{20} \cdot 0{,}055 : (1{,}055^{20} - 1) \approx \mathbf{20\,919{,}83\,€}$

Restschuld nach n Jahren $= K_0 \cdot q^n - A \cdot \frac{q^n - 1}{q - 1}$

Restschuld nach 10 Jahren $= 250\,000\,€ \cdot 1{,}055^{10} - 20\,919{,}83\,€ \cdot (1{,}055^{10} - 1) : 0{,}055 \approx \mathbf{157\,685{,}90\,€}$

4. $n = \frac{\lg\left[\frac{A}{A - K_0 \cdot (q-1)}\right]}{\lg q}$

$n = \lg[119\,277{,}03\,€ : (119\,277{,}03\,€ - 1\,000\,000\,€ \cdot 0{,}06)] : \lg 1{,}06 \approx \mathbf{12{,}00}$ (12 Jahre)

5. $A = 160\,000\,€ \cdot (6\,\% + 1\,\%) = \mathbf{11\,200\,€}$

$n = \frac{\lg\left[\frac{A}{A - K_0 \cdot (q-1)}\right]}{\lg q}$

$n = \lg[11\,200\,€ : (11\,200\,€ - 160\,000\,€ \cdot 0{,}06)] : \lg 1{,}06 \approx \mathbf{33{,}4}$ (34 Jahre)

Restschuld nach n Jahren $= K_0 \cdot q^n - A \cdot \frac{q^n - 1}{q - 1}$

Restschuld nach 18 Jahren $= 160\,000\,€ \cdot 1{,}06^{18} - 11\,200\,€ \cdot (1{,}06^{18} - 1) : 0{,}06 \approx \underline{110\,550{,}96\,€}$

Annuität in 14 anstatt 16 Restjahren:

$110\,550{,}96 \cdot 1{,}06^{14} = A \cdot \frac{1{,}06^{14} - 1}{0{,}06} \qquad \Rightarrow \qquad A \approx \mathbf{11\,893{,}61\,€}$

6.

	Kreditsumme:	125 000,00 €
	Zinssatz 1:	9,50 %
	Zinssatz 2:	7,75 %
	Tilgungsdauer (Jahre):	10
	Annuität:	12 500,00 €

Jahre	Restschuld zu Beginn d. J.	Zinsen	Jahresbelastung	Restschuld am Ende d. J.
1	125 000,00 €	11 250,00 €	23 750,00 €	112 500,00 €
2	112 500,00 €	10 125,00 €	22 625,00 €	100 000,00 €
3	100 000,00 €	9000,00 €	21 500,00 €	87 500,00 €
4	87 500,00 €	7875,00 €	20 375,00 €	75 000,00 €
5	75 000,00 €	6750,00 €	19 250,00 €	62 500,00 €
6	62 500,00 €	5625,00 €	18 125,00 €	50 000,00 €
7	50 000,00 €	4500,00 €	17 000,00 €	37 500,00 €
8	37 500,00 €	2906,25 €	15 406,25 €	25 000,00 €
9	25 000,00 €	1937,50 €	14 437,50 €	12 500,00 €
10	12 500,00 €	968,75 €	13 468,75 €	0,00 €
	Summe Zinsen:	60 937,50 €		

7. a) $A = \frac{K_0 \cdot q^n \cdot (q-1)}{q^n - 1} = 300\,000\,€ \cdot 1{,}075^{20} \cdot 0{,}075 : (1{,}075^{20} - 1) \approx \mathbf{29\,427{,}66\,€}$

Restschuld nach n Jahren $= K_0 \cdot q^n - A \cdot \frac{q^n - 1}{q - 1}$

Restschuld nach 10 Jahren $= 300\,000\,€ \cdot 1{,}075^{10} - 29\,427{,}66\,€ \cdot (1{,}075^{10} - 1) : 0{,}075 \approx \mathbf{201\,993{,}79\,€}$

b) $n = \frac{\lg\left[\frac{A}{A - K_0 \cdot (q-1)}\right]}{\lg q}$

$n = \lg[35\,427{,}66\,€ : (35\,427{,}66\,€ - 201\,993{,}79\,€ \cdot 0{,}075)] : \lg 1{,}075 \approx \mathbf{7{,}71}$ (8 Jahre)

360

8. *Hinweis*: Fehler im 1. Druck der 1. Auflage: Im letzten Satz muss es „Gesamtraten" statt „Annuitätsraten" heißen.

Jahre	Restschuld zu Beginn d. J.	Zinsen	Jahresbelastung	Restschuld am Ende d. J.
1	200 000,00 €	17 000,00 €	37 000,00 €	180 000,00 €
2	180 000,00 €	15 300,00 €	35 300,00 €	160 000,00 €
3	160 000,00 €	13 600,00 €	33 600,00 €	140 000,00 €
4	140 000,00 €	11 900,00 €	31 900,00 €	120 000,00 €
5	120 000,00 €	8 400,00 €	48 400,00 €	80 000,00 €
6	80 000,00 €	5 600,00 €	45 600,00 €	40 000,00 €
7	40 000,00 €	2 800,00 €	42 800,00 €	0,00 €
	Summe Zinsen:	74 600,00 €		

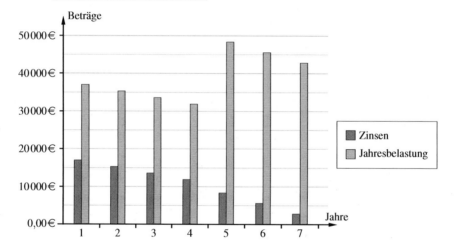

5.4 Kapitalaufbau und Kapitalabbau

Einstiegsseite

361

Fragestellung:

Frau Lotto hat zwar Recht, dass sich eine Investition dann lohnt, wenn der Saldo der Einnahmen und Ausgaben größer ist als der investierte Betrag. Andererseits hat auch Frau Taubert Recht, denn Kapitalbeträge dürfen unter wirtschaftlichen Gesichtspunkten nur zu einem gemeinsamen Zeitpunkt miteinander verglichen werden. Um das zu erreichen, müssen alle Beträge auf diesen Zeitpunkt hin auf- bzw. abgezinst werden.

Lösungsweg:

Setzt man für den Investitionsaufwand den Zeitpunkt 0 fest, dann ist es sinnvoll, alle anderen Beträge zum Zeitpunkt 0 abzuzinsen, also ihre Barwerte zu berechnen und mit dem Barwert der Investition zu vergleichen.

$$\left(\frac{10\,000\,€}{1{,}07^5} + \frac{15\,000\,€}{1{,}07^4} + \frac{12\,000\,€}{1{,}07^3} + \frac{9000\,€}{1{,}07^2} + \frac{6000\,€}{1{,}07}\right) - 40\,000\,€ = 1847{,}29\,€$$

Die Investition lohnt sich tatsächlich, weil ein Überschuss erzielt wird, dessen Barwert 1837,29 € beträgt.

Übungen zu 5.4

366

1. $K_n + R_n\,(=K) = K_0 \cdot q^n + r \cdot \frac{q^n-1}{q-1}$ $K_n + R_{vn}\,(=K) = K_0 \cdot q^n + r \cdot \frac{q^n-1}{q-1} \cdot q$

    a) $K_{10} + R_{10} = 1000\,€ \cdot 1{,}045^{10} + 200\,€ \cdot (1{,}045^{10} - 1) : 0{,}045 \approx \mathbf{4010{,}61\,€}$
    $K_{10} + R_{v10} = 1000\,€ \cdot 1{,}045^{10} + 200\,€ \cdot (1{,}045^{10} - 1) : 0{,}045 \cdot 1{,}045 \approx \mathbf{4121{,}21\,€}$

    b) $K_8 + R_8 = 2500\,€ \cdot 1{,}0525^8 + 250\,€ \cdot (1{,}0525^8 - 1) : 0{,}0525 \approx \mathbf{6173{,}31\,€}$
    $K_8 + R_8 = 2500\,€ \cdot 1{,}0525^8 + 250\,€ \cdot (1{,}0525^8 - 1) : 0{,}0525 \cdot 1{,}0525 \approx \mathbf{6299{,}77\,€}$

    c) $K_{15} + R_{15} = 1900\,€ \cdot 1{,}06^{15} + 400\,€ \cdot (1{,}06^{15} - 1) : 0{,}06 \approx \mathbf{13\,863{,}85\,€}$
    $K_{15} + R_{15} = 1900\,€ \cdot 1{,}06^{15} + 400\,€ \cdot (1{,}06^{15} - 1) : 0{,}06 \cdot 1{,}06 \approx \mathbf{14\,422{,}47\,€}$

    d) $K_{12} + R_{12} = 20\,000\,€ \cdot 1{,}07^{12} + 600\,€ \cdot (1{,}07^{12} - 1) : 0{,}07 \approx \mathbf{55\,776{,}90\,€}$
    $K_{12} + R_{12} = 20\,000\,€ \cdot 1{,}07^{12} + 600\,€ \cdot (1{,}07^{12} - 1) : 0{,}07 \cdot 1{,}07 \approx \mathbf{56\,528{,}22\,€}$

2. $K_0 = \left[K - r \cdot \frac{q^n-1}{q-1}\right] : q^n;$ $K_0 = \left[K - r \cdot \frac{q^n-1}{q-1} \cdot q\right] : q^n;$ ▶ $K = K_n + R_{vn}$

    a) $K_0 = [5196{,}51\,€ - 280\,€ \cdot (1{,}034^4 - 1) : 0{,}035] : 1{,}035^4 \approx \mathbf{3500\,€}$
    $K_0 = [5196{,}51\,€ - 280\,€ \cdot (1{,}034^4 - 1) : 0{,}035 \cdot 1{,}035^4] : 1{,}035^4 \approx \mathbf{3464\,€}$

    b) $K_0 = [47\,586{,}15\,€ - 750\,€ \cdot (1{,}0625^{15} - 1) : 0{,}0625] : 1{,}0625^{15} \approx \mathbf{12\,000\,€}$
    $K_0 = [47\,586{,}15\,€ - 750\,€ \cdot (1{,}0625^{15} - 1) : 0{,}0625 \cdot 1{,}0625] : 1{,}0625^{15} \approx \mathbf{11\,552{,}08\,€}$

    c) $K_0 = [15\,867{,}08\,€ - 390\,€ \cdot (1{,}045^{12} - 1) : 0{,}045] : 1{,}045^{12} \approx \mathbf{5800\,€}$
    $K_0 = [15\,867{,}08\,€ - 390\,€ \cdot (1{,}045^{12} - 1) : 0{,}045 \cdot 1{,}045] : 1{,}045^{12} \approx \mathbf{5639{,}97\,€}$

    d) $K_0 = [199\,453{,}02\,€ - 1200\,€ \cdot (1{,}0725^{25} - 1) : 0{,}0725] : 1{,}0725^{25} \approx \mathbf{20\,991{,}43\,€}$
    $K_0 = [199\,453{,}02\,€ - 1200\,€ \cdot (1{,}0725^{25} - 1) : 0{,}0725 \cdot 1{,}0725] : 1{,}0725^{25} \approx \mathbf{20\,000\,€}$

366

3. $n = \dfrac{\lg\left[\frac{K + (r : (q-1))}{K_0 + (r : (q-1))}\right]}{\lg q}$ (nachschüssig); $\quad n = \dfrac{\lg\left[\frac{K + (r \cdot q : (q-1))}{K_0 + (r \cdot q : (q-1))}\right]}{\lg q}$ (vorschüssig) $\quad \blacktriangleright K = K_n + R_{vn}$

   a) $n = \lg[(8028,54\,€ + 500\,€ : 0,04) : (2500\,€ + 500\,€ : 0,04)] : \lg 1,04 \approx \mathbf{8}$ (8 Jahre)

      $n = \lg[(8028,54\,€ + 500\,€ \cdot 1,04 : 0,04) : (2500\,€ + 500\,€ \cdot 1,04 : 0,04)] : \lg 1,04 \approx \mathbf{7{,}78}$ (8 Jahre)

   b) $n = \lg[(196\,169,46\,€ + 1234\,€ : 0,0725) : (56\,789\,€ + 1234\,€ : 0,0725)] : \lg 1,0725 \approx \mathbf{15{,}15}$ (16 Jahre)

      $n = \lg[(196\,169,46\,€ + 1234\,€ \cdot 1,0725 : 0,0725) : (56\,789\,€ + 1234\,€ \cdot 1,0725 : 0,0725)] : \lg 1,0725$

      $\approx \mathbf{15}$ (15 Jahre)

   c) $n = \lg[(62\,980,67\,€ + 2400\,€ : 0,065) : (10\,000\,€ + 2400\,€ : 0,065)] : \lg 1,065 \approx \mathbf{12{,}00}$ (12 Jahre)

      $n = \lg[(62\,980,67\,€ + 2400\,€ \cdot 1,065 : 0,065) : (10\,000\,€ + 2400\,€ \cdot 1,065 : 0,065)] : \lg 1,065$

      $\approx \mathbf{11{,}58}$ (12 Jahre)

   d) *Hinweis*: Fehler im 1. Druck der 1. Auflage: Es muss heißen: $K = 1145,06\,€$

      $n = \lg[(1145,06\,€ + 10\,€ : 0,024) : (350\,€ + 10\,€ : 0,024)] : \lg 1,024 \approx \mathbf{30}$ (30 Jahre)

      $n = \lg[(1145,06\,€ + 10\,€ \cdot 1,024 : 0,024) : (350\,€ + 10\,€ \cdot 1,024 : 0,024)] : \lg 1,024 \approx \mathbf{29{,}72}$ (30 Jahre)

4. $r = \dfrac{(K - K_0 \cdot q^n) \cdot (q-1)}{q^n - 1}$ (nachschüssig); $\quad r = \dfrac{(K - K_0 \cdot q^n) \cdot (q-1)}{(q^n - 1) \cdot q}$ (vorschüssig); $\quad \blacktriangleright K = K_n + R_{vn}$

   a) $r = (9547,19\,€ - 3000\,€ \cdot 1,06^7) \cdot 0,06 : (1,06^7 - 1) \approx \mathbf{600{,}00\,€}$

      $r = (9547,19\,€ - 3000\,€ \cdot 1,06^7) \cdot 0,06 : (1,06^7 - 1) : 1,06 \approx \mathbf{566{,}04\,€}$

   b) $r = (67\,597,05\,€ - 7500\,€ \cdot 1,07^{14}) \cdot 0,07 : (1,07^{14} - 1) \approx \mathbf{2140{,}00\,€}$

      $r = (67\,597,05\,€ - 7500\,€ \cdot 1,07^{14}) \cdot 0,07 : (1,07^{14} - 1) : 1,07 \approx \mathbf{2000{,}00\,€}$

   c) $r = (2272,06\,€ - 990\,€ \cdot 1,0425^6) \cdot 0,0425 : (1,0425^6 - 1) \approx \mathbf{150{,}00\,€}$

      $r = (2272,06\,€ - 990\,€ \cdot 1,0425^6) \cdot 0,0425 : (1,0425^6 - 1) : 1,0425 \approx \mathbf{143{,}88\,€}$

   d) $r = (10\,450,79\,€ - 3550\,€ \cdot 1,0375^8) \cdot 0,0375 : (1,0375^8 - 1) \approx \mathbf{622{,}50\,€}$

      $r = (10\,450,79\,€ - 3550\,€ \cdot 1,0375^8) \cdot 0,0375 : (1,0375^8 - 1) : 1,0375 \approx \mathbf{600{,}00\,€}$

5. Mithilfe von Excel: =ZINS(Jahre; -Rente; -Anfangskapital; Endwert; 0)

▶ 0 steht für nachschüssig, 1 steht für vorschüssig

▶ Alle Einzahlungen sind mit einem Minuszeichen in der Formel versehen

a) =ZINS(4; -500; -2000; 4586,08; 0) ▶ Ergebnis (nachschüssig): $p\,\% \approx$ **4,26 %** (vgl. unten)

	A	B	C	D	E	F	G	H	I
1	Berechnung von Anfangskapital, Rente, Zinssatz, Jahren, Endwert								
2									
3	Eingabebereich								
4	Anfangs-	Rente		Zinssatz		Jahr		Endkapital	
5	kapital	nachschüssig	vorschüssig	nachschüssig	vorschüssig	nachschüssig	vorschüssig	nachschüssig	vorschüssig
6	2000,00 €		500,00 €				4		4586,08 €
7									
8	Rechenbereich								
9	Formeln zur Berechnung von:								
10	Anfangs-	Rente		Zinssatz		Jahr		Endkapital	
11	kapital	nachschüssig	vorschüssig	nachschüssig	vorschüssig	nachschüssig	vorschüssig	nachschüssig	vorschüssig
12				4,26 %					

=ZINS(4; -500; -2000; 4586,08; 1) ▶ Ergebnis (vorschüssig): $p\,\% \approx$ **5,00 %** (vgl. unten)

	A	B	C	D	E	F	G	H	I
1	Berechnung von Anfangskapital, Rente, Zinssatz, Jahren, Endwert								
2									
3	Eingabebereich								
4	Anfangs-	Rente		Zinssatz		Jahr		Endkapital	
5	kapital	nachschüssig	vorschüssig	nachschüssig	vorschüssig	nachschüssig	vorschüssig	nachschüssig	vorschüssig
6	2000,00 €	500,00 €				4		4586,08 €	
7									
8	Rechenbereich								
9	Formeln zur Berechnung von:								
10	Anfangs-	Rente		Zinssatz		Jahr		Endkapital	
11	kapital	nachschüssig	vorschüssig	nachschüssig	vorschüssig	nachschüssig	vorschüssig	nachschüssig	vorschüssig
12				5,00 %					

b) =ZINS(6; -1000; -6360,56; 15 000; 0)   ▶ Ergebnis (nachschüssig): $p\,\% \approx$ **4,50 %**

   =ZINS(6; -1000; -6360,56; 15 000; 1)   ▶ Ergebnis (vorschüssig): $p\,\% \approx$ **4,08 %**

c) =ZINS(8; -740,36; -4500; 14 500; 0)   ▶ Ergebnis (nachschüssig): $p\,\% \approx$ **6,00 %**

   =ZINS(8; -740,36; -4500; 14 500; 1)   ▶ Ergebnis (vorschüssig): $p\,\% \approx$ **5,50 %**

d) =ZINS(20; -1750; -4750; 90 000; 0)   ▶ Ergebnis (nachschüssig): $p\,\% \approx$ **6,99 %**

   =ZINS(20; -1750,36; -4750; 90 000; 1)   ▶ Ergebnis (vorschüssig): $p\,\% \approx$ **6,58 %**

6. $K_n + R_n\,(=K) = K_0 \cdot q^n + r \cdot \dfrac{q^n - 1}{q - 1}$

$5000\,€ \cdot 1{,}04^9 + 8000\,€ \cdot 1{,}04^3 + 1200\,€ \cdot \dfrac{1{,}04^{12} - 1}{0{,}04} \approx$ **34 146,44 €**

7. $K_0 \cdot q^n + r \cdot \dfrac{q^n - 1}{q - 1} = K_n + R_n\,(=K)$

$2000\,€ \cdot \dfrac{1{,}0375^{10} - 1}{0{,}0375} \cdot 1{,}0375 - 3000\,€ \cdot 1{,}0375^7 + 5000\,€ \cdot 1{,}0375^5 \approx$ **26 754,42 €**

366

8. $K_0 \cdot q^n + r \cdot \frac{q^n-1}{q-1} = 5000\,€ \cdot 1{,}045^{10} + 1800\,€ \cdot \frac{1{,}045^{10}-1}{0{,}045} \approx \mathbf{29\,883{,}62\,€}$

$K_0 \cdot q^n + r \cdot \frac{q^n-1}{q-1} = K \Leftrightarrow 5000\,€ \cdot 1{,}045^n + 1800\,€ \cdot \frac{1{,}045^n-1}{0{,}045} = 36\,000\,€$

$$(= 90\,000\,€ \cdot 40\,\%)$$

$n = \frac{\lg\left[\frac{K+(r:(q-1))}{K_0+(r:(q-1))}\right]}{\lg q}$ (nachschüssig);   ▶ $K = K_n + R_{vn}$

$n = \lg[(36\,000\,€ + 1800\,€ : 0{,}045) : (5000\,€ + 1800\,€ : 0{,}045)] : \lg 1{,}045 \approx \mathbf{11{,}91}$ (12 Jahre)

9. $K_0 \cdot q^n + r \cdot \frac{q^n-1}{q-1} = 100\,000\,€ \cdot 1{,}05^6 - 10\,000\,€ \cdot \frac{1{,}05^6-1}{0{,}05} \approx \mathbf{65\,990{,}44\,€}$

$K_0 \cdot q^n + r \cdot \frac{q^n-1}{q-1} = K \Leftrightarrow 100\,000\,€ \cdot 1{,}05^n - 10\,000\,€ \cdot \frac{1{,}05^n-1}{0{,}05} = 0\,€$

$n = \frac{\lg\left[\frac{r}{r-K_0 \cdot (q-1)}\right]}{\lg q}$ (nachschüssig)

$n = \lg[10\,000\,€ : (10\,000\,€ - 100\,000\,€ \cdot 0{,}05)] : \lg 1{,}05 \approx \mathbf{14{,}21}$ (15 Jahre)

10. **Ohne jährliche Inflationsrate:** $15\,000\,€ \cdot q^3 = 18\,000\,€ \quad \Rightarrow \quad q \approx \mathbf{1{,}063}$

Er muss eine Anlagemöglichkeit mit einer Verzinsung von mindestens 6,3 % suchen.

Mit einer jährlichen Inflationsrate von 2,2 %: $15\,000\,€ \cdot q^3 = 18\,000\,€ \cdot 1{,}022^3 \quad \Rightarrow \quad q \approx \mathbf{1{,}086}$

Er benötigt eine Anlagemöglichkeit mit einer Verzinsung von mindestens 8,6 %.

11. $K_0 = r \cdot \frac{q^n-1}{(q-1) \cdot q^n}$ $K_{v0} = r \cdot \frac{q^n-1}{(q-1) \cdot q^n} \cdot q$

$K_0 = 3000\,€ \cdot (1{,}045^{15} - 1) : 0{,}045 : 1{,}045^{15} \approx \mathbf{32\,218{,}64\,€}$ (nachschüssig)

$K_{v0} = 3000\,€ \cdot (1{,}045^{15} - 1) : 0{,}045 : 1{,}045^{14} \approx \mathbf{33\,668{,}48\,€}$ (vorschüssig)

12. $K_0 \cdot q^n + r \cdot \frac{q^n-1}{q-1} = K \Leftrightarrow 16\,000\,€ \cdot 1{,}055^n + 4000\,€ \cdot \frac{1{,}055^n-1}{0{,}055} = 70\,930{,}48\,€$

$n = \frac{\lg\left[\frac{K+(r:(q-1))}{K_0+(r:(q-1))}\right]}{\lg q}$ (nachschüssig);   ▶ $K = K_n + R_n$

$n = \lg[(70\,930{,}48\,€ + 4000\,€ : 0{,}055) : (16\,000\,€ + 4000\,€ : 0{,}055)] : \lg 1{,}055 \approx \mathbf{9}$ (9 Jahre)

367

13. a) **Barwert des 1. Angebots:** $K_{01} = 2000\,€ + \dfrac{1896\,€ \cdot \frac{1{,}03^5-1}{0{,}03}}{1{,}03^5} \approx \mathbf{10\,683{,}12\,€}$

   Barwert des 2. Angebots: $K_{02} = 1000\,€ + \dfrac{1600\,€ \cdot \frac{1{,}03^6-1}{0{,}03} + 1000}{1{,}03^6} \approx \mathbf{10\,504{,}99\,€}$

   Der Barwert des 1. Angebots liegt mehr als 100 € über dem des 2. Angebots. Deshalb sollte das 2. Angebot angenommen werden.

   b) $K = 2500\,€ \cdot 1{,}05^7 \cdot 1{,}04^7 + 3200\,€ \cdot 1{,}05^2 \cdot 1{,}04^7 - 2100\,€ \cdot 1{,}05 \cdot 1{,}04^7 + 600\,€ \cdot 1{,}04^6 \approx \mathbf{7129{,}29\,€}$

   Am 1.1.2012 stehen 7129,29 € zur Verfügung.

   c) $215\,000\,€ \cdot 1{,}065^n = 30\,000\,€ \cdot \frac{1{,}065^n-1}{0{,}065} \quad \Rightarrow \quad n \approx \mathbf{9{,}96}$

   Es muss mit einer Laufzeit von etwa 10 Jahren gerechnet werden.

14. Die Unternehmensleitung geht davon aus, dass die Ausgaben für die Großreparatur bzw. für die Anschaffungskosten am Anfang des 1. Jahres, die anderen Einnahmen und Ausgaben am Ende des jeweiligen Jahres anfallen.

367

Kapitalwert der alten Anlage: $-250\,000\,€ + \frac{100\,000\,€ - 5000\,€}{1{,}12} + \frac{100\,000\,€ - 10\,000\,€}{1{,}12^2} + \dots$

$\dots + \frac{100\,000\,€ - 20\,000\,€}{1{,}12^3} + \frac{100\,000\,€ - 5000\,€}{1{,}12^4} + \frac{100\,000\,€ - 15\,000\,€}{1{,}12^5} \approx \mathbf{72\,116{,}80\,€}$

Kapitalwert der neuen Anlage: $-400\,000\,€ + \frac{100\,000\,€ - 5000\,€}{1{,}12} + \frac{100\,000\,€}{1{,}12^2} + \frac{100\,000\,€ - 5000\,€}{1{,}12^3} + \frac{100\,000\,€ - 5000\,€}{1{,}12^4} + \dots$

$\dots + \frac{100\,000\,€ - 10\,000\,€}{1{,}12^5} + \frac{100\,000\,€ - 60\,000\,€}{1{,}12^6} + \frac{80\,000\,€}{1{,}12^7} + \frac{70\,000\,€ - 10\,000\,€}{1{,}12^8} + \frac{50\,000\,€ - 10\,000\,€}{1{,}12^9} \approx \mathbf{43\,177{,}44\,€}$

Da der Kapitalwert für die alte Anlage größer ist als der Kapitalwert für die neue Anlage, sollte die alte Anlage repariert werden.

15. $K_0 = \underline{12\,000\,€}$

368

$K_0 = \frac{K_n}{q^n} \qquad K_0 = 22\,500\,€ : 1{,}06^{10} \approx \mathbf{12\,563{,}88\,€}$

$K_0 = \frac{K_n}{q^n} \qquad K_0 = 36\,000\,€ : 1{,}06^{20} \approx \underline{11\,224{,}97\,€}$

$22\,500\,€$ Auszahlung in 10 Jahren hat den höchsten Barwert und ist somit am günstigsten.

16. $K_{01} = \frac{46\,000\,€}{1{,}07^{16}} \approx \mathbf{15\,581{,}79\,€} \qquad K_{02} = \frac{10\,000\,€ \cdot (1{,}07^{10} + 1{,}07^5 + 1)}{1{,}07^{16}} \approx \mathbf{14\,801{,}70\,€}$

Da der Barwert der einmaligen Zahlung von $46\,000\,€$ nach 16 Jahren größer ist als der Barwert der vom Akademiker angebotenen Zahlungen, wird sich die Bank für ihr eigenes Angebot entscheiden.

17. $K \cdot 1{,}075^8 + K \cdot 1{,}075^3 = K \cdot (1{,}075^8 + 1{,}075^3) = 302\,577{,}47\,€$

$\Rightarrow K = 302\,577{,}47\,€ : (1{,}075^8 + 1{,}075^3) \approx \mathbf{100\,000\,€}$

Sie lieh ihrem Sohn jeweils $100\,000\,€$.

18. $K = 2000\,€ \cdot 1{,}06^3 + 5000\,€ \cdot 1{,}06^5 + 3000 \cdot 1{,}06^8 \approx \mathbf{13\,854{,}70\,€}$

19. $K_0 \cdot 1{,}04^n = 2 \cdot K_0 \quad \Leftrightarrow \quad n = \frac{\lg 2}{\lg 1{,}04} \approx \mathbf{17{,}67} \quad \Rightarrow \quad$ Nach 18 Jahren hat sich das Kapital verdoppelt.

20. $n = \frac{\lg(K_n : K_0)}{\lg q}$

$n = \lg 3 : \lg 1{,}04 \approx \mathbf{28{,}01\ Jahre} \quad$ (Verdreifachung bei 4 % Zinssatz)

$n = \lg 3 : \lg 1{,}05 \approx \mathbf{22{,}52\ Jahre} \quad$ (Verdreifachung bei 5 % Zinssatz)

21. $n = \frac{\lg(K_n : K_0)}{\lg q} \qquad n = \lg[(15\,000\,€ + 5073{,}38\,€) : 15\,000\,€] : \lg 1{,}06 \approx \mathbf{5\ Jahre}$

368

22. $i\% = \frac{p}{m}\%$: Anzahl der Zinsperioden pro Jahr (m) $q = 1 + i\%$ $K_n = K_0 \cdot q^{m \cdot n}$

a) $i\% = (5/2)\%$ $K_{20} = 1800\,€ \cdot (1{,}025^2)^{10} = 1800\,€ \cdot 1{,}025^{2 \cdot 10}$
$$= 1800\,€ \cdot 1{,}025^{20} \approx \mathbf{2949{,}51\,€}$$

$i\% = (5/3)\%$ $K_{30} = 1800\,€ \cdot [1 + ((5/3)\%)^3]^{10} \approx 1800\,€ \cdot 1{,}0167^{3 \cdot 10}$
$$= 1800\,€ \cdot 1{,}0167^{30} \approx \mathbf{2955{,}49\,€}$$

$i\% = (5/4)\%$ $K_{40} = 1800\,€ \cdot (1{,}0125^4)^{10} = 1800\,€ \cdot 1{,}0125^{4 \cdot 10}$
$$= 1800\,€ \cdot 1{,}0125^{40} \approx \mathbf{2958{,}52\,€}$$

b) $i\% = (6{,}5/2)\%$ $K_{30} = 6000\,€ \cdot (1{,}0325^2)^{15} = 6000\,€ \cdot 1{,}0325^{2 \cdot 15}$
$$= 6000\,€ \cdot 1{,}03257^{30} \approx \mathbf{15\,662{,}21\,€}$$

$i\% = (6{,}5/3)\%$ $K_{45} = 6000\,€ \cdot [1 + ((6{,}5/3)\%)^3]^{15} \approx 1800\,€ \cdot 1{,}02167^{3 \cdot 15}$
$$= 6000\,€ \cdot 1{,}02167^{45} \approx \mathbf{15\,742{,}23\,€}$$

$i\% = (6{,}5/4)\%$ $K_{60} = 6000\,€ \cdot (1{,}01625^4)^{15} = 1800\,€ \cdot 1{,}01625^{4 \cdot 15}$
$$= 6000\,€ \cdot 1{,}01625^{60} \approx \mathbf{15\,782{,}83\,€}$$

c) $i\% = (4/2)\%$ $K_{12} = 25000\,€ \cdot (1{,}02^2)^6 = 25000\,€ \cdot 1{,}02^{2 \cdot 6}$
$$= 25000\,€ \cdot 1{,}02^{12} \approx \mathbf{31\,706{,}04\,€}$$

$i\% = (4/3)\%$ $K_{18} = 25000\,€ \cdot [1 + ((4/3)\%)^3]^6 \approx 25000\,€ \cdot 1{,}013^{3 \cdot 6}$
$$= 25000\,€ \cdot 1{,}013^{18} \approx \mathbf{31\,730{,}87\,€}$$

$i\% = (4/4)\%$ $K_{24} = 25000\,€ \cdot (1{,}01^4)^6 = 25000\,€ \cdot 1{,}01^{4 \cdot 6}$
$$= 25000\,€ \cdot 1{,}01^{24} \approx \mathbf{31\,743{,}37\,€}$$

d) $i\% = (5{,}25/2)\%$ $K_{24} = 4567{,}50\,€ \cdot (1{,}02625^2)^{12} = 4567{,}50\,€ \cdot 1{,}02625^{2 \cdot 12}$
$$= 4567{,}50\,€ \cdot 1{,}02625^{24} \approx \mathbf{8506{,}57\,€}$$

$i\% = (5{,}25/3)\%$ $K_{36} = 4567{,}50\,€ \cdot (1{,}0175^3)^{12} = 4567{,}50\,€ \cdot 1{,}0175^{3 \cdot 12}$
$$= 4567{,}50\,€ \cdot 1{,}0175^{36} \approx \mathbf{8529{,}38\,€}$$

$i\% = (5{,}25/4)\%$ $K_{48} = 4567{,}50\,€ \cdot (1{,}013125^4)^{12} = 4567{,}50\,€ \cdot 1{,}013125^{4 \cdot 12}$
$$= 4567{,}50\,€ \cdot 1{,}013125^{48} \approx \mathbf{8540{,}91\,€}$$

e) $i\% = (4{,}5/2)\%$ $K_{18} = 3450\,€ \cdot (1{,}0225^2)^9 = 3450\,€ \cdot 1{,}0225^{2 \cdot 9}$
$$= 3450\,€ \cdot 1{,}0225^{18} \approx \mathbf{5149{,}43\,€}$$

$i\% = (4{,}5/3)\%$ $K_{27} = 3450\,€ \cdot (1{,}015^3)^9 = 3450\,€ \cdot 1{,}015^{3 \cdot 9}$
$$= 3450\,€ \cdot 1{,}015^{27} \approx \mathbf{5157{,}06\,€}$$

$i\% = (4{,}5/4)\%$ $K_{36} = 3450\,€ \cdot (1{,}01125^4)^9 = 3450\,€ \cdot 1{,}01125^{4 \cdot 9}$
$$= 3450\,€ \cdot 1{,}01125^{36} \approx \mathbf{5160{,}91\,€}$$

f) $i\% = (5{,}75/2)\%$ $K_{40} = 2345\,€ \cdot (1{,}02875^2)^{20} = 2345\,€ \cdot 1{,}02875^{2 \cdot 20}$
$$= 2345\,€ \cdot 1{,}02875^{40} \approx \mathbf{7286{,}80\,€}$$

$i\% = (5{,}75/3)\%$ $K_{60} = 2345\,€ \cdot [1 + ((5{,}75/3)\%)^3]^{20} \approx 2345\,€ \cdot 1{,}019167^{3 \cdot 20}$
$$= 2345\,€ \cdot 1{,}019167^{60} \approx \mathbf{7325{,}81\,€}$$

$i\% = (5{,}75/4)\%$ $K_{80} = 2345\,€ \cdot (1{,}014375^2)^{20} = 2345\,€ \cdot 1{,}014375^{4 \cdot 20}$
$$= 2345\,€ \cdot 1{,}014375^{80} \approx \mathbf{7345{,}58\,€}$$

g) $i\% = (2{,}3/2)\% = 1{,}15\%$ $K_{10} = 12000\,€ \cdot (1{,}0115^2)^5 = 12000\,€ \cdot 1{,}0115^{10} \approx \mathbf{13\,453{,}65\,€}$

$i\% = (2{,}3/3)\% = 0{,}7\overline{6}\%$ $K_{15} = 12000\,€ \cdot (1{,}007\overline{6}^{\,3})^5 = 12000\,€ \cdot 1{,}007\overline{6}^{\,15} \approx \mathbf{13\,456{,}58\,€}$

$i\% = (2{,}3/4)\% = 0{,}575\%$ $K_{20} = 12000\,€ \cdot (1{,}00575^4)^5 = 12000\,€ \cdot 1{,}00575^{20} \approx \mathbf{13\,458{,}05\,€}$

h) $i\% = (4,5/2)\% = 2,25\%$ $K_6 = 340\,000\,€ \cdot (1,0225^2)^3 = 340\,000\,€ \cdot 1,0225^6 \approx \mathbf{388\,560,65\,€}$

   $i\% = (4,5/3)\% = 1,5\%$ $K_9 = 340\,000\,€ \cdot (1,015^3)^3 = 340\,000\,€ \cdot 1,015^9 \approx \mathbf{388\,752,59\,€}$

   $i\% = (4,5/4)\% = 1,125\%$ $K_{12} = 340\,000\,€ \cdot (1,01125^4)^3 = 340\,000\,€ \cdot 1,01125^{12} \approx \mathbf{388\,849,31\,€}$

i) $i\% = (3,5/2)\% = 1,75\%$ $K_{20} = 545,35\,€ \cdot (1,0175^2)^{10} = 545,35\,€ \cdot 1,0175^{20} \approx \mathbf{771,55\,€}$

   $i\% = (3,5/3)\% = 1,1\overline{6}\%$ $K_{30} = 545,35\,€ \cdot (1,011\overline{6}^3)^{10} = 545,35\,€ \cdot 1,011\overline{6}^{30} \approx \mathbf{772,32\,€}$

   $i\% = (3,5/4)\% = 0,875\%$ $K_{40} = 545,35\,€ \cdot (1,00875^4)^{10} = 545,35\,€ \cdot 1,00875^{40} \approx \mathbf{772,71\,€}$

j) $i\% = (11/2)\% = 5,5\%$ $K_{40} = 2900\,€ \cdot (1,055^2)^{20} = 2900\,€ \cdot 1,055^{40} \approx \mathbf{24\,688,60\,€}$

   $i\% = (11/3)\% = 3,\overline{6}\%$ $K_{60} = 2900\,€ \cdot (1,036\overline{3}^3)^{20} = 2900\,€ \cdot 1,036\overline{3}^{60} \approx \mathbf{25\,162,05\,€}$

   $i\% = (11/4)\% = 2,75\%$ $K_{80} = 2900\,€ \cdot (1,0275^4)^{20} = 2900\,€ \cdot 1,0275^{80} \approx \mathbf{25\,406,48\,€}$

k) $i\% = (4/2)\% = 2\%$ $K_{12} = 102\,000\,€ \cdot (1,02^2)^6 = 102\,000\,€ \cdot 1,02^{12} \approx \mathbf{129\,360,66\,€}$

   $i\% = (4/3)\% = 1,\overline{3}\%$ $K_{18} = 102\,000\,€ \cdot (1,01\overline{3}^3)^6 = 102\,000\,€ \cdot 1,01\overline{3}^{18} \approx \mathbf{129\,461,93\,€}$

   $i\% = (4/4)\% = 1$ $K_{24} = 102\,000\,€ \cdot (1,01^4)^6 = 102\,000\,€ \cdot 1,01^{24} \approx \mathbf{129\,512,93\,€}$

23. $i\% = (5,8/4)\% = 1,34\%$ $\Rightarrow$ $1,0134^4 \approx \mathbf{1,0593}\,(< 1,06)$ Angebot **a)** ist günstiger.

24. a) $K_5 = 1200\,€ \cdot 1,12^5 \approx \mathbf{2114,81\,€}$

   b) $i\% = (12/2)\% = 6\%$ $K_{10} = 1200\,€ \cdot (1,06^2)^5 = 1200\,€ \cdot 1,02^{2 \cdot 5} = 1200\,€ \cdot 1,06^{10} \approx \mathbf{2419,02\,€}$

   c) $i\% = (12/4)\% = 3\%$ $K_{20} = 1200\,€ \cdot (1,03^4)^5 = 1200\,€ \cdot 1,03^{4 \cdot 5} = 1200\,€ \cdot 1,03^{20} \approx \mathbf{2167,33\,€}$

25. $(1 + \frac{0,055}{4})^4 \approx 1,0561$ $\Rightarrow$ $p \approx \mathbf{5,61\,\%}$

26. $198\,000\,€ \cdot 1,05^n \cdot 0,05 = 16\,000\,€$ $\Rightarrow$ $n \approx \mathbf{9,84\ Jahre}$

Die Auszahlung wäre nach 10 Jahren möglich.

27. $1,02^{4n} = 2$ $\Rightarrow$ $n \approx \mathbf{8,75\ Jahre}$

28. a) $K_0 \cdot 1,04^{12} = 15\,000\,€ \cdot \frac{1,04^5 - 1}{0,04} \cdot 1,04^4 + 15\,000\,€ \cdot \frac{1,04^5 - 1}{0,04} \cdot 1,04$ $\Leftrightarrow$ $K_0 \approx \mathbf{112\,139,91\,€}$

   b) $112\,139,91\,€ \cdot 1,04^{13} = r \cdot \frac{1,04^6 - 1}{0,04} \cdot 1,04^4 + r \cdot \frac{1,04^6 - 1}{0,04} \cdot 1,04$ $\Leftrightarrow$ $r \approx \mathbf{12\,738,57\,€}$

29. a) $360\,000\,€ \cdot 1,05^{10} = r \cdot \frac{1,05^{10} - 1}{0,05}$ $\Leftrightarrow$ $r \approx \mathbf{46\,621,65\,€}$

   b) $n = \lg[r : (r - K_0 \cdot (q - 1))] : \lg q$ (nachschüssig)

   $360\,000\,€ \cdot 1,04^n = 18\,000\,€ \cdot \frac{1,04^n - 1}{0,04}$ $\Leftrightarrow$ $n \approx \mathbf{41,04}\ (41\ \text{Jahre})$

30. $K_0 = \frac{R_6}{q^n} = 120\,000\,€ : 1,045^6 \approx \mathbf{92\,147,49\,€}$

   $120\,000\,€ \cdot 1,045^{20} = r \cdot \frac{1,045^{20} - 1}{0,045}$ $\Leftrightarrow$ $r \approx \mathbf{9225,14\,€}$

31. a) $K_0 \cdot 1,05^8 \cdot 1,05^{15} = 6000\,€ \cdot \frac{1,05^{15} - 1}{0,05}$ $\Leftrightarrow$ $K_0 \approx \mathbf{42\,152,17\,€}$

   b) $42\,152,17\,€ \cdot 1,05^4 \cdot 1,05^{15} = r \cdot \frac{1,05^{15} - 1}{0,05}$ $\Leftrightarrow$ $r \approx \mathbf{4936,21\,€}$

368

369

369

32. $K_0 \cdot 1{,}04^5 \cdot 1{,}04^{15} = 12\,000\,€ \cdot \frac{1{,}04^{15}-1}{0{,}04} \cdot 1{,}04 \quad \Rightarrow \quad K_0 \approx \mathbf{114\,048{,}53\ €}$

$n = \lg[r : (r - K_0 \cdot (q-1) \cdot q^4)] : \lg q \quad \text{(vorschüssig)}$

$114\,048{,}53\,€ \cdot 1{,}04^5 \cdot 1{,}04^n = 18\,000\,€ \cdot \frac{1{,}04^n-1}{0{,}04} \cdot 1{,}04 \quad \Rightarrow \quad n \approx \mathbf{8{,}97}\ \text{(9 Jahre)}$

$114\,048{,}53\,€ \cdot 1{,}04^{20} + x \cdot 1{,}04^{17} = 18\,000 \cdot \frac{1{,}04^{15}-1}{0{,}04} \cdot 1{,}04 \quad \Rightarrow \quad x \approx \mathbf{64\,144{,}54\ €}$

33. Vergleich der Verkaufsangebote auf der Grundlage der Barwerte:

A: $320\,000\,€$ B: $100\,000\,€ + 19\,000\,€ \cdot \frac{1{,}03^{15}-1}{0{,}03 \cdot 1{,}03^{15}} \approx \mathbf{326\,820{,}77\ €}$

Das Ehepaar Richter sollte Angebot A wählen.

Finanzierung:

Finanzierungshöhe: $320\,000\,€$ (Kaufpreis) $+ 20\,000\,€$ (6,25 % Nebenkosten) $= 340\,000\,€$

Eigenkapital: $30\,000\,€$ (Barvermögen) $+ 60\,000\,€$ (Erbe) $+ 50\,000\,€$ (Bausparvertrag) $= 140\,000\,€$

Fremdkapital: $340\,000\,€ - 140\,000\,€ = \mathbf{200\,000\ €}$

Monatliche Belastung durch die Darlehen:

Bauspardarlehen $50\,000\,€$:

$50\,000\,€ \cdot 1{,}02^{10} = x \cdot \frac{1{,}02^{10}-1}{0{,}02} \Rightarrow x \approx \mathbf{5566{,}33\ €}$ (jährlich) $\Rightarrow x \approx \mathbf{463{,}86\ €}$ (monatlich, 10 Jahre)

Treasure-Bankdarlehen $150\,000\,€$:

$150\,000\,€ \cdot 1{,}03^{15} = x \cdot \frac{1{,}03^{15}-1}{0{,}03} \Rightarrow x \approx \mathbf{12\,564{,}99\ €}$ (jährlich) $\Rightarrow x \approx \mathbf{1047{,}08\ €}$ (monatlich, 15 Jahre)

Volksbank Höntrop: 4 % von $150\,000\,€ = 6000\,€$ (jährlich) $\Rightarrow 500\,€$ monatlich

Laufzeit des Darlehens: $150\,000\,€ \cdot 1{,}03^n = 6000\,€ \cdot \frac{1{,}03^n-1}{0{,}03} \quad \Rightarrow \quad n \approx \mathbf{47}$ **(Jahre)**

Monatliche Belastung durch das Fremdkapital:

	Treasure-Bank	VB Höntrop
1. - 10. Jahr	$463{,}86\,€ + 1047{,}08\,€ = 1510{,}94\,€$	$463{,}86\,€ + 500\,€ = 963{,}86\,€$
11. - 15. Jahr	$1047{,}08\,€$	$500\,€$
16. - 47. Jahr	$0\,€$	$500\,€$

Zusammenfassung:

Für die Finanzierung des Hauses stehen die bisher gezahlte Miete ($916{,}40\,€$) und der Einnahmeüberschuss ($4522{,}59\,€ - 4030{,}29\,€ = 492{,}30\,€$) zur Verfügung, also $1408{,}70\,€$ insgesamt. Allerdings ist zu berücksichtigen, dass ein Hauseigentümer mit zusätzlichen Kosten, den sogenannten Nebenkosten, zu rechnen hat, die in der bisherigen Miete enthalten sind. Diese liegen erfahrungsgemäß bei einem Haus dieser Größenordnung in einer Höhe von mindestens $350\,€$.

Damit verbleiben ca. $1050\,€$ für die Deckung der monatlichen Finanzierungsausgaben. Entscheiden sie sich für das Darlehen der Treasure-Bank, dann müssten sie 10 Jahre auf jeglichen Urlaub verzichten.

Die Rückzahlung des Darlehens der VB Höntrop ist dagegen problemlos. Allerdings sollten sie mit der Bank vereinbaren, dass sie ab dem 11. Jahr $400\,€$ monatlich mehr abzahlen dürfen; damit wäre das Darlehen nach weiteren 16 Jahren getilgt.

Test zu 5.4

1. $20\,000\,€ \cdot 1{,}04^5 + r \cdot \frac{1{,}04^5 - 1}{0{,}04} \cdot 1{,}04 = 40\,000\,€$

$\Rightarrow \quad r \approx \mathbf{2781{,}29\,€}$

2. $K \cdot 1{,}035^{10} + 1500\,€ \cdot \frac{1{,}035^{10} - 1}{0{,}035} = 59\,915{,}05$

$\Rightarrow \quad K \approx \mathbf{30\,000\,€}$

3. $6000\,€ \cdot \frac{1{,}05^{15} - 1}{0{,}05} = K \cdot 1{,}05^{25}$

$\Rightarrow \quad K \approx \mathbf{38\,233{,}26\,€}$

4. $120\,000\,€ \cdot 1{,}05^5 - 15\,000\,€ \cdot \frac{1{,}05^5 - 1}{0{,}05} = \mathbf{70\,269{,}32\,€}$

$120\,000\,€ \cdot 1{,}05^n = 15\,000\,€ \cdot \frac{1{,}05^n - 1}{0{,}05}$

$\Rightarrow \quad n \approx \mathbf{10\tfrac{1}{2}}$ (Jahre)

5. $50\,000\,€ \cdot 1{,}06^{20} = r \cdot \frac{1{,}06^{12} - 1}{0{,}06}$

$\Rightarrow \quad r \approx \mathbf{9505{,}47\,€}$

Es ließe sich eine Rente über höchstens 9505,47 € erzielen.

6. $12\,400\,€ \cdot 1{,}055^6 + r \cdot \frac{1{,}055^6 - 1}{0{,}055} \cdot 1{,}055 = 25\,000\,€$

$\Rightarrow \quad r \approx \mathbf{1087{,}45\,€}$

7. $30\,886{,}94\,€ \cdot 1{,}05^n = 4000\,€ \cdot \frac{1{,}05^n - 1}{0{,}05}$

$\Rightarrow \quad n \approx \mathbf{10}$ (Jahre)

8. $-400\,000\,€ + \frac{40\,000\,€}{1{.}08} + \frac{55\,000\,€}{1{.}08^2} + \frac{75\,000\,€}{1{.}08^3} + \frac{130\,000\,€}{1{.}08^4} + \frac{120\,000\,€}{1{.}08^5} + \frac{105\,000\,€}{1{.}08^6} + \frac{90\,000\,€}{1{.}08^7} + \frac{55\,000\,€}{1{.}08^8} = \mathbf{69\,348{,}69\,€}$

Die Investition lohnt sich, da der Kapitalwert positiv ist. Er beträgt 69 348,69 €.

6   Themenübergreifende Vernetzung

Einstiegsseite

373

Vgl. S. 374 bis 378 im Schülerbuch.

6.1   Aufgabenanalyse und Arbeitsmethodik

Beispielaufgaben im Schülerbuch.

6.2   Komplexe Übungs- und Prüfungsaufgaben

386

1. **a$_1$)** $P(X=2) = \binom{50}{2} \cdot 0,1^2 \cdot 0,9^{48} \approx 0,0779 = \mathbf{7,79\ \%}$

    a$_2$) $P(\text{„1. und 2. Gerät mangelhaft"}) = 0,1^2 = 0,01 = \mathbf{1\ \%}$

    a$_3$) $P(3 < X < 9) = P(4 \leq X \leq 8) = P(X \leq 8) - P(X \leq 3) = F(50; 0,1; 8) - F(50; 0,1; 3)$
    $$\approx 0,9421 - 0,2503 = 0,6918 = \mathbf{69,18\ \%}$$

    a$_4$) $P(X \leq 5) = 0,6161 = \mathbf{61,61\ \%}$

    a$_5$) $P(X=10) = F(50; 0,1; 10) - F(50; 0,1; 9) \approx 0,9906 - 0,9755 = 0,0151 \approx \mathbf{1,51\ \%}$

    a$_6$) $E(X) = 50 \cdot 0,1 = \mathbf{5} \qquad \sigma(X) = \sqrt{50 \cdot 0,1 \cdot 0,9} \approx \mathbf{2,12}$
    $$\Rightarrow P(3 \leq X \leq 7) = P(X \leq 7) - P(X \leq 2) = F(50; 0,1; 7) - F(50; 0,1; 2) \approx 0,8779 - 0,1117$$
    $$= 0,7662 = \mathbf{76,62\ \%}$$

    b) *Hinweis*: Fehler im 1. Druck der 1. Auflage: Alle Säulen müssen um eine Einheit nach links rücken. Somit müssen auch alle Werte für k um 1 verringert werden.

    Richtige Aufgabenstellungen:

    Das nebenstehende Diagramm zeigt die summierten Wahrscheinlichkeiten $P(X \leq k)$ für k mangelhafte Tachos von $n = 50$ Tachos. Für alle k mit $k \geq 14$ beträgt die gerundete summierte Wahrscheinlichkeit 1.

    b) Beurteilen Sie anhand des Diagramms folgende Aussagen.

    b$_1$) Die Wahrscheinlichkeit, dass in einem Karton höchstens 4 Tachos mangelhaft sind, beträgt ca. 42 %.

    b$_2$) Die Wahrscheinlichkeit, dass in einem Karton genau 5 Tachos mangelhaft sind, beträgt ca. 62 %.

    b$_3$) Die Wahrscheinlichkeit für mehr als 2 und höchstens 7 mangelhafte Tachos pro Karton ist ca. 35 %.

    b$_4$) Die Wahrscheinlichkeit, dass mehr als ein Tacho mangelhaft ist, beträgt über 90 %.

    b$_5$) Die Wahrscheinlichkeit, dass 10 oder 11 mangelhafte Tachos im Karton sind, ist fast gleich hoch.

    Lösungen:

    b$_1$) Stimmt, da die Säule für $k = 4$ ungefähr bei 0,42 endet.

    b$_2$) Stimmt nicht, da 0,62 die summierte und nicht die genaue Wahrscheinlichkeit für $k = 5$ ist.

    b$_3$) Stimmt nicht, da die Differenz von 0,88 ($k = 7$) und 0,11 ($k = 2$) nicht ca. 35 % ist.

    b$_4$) Stimmt, da höchstens 1 Tacho mit einer Wahrscheinlichkeit von unter 5 % mangelhaft ist und somit mehr als 1 Tacho mit einer Wahrscheinlichkeit von über 95 % mangelhaft ist.

    b$_5$) Stimmt, da beide Wahrscheinlichkeiten für $k = 10$ und $k = 11$ annähernd 1 betragen.

    b$_6$) Stimmt nicht, da die summierte Wahrscheinlichkeit für 14 mangelhafte Tachos bereits fast 100 % beträgt.

    c) $P(X \geq 1) \geq 0,95 \quad \Leftrightarrow \quad 1 - P(X=0) \geq 0,95 \quad \Leftrightarrow \quad P(X=0) \leq 0,05 \quad \Leftrightarrow \quad \binom{n}{0} \cdot 0,1^0 \cdot 0,9^n \leq 0,05$
    $$\Leftrightarrow \quad 0,9^n \leq 0,05 \quad \Rightarrow \quad n \geq \tfrac{\lg 0,05}{\lg 0,9} \approx \mathbf{28,43}$$
    $$\Rightarrow \quad \text{Es müssen mindestens 29 Tachos kontrolliert werden.}$$

d) $P(X \geq 10) = 1 - P(X \leq 9) = 1 - 0{,}9755 = 0{,}0245 = \mathbf{2{,}45\ \%}$

Mit einer Wahrscheinlichkeit von 2,45 % ist ein verkaufter Karton für den Kunden kostenlos.

$1500 = 0{,}0245 \cdot 0 + 0{,}9755 \cdot k \quad \Leftrightarrow \quad k \approx \mathbf{1537{,}67}$

Um im Durchschnitt 1500 € zu erlösen, muss der Karton zu 1537,67 € verkauft werden.

2. a) Ökonomischer Definitionsbereich ($D_{ök}$):

$p(x) \geq 0 \quad \Leftrightarrow \quad -5{,}5x + 66 \geq 0 \quad \Leftrightarrow \quad x \leq 12 \qquad \blacktriangleright x \geq 0 \Rightarrow \mathbf{D_{ök} = [0;\ 12]}$

$p(x) = 0 \quad \Leftrightarrow \quad x = 12 \qquad \blacktriangleright$ Sättigungsmenge 12 ME und $p(0) = 66 \qquad \blacktriangleright$ Höchstpreis 66 GE

b) Es ist zu zeigen: $K'(x) = 0{,}3x^2 - 2{,}4x + 5 \neq 0$ für alle $x \in [0;\ 12]$ und $K''(x) > 0$ für ein $x \in [0;\ 12]$

$0{,}3x^2 - 2{,}4x + 5 = 0 \ ... \Leftrightarrow \ ... \ (x - 4)^2 = -\frac{2}{3} \quad \Rightarrow \quad$ Ex existiert kein Extremwert.

z. B.: $K'(1) = 2{,}9 > 0 \quad \Rightarrow \quad K$ ist streng monoton steigend in $[0;\ 12]$.

c)

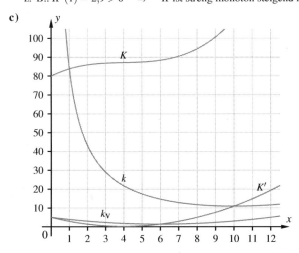

d) Wendestelle: $K'(x) = 0{,}3x^2 - 2{,}4x + 5 \qquad K''(x) = 0{,}6x - 2{,}4 \qquad K'''(x) = 0{,}6$

$K''(x) = 0 \quad \Leftrightarrow \quad x = 4$

$K'''(4) = 0{,}6 \, (> 0;\ \text{RL-KW})$

Bis zu einer Produktion von 4 ME verläuft der Kostenanstieg degressiv, danach progressiv.

e₁) Betriebsminimum: $k_V(x) = 0{,}1x^2 - 1{,}2x + 5 \qquad k_V'(x) 0{,}2x - 1{,}2 \qquad k_V''(x) = 0{,}2$

$k_V'(x) = 0 \quad \Leftrightarrow \quad x = 6$

$k_V(6) = 1{,}4 \quad \Rightarrow \quad \mathbf{BM(6\,|\,1{,}4)}$

Bei der Produktion von 6 ME (**Betriebsminimum**) sind die variablen Stückkosten minimal und betragen 1,4 GE (**kurzfristige Preisuntergrenze**).

e₂) Betriebsoptimum: $k(x) = 0{,}1x^2 - 1{,}2x + 5 + \frac{80}{x} \quad k'(x) = 0{,}2x - 1{,}2 - \frac{80}{x^2} \quad k''(x) = 0{,}2 + \frac{160}{x^3}$

$k'(x) = 0 \quad \Leftrightarrow \quad \frac{0{,}2x^3 - 1{,}2x^2 - 80}{x^3} = 0 \quad \mathbf{x_0 = 10}$ (durch Probieren)

Mithilfe von Polynomdivision von $(0{,}2x^2 - 1{,}2x^2 - 80)$ durch $(x - 10)$ und anschließender quadratischer Ergänzung ermittelt man, dass $x_{BO} = 10$ die einzige Nullstelle ist.

$\Rightarrow$ Bei der Produktion von 10 ME (**Betriebsoptimum**) sind die Stückkosten minimal und betragen 11 GE (**langfristige Preisuntergrenze**).

387

f) Erlös: $E(x) = p(x) \cdot x = (-5,5x + 66) \cdot x = -5,5x^2 + 66x$

Gewinn: $G(x) = E(x) - K(x) = -0,1x^3 - 4,3x^2 + 61x - 80$

g)

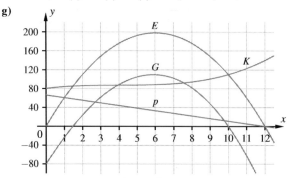

Gewinn: $G(x) = -0,1x^3 - 4,3x^2 + 61x - 80$

Gewinnschwelle und -grenze: $G(x) = 0$ ► $x_{N_1} = 10$ (durch Probieren)

Mithilfe von Polynomdivision durch $(x - 10)$ und anschließender quadratischer Ergänzung findet man $x_{N_2} \approx -54,47 \,(\notin D_{ök})$ und $x_{N_3} \approx 1,47$.

⇒ $x_{GS} = 1,47\,\text{ME}$ **(Gewinnschwelle)** und $x_{GG} = 10\,\text{ME}$ **(Gewinngrenze)**

h) Gewinnmaximum: $G'(x) = -0,3x^2 - 8,6x + 61$ $G''(x) = -0,6x - 8,6$

$G'(x) = 0$ ⇒ $x_{E_1} \approx -34,55 \,(\notin D_{ök})$ und $x_{E_2} \approx 5,88$

$G''(5,88) \approx -12,13 \,(< 0; \text{RK})$ und $G(5,88) \approx 109,68$ ⇒   **$G_{max}(5,88 \mid 109,68)$**

Bei Produktion und Verkauf von 5,88 ME wird der maximale Gewinn von 109,68 GE erreicht.

$p(5,88) \approx 33,66$ → $C(5,88\,\text{ME} \mid 33,66\,\text{GE/ME})$

i) Annuitätentilgung: $A = \dfrac{50\,000 \cdot 1,0675^{10} \cdot 0,0675}{(1,0675^{10} - 1)} \approx \mathbf{7063,83}$

Jahre	Restschuld zu Beginn d. J.	Zinsen	Tilgung	Restschuld am Ende d. J.
1	50 000,00 €	3375,00 €	3661,83 €	46 338,17 €
2	46 338,17 €	3127,83 €	3909,00 €	42 429,16 €
3	42 429,16 €	2863,97 €	4172,86 €	38 256,30 €
4	38 256,30 €	2582,30 €	4454,53 €	33 801,77 €
5	33 801,77 €	2281,62 €	4755,21 €	29 046,56 €
6	29 046,56 €	1960,64 €	5076,19 €	23 970,37 €
7	23 970,37 €	1618,00 €	5418,83 €	18 551,54 €
8	18 551,54 €	1252,23 €	5784,60 €	12 766,94 €
9	12 766,94 €	861,77 €	6175,06 €	6591,88 €
10	6591,88 €	444,95 €	6591,88 €	0,00 €
	Summe Zinsen:	20 368,31 €		

Fortsetzung auf der nächsten Seite.

387

Ratentilgung:

$T = 50\,000 : 10 = \mathbf{5000}$

Jahre	Restschuld zu Beginn d. J.	Zinsen	Tilgung	Restschuld am Ende d. J.
1	50 000,00 €	3375,00 €	5000,00 €	45 000,00 €
2	45 000,00 €	3037,50 €	5000,00 €	40 000,00 €
3	40 000,00 €	2700,00 €	5000,00 €	35 000,00 €
4	35 000,00 €	2362,50 €	5000,00 €	30 000,00 €
5	30 000,00 €	2025,00 €	5000,00 €	25 000,00 €
6	25 000,00 €	1687,50 €	5000,00 €	20 000,00 €
7	20 000,00 €	1350,00 €	5000,00 €	15 000,00 €
8	15 000,00 €	1012,50 €	5000,00 €	10 000,00 €
9	10 000,00 €	675,00 €	5000,00 €	5000,00 €
10	5000,00 €	337,50 €	5000,00 €	0,00 €
	Summe Zinsen:	18 562,50 €		

Die Zinskosten sind bei der Annuitätentilgung höher als bei der Ratentilgung, weil bei der Ratentilgung in den ersten 5 Jahren schneller getilgt wird.

j) $20\,000 \cdot 1,0325^3 + r \cdot \frac{1,0325^3 - 1}{0,0325} \cdot 1,0325 = 55\,000 \quad \Rightarrow \quad \mathbf{r \approx 10\,310,49}$

Es müssen jeweils 10 310,49 € in den nächsten 3 Jahren angespart werden.

3. a) $K(x) = ax^3 + bx^2 + cx + d \qquad K'(x) = 3ax^2 + 2bx + c \qquad k_v{}'(x) = 2ax + b$

$K(0) = 200 = d$

$K(3) = 27a + 9b + 3c + 200 = 545$

$K'(4) = 48a + 8b + c = 10$

$k_v{}'(6) = 12a + b = 0$

a	b	c	
27	9	3	345
48	8	1	10
12	1	0	0

$\rightarrow$

a	b	c	
1	0	0	5
0	1	0	250
0	0	1	−60

$\Rightarrow \quad K(x) = 5x^3 - 60x^2 + 250x + 200$

zz.: $K'(x) = 15x^2 - 120x + 250 \neq 0$ für alle $x \in [0; 10]$ und $K'(x) > 0$ für ein $x \in [0; 10]$

$15x^2 - 120x + 250 = 0 \dots \Leftrightarrow \dots (x-4)^2 = -\frac{2}{3}$

$\Rightarrow \quad$ Keine reelle Lösung von $K'(x) = 0$; es existiert kein Extremwert.

$K'(1) = 145 \, (> 0) \quad \Rightarrow \quad K$ ist in $[0; 10]$ streng monoton steigend.

387

b)

b₁) Ökonomischer Definitionsbereich:

$x \geq 0$ und $p_N(x) \geq 0$ $\Rightarrow$ $312{,}5 - 31{,}25x \geq 0$ $\Leftrightarrow$ $x \geq 10$ $\Rightarrow$ $\boldsymbol{D_{\text{ök}} = [0;\ 10]}$

b₂) $K_a'(x) = 3ax^2 - 60x + 250$ $K_a''(x) = 6ax - 60$

$K_{va}(x) = ax^2 - 60x + 250$ $K_{va}'(x) = 2ax - 60$

$k_a(x) = ax^2 - 60x + 250 + \frac{200}{x}$ $k_a'(x) = 2ax - 60 - \frac{200}{x^2}$

Die Lösungen von $K_a''(x) = 0$ zur Berechnung des Grenzkostenminimums, von $k_{va}'(x) = 0$ zur Berechnung des Betriebsminimums und von $k_a'(x) = 0$ zur Berechnung des Betriebsoptimums sind unabhängig vom 3. Summanden $250x$ der Kostenfunktion K_a.

Außerdem haben die Fixkosten (das Absolutglied d von $K(x)$) keinen Einfluss auf die Grenzkosten.

b₃) $k'(x) = 10x - 60 - \frac{200}{x^2}$ $k''(x) = 10 + \frac{400}{x^3}$

x_0:	5		
x_{n-1}	$k_v'(x_{n-1})$	$k_v''(x_{n-1})$	x_n
5	$-18{,}00$	13,20	6,363636364
6,363636364	$-1{,}30$	11,55	6,476377953
6,476377953	0,00	11,47	6,476773943
6,476773943	0,00	11,47	**6,476773948**
$k_v'(x) = 10x - 60 - 200/x^2$		**Newton-Formel**	
$k_v''(x) = 10 + 400/x^3$		$x_n = x_{n-1} - k_v'(x_{n-1})/k_v''(x_{n-1})$	

$k''(6{,}48) > 0$

$k(6{,}48) \approx 102{,}02$

$\Rightarrow$ **BO(6,48 | 102,02)**

Die langfristige Preisuntergrenze beträgt 102,02 GE.

b₄) $k'(x) = 0$ $\Rightarrow$ $x_{BO} \approx \boldsymbol{6{,}48}$ (s. Teilaufgabe b₃) oder mithilfe einer Zeichnung)

$k''(6{,}48) > 0$ $k(6{,}48) \approx \boldsymbol{102{,}02}$

Die langfristige Preisuntergrenze (LPU) beträgt 102,02 GE/ME.

Gewinnzone:

$G(x) = -5x^3 + 28{,}75x^2 + 62{,}5x - 200$

$G(x_N) = 0$ $\Rightarrow$ $\boldsymbol{x_{N_1} = 2}$ (Gewinnschwelle) $\boldsymbol{x_{N_2} = 6{,}72}$ $\boldsymbol{x_{N_3} = -2{,}97}$ $(\notin D_{\text{ök}})$

$\Rightarrow$ Gewinnzone: [2; 6,72]

b₅) $G'(x_E) = 0$ $G''(x_E) < 0$ $\Rightarrow$ $\boldsymbol{G_{\max} \approx (4{,}72 \mid 209{,}73)}$

Gewinnmaximum: Das Gewinnmaximum in Höhe von ca. 209,73 GE wird bei einer Produktion von ca. 4,72 ME bzw. ca. 4720 Stück erreicht.

c₁) $A(t) = 0{,}2t^3 - 3t^2 + 11{,}25t$

Wegen $A(t) = 0$ $\Rightarrow$ $t_{N_1} = 0$ $t_{N_2} = 7{,}5$ $\Rightarrow$ $\boldsymbol{D_A = [0;\ 7{,}5]}$

c₂) Absatzmaximum:

$A'(t) = 0{,}6t^2 - 6t + 11{,}25$ $A''(t) = 1{,}2t - 6$

$A'(t_E) = 0$ $A''(t_E) < 0$ $\boldsymbol{A_{\max} = (2{,}5 \mid 12{,}5)}$

Der Absatz ist nach 2,5 Monaten mit 12 500 Stück am höchsten.

Größter Absatzrückgang: $A''(t_W) = 0$ $A'''(t_W) > 0$ $t_W = \boldsymbol{5}$

$A'(5) = \boldsymbol{-3{,}75}$

Der Absatz sinkt mit 3750 Stück pro Monat nach 5 Monaten am stärksten.

388

4. **a)** $A(4 \mid 12{,}6); B(6 \mid 4{,}2); C(1 \mid 25{,}2) \quad \Rightarrow \quad p(x) = -4{,}2x + 29{,}4$

$p(x) = 0 \quad \Rightarrow \quad x = 7 \quad \Rightarrow \quad D_{\text{ök}}(0 \mid 7)$

b) $p(0) = \mathbf{29{,}4} \quad \Rightarrow \quad$ Der Höchstpreis beträgt 29,40 €.

$p(x) = 0 \quad \Rightarrow \quad x = 7 \quad \Rightarrow \quad$ Die Sättigungsmenge beträgt 700 Stück.

c₁) $K(x) = ax^3 + bx^2 + cx + d \qquad K'(x) = 3ax^2 + 2bx + c$

$k_v(x) = ax^2 + bx + c \qquad\qquad k_v{}'(x) = 2ax + b$

	a	b	c	d			a	b	c	d	
$K(2) =$	$8a+$	$4b+$	$2c+$	$d = 42$	8	4	2	1		42	1	0	0	0	1
$K'(4) =$	$48a+$	$8b+$	c	$= 6$	48	8	1	0		6	$\rightarrow$	0	1	0	0	-9
$k_v(4{,}5) =$	$20{,}25a+$	$4{,}5b+$	c	$= 9{,}75$	20,25	4,5	1	0		9,75	0	0	1	0	30
$k_v{}'(4{,}5) =$	$9a+$	b		$= 0$	9	1	0	0		0	0	0	0	1	10

$\Rightarrow \quad K(x) = x^3 - 9x^2 + 30x + 10$

c₂) Zu zeigen: $K'(x) \neq 0$ und $K'(x) > 0$ für alle $x \in [0; 7]$

$K'(x) = 3x^2 - 18x + 30$

$3x_E{}^2 - 18x_E + 30 = 0 \quad \Rightarrow \quad (x_E - 3)^2 = -1$

$\Rightarrow \quad$ Keine reelle Lösung, es existiert kein Extremwert.

$K'(1) = 15 \, (> 0) \quad \Rightarrow \quad K$ ist in $[0; 7]$ streng monoton steigend.

$K''(x) = 6x - 18$

$6x_W - 18 = 0 \quad \Rightarrow \quad x_W = 3 \quad K'''(3) = 6 \, (> 0)$

K hat an der Stelle 3 eine Wendestelle mit R-L-KW, also mit einem Wechsel vom degressiven zum progressiven Kostenanstieg. Insgesamt ist K also eine ertragsgesetzliche Kostenfunktion.

d) $G(x) = -x^3 + 4{,}8x^2 - 0{,}6x - 10 \qquad G'(x) = -3x^2 + 9{,}6x - 0{,}6 \qquad G''(x) = -6x + 9{,}6$

d₁) $G(x_N) = 0 \quad \Rightarrow \quad x_{N_1} = \mathbf{2}; x_{N_2} \approx \mathbf{4{,}04}; x_{N_3} \approx \mathbf{-1{,}24} \, (\notin D_{\text{ök}}) \quad \Rightarrow \quad$ Gewinnzone: $[2; 4{,}04]$

d₂) $G'(x_E) = 0 \quad G''(x_E) < 0 \quad \Rightarrow \quad C \approx (3{,}14 \mid 16{,}21) \quad G_{\max} \approx (3{,}14 \mid 4{,}84)$

Das Gewinnmaximum in Höhe von etwa 4,48 € wird erreicht bei einem Absatz von etwa 314 Stück. Der Preis muss dann etwa 16,21 € betragen.

e) Betriebsoptimum (BO), langfristige Preisuntergrenze (LPU) ...

... vor der Fixkostenerhöhung:	... nach der Fixkostenerhöhung:
$k(x) = x^2 - 9x + 30 + \frac{10}{x}$	$k(x) = x^2 - 9x + 30 + \frac{25}{x}$
$k'(x) = 2x - 9 - \frac{10}{x^2}$	$k'(x) = 2x - 9 - \frac{25}{x^2}$
$k''(x) = 2 + \frac{20}{x^3}$	$k''(x) = 2 + \frac{50}{x^3}$
$k'(x) = 0 \Leftrightarrow x \approx \mathbf{4{,}724}$ (mithilfe des Newton-Verfahrens oder anhand einer hinreichend genauen Zeichnung)	$k'(x) = 0 \Leftrightarrow x = \mathbf{5}$
$k''(4{,}724) \approx 2{,}19 \, (> 0; \text{Minimum})$	$k''(5) = 2{,}4 \, (> 0; \text{Minimum})$
$k(4{,}724) \approx \mathbf{11{,}92} \Rightarrow \mathbf{BO}(4{,}72 \mid 11{,}92)$	$k(5) = 15 \Rightarrow \mathbf{BO}(5 \mid 15)$
Das Betriebsoptimum befindet sich außerhalb der Gewinnzone; d. h., dass bei Produktion der kostengünstigsten Ausbringungsmenge Verlust gemacht wird.	Bei Fixkosten von 25 € wird an keiner Stelle Gewinn erwirtschaftet, denn der maximale Gewinn wird weiterhin an der Stelle $x = 3{,}14$ (ME) erreicht, führt aber zu einem Verlust von 10,52 € $(4{,}48 € - 15 € = -10{,}52 €)$.
	Aufgrund der Preisabsatzfunktion p kann also auch mit der langfristigen Preisuntergrenze (LPU) nur Verlust erwirtschaftet werden.

388

f_1) In der Verlustzone gilt $E < K$ und damit $\frac{E}{K} < 1$. Die Aussage ist also richtig.

f_2) Innerhalb der Gewinnzone ist $W > 1$, da $E > K$ ist; außerhalb der Gewinnzone ist $W < 1$, da $E < K$ ist.

⇒   Der höchste Wert von W liegt innerhalb der Gewinnzone.

Innerhalb der Gewinnzone ist $U > 0$, da $G > 0$ ist; außerhalb der Gewinnzone ist $U < 0$, da $G < 0$ ist.

⇒   Der höchste Wert von U liegt innerhalb der Gewinnzone.

f_3) Die Umsatzrentabilität ist negativ außerhalb der Gewinnzone. Die Wirtschaftlichkeit ist **nie** negativ, da weder E noch K negativ sein können.

f_4) Außerhalb der Gewinnzone gilt mit $U < 0$ und $W > 0$: $U < W$. Innerhalb der Gewinnzone gilt mit $0 < U < 1$ und $W > 1$: $U < W$. Also gilt im gesamten $D_{ök}$: $U < W$

f_5) $W = \frac{E}{K} > 1$ ⇒ $E > K$ ⇒ $G > 0$

389

g) $W_1 = 1$ ⇒   Gewinnzone von Filiale 1: [2; 4]

$W_2 = 2$ ⇒   Gewinnzone von Filiale 2: [≈ 2,3; ≈ 5,6]

g_1) Die Aussage ist richtig, denn die Gewinnzone von F_1 ist 2 Einheiten breit und die Gewinnzone von F_2 etwa 3,3 Einheiten breit.

g_2) Die Aussage ist falsch, da die Gewinnzone von F_1 bei 2 Einheiten und die Gewinnzone von F_2 bei etwa 2,3 Einheiten beginnt.

g_3) Die Aussage ist falsch. Zwischen 300 und 550 Stück ist $W1 < W2$. Bei gleich hohen Erlösen müssen die Kosten in der Filiale 1 also größer sein als in der Filiale 2.

g_4) Die Aussage ist falsch. Die Filiale 1 macht Gewinn beim Verkauf zwischen 200 und 400 Stück, während die Filiale 2 Gewinn beim Verkauf zwischen 230 und 560 Stück macht.

g_5) Die Aussage ist falsch. Zwischen 300 und 500 Stück gilt: $W1 < W2$. Bei gleich hohen Kosten müssten also die Erlöse von F_2 größer sein als die Erlöse von F_1.

5. a) $RZ \cdot ZE = RE = \begin{pmatrix} 1 & 2 \\ 3 & 4 \\ 1 & 3 \\ 0 & 2 \end{pmatrix} \cdot \begin{pmatrix} 2 & 3 & 4 \\ 0 & 1 & 2 \end{pmatrix} = \begin{pmatrix} 2 & 5 & 8 \\ 6 & 13 & 20 \\ 2 & 6 & 10 \\ 0 & 2 & 4 \end{pmatrix}$

b) Rohstoffkosten: $K_R = k_R \cdot RE \cdot e = (1{,}5;\ 2;\ 1;\ 0{,}5) \cdot \begin{pmatrix} 2 & 5 & 8 \\ 6 & 13 & 20 \\ 2 & 6 & 10 \\ 0 & 2 & 4 \end{pmatrix} \cdot \begin{pmatrix} 100 \\ 184 \\ 54 \end{pmatrix} = \mathbf{12\,608}$

Fertigungskosten Werk A: $FK_{W1} = k_{F1} \cdot ZE \cdot e = (20;\ 40) \cdot \begin{pmatrix} 2 & 3 & 4 \\ 0 & 1 & 2 \end{pmatrix} \cdot \begin{pmatrix} 100 \\ 184 \\ 54 \end{pmatrix} = \mathbf{31\,040}$

Transportkosten: $K_T = k_T \cdot ZE \cdot e = (0{,}3;\ 0{,}65) \cdot \begin{pmatrix} 2 & 3 & 4 \\ 0 & 1 & 2 \end{pmatrix} \cdot \begin{pmatrix} 100 \\ 184 \\ 54 \end{pmatrix} = \mathbf{480{,}20}$

Fertigungskosten Werk B: $FK_{W2} = k_{F2} \cdot e = (56;\ 90;\ 60) \cdot \begin{pmatrix} 100 \\ 184 \\ 54 \end{pmatrix} = \mathbf{25\,400}$

Erlöse: $E = e_{\text{Verkauf}} \cdot e = (340;\ 450;\ 500) \cdot \begin{pmatrix} 100 \\ 184 \\ 54 \end{pmatrix} = \mathbf{143\,800}$

Gewinn: Erlöse − variable Kosten = $143\,800\,€ - 12\,608\,€ - 31\,040\,€ - 480{,}20\,€ - 25\,400\,€$
$$= \mathbf{74\,271{,}80\ €}$$

c₁) $E(p) = (p^2;\ -p^3 + 6p^2 - 14;\ -p^3 + 3p^2 + 56) \cdot \begin{pmatrix} 60 \\ 80 \\ 20 \end{pmatrix}$

$= 60p^2 - 80p^3 + 480p^2 - 1120 - 20p^3 + 60p^2 + 1120$

$= -100p^3 + 600p^2 \quad 2 \le p \le 5$

c₂) $E(p) = -100p^3 + 600p^2 \qquad E'(p) = -300p^2 + 1200p \qquad E''(p) = -600p + 1200$

$E'(p_E) = 0 \quad \Leftrightarrow \quad -300p_E^2 + 1200p_E = 0 \quad \Leftrightarrow \quad p_{E1} = 0 \notin [2;\ 5] \quad p_{E2} = 4$

$E''(4) = -1200\,(< 0;\ \text{Maximum}) \quad E(4) = 3200$

Für $p = 4$ ist der Gesamterlös maximal und beträgt 3200 GE.

390

6. **a)** $P(X=10) = \binom{80}{10} \cdot 0{,}1^{10} \cdot 0{,}9^{70} \approx 0{,}1032 = \mathbf{10{,}32\,\%}$

$P(Y=10) = \binom{80}{10} \cdot 0{,}05^{10} \cdot 0{,}95^{70} \approx 0{,}0044 = \mathbf{0{,}44\,\%}$

Die Wahrscheinlichkeit, 10 fehlerhafte Chips auf Maschine B herzustellen, ist mit 0,44 % sehr gering und damit weitaus geringer als die Wahrscheinlichkeit, 10 fehlerhafte Chips auf Maschine A herzustellen.

b) $E(X) = 80 \cdot 0{,}1 = \mathbf{8}$ $\sigma(X) = \sqrt{80 \cdot 0{,}1 \cdot 0{,}9} \approx \mathbf{2{,}68}$

$\Rightarrow \quad P(6 \le X \le 10) = P(X \le 10) - P(X \le 5) = F(80;\, 0{,}1;\, 10) - F(80;\, 0{,}1;\, 5)$

$\approx 0{,}8266 - 0{,}1769 = 0{,}6497 = \mathbf{64{,}97\,\%}$

$E(Y) = 80 \cdot 0{,}05 = \mathbf{4}$ $\sigma(Y) = \sqrt{80 \cdot 0{,}05 \cdot 0{,}95} \approx \mathbf{1{,}95}$

$\Rightarrow \quad P(3 \le Y \le 5) = P(Y \le 5) - P(Y \le 2) = F(80;\, 0{,}05;\, 5) - F(80;\, 0{,}05;\, 2) \approx 0{,}7892 - 0{,}2306$

$= 0{,}5586 = \mathbf{55{,}86\,\%}$

Während sich die Wahrscheinlichkeiten und Erwartungswerte bei der Produktion fehlerhafter Chips bei beiden Maschinen sehr stark unterscheiden, sind die Wahrscheinlichkeiten, mit denen die Anzahl fehlerhafter Chips um die Standardabweichung vom Erwartungswert abweichen, bei Maschine B um ca. 9 Prozentpunkte kleiner.

c) B ... fehlerfrei auf Maschine B   FB ... fehlerhaft auf Maschine B

C ... fehlerfrei auf Maschine C   FC ... fehlerhaft auf Maschine C

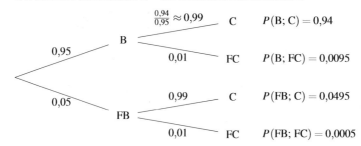

Die Wahrscheinlichkeit, dass ein Fehler nicht auf B und nur auf C erfolgt, beträgt 0,1 %.

d) $E(X) = \mathbf{80}$

$V(X) = (3 \cdot (78-80)^2 + (79-80)^2 + 2 \cdot (80-80)^2 + (75-80)^2 + (74-80)^2 + (81-80)^2 +$

$+ (71-80)^2) \cdot 0{,}1 = (12+1+0+25+36+1+81) \cdot 0{,}1 = 156 \cdot 0{,}1 = 15{,}6$

$\Rightarrow \sigma(X) = \sqrt{15{,}6} \approx \mathbf{3{,}95}$

$E(Y) = \mathbf{100}$

$V(Y) = (2 \cdot (103-100)^2 + 2 \cdot (97-100)^2 + 6 \cdot (100-100)^2) \cdot 0{,}1$

$= (18+18+0) \cdot 0{,}1 = 36 \cdot 0{,}1 = 3{,}6$

$\Rightarrow \sigma(Y) = \sqrt{3{,}6} \approx \mathbf{1{,}9}$

Die Maschine B weist neben dem höheren stündlichen Ausstoß auch eine geringere Schwankungsbreite aus, sodass man bei ihr zuverlässiger von der garantierten Ausstoßmenge ausgehen kann als bei Maschine A.

e) Wahrscheinlichkeitsverteilung von X:

x_i (in €)	90	69	-4
$P(X=x_i)$	0,86	0,06	0,08

$E(x) = 90\,€ \cdot 0{,}86 + 69\,€ \cdot 0{,}06 - 4\,€ \cdot 0{,}08 = 81{,}22\,€$

Gewinn: $80 \cdot 81{,}22\,€ - 1200\,€ - 297{,}60\,€ = \mathbf{5000\,€}$

7. a) Zu lösen: $RZ \cdot ZE + RE_{dir} = RE$

$$\Rightarrow \quad \begin{pmatrix} 3 & 2 \\ 4 & 1 \\ 0 & 3 \end{pmatrix} \cdot \begin{pmatrix} a & 0 & 1 \\ b & 3 & c \end{pmatrix} + \begin{pmatrix} 0 & 0 & 0 \\ 0 & d & 0 \\ 0 & 0 & e \end{pmatrix} = \begin{pmatrix} 8 & 6 & 3 \\ 9 & 5 & 4 \\ 3 & 9 & 4 \end{pmatrix}$$

$$\Rightarrow \quad a = 2;\ b = 1;\ c = 0;\ d = 2;\ e = 4$$

b) Zu lösen: $r = RE \cdot e = \begin{pmatrix} 8 & 6 & 3 \\ 9 & 5 & 4 \\ 3 & 9 & 4 \end{pmatrix} \cdot \begin{pmatrix} 5 \\ 6 \\ 3 \end{pmatrix} = \begin{pmatrix} 85 \\ 87 \\ 81 \end{pmatrix}$

c) Zu lösen: $RZ \cdot z = r$ $\Leftrightarrow$

$$\begin{array}{cc|c} 3 & 2 & 48 \\ 4 & 1 & 44 \\ 0 & 3 & 36 \end{array} \quad \Leftrightarrow \quad \begin{array}{cc|c} 1 & 0 & \mathbf{8} \\ 0 & 1 & \mathbf{12} \\ 0 & 0 & \mathbf{0} \end{array}$$

Es können 8 ME von Z_1 und 12 ME von Z_2 produziert werden.

d) $k = k_R \cdot RE \cdot x = (2;\ 1;\ 5) \cdot \begin{pmatrix} 8 & 6 & 3 \\ 9 & 5 & 4 \\ 3 & 9 & 4 \end{pmatrix} \cdot \begin{pmatrix} 5 \\ 6 \\ 3 \end{pmatrix} = 662$

$$k = k_Z \cdot ZE \cdot x = (x;\ x) \cdot \begin{pmatrix} 5 \\ 6 \\ 3 \end{pmatrix} = (x;\ x) \cdot \begin{pmatrix} 13 \\ 23 \end{pmatrix} = 36x$$

$$k = k_E \cdot x = (3x;\ 3x;\ 4x) \cdot \begin{pmatrix} 5 \\ 6 \\ 3 \end{pmatrix} = 45x$$

$$e = v_E \cdot x = (90;\ 50;\ 140) \cdot \begin{pmatrix} 5 \\ 6 \\ 3 \end{pmatrix} = 1170$$

$\Rightarrow \quad K(x) = 81x + 662 + 103$ ▶ Fixkosten 103 GE und $E(x) = 1170$

$K(x) = E(x) \quad \Leftrightarrow \quad 81x + 765 = 1170 \quad \Leftrightarrow \quad \mathbf{x = 5}$

Die Produktionskosten müssen 5 GE je Zwischenprodukt sowie je 15 GE für 1 ME von E_1 und E_2 bzw. 20 GE für 1 ME von E_3 betragen.

390

391

8.   **a)** $G(x) = -0{,}5x^2 + 20x - 5$ $\qquad G'(x) = -x + 20$ $\qquad G''(x) = -1$

$G'(x_E) = 0 \Leftrightarrow x_E = 20$ $\quad G''(20) = -1\,(< 0;\ \text{Maximum}) \Rightarrow C = (20\mid 20)$ $\quad G_{max} = (20\mid 195)$

Das Gewinnmaximum in Höhe von 195 GE wird erreicht bei einem Absatz von 20 ME. Der Preis muss dann 20 GE/ME betragen.

b) $A'(t) = -0{,}0004t^3 + 0{,}036t^2 - 0{,}96t + 6{,}4$ $\qquad A''(t) = -0{,}0012t^2 + 0{,}072t - 0{,}96$

b₁) $A'(t_E) = 0$ $\Rightarrow$ $t_{E_1} = 10$ $\quad t_{E_2} = 40$ (doppelt)

$A''(10) = -0{,}36\,(< 0;\ \text{Maximum})$ $\qquad A(10) = 27$

Im 10. Monat ist der Absatz mit 27 ME am größten.

b₂) $A(t) = 20$ (vgl. Teil a)

Ermittlung der Lösung anhand der Zeichnung unter b₆) oder über das Newton-Verfahren:

$t_{E_1} \approx 4{,}5$ $\quad t_{E_2} \approx 17{,}4$

Das Gewinnmaximum wird etwa nach 4,5 bzw. 17,4 Monaten erreicht.

b₃) $A(t) = 16$ $\Rightarrow$ $\mathbf{t_1 \approx 3{,}2}$ $\quad \mathbf{t_2 = 20}$

Der Verkauf wird nach 20 Monaten eingestellt.

b₄) Berechnung über die Flächeninhaltsfunktion A_A von A:

$A_A(t) = -0{,}00002t^5 + 0{,}003t^4 - 0{,}16t^3 + 3{,}2t^2$

$A_A(12) - A_A(0) \approx 241{,}55$

Im ersten Jahr werden ca. 241,55 ME verkauft.

b₅) Berechnung über die Flächeninhaltsfunktion A_A: $A_A(20) - A_A(0) = 416$

In der gesamten Vertriebsdauer von 20 Monaten werden 416 ME verkauft.

b₆)

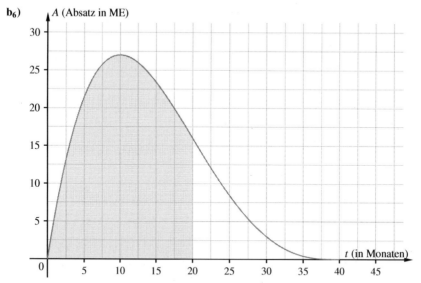

391

c_1) Barwert der Prämie: $K_0 = \frac{150\,000}{1{,}0375^6} \approx 120\,271{,}47\,€$

Vorschüssige Rente: $150\,000\,€ \cdot 1{,}0375^{10} = r \cdot \frac{1{,}0375^{10}-1}{0{,}375} \cdot 1{,}0375 \quad \Rightarrow \quad r \approx 17\,604{,}05\,€$

Die vorschüssige Rente beträgt 17 604,05 €.

c_2) $\left(150\,000\,€ + 10\,000\,€ \cdot \frac{1{,}0375^6-1}{0{,}375}\right) \cdot 1{,}0375^{10} = r \cdot \frac{1{,}0375^{10}-1}{0{,}375} \cdot 1{,}0375 \quad \Rightarrow \quad r \approx 25\,339{,}77\,€$

Die Rente wäre dann um 7735,72 € höher.

c_3) $\left(150\,000\,€ + 10\,000\,€ \cdot \frac{1{,}0375^{15}-1}{0{,}375}\right) \cdot 1{,}0375^{15} = r \cdot \frac{1{,}0375^{15}-1}{0{,}375} \cdot 1{,}0375 \quad \Rightarrow \quad r \approx 18\,391{,}93\,€$

Die Rente betrüge dann 18 391,93 €.

c_4) Das Guthaben am Jahresanfang beträgt vor der ersten vorschüssigen Rentenauszahlung:

$150\,000\,€ + 10\,000\,€ \cdot \frac{1{,}0375^6-1}{0{,}375} \approx 215\,914{,}28\,€$

Nach der Auszahlung von 18 391,93 € sind es dann 197 522,35 €.

Jahre	Guthaben am Jahresanfang	Guthaben am Jahresende
1	197 522,35 €	204 929,44 €
2	186 537,51 €	193 532,67 €
3	175 140,74 €	181 708,52 €
4	163 316,59 €	169 440,96 €
5	151 049,03 €	156 713,37 €
6	138 321,44 €	143 508,49 €
7	125 116,56 €	129 808,43 €
8	111 416,50 €	115 594,62 €
9	97 202,69 €	100 847,79 €
10	82 455,86 €	85 547,95 €
11	67 156,02 €	69 674,37 €
12	51 282,44 €	53 205,53 €
13	34 813,60 €	36 119,11 €
14	17 727,18 €	18 391,95 €
15	0,02 €	0,02 €

392

9. **a)** Kombination ohne Wiederholung: $\binom{30}{15} = \mathbf{155\,117\,520}$

Permutation ohne Wiederholung: $15! = \mathbf{1\,307\,674\,368\,000}$

P(alphabetische Reihenfolge) $= \frac{1}{15!} = \frac{1}{1\,307\,674\,368\,000} \approx 0$

155 177 520 Möglichkeiten gibt es, 15 Mitarbeiter aus 30 Schülern zu finden.

1 307 674 368 000 Möglichkeiten gibt es, die Namen dieser 15 Mitarbeiter anzuordnen. Damit ist Wahrscheinlichkeit der Anordnung in alphabethischer Reihenfolge quasi null.

b) Variation ohne Wiederholung: Geschäftsführung: $15 \cdot 14 \cdot 13 = \frac{15!}{(15-3)!} = \mathbf{2730}$

Produktionsabteilung: $12 \cdot 11 \cdot 10 \cdot 9 \cdot 8 \cdot 7 \cdot 6 \cdot 5 = \frac{12!}{(12-8)!} = \mathbf{19\,958\,400}$

c) Wahrscheinlichkeit, dass die Abteilungsleitung aus zwei Schülerinnen und einem Schüler besteht:

$P = \frac{\binom{5}{2} \cdot \binom{3}{1}}{\binom{8}{3}} = \frac{15}{28} \approx 0{,}5357 = \mathbf{53{,}57\,\%}$

392

d) Anzahl der Nieten: 175

Wahrscheinlichkeit, mit der man beim Kauf von 10 Losen genau einen MP3-Player gewinnt und ansonsten nur Nieten zieht:

$$P = \frac{\binom{10}{1} \cdot \binom{175}{9} \cdot \binom{25}{0} \cdot \binom{40}{0}}{\binom{250}{10}} \approx 0,0157 = \mathbf{1,57\%}$$

Wahrscheinlichkeit, mit der man beim Kauf von 20 Losen genau zwei Taschenrechner sowie vier Gutscheine gewinnt und ansonsten nur Nieten zieht:

$$P = \frac{\binom{25}{2} \cdot \binom{40}{4} \cdot \binom{175}{14} \cdot \binom{10}{0}}{\binom{250}{20}} \approx 0,0272 = \mathbf{2,72\%}$$

Wahrscheinlichkeit, mit der man beim Kauf von 50 Losen mindestens zwei Taschenrechner gewinnt und ansonsten nur Nieten zieht:

$$P(X \geq 2\,\text{TR}) = 1 - P(X \leq 1\,\text{TR}) = 1 - \left(\frac{\binom{25}{0} \cdot \binom{40}{0} \cdot \binom{175}{50} \cdot \binom{10}{0}}{\binom{250}{20}} + \frac{\binom{25}{1} \cdot \binom{40}{0} \cdot \binom{175}{49} \cdot \binom{10}{0}}{\binom{250}{20}} \right)$$

$$= 1 - \frac{1,963763673 \cdot 10^{44} + 1,948178247 \cdot 10^{45}}{1,347792027 \cdot 10^{53}} = 1 - 1,59 \cdot 10^{-8} = 1 - 0 = 1 = 100\%$$

e) Baumdiagramm:

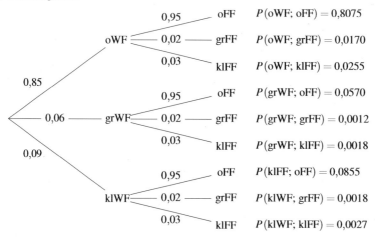

$P(\text{oF}) = 0,85 \cdot 0,95 = 0,8075$

$P(\text{grWF oder grFF}) = 0,98 \cdot 0,06 + 0,94 \cdot 0,02 + 0,94 \cdot 0,02 = 0,0788$

$P(\text{klWF und klFF}) = 0,09 \cdot 0,03 = 0,0027$

$P(\text{klWF oder klFF}) = 0,95 \cdot 0,09 + 0,85 \cdot 0,03 = 0,111$

Wahrscheinlichkeitsverteilung von X:

x_i	10€	7€	5€	−0,50€
$P(X = x_i)$	0,8075	0,111	0,0027	0,0788

$E(X) = 10€ \cdot 0,8075 + 7€ \cdot 0,111 + 5€ \cdot 0,0027 - 0,50€ \cdot 0,0788 \approx \mathbf{8,83\,€}$

$p€ \cdot 0,8075 + 0,7 \cdot p€ \cdot 0,111 + 0,5 \cdot p€ \cdot 0,0027 - 0,50€ \cdot 0,0788 = 10€$

$\Leftrightarrow \quad p€ \cdot (0,8075 + 0,7 \cdot 0,111 + 0,5 \cdot 0,0027) = 10,0394€$

$\Leftrightarrow \quad p€ \cdot 0,88655 = 10,0394€ \quad \Leftrightarrow \quad p€ \approx \mathbf{11,32\,€}$

Der durchschnittlich zu erwartende Erlös bei einem Verkaufspreis von 10€ beträgt 8,83€. Wenn der durchschnittlich zu erwartende Erlös 10€ betragen soll, muss das T-Shirt zu 11,32€ verkauft werden.

10.

p	75 €	90 €	105 €
E	7500 €	7920 €	7980 €
x	100	88	76

$\Rightarrow \quad p_N(x) = -1{,}25x + 200$
$E(x) = -1{,}25x^2 + 200x$

$K(x) = ax^3 + bx^2 + cx + d \qquad K'(x) = 3ax^2 + 2bx + c$
$K(0) = 2500 = d$

$K(40) \quad = 64\,000a + 1600b + \quad 40c + 2500 = 3700$

$K'(40) = \quad 4800a + \quad 80b + \quad c \qquad\quad = 30$

$K(100) = \quad 10^6 a + \quad 10^4 b + 100c + 2500 = 23\,500$

a	b	c			a	b	c	
64 000	1600	40	1200		1	0	0	0,05
4800	80	1	30	$\rightarrow$	0	1	0	−4
1 000 000	10 000	100	21 000		0	0	1	110

$\Rightarrow \quad K(x) = 0{,}05x^3 - 4x^2 + 110x + 2500$
$\Rightarrow \quad G(x) = E(x) - K(x) = -0{,}05x^3 + 2{,}75x^2 + 90x - 2500$

a) $p_N(x) = 0 \quad \Rightarrow \quad x = 160$
160 Stück können maximal abgesetzt werden.

b) $E(x) = -2{,}5x + 200 \quad E'(x_E) = 0 \quad \Rightarrow \quad x_E = 80$
$E''(80) = -2{,}5 \, (< 0; \text{Maximum}) \quad E(80) = 8000 \quad E_{\max}(80 \mid 8000)$
Der maximale Erlös beträgt 8000 € und wird bei einem Absatz von 80 Stück erreicht.

c) und **d)** $G(x_N) = 0 \quad \Rightarrow \quad x_{N_1} = 20 \quad x_{N_2} \approx 70{,}47 \quad x_{N_3} \approx -35{,}47 \, (\notin D_{\text{ök}})$
$\Rightarrow \quad$ Break-even-Point bei 20 Stück: **BEP(20 Stück | 3500 GE)**
Gewinnzone: **[20; 70,47]**

e) $G'(x) = -0{,}15x^2 + 5{,}5x + 90 \qquad G''(x) = -0{,}3x + 5{,}5$
$G'(x_E) = 0 \quad \Rightarrow \quad x_{E_1} \approx 48{,}9 \quad x_{E_2} \approx -12{,}3 \, (\notin D_{\text{ök}})$
$G''(x_{E_1}) < 0 \quad \Rightarrow \quad C \approx (48{,}9 \mid 139)$
Das Gewinnmaximum in Höhe von etwa 2630 € wird erreicht bei einem Absatz von etwa 49 Stück.
Der Preis muss dann etwa 139 € pro Stück betragen.

f) $U(4{,}89) = \frac{G(48{,}9)}{E(48{,}9)} = \frac{2630}{6791} \approx \mathbf{38{,}7\,\%}$

g) $W(4{,}89) = \frac{E(48{,}9)}{K(48{,}9)} = \frac{6791}{64\,161} \approx 1{,}632 = \mathbf{163{,}2\,\%}$

Betriebsoptimum:
$k(x) = 0{,}05x^2 - 4x + 110 + \frac{2500}{x} \quad k'(x) = 0{,}1x - 4 - \frac{2500}{x^2} \quad k''(x) = 0{,}1 + \frac{5000}{x^3}$
$k'(x_E) = 0 \quad \Leftrightarrow \quad x_E = 50 \quad k''(50) = 0{,}5 \, (> 0; \text{Minimum}) \quad k(50) = 85 \quad \Rightarrow \quad \text{BO}(50 \mid 85)$
$p_N \approx 139$

Die gewinnmaximale Ausbringungsmenge liegt direkt am Betriebsoptimum. Da der gewinnmaximale Preis von 139 € pro Stück erheblich über der langfristigen Preisuntergrenze (LPU) von 85 € pro Stück liegt, wird ein Gewinn erwirtschaftet.

392

393

393

11. **a)** Permutation ohne Wiederholung:

Alle Textilien nebeneinander:

$20! = 2\,432\,902\,008\,176\,640\,000 \approx 2{,}43 \cdot 10^{18}$ (2,43 Trillionen)

Textilien einer Kategorie nebeneinander:

$(4! \cdot 10! \cdot 6!) \cdot 3! = 62\,705\,664\,000 \cdot 3! \approx 3{,}76 \cdot 10^{11}$ (376 Milliarden)

Anzahl: $4 \cdot \left(\binom{6}{0} + \binom{6}{1} + \binom{6}{2}\right) \cdot \left(\binom{10}{0} + \binom{10}{1} + \binom{10}{2} + \binom{10}{3}\right) = 4 \cdot (1 + 6 + 15) \cdot (1 + 10 + 45 + 120)$

$$= 4 \cdot 22 \cdot 176 = \mathbf{15\,488}$$

Die Anzahl von 15 151 wird mit 15 488 sogar leicht übertroffen.

b)

	0,75	w	$P(\text{s}; \text{w}) = 0{,}15$
s			
	0,25	m	$P(\text{s}; \text{m}) = 0{,}05$
0,2			
	0,75	w	$P(\text{w}; \text{w}) = 0{,}375$
w			
0,5	0,25	m	$P(\text{w}; \text{m}) = 0{,}125$
0,3			
	0,75	w	$P(\text{r}; \text{w}) = 0{,}225$
r			
	0,25	m	$P(\text{r}; \text{m}) = 0{,}075$

b₁) $P(\text{s,m}) = \binom{10}{1} \cdot (0{,}75 \cdot 0{,}3)^1 \cdot (1 - 0{,}225)^9 \approx 0{,}2269 = \mathbf{22{,}69\ \%}$

b₂) $P_1(\text{s, m}) = 0{,}2 \cdot 0{,}25 = 0{,}05 = \mathbf{5\ \%}$

b₃) $P_4(\text{s, m}) = \binom{10}{4} \cdot (0{,}75 \cdot 0{,}5 + 0{,}75 \cdot 0{,}2)^4 \cdot (1 - 0{,}525)^6 \approx 0{,}1832 = \mathbf{18{,}32\ \%}$

b₄) $P_{10}(\text{s, m}) = \binom{10}{10} \cdot (0{,}5 + 0{,}2 \cdot 0{,}25 + 0{,}3 \cdot 0{,}25)^{10} \cdot (1 - 0{,}625)^0 = 0{,}625^{10} \approx 0{,}0091 = \mathbf{0{,}91\ \%}$

c) $E(X) = 0{,}47 \cdot 0{,}25 + 0{,}24 \cdot 0{,}18 + 0{,}2 \cdot \frac{1}{30} + 0{,}09 \cdot 0{,}2 \approx 0{,}1854 = \mathbf{18{,}54\ \%}$

$E(Y) = 0{,}47 \cdot 0{,}75 + 0{,}24 \cdot 0{,}82 = 0{,}5493 = \mathbf{54{,}93\ \%}$

d₁) $P(X = 7) = F(50; \frac{1}{6}; 7) - F(50; \frac{1}{6}; 6) = 0{,}3911 - 0{,}2506 = \binom{50}{7} \cdot (\frac{1}{6})^7 \cdot (\frac{5}{6})^{43} \approx 0{,}1405 = \mathbf{14{,}05\ \%}$

d₂) $P(X > 12) = 1 - P(X \leq 12) = 1 - F(50; \frac{1}{6}; 12) = 1 - 0{,}9373 = 0{,}0627 = \mathbf{6{,}27\ \%}$

d₃) $P(X \leq 8) = F(50; \frac{1}{6}; 8) = 0{,}5421 = \mathbf{54{,}21\ \%}$

d₄) $P(5 < X < 12) = P(6 \leq X \leq 11) = F(50; \frac{1}{6}; 11) - F(50; \frac{1}{6}; 5) = 0{,}8827 - 0{,}1388$

$$= 0{,}7439 = \mathbf{74{,}39\ \%}$$

394

e) *Hinweis*: Fehler in der Graphik im 1. Druck der 1. Auflage: Alle Säulen müssen um eine Einheit nach links rücken. Somit müssen auch in der Aufgabenstellung alle Werte für k um 1 verringert werden.

e₁) Stimmt, da beide Wahrscheinlichkeiten für $k = 3$ oder $k = 14$ knapp 2 % betragen.

e₂) Stimmt nicht, sondern knapp 6 % für $k = 12$.

e₃) Stimmt nicht, da schon die Wahrscheinlichkeit, genau 6 fehlerhaft verpackte Hemden zu finden, 11,5 % beträgt.

e₄) $P(X = 8)$ ist die größte auftretende Wahrscheinlichkeit, beträgt aber 15 %.

e₅) Stimmt nicht; addiert man die Höhe der Säulen bis einschl. der 3. Säule, bleibt man unter 3 %.

e₆) Stimmt für $k = 18$, wie man erkennen kann.

e₇) Stimmt; addiert man die Höhe der Säulen ab der 13. Säule, kommt man auf ca. 7 %.

f₁) $P(X \leq 3) = \dfrac{\binom{15}{0} \cdot \binom{35}{20} + \binom{15}{1} \cdot \binom{35}{19} + \binom{15}{2} \cdot \binom{35}{18} + \binom{15}{3} \cdot \binom{35}{17}}{\binom{50}{20}} \approx 0{,}0553 = \mathbf{5{,}53\ \%}$

f₂) $P(X = 8) = \dfrac{\binom{15}{8} \cdot \binom{35}{7}}{\binom{50}{20}} \approx 0{,}0009 = \mathbf{0{,}09\ \%}$

f₃) $P(X \geq 2) = 1 - P(X \leq 1) = 1 - \dfrac{\binom{15}{0} \cdot \binom{35}{20} + \binom{15}{1} \cdot \binom{35}{19}}{\binom{50}{20}} \approx 1 - 0{,}0014 = 0{,}9986 = \mathbf{99{,}86\ \%}$

g_1) $E(X) = 200 \cdot 0,075 = \mathbf{15}$ $\qquad \sigma(X) = \sqrt{200 \cdot 0,075 \cdot 0,925} \approx \mathbf{3,72}$

394

g_2) Bei 200 untersuchten Verpackungen werden 15 fehlerhafte Verpackungen erwartet, wobei die Zahl zwischen 11 und 19 schwanken kann.

g_3) Berechnung mithilfe von Excel:

$$P(12 \leq X \leq 18) = P(X \leq 18) - P(X \leq 11) = F(200; 0,075; 18) - F(200; 0,075; 11)$$
$$= 0,8278 - 0,1745 = 0,6533 = \mathbf{65,33\ \%}$$

h) $E(X) = 30€ \cdot 0,9 - 120€ \cdot 0,1 = 27€ - 12€ = \mathbf{15\ €}$

15€ entsprechen 15 % von 100€ Umsatz.

12. Die Summe der Wahrscheinlichkeiten ist sowohl bei den Einnahmen als auch bei den Ausgaben immer 1. Dabei muss jede Zahlung mit p und ihre Nichtzahlung mit $1-p$ gewichtet werden. Damit entstehen 5 Stufen im Baumdiagramm gemäß den 5 Zahlungen und 11 Fälle möglicher Insolvenz (Ausgaben > Einzahlungen) die in der folgenden Tabelle (anstatt im Baumdiagramm) aufgeführt werden. Jeglicher Erwartungswert ist uninteressant, da ja nicht gefragt ist, mit welchem Betrag die Insolvenz eintreten könnte.

	p	1	2	3	4	5	6	7	8	9	10	11
−540000€	0,6	×	×	×	×	×	×	×	×	×		
0€	0,4										×	×
−360000€	0,4	×	×	×	×	×					×	×
0€	0,6						×	×	×	×		
800000€	0,1	×										
0€	0,9		×	×	×	×	×	×	×	×	×	×
400000€	0,3		×	×			×	×				
0€	0,7	×			×	×			×	×	×	×
100000€	0,6		×		×		×		×		×	
0€	0,4	×		×		×		×		×		×

Anhand der Tabelle lassen sich nun die Wahrscheinlichkeiten berechnen, mit denen jede der 11 Insolvenzmöglichkeiten eintreten kann.

$P(1.\,\text{Möglichkeit}) = 0,6 \cdot 0,4 \cdot 0,1 \cdot 0,7 \cdot 0,4 = 0,00672$ Also wird mit einer Wahrscheinlichkeit von

$P(2.\ \text{Möglichkeit}) = 0,6 \cdot 0,4 \cdot 0,9 \cdot 0,3 \cdot 0,6 = 0,03888$

$P(3.\ \text{Möglichkeit}) = 0,6 \cdot 0,4 \cdot 0,9 \cdot 0,3 \cdot 0,4 = 0,02592$

$P(4.\ \text{Möglichkeit}) = 0,6 \cdot 0,4 \cdot 0,9 \cdot 0,7 \cdot 0,6 = 0,09072$

$P(5.\ \text{Möglichkeit}) = 0,6 \cdot 0,4 \cdot 0,9 \cdot 0,7 \cdot 0,4 = 0,06048$

$P(6.\ \text{Möglichkeit}) = 0,6 \cdot 0,6 \cdot 0,9 \cdot 0,3 \cdot 0,6 = 0,05832$

$P(7.\ \text{Möglichkeit}) = 0,6 \cdot 0,6 \cdot 0,9 \cdot 0,3 \cdot 0,4 = 0,03888$

$P(8.\ \text{Möglichkeit}) = 0,6 \cdot 0,6 \cdot 0,9 \cdot 0,7 \cdot 0,6 = 0,13608$

$P(9.\ \text{Möglichkeit}) = 0,6 \cdot 0,6 \cdot 0,9 \cdot 0,7 \cdot 0,4 = 0,09072$

$P(10.\ \text{Möglichkeit}) = 0,4 \cdot 0,4 \cdot 0,9 \cdot 0,7 \cdot 0,6 = 0,06048$

$P(11.\ \text{Möglichkeit}) = 0,4 \cdot 0,4 \cdot 0,9 \cdot 0,7 \cdot 0,4 = 0,04032$

Summe: 0,64752

64,752 % Insolvenz eintreten.

395 **13.**   **a)** A: $P(X=5) = \binom{50}{5} \cdot 0{,}05^5 \cdot 0{,}95^{45} \approx 0{,}0658 = \mathbf{6{,}58\,\%}$

B: $P(X < 3) = P(X \leq 2) = F(50;\ 0{,}05;\ 2) \approx 0{,}5405 = \mathbf{54{,}05\,\%}$

C: $P(X = 0) = F(50;\ 0{,}05;\ 0) \approx 0{,}0769 = \mathbf{7{,}69\,\%}$

D: $E(X) = 50 \cdot 0{,}05 = 2{,}5$

1 % von 50 ist 0,5.

$$\Rightarrow \quad P(2 \leq X \leq 3) = P(X \leq 3) - P(X \leq 1)$$
$$= F(50;\ 0{,}05;\ 3) - F(50;\ 0{,}05;\ 1)$$
$$= 0{,}7604 - 0{,}2794 = 0{,}481 = \mathbf{48{,}1\,\%}$$

b) $P(X = 5) = F(50;\ 0{,}02;\ 5) - F(50;\ 0{,}02;\ 4) = 0{,}9995 - 0{,}9968 = \binom{50}{5} \cdot 0{,}02^5 \cdot 0{,}98^{45} \approx 0{,}0027$
$$= \mathbf{0{,}27\,\%}$$

2 Möglichkeiten:

1. Die Aussage stimmt, weil die Aussage des Herstellers falsch ist und das neue Röntgenkontroll-gerät weniger wirksam als angegeben ist.
2. Die Aussage stimmt nicht, da die Wahrscheinlichkeit, 5 verunreinigte Becher zu finden, nur noch bei 0,27 % liegt, falls die Aussage des Herstellers korrekt ist.

c$_1$) $RE = RZ \cdot ZE = \begin{pmatrix} 4 & 5 & 2 \\ 2 & 4 & 1 \\ 1 & 1 & 0 \\ 3 & 0 & 3 \\ 0 & 0 & 4 \end{pmatrix} \cdot \begin{pmatrix} 4 & 8 & 8 \\ 8 & 8 & 4 \\ 8 & 4 & 8 \end{pmatrix} = \begin{pmatrix} 72 & 80 & 68 \\ 48 & 52 & 40 \\ 12 & 16 & 12 \\ 36 & 36 & 48 \\ 32 & 16 & 32 \end{pmatrix}$

c$_2$) $r = RE \cdot \begin{pmatrix} 200 \\ 250 \\ 300 \end{pmatrix} = \begin{pmatrix} 54\,800 \\ 34\,600 \\ 10\,000 \\ 30\,600 \\ 20\,000 \end{pmatrix}$ ▶ 1 ME $\overset{\wedge}{=}$ 5 g

Es werden 274 kg Erdbeeren, 173 kg Himbeeren, 50 kg Kirschen, 153 kg Johannisbeeren und 100 kg Blaubeeren benötigt.

c$_3$)
4	8	8	280		1	0	0	28
8	8	4	360	$\Rightarrow$	0	1	0	13
8	4	8	340		0	0	1	9

Es können 28 Paletten 1, 13 Paletten 2 und 8 Paletten 3 zusammengestellt werden.

c$_4$) $K = ((1;\ 3;\ 2;\ 2;\ 4) \cdot RE + (2;\ 3;\ 2) \cdot ZE + (12;\ 14;\ 11)) \cdot \begin{pmatrix} 10 \\ 15 \\ 7 \end{pmatrix} = (500;\ 466;\ 491) \cdot \begin{pmatrix} 10 \\ 15 \\ 7 \end{pmatrix}$
$$= \mathbf{15\,427}$$

14.   a)

396

$$P(\text{r};\text{r}) = \tfrac{1}{64}$$

$$P(\text{r};\text{o};\text{r}) = \tfrac{1}{256}$$
$$P(\text{r};\text{o};\text{o}) = \tfrac{1}{128}$$

$$P(\text{r};\text{g};\text{r}) = \tfrac{3}{512}$$
$$P(\text{r};\text{g};\text{g}) = \tfrac{9}{512}$$

$$P(\text{r};\text{w};\text{r}) = \tfrac{1}{256}$$

$$P(\text{o};\text{r};\text{r}) = \tfrac{1}{256}$$
$$P(\text{o};\text{r};\text{o}) = \tfrac{1}{128}$$

$$P(\text{o};\text{o}) = \tfrac{1}{16}$$

$$P(\text{o};\text{g};\text{o}) = \tfrac{3}{128}$$
$$P(\text{o};\text{g};\text{g}) = \tfrac{9}{256}$$

$$P(\text{o};\text{w};\text{o}) = \tfrac{1}{64}$$

$$P(\text{g};\text{r};\text{r}) = \tfrac{3}{512}$$
$$P(\text{g};\text{r};\text{g}) = \tfrac{9}{512}$$

$$P(\text{g};\text{o};\text{o}) = \tfrac{3}{128}$$
$$P(\text{g};\text{o};\text{g}) = \tfrac{9}{256}$$

$$P(\text{g};\text{g}) = \tfrac{9}{64}$$

$$P(\text{g};\text{w};\text{g}) = \tfrac{9}{256}$$

$$P(\text{w};\text{r};\text{r}) = \tfrac{1}{256}$$

$$P(\text{w};\text{o};\text{o}) = \tfrac{1}{64}$$

$$P(\text{w};\text{g};\text{g}) = \tfrac{9}{256}$$

$$P(\text{w};\text{w}) = \tfrac{9}{64}$$

396

$P(2 \times r) = P(r; r) + P(r; w; r) + P(w; r; r) + P(r; o; r) + P(o; r; r) + P(r; g; r) + P(g; r; r)$
$= \frac{1}{64} + 4 \cdot \frac{1}{256} + 2 \cdot \frac{3}{512} \approx \mathbf{0{,}0430}$
Oder: $P(2 \times r) = (\frac{1}{8})^3 + 3 \cdot (\frac{1}{8})^2 \cdot \frac{7}{8} \approx \mathbf{0{,}0430}$

$P(2 \times o) = P(o; o) + P(o; w; o) + P(w; o; o) + P(o; r; o) + P(r; o; o) + P(o; g; o) + P(g; o; o)$
$= \frac{1}{16} + 2 \cdot \frac{1}{64} + 2 \cdot \frac{1}{128} + 2 \cdot \frac{3}{128} \approx \mathbf{0{,}1563}$
Oder: $P(2 \times o) = (\frac{1}{4})^3 + 3 \cdot (\frac{1}{4})^2 \cdot \frac{3}{4} \approx \mathbf{0{,}1563}$

$P(2 \times g) = P(g; g) + P(g; w; g) + P(w; g; g) + P(g; o; g) + P(o; g; g) + P(g; r; g) + P(r; g; g)$
$= \frac{9}{64} + 4 \cdot \frac{9}{256} + 2 \cdot \frac{9}{512} \approx \mathbf{0{,}3164}$
Oder: $P(2 \times g) = (\frac{3}{8})^3 + 3 \cdot (\frac{3}{8})^2 \cdot \frac{5}{8} \approx \mathbf{0{,}3164}$

Das Gewinnspiel lässt sich mithilfe eines Urnenmodells mit 8 Kugeln (1 rote Kugel, 2 orange Kugeln, 3 grüne Kugeln, 2 weiße Kugeln) modellieren. Nach jedem Zug muss die Kugel zurückgelegt werden.

b_1) C ... Crashkurs belegt   kC ... keinen Crashkurs belegt
v ... verbessert   nv ... nicht verbessert
Baumdiagramm: Vierfeldertafel:

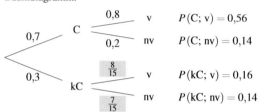

Ω	v	nv	Summe
C	0,56	0,14	0,7
kC	0,16	0,14	0,3
Summe	0,72	0,28	1

$P(C; v) = 0,56$
$P(C; nv) = 0,14$
$P(kC; v) = 0,16$
$P(kC; nv) = 0,14$

Die Berechnung der fehlenden Größen gestaltet sich in Bezug auf die Aufgabenstellung bei der Vierfeldertafel einfacher als beim Baumdiagramm, da größtenteils nur Differenzen gebildet werden müssen. Beim Baumdiagramm erhält man $\frac{8}{15}$, indem man 0,16 durch 0,3 dividiert.

b_2) $P(kC \cap v) \cup P(C \cap nv) = 0,16 + 0,14 = \mathbf{0{,}3}$
Die Wahrscheinlichkeit, nicht am Crashkurs teilgenommen zu haben und sich trotzdem verbessert zu haben, liegt bei 16 %. Die Wahrscheinlichkeit, am Crashkurs teilgenommen zu haben und sich nicht verbessert zu haben, liegt bei 14 %. Zusammen beträgt die Wahrscheinlichkeit 30 %.

c_1) $P(X < 46) = P(X \leq 45) = F(50; 0,9; 45) \approx 1 - 0,4312 = 0,5688 = \mathbf{56{,}88\,\%}$
$P(X > 46) = 1 - P(X \leq 46) = 1 - (1 - 0,2503) = 0,2503 = \mathbf{25{,}03\,\%}$
Mit einer Wahrscheinlichkeit von 56,88 % ist der Kurs nicht ausgelastet und mit einer Wahrscheinlichkeit von 25,03 % wird mindestens ein Teilnehmer abgewiesen.

c_2) 5 € Verwaltungsgebühr decken die Kosten und bringen keinen Gewinn.
Gewinn bei höchstens 46 Teilnehmern: $G = E(X = k) = \mathbf{k \cdot 10\,€}$
Gewinn bei mehr als 46 Teilnehmern:
$G = E(X = k > 46) = 46 \cdot 10€ - (k - 46) \cdot 50€ = 46 \cdot 60€ - k \cdot 50€ = \mathbf{2760\,€ - k \cdot 50\,€}$

c₃) Zur Berechnung des Gewinnmaximums werden mithilfe von Excel die einzelnen Gewinne entsprechend der Teilnehmeranzahl errechnet und mit den jeweiligen Wahrscheinlichkeiten ihres Eintreffens multipliziert und dann aufsummiert.

Diese Gewinnerwartung wird hier für $n = 45$ bis $n = 53$ durchgeführt.

Die Formel für $P(X = k)$ lautet: =BINOMVERT(k; n; p; FALSCH).

Man erhält folgende Gewinnerwartungswerte in Bezug auf n:

	A	B	C	D	E	F	G	H	I	J	K
1		n	45	46	47	48	49	50	51	52	53
2		Summe	405,00	414,00	422,58	429,20	431,24	425,94	411,66	388,39	357,47
3	k	Gewinn	$E(X=k)$	$E(X=k)$	$E(X=k)$	$E(X=k)$	$E(X=k)$	$E(X=k)$	$E(X=k)$	$E(X=k)$	$E(X=k)$
4	0	0	0,00	0,00	0,00	0,00	0,00	0,00	0,00	0,00	0,00
5	1	10	0,00	0,00	0,00	0,00	0,00	0,00	0,00	0,00	0,00
47	43	430	45,87	70,33	82,64	79,34	64,79	46,28	29,50	17,05	9,03
48	44	440	19,20	44,16	69,19	83,03	81,37	67,81	49,40	32,11	18,91
49	45	450	3,93	18,07	42,46	67,93	83,22	83,22	70,73	52,55	34,81
50	46	460	-	3,61	16,98	40,76	66,57	83,22	84,88	73,56	55,70
51	47	410	-	-	2,90	13,91	34,09	56,81	72,43	75,33	66,54
52	48	360	-	-	-	2,29	11,22	28,06	47,70	62,01	65,73
53	49	310	-	-	-	-	1,78	8,88	22,63	39,23	51,98
54	50	260	-	-	-	-	-	1,34	6,83	17,77	31,39
55	51	210	-	-	-	-	-	-	0,97	5,07	13,42
56	52	160	-	-	-	-	-	-	-	0,67	3,54
57	53	110	-	-	-	-	-	-	-	-	0,41

Formeln:

	A	B	C
1		n	45
2		Summe	=SUMME(C4:C57)
3	k	Gewinn	$E(X=k)$
4	0	=WENN(A4<47; A4*10; B3-50)	=WENN(k > n; „-"; BINOMVERT($A4; C$1; 0,9; FALSCH)*$B4

Wenn die Sprachschule 49 Buchungen verzeichnet, ist der Gewinn maximal und kann in Höhe von **431,24 €** erwartet werden.

d₁) Wahrscheinlichkeit, dass ein defekter Bildschirm nach der zweiten Stufe aussortiert wird:

$P = (1 - 0,8) \cdot 0,7 = 0,2 \cdot 0,7 = 0,14 = \mathbf{14\,\%}$

Wahrscheinlichkeit, dass ein defektes Gerät unerkannt bleibt: $P = 0,2 \cdot 0,3 \cdot 0,5 = 0,03 = \mathbf{3\,\%}$

d₂) Wahrscheinlichkeitsverteilung von X:

x_i	5 €	20 €	65 €	165 €
$P(X = x_i)$	0,8	0,14	0,03	0,0225

$E(X) = 5\,€ \cdot 0,8 + 20\,€ \cdot 0,14 + 65\,€ \cdot 0,03 + 165\,€ \cdot 0,0225 \approx \mathbf{12,46\ €}$ (durchschnittliche Kosten)

d₃) $350\,€ = 0,03 \cdot 0\,€ + 0,97 \cdot k\,€ \quad \Rightarrow k \approx \mathbf{360,82\ €}$

Um im Durchschnitt 350 € zu erlösen, muss das Gerät zu 360,82 € verkauft werden.

15. Ansatz

- Erster Besucher / Öffnung und letzter Besucher: Nullstellen bei N_1 $(9 \mid 0)$ und N_2 $(18 \mid 0)$
- Zuerst dürftiger Andrang: doppelte Nullstelle $\Rightarrow$ keine Parabel
- Ansatz: ganzrationale Funktion 3. Grades: $f(x) = a \cdot (x - 18) \cdot (x - 9)^2$
- Definitionsbereich: $[9; 18]$
- 11 200 Besucher um 11 Uhr: $f(11) = a \cdot (11 - 18) \cdot (11 - 9)^2 = -28a = 11\,200$ $\Rightarrow a = -400$
- $\Rightarrow f(x) = -400 \cdot (x - 18) \cdot (x - 9)^2 = -400x^3 + 14\,400x^2 - 162\,000x + 583\,200$

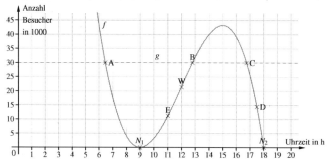

a) Extremwerte: $f'(x) = -1200x^2 + 28\,800x - 162\,000$ $f''(x) = -2400x + 28\,000$

$f'(x_{E_1}) = 0$ $\Rightarrow x_{E_1} = 15$ $f''(15) < 0$ $f(15) = 43\,200$

$\Rightarrow$ Maximum: 43 200 Besucher um 15:00 Uhr

(Die zweite Nullstelle von $f'(x)$ ist $x_{E_2} = 9$ und als Tiefpunktstelle für die Aufgabenlösung nicht relevant.)

b) 17:30 Uhr entspricht 17,5. $\Rightarrow f(17,5) = 14\,450$ Besucher sind zum Messeende noch in der Halle.

c) Schätzungen / Probieren / Näherungsverfahren: $f(6,45) = 30\,000$ außerhalb des Definitions-bereichs; $f(12,8) = 30\,000$ und $f(16,75) = 30\,000$ $\Rightarrow$ Zwischen 12:48 Uhr und 16:45 Uhr waren mehr als 30 000 Besucher in der Halle.

d) Größter Andrang im Wendepunkt: $f''(x_W) = 0$ $\Rightarrow x_W = 12$ $f''(12) = -2400 < 0$

$\Rightarrow$ Größter Andrang war um 12:00 Uhr.

16. *Hinweis*: Fehler im 1. Druck der 1. Auflage: Die *RE*-Matrix hat in der Hauptdiagonalen die Elemente $a_{11} = 28, a_{22} = 18$ und $a_{33} = 20$.

Berechnung der fehlenden Werte der 2. Stückliste:

$$RZ \cdot ZE = RE \quad \Leftrightarrow \quad \begin{pmatrix} 2 & 4 \\ 0 & 3 \\ 5 & 2 \end{pmatrix} \cdot ZE = \begin{pmatrix} 28 & 32 & 24 \\ 12 & 18 & 15 \\ 38 & 32 & 20 \end{pmatrix} \quad \Leftrightarrow \quad ZE = \begin{pmatrix} 6 & 4 & 2 \\ 4 & 6 & 2 \end{pmatrix}$$

Berechnung der für den Auftrag benötigten Rohstoffe: $r_1 = \begin{pmatrix} 28 & 32 & 24 \\ 12 & 18 & 15 \\ 38 & 32 & 20 \end{pmatrix} \cdot \begin{pmatrix} 10 \\ 5 \\ 8 \end{pmatrix} = \begin{pmatrix} 632 \\ 330 \\ 700 \end{pmatrix}$

Berechnung der für den nächsten Auftrag zur Verfügung stehenden Rohstoffmengen:

$$r_2 = \begin{pmatrix} 1332 \\ 675 \\ 1089 \end{pmatrix} - \begin{pmatrix} 632 \\ 330 \\ 700 \end{pmatrix} - \begin{pmatrix} 100 \\ 100 \\ 100 \end{pmatrix} = \begin{pmatrix} 600 \\ 245 \\ 289 \end{pmatrix}$$

Berechnung der für den neuen Auftrag benötigten Rohstoffe: $r_3 = \begin{pmatrix} 28 & 32 & 24 \\ 12 & 18 & 15 \\ 38 & 32 & 20 \end{pmatrix} \cdot \begin{pmatrix} 5 \\ 5 \\ 5 \end{pmatrix} = \begin{pmatrix} 420 \\ 225 \\ 450 \end{pmatrix}$

Um den letzten Auftrag erfüllen zu können, müssen noch 161 ME von R_3 beschafft werden.

17. Beratung auf Grundlage der Barwerte:

(1): $K_{01} = \frac{355\,000}{1,03^{12}} \approx \mathbf{248\,989{,}86\ €}$

(2): $K_{02} = \frac{16\,000 \cdot \frac{1,03^{20}-1}{0,030}}{1,03^{20}} \approx \mathbf{238\,039{,}60\ €}$

(3): A: **250 000 €**

B: $150\,000 + 57\,000 \cdot \left(\frac{1}{1,03^2} + \frac{1}{1,03^5} \right) \approx \mathbf{252\,896{,}67\ €}$

Barwert der Miete usw.: $K_{03} = \frac{12\,000 \cdot \frac{1,04^{15}-1}{0,04} - 30\,000 + 260\,000}{1,04^{15}} \approx \mathbf{261\,131{,}48\ €}$

(4): A: $K_{04A} = \frac{25\,000 \cdot \frac{1,05^7-1}{0,05} - 10\,000 \cdot 1,05^2 + 140\,000}{1,05^7} \approx \mathbf{236\,319{,}46\ €}$

B: $K_{04B} = \frac{18\,000 \cdot 1,05^6 + 22\,000 \cdot 1,05^5 + 25\,000 \cdot 1,05^4 + 23\,000 \cdot 1,05^3 + 22\,000 \cdot 1,05^2 + 24\,000 \cdot 1,05 + 23\,000 + 180\,000}{1,05^7}$

$\approx \mathbf{257\,030{,}66\ €}$

Frau Semrühl sollte den Betrag für den Kauf der Eigentumswohnung aufwenden, da diese Investition den höchsten Barwert hat. Der Kauf der Wohnung sollte für 250 000 € in bar erfolgen.

18. Berechnung der Verkaufspreise der vier Sets in der Reihenfolge S, M, L und XL aus den Einzelpreisen (in €):

$$(18{,}65;\ 1{,}75;\ 2{,}95;\ 1{,}99;\ 8{,}99) \cdot \begin{pmatrix} 0 & 0 & 0 & 1 \\ 1 & 0 & 1 & 2 \\ 2 & 3 & 2 & 4 \\ 1 & 1 & 2 & 2 \\ 0 & 1 & 1 & 1 \end{pmatrix} = (9{,}64;\ 19{,}83;\ 20{,}62;\ 46{,}92)$$

Zusammenstellen der Sets unter Berücksichtigung der vorhandenen Bestände:

Fahrradcomputer sind nicht Bestandteil der Sets. Um alle Schlösser zu verbrauchen, könnten 20 XL-Sets hergestellt werden: Das hieße aber, für die anderen Sets verblieben noch 80 Trinkflaschen, 250 „Pannweg", 130 Reifenmontierhebel und 50 Minipumpen.

Lösung mithilfe eines linearen Gleichungssytems:

$$\begin{pmatrix} 1 & 0 & 1 \\ 2 & 3 & 2 \\ 1 & 1 & 2 \\ 0 & 1 & 1 \end{pmatrix} \cdot \begin{pmatrix} S \\ M \\ L \end{pmatrix} = \begin{pmatrix} 80 \\ 250 \\ 130 \\ 50 \end{pmatrix} \qquad \Leftrightarrow \qquad S = 60 \quad M = 30 \quad L = 20$$

Mathematisch liegt ein überbestimmtes eindeutig lösbares LGS vor.

Verkaufserlös (in €): $(9{,}64;\ 19{,}83;\ 20{,}62;\ 46{,}92) \cdot \begin{pmatrix} 60 \\ 30 \\ 20 \\ 20 \end{pmatrix} = 2524{,}10$

15 Prozent des Verkaufserlöses von 2524,10 € ergeben im Idealfall, wenn alle Sets Abnehmer finden, eine Spende in Höhe von 378,62 €.

399

19. $K(x) = 35x + 4500$

In beiden möglichen Marktkonstellationen lässt das Preis-Mengen-Verhältnis auf eine lineare Preis-Absatz-Funktion schließen.

$p_{N_1}(x) = -0,5x + 200$	$p_{N_2}(x) = -0,25x + 125$
$E_1(x) = -0,5x^2 + 200x$	$E_2(x) = -0,25x^2 + 125x$
$G_1(x) = -0,5x^2 + 165x - 4500$	$G_2(x) = -0,25x^2 + 90x - 4500$
$G_1'(x) = -x + 165$	$G_2'(x) = -0,5x + 90$
$G_1''(x) = -1$	$G_2''(x) = -0,5$
$G_1'(x) = 0 \quad \Leftrightarrow \quad x = 165$	$G_2'(x) = 0 \quad \Leftrightarrow \quad x = 180$
$G_1''(165) = -1 \; (< 0; \text{Maximum})$	$G_2''(180) = -0,5 \; (< 0; \text{Maximum})$
$G_1(165) = 9112,50$	$G_2(180) = 3600$
$p_{N_1}(165) = 117,50$	$p_{N_2}(180) = 80$

Gewinnerwartung:

$0,7 \cdot 9112,50 \,€ + 0,3 \cdot 3600 \,€ = \mathbf{7458,75\,€}$

Wegen der beiden möglichen Marktsituationen lässt sich nicht auf **einen** Marktpreis schließen. Stellt sich die erste Situation ein, dann beträgt der gewinnmaximale Verkaufspreis 117,50 €, im Fall der zweiten Situation liegt der entsprechende Preis bei 80 €.

400

20. Verpacken der Materialien:

Von dem Lagerbestand bleiben die Schere und die Einmalhandschuhe auf jeden Fall übrig, da sie nicht in die Sets gehören.

Für das weitere Vorgehen gibt es wegen der drei noch vorhandenen Verbandtücher zwei Herangehensweisen:

Entweder wird die Zahl der kleinen, mittleren und Extra-Sets optimiert und dann entschieden, ob sich aus dem Rest noch große Sets packen lassen (a), oder es werden zuerst 3 große Sets gepackt und der Rest wird auf die übrigen Größen aufgeteilt (b).

a) Wenn k, m und e die Anzahlen der zu packenden kleinen, mittleren und Extra-Sets sind, so gilt:

$$\begin{pmatrix} 3 & 6 & 12 \\ 3 & 3 & 6 \\ 6 & 9 & 12 \end{pmatrix} \cdot \begin{pmatrix} k \\ e \\ m \end{pmatrix} = \begin{pmatrix} 400 \\ 260 \\ 610 \end{pmatrix} \quad \Rightarrow \quad k = 40 \quad m = 30 \quad e = 8{,}3 \approx 8$$

Es werden dann verpackt: $\begin{pmatrix} 3 & 6 & 12 \\ 3 & 3 & 6 \\ 6 & 9 & 12 \end{pmatrix} \cdot \begin{pmatrix} 40 \\ 30 \\ 8 \end{pmatrix} = \begin{pmatrix} 396 \\ 258 \\ 606 \end{pmatrix}$

Das sind 396 Verbandpäckchen, 258 Heftpflaster und 606 Kompressen. Von den verbleibenden $\begin{pmatrix} 4 \\ 2 \\ 4 \end{pmatrix}$ lassen sich keine Sets mehr packen. Damit bleiben auch die 3 Verbandtücher unverpackt.

Schwester Stefanie bekommt also 10 Packungen Einmalhandschuhe, 1 Schere, 3 Verbandtücher, 4 Verbandpäckchen, 2 Rollen Heftpflaster und 4 Kompressen.

b) Mit den 3 Verbandtüchern werden 3 große Sets gepackt. Darin sind auch 24 Verbandpäckchen, 12 Heftpflaster und 24 Kompressen enthalten. Für die weiteren Materialien gilt dann:

$$\begin{pmatrix} 3 & 6 & 12 \\ 3 & 3 & 6 \\ 6 & 9 & 12 \end{pmatrix} \cdot \begin{pmatrix} k \\ e \\ m \end{pmatrix} = \begin{pmatrix} 400 - 24 \\ 260 - 12 \\ 610 - 24 \end{pmatrix} = \begin{pmatrix} 376 \\ 248 \\ 586 \end{pmatrix} \quad \Rightarrow \quad k = 40 \quad m = 30 \quad e = 6{,}3 \approx 6$$

Es werden dann verpackt: $\begin{pmatrix} 3 & 6 & 12 \\ 3 & 3 & 6 \\ 6 & 9 & 12 \end{pmatrix} \cdot \begin{pmatrix} 40 \\ 30 \\ 6 \end{pmatrix} = \begin{pmatrix} 372 \\ 246 \\ 582 \end{pmatrix}$

Das sind 272 Verbandpäckchen, 246 Heftpflaster und 582 Kompressen. Zusammen mit den bereits gepackten großen Sets sind das $\begin{pmatrix} 372 \\ 246 \\ 582 \end{pmatrix} + \begin{pmatrix} 24 \\ 12 \\ 24 \end{pmatrix} = \begin{pmatrix} 396 \\ 258 \\ 606 \end{pmatrix}$ Packungen.

Das sind ebenso viele wie im Fall a), aber hier wurden auch die 3 Verbandtücher eingepackt. Fall b) wird dem Auftrag also besser gerecht.

Schwester Stefanie erhält bis auf die Verbandtücher die gleichen Materialien.

21. a) Rentenendwert: $R_{30} = 1000 \text{€} \cdot \dfrac{1{,}03^{30} - 1}{0{,}035} \approx \mathbf{51\,622{,}68\ €}$

Rentenbarwert: $R_0 = \dfrac{51\,622{,}68\,€}{1{,}035^{30}} \approx \mathbf{18\,392{,}05\ €}$

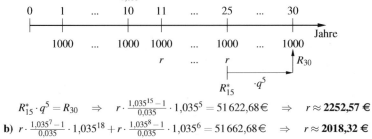

$R_{15}^* \cdot q^5 = R_{30} \quad \Rightarrow \quad r \cdot \dfrac{1{,}035^{15} - 1}{0{,}035} \cdot 1{,}035^5 = 51\,622{,}68\,€ \quad \Rightarrow \quad r \approx \mathbf{2252{,}57\ €}$

b) $r \cdot \dfrac{1{,}035^7 - 1}{0{,}035} \cdot 1{,}035^{18} + r \cdot \dfrac{1{,}035^8 - 1}{0{,}035} \cdot 1{,}035^6 = 51\,662{,}68\,€ \quad \Rightarrow \quad r \approx \mathbf{2018{,}32\ €}$

401

22. Zuordnung der Graphen:

rot	grün	orange
Grenzkosten	Stückkosten	variable Stückkosten

Aussage 1: Fehlerhaft, weil im Punkt A die Grenzkosten ein Minimum besitzen. Folglich liegt bei ca. 27 Stück der geringste Kostenzuwachs.

Aussage 2: Die Aussage ist nicht zu beanstanden, da in einem Produktionsintervall von 30 bis 70 Stück pro Tag Gewinn erzielt werden kann. Dies kann an den Schnittstellen der Graphen zur Grenzkosten- und Stückkostenfunktion abgelesen werden.

Aussage 3: Deutet auf die kurzfristige Preisuntergrenze hin: Hier liegen gleich zwei Fehler vor: Einmal die Zuordnung zum Punkt in der Abbildung, es muss B lauten. Außerdem wird die zugehörige Menge falsch abgelesen, richtig wären ca. 42 Stück.

Aussage 4: Diese Aussage ist wiederum nicht zu beanstanden. Es werden ungefähre Werte angegeben, die ablesetechnisch richtig sein können.

Fazit:

Ein Verkaufspreis von 30€ kann über einen längeren Zeitraum nicht akzeptiert werden, da hier Verluste entstehen. Eine horizontale Gerade macht deutlich, dass sich die Fly Bike Werke GmbH dann im Bereich zunehmender Grenzkosten befindet. Außerdem ist schnell ersichtlich, dass weder die Stück- noch die variablen Stückkosten gedeckt sind. Das Produkt sollte nicht mehr hergestellt werden.

Mathematisch exakte Lösungen mithilfe der Gleichungen:

Aussage 1: Es geht um den Kostenzuwachs. Unternehmen sind an der Produktionsmenge mit möglichst geringem Kostenzuwachs interessiert. Mathematisch ist die Wendestelle der Kostenfunktion oder die Minimalstelle der Grenzkostenfunktion zu bestimmen.

Bedingung: $K''(x) = 0 \wedge K'''(x) > 0$

$K''(x) = 0{,}084x - 2{,}3 = 0 \quad \Rightarrow x \approx 27{,}38 \qquad K'''(27{,}38) = 0{,}084$

Aussage 2: Über den Erlös und die Ermittlung der Kosten kann der Gewinn berechnet werden.

$k(52) \approx 42{,}67 \quad \Rightarrow K(52) = 2218{,}84 \qquad E(52) = 50 \cdot 52 = 2600$

$\Rightarrow$ Gewinn $G(52) = 381{,}16$

Aussage 3: Die Ermittlung des Betriebsminimums führt zur kurzfristigen Preisuntergrenze.

$k_v'(x) = 0 \wedge k_v''(x) > 0$

$k_v'(x) = 0{,}028x - 1{,}15 = 0 \quad \Rightarrow x \approx 41{,}07 \qquad k_v''(41{,}07) = 0{,}028 > 0 \qquad k_v(41{,}07) \approx 31{,}38$

Über einen kurzen Zeitraum kann die Fly Bike GmbH einen Preis von 31,38€ pro Faltschloss (kurzfristige Preisuntergrenze) am Markt halten.

Aussage 4: Die Ermittlung des Betriebsoptimums führt zur langfristigen Preisuntergrenze.

$k'(x) = 0 \wedge k''(x) > 0$

Stückkosten: $k(x) = 0{,}014x^2 - 1{,}15x + 55 + \frac{500}{x}$

$k'(x) = 0{,}028x - 1{,}15 - \frac{500}{x^2}$

$k''(x) = 0{,}028 + \frac{1000}{x^3}$

$0{,}028x^3 - 1{,}15x^2 - 500 = 0$

Lösung: $x \approx 48{,}62$ (Berechnung mit Taschenrechner oder Näherungsverfahren)

Langfristige Preisuntergrenze: 42,47€ pro Faltschloss

Langfristig kann also der ursprüngliche Verkaufspreis um 7,50€ pro Faltschloss gesenkt werden. Allerdings sollten dann nicht mehr als 48 Faltschlösser produziert werden.

Zusammenfassend zum Fazit: Aus den algebraischen Ausführungen zu Aussage 3 und 4 ergibt sich unmittelbar, dass ein Marktpreis von 30€ pro Faltschloss nicht zu halten ist. Somit sollte sich das Unternehmen von diesem Produkt trennen.